"知中国·服务中国"南开智库系列报告

教育部人文社会科学研究重大项目成果

2021

YATAI QUYU JINGJI HEZUO
FAZHAN BAOGAO

亚太区域经济合作发展报告

刘晨阳 ◎ 主编

南开大学出版社

天 津

图书在版编目(CIP)数据

亚太区域经济合作发展报告.2021 / 刘晨阳主编
. —天津：南开大学出版社，2023.3
ISBN 978-7-310-06386-4

Ⅰ.①亚… Ⅱ.①刘… Ⅲ.①区域经济合作－经济发
展－研究报告－亚太地区－2021 Ⅳ.①F114.46

中国版本图书馆 CIP 数据核字(2022)第 257173 号

亚太区域经济合作发展报告 2021
YATAI QUYU JINGJI HEZUO FAZHAN BAOGAO 2021

南开大学出版社出版发行
出版人:陈　敬
地址:天津市南开区卫津路 94 号　　邮政编码:300071
营销部电话:(022)23508339　营销部传真:(022)23508542
https://nkup.nankai.edu.cn

天津泰宇印务有限公司印刷　全国各地新华书店经销
2023 年 3 月第 1 版　　2023 年 3 月第 1 次印刷
260×185 毫米　16 开本　21.75 印张　3 插页　448 千字
定价:108.00 元

如遇图书印装质量问题,请与本社营销部联系调换,电话:(022)23508339

《亚太区域经济合作发展报告 2021》编委会成员

编委会主任：刘晨阳

编委会成员（排名不分先后）：

胡昭玲　　刘晨阳　　罗　伟　　毛其淋　　孟　夏

曲如晓　　沈铭辉　　盛　斌　　王　勤　　谢娟娟

涂　红　　许家云　　杨泽瑞　　于　潇　　于晓燕

余　振　　张靖佳　　张蕴岭　　郑昭阳　　朱　丽

本期主编：刘晨阳

内容简介

　　《亚太区域经济合作发展报告》为年度研究报告，由南开大学亚太经济合作组织（APEC）研究中心组织撰写。该报告汇集了国内多位著名专家学者的真知灼见，是目前我国研究亚太区域经济合作问题的标志性学术成果之一，同时也为我国相关政府部门开展亚太区域合作方面的实际工作提供了有益参考。

　　《亚太区域经济合作发展报告2021》包括全球及亚太地区经济形势、亚太贸易投资合作、亚太数字经济和创新增长合作、"后疫情"时代的APEC合作进程等专栏，对国际和地区新形势下亚太区域经济合作的趋势和热点问题进行了深入分析。

目　录

全球及亚太地区经济形势

全球经济形势与前景分析

胡昭玲　高晓彤　逯　洋*

摘　要：2020 年，面临新冠肺炎疫情的冲击和国际环境不确定性的上升，全球经济增长出现分化。面对国际贸易萎缩、国际直接投资明显放缓，各国采取了扩张的货币政策和积极的财政政策。展望未来，新冠肺炎疫情的不确定性、贸易保护主义和地缘政治风险持续存在，全球债务不断攀升，未来的全球经济增长面临更多挑战。而疫情的逐步控制、数字化和新技术的迅速发展、区域合作的稳步推进，也将为经济增长提供动力。预计未来一段时间，全球经济将有所恢复，增速可能出现明显反弹，但经济复苏仍存在不确定性。

关键词：全球经济；新冠肺炎疫情；不确定性

一、全球经济形势变化

2020 年新冠肺炎疫情发生前，全球经济持续低迷，增长态势有所减缓。新冠肺炎疫情"黑天鹅"事件对世界经济造成严重冲击，甚至造成全球经济的衰退。新冠肺炎疫情也造成国际贸易大幅下降，国际直接投资明显放缓。世界经济何时能够走出衰退、进入复苏期，有赖于世界疫情的防控成果和各国的经济政策趋向。

（一）新冠肺炎疫情下全球经济增长分化

1. 疫情前世界经济持续低迷

根据 2020 年世界银行发布的数据，2019 年全球国内生产总值（GDP）增速为 2.61%，这也是自 2010 年经济恢复正增长以来经济增速的最低点，比 2010 年下降 1.92 个百分点。[①]如图 1 所示，金融危机后的 10 年，除 2010 年全球经济增速超过 4%以外，其他年份经济增速维持在 3%左右，世界经济持续低迷。

---

*胡昭玲，南开大学经济学院教授，博士生导师；高晓彤、逯洋，南开大学经济学院博士研究生。

① 世界银行数据库. https://data.worldbank.org/indicator/NY.GDP.MKTP.KD.ZG?end=2019&start=2009&view=chart。

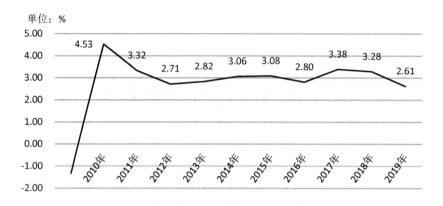

图 1　2010—2019 年世界 GDP 增长率

资料来源：根据世界银行网站年度 GDP 数据整理绘制，https://www.oecd.org/。

　　随着金融危机后刺激经济恢复的政策优势逐步褪去，2018 年、2019 年主要发达经济体和新兴经济体大都出现了不同程度的增速下滑。如图 2 所示，2019 年主要发达经济体除日本 GDP 增长率有小幅上升外，美国、欧盟包括德国的 GDP 增长率均出现了不同程度的下降。2019 年主要新兴经济体的 GDP 增速也出现不同程度的下滑。如图 3 所示，自 2017 年起，中国、印度 GDP 增速下降，但 2019 年仍分别保持了 5.96%、4.18% 的增长率，高于世界经济增速。俄罗斯、巴西和墨西哥在 2018 年出现不同程度的增速放缓，2019 年墨西哥的经济增速为负值。

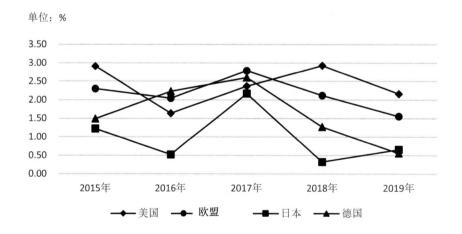

图 2　2015—2019 年主要发达经济体的 GDP 增长率

资料来源：根据世界银行网站年度 GDP 数据整理绘制，https://www.oecd.org/。

单位：%

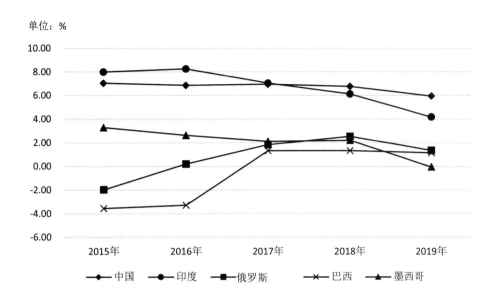

图 3　2015—2019 年主要新兴经济体的 GDP 增长率

资料来源：根据世界银行网站年度 GDP 数据整理绘制，https://www.oecd.org/。

2. 疫情后各经济体出现明显衰退和分化

2020 年突如其来的"黑天鹅"事件——新冠肺炎疫情的出现，对原本低迷的世界经济造成巨大冲击，2020 年全球 GDP 增长率为-3.6%，其中，北美 GDP 增长率为-3.7%，欧盟 GDP 增长率为-6.2%，拉丁美洲和加勒比地区 GDP 增长率为-6.3%。[①]新冠肺炎疫情导致的经济衰退比 2008 年金融危机更加严重，且不同经济体出现不同程度的萧条。如图 4 所示，主要发达经济体 2019 年季度 GDP 同比增长率都低于 5%，2020 年受新冠肺炎疫情的冲击，欧盟、德国和日本四个季度 GDP 增长率均为负，其中欧盟 2020 年第二季度 GDP 同比增长率为-12.17%。美国 2020 年第二季度经济表现与其他发达经济体有所不同，呈现较强的正增长，这是由于 2019 年第二季度其出现了极大的负增长；美国 2020 年第三季度 GDP 增长率为-1.72%，季度 GDP 增长率由正转负。截至 2021 年 5 月 17 日，美国新冠肺炎确诊病例 3300 万例，[②]居全球首位，对美国经济发展造成了极为不利的影响。

如图 5 所示，主要新兴经济体 2020 年季度 GDP 增长率呈现不同程度的衰退与复苏趋势。中国除 2020 年第一季度呈现负增长外，其余季度 GDP 增长率均为正增长且稳中向好，第四季度 GDP 增长率为 7.04%，增速在新兴经济体中居于首位。印度、俄罗斯、巴西和墨西哥在 2020 年第二季度出现了不同的衰退，其中印度第二季度 GDP 增长率达-22.32%。

---

① 世界银行数据库. https://data.worldbank.org/indicator/NY.GDP.MKTP.KD.ZG?end=2019&start=2009&view=chart。

② 世界卫生组织. https://www.who.int/。

对比图 4 和图 5 可知，主要发达经济体的 GDP 增长率在 2020 年第四季度仍处于负增长，而主要新兴经济体的 GDP 增长率在第四季度均出现不同程度的正增长，与主要发达经济体相比，新兴经济体在受到疫情冲击后显示出较为强劲的复苏态势。不同国家面对新冠肺炎疫情采取了不同的政策与应对措施，这也在一定程度上加剧了各国经济表现的分化。

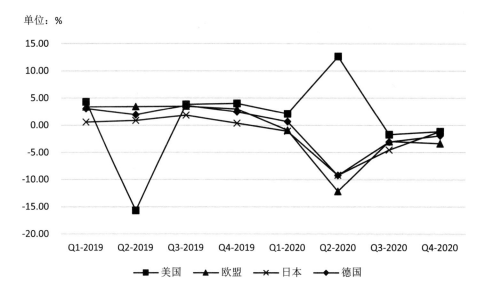

图 4　主要发达经济体的季度 GDP 增长率

资料来源：根据经济合作与发展组织（OECD）网站季度 GDP 数据整理绘制，https://www.oecd.org/。

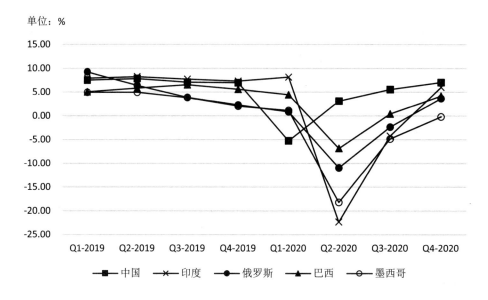

图 5　主要新兴经济体的季度 GDP 增长率

资料来源：根据 OECD 网站季度 GDP 数据整理绘制，https://www.oecd.org/。

（二）国际贸易萎缩

新冠肺炎疫情发生前，贸易拉动世界经济增长的动力明显不足。受新冠肺炎疫情冲击，国际市场需求低迷，国际贸易出现大幅萎缩。

1. 货物贸易

据世界贸易组织（WTO）统计，2020年世界货物贸易出口额延续2019年的萎缩态势，货物贸易出口总额为17.58万亿美元，同比下降7.53%。[①]如图6所示，尽管2018年世界出口贸易总额增加，但增速出现了下滑，并在2019年陷入负增长。新冠肺炎疫情暴发前，贸易对经济增长的贡献十分有限，市场疲软，需求不足，而2020年新冠肺炎疫情的冲击对世界贸易无异于雪上加霜。

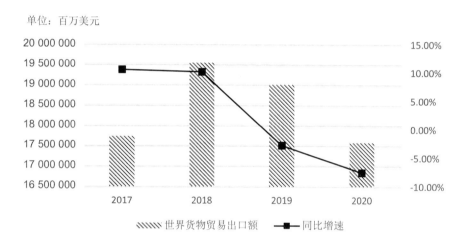

图6　2017—2020年世界货物贸易出口总额及同比增速

资料来源：根据 WTO 货物贸易数据库整理绘制，https://data.wto.org/。

自2019年起，世界各大区域货物贸易出口同比增速均呈现负值。如图7（a）所示，2020年各区域货物贸易出口出现了不同程度的萎缩，亚洲货物贸易出口同比增速为-1.39%，而非洲地区货物贸易出口大幅下降，同比增速为-20.31%。如图7（b）所示，2019年以来各区域货物贸易进口同比增速也均为负值，2020年各区域货物贸易进口同比增速负值的程度加深。其中，非洲与南美、中美洲和加勒比地区的货物贸易进口同比增速分别为-12.5%和-14.4%，而货物贸易进口下降幅度相对较小的是亚洲地区，同比增速为-6.7%。

---

① WTO 货物贸易数据库. https://data.wto.org/。

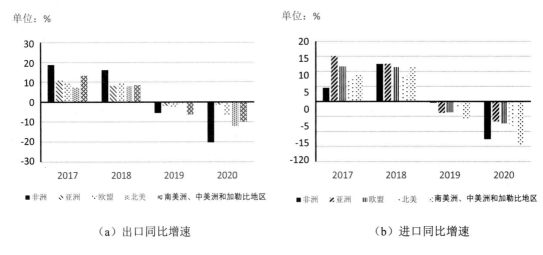

（a）出口同比增速   （b）进口同比增速

图 7   2017—2020 年分区域货物贸易进出口同比增速

资料来源：根据 WTO 货物贸易数据库整理绘制，https://data.wto.org/。

从主要发达经济体来看，2017 年以来欧盟、德国、日本的货物贸易出口增速连年下降，而美国自 2018 年起货物贸易出口增速开始下降，2019 年美国、欧盟、德国、日本的货物贸易出口都进入负增长轨道。如图 8（a）所示，受 2020 年新冠肺炎疫情冲击，主要发达经济体货物贸易出口同比增速均低于-6%，其中美国货物贸易出口同比增速为-12.87%，为主要发达经济体中同比增速最低的国家，日本货物贸易出口增速为-9.1%。如图 8（b）所示，2019 年主要发达经济体的货物贸易进口增速也均为负值，美国、日本、欧盟、德国的货物贸易进口同比增速分别为-1.8%、-3.67%、-3.63%和-3.92%。2020 年主要发达经济体的货物贸易进口增速进一步下降，日本最低，为-11.99%，而德国最高，为-5.12%。

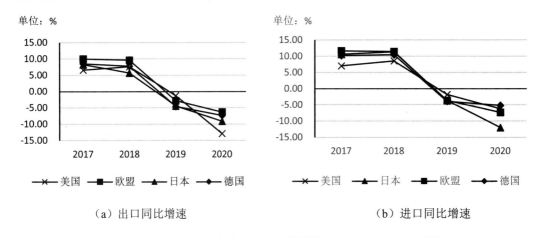

（a）出口同比增速   （b）进口同比增速

图 8   2017—2020 年主要发达经济体货物贸易进出口同比增速

资料来源：根据 WTO 货物贸易数据库整理绘制，https://data.wto.org/。

从主要新兴经济体角度看，2020年中国克服新冠肺炎疫情冲击等不利因素，货物贸易出口实现正增长，同比增速为3.67%。如图9（a）所示，除中国外，其他主要新兴经济体货物贸易出口同比增速均为负值，其中俄罗斯出口同比增速最低，为-20.98%；其次是印度，为-14.83%。在进口方面，如图9（b）所示，主要新兴经济体的货物贸易进口增速在2018—2020年呈现下滑态势，2019年除俄罗斯外，其他主要新兴经济体的货物贸易进口同比增速均为负值，2020年则全部陷入负增长，其中印度出现剧烈下降，同比增速为-23.48%。

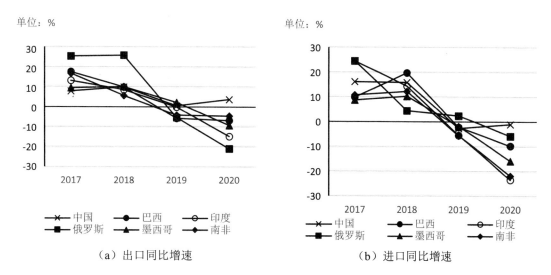

（a）出口同比增速　　　　　　（b）进口同比增速

图9　2017—2020年主要新兴经济体货物贸易进出口同比增速

资料来源：根据WTO货物贸易数据库整理绘制，https://data.wto.org/。

从贸易平衡的角度来看，2020年亚洲货物贸易呈现6130亿美元的高额顺差，欧盟以及南美洲、中美洲和加勒比地区也呈现贸易顺差，其中欧盟顺差规模为3223亿美元，南美洲、中美洲和加勒比地区顺差规模较小，为104.8亿美元。非洲和北美洲均为贸易逆差，其中非洲逆差规模较大，约为13 529亿美元，北美洲逆差规模相对较小，约为9754亿美元。2020年美国延续了以往的赤字贸易，逆差金额高达9759亿美元，相比2019年的9242亿美元，贸易赤字进一步扩大。而中国、巴西、俄罗斯、墨西哥和南非均为贸易顺差，中国仍然是新兴经济体中最大的顺差国，顺差金额达到5353亿美元。①

2. 服务贸易

2020年世界服务贸易出现大幅衰退，根据WTO基于季度数据估计的年度数据，服务贸易出口总量从2019年的6.13万亿美元下降到4.9万亿美元，同比下降约20%，而2020年世界货物贸易出口同比下降7.53%，这表明疫情对服务贸易的冲击要大于货物贸易（见

---

① 根据WTO货物贸易数据库整理计算所得，https://data.wto.org/。

图 10）。

单位：十万美元

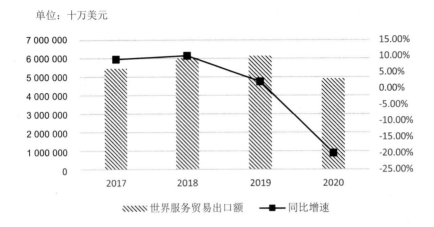

图 10 2017—2020 年世界服务贸易总量及同比增速

资料来源：根据 WTO 服务贸易数据库整理绘制，https://data.wto.org/。

分区域来看，2020 年世界主要地区的服务贸易出口萎缩幅度均在 15%以上。其中，欧洲 2020 年服务贸易出口下降程度最低，同比增速为-15.93%；而非洲的服务贸易出口同比增速最低，为-35.9%。从图 11 中可以看出，各大区域 2019 年服务贸易同比增速都低于 4%，在 2020 年则大幅下挫。

单位：%

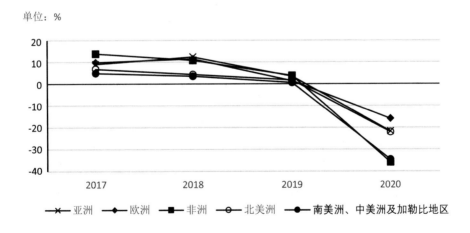

图 11 2017—2020 年各区域的服务贸易出口同比增速

资料来源：根据 WTO 服务贸易数据库整理绘制，https://data.wto.org/。

2020 年主要发达经济体的服务贸易出口额均呈现负增长。如图 12 所示，美国、日本的服务贸易出口同比增速分别为-21.56%、-24.14%，德国服务贸易出口增速相对最高，为

-11.96%。韩国、加拿大服务贸易出口在 2018 年保持较高的增长态势，而 2019 年服务贸易出口增速大幅下降，在 2020 年则出现大幅负增长，分别为-13.22%和-18.53%。

单位：%

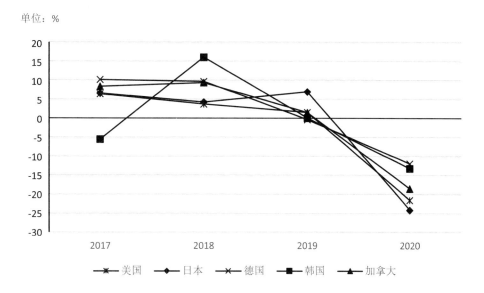

图 12　2016—2020 年主要发达经济体的服务贸易出口同比增速

资料来源：根据 WTO 服务贸易数据库整理绘制，https://data.wto.org/。

　　2020 年主要新兴经济体服务贸易出口也受到严重冲击。如图 13 所示，墨西哥和南非的服务贸易出口剧烈下降，增速分别-46.27%和-46.01%，印度服务贸易出口增速为-4.55%。相对而言，中国服务贸易出口下降幅度较为缓和，增速为-1.41%。

单位：%

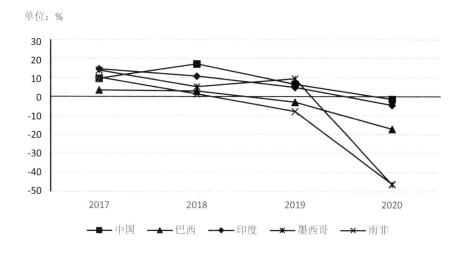

图 13　2017—2020 年主要新兴经济体的服务贸易出口同比增速

资料来源：根据 WTO 服务贸易数据库整理绘制，https://data.wto.org/。

从贸易平衡的角度看，美国依然是服务贸易顺差大国，而新兴经济体或欠发达经济体通常处于贸易逆差，服务贸易顺差国和逆差国近 10 年来未曾有过大的变动。这表明发达国家处在价值链中高附加值阶段，而新兴经济体或欠发达国家处于价值链低端制造环节的分工地位几乎没有大的改变。2019 年中国、巴西、俄罗斯、墨西哥和南非都延续了往年的服务贸易赤字，其中中国仍然是发展中经济体中最大的逆差国，逆差金额达 2153 亿美元，巴西与俄罗斯逆差规模相当，分别为 337 亿美元和 357 亿美元。美国顺差规模最大，约为 2889.9 亿美元，其次是欧盟，顺差约为 1746 亿美元。①

（三）国际直接投资放缓

2020 年全球国际直接投资（FDI）流出量大幅萎缩，下降约 42.5%；全球 FDI 流入量延续 2019 年的下降趋势，降幅约为 33.9%。从图 14 中可以看出，2019 年全球 FDI 流出量的增速为 34.4%，但 2020 年全球 FDI 流出量从 2019 年的 1.18 万亿美元下降为 0.68 万亿美元。全球 FDI 流入量从 2019 年就开始放缓，并出现负增长，2020 年全球 FDI 流入量从 2019 年的 1.53 万亿美元下降为 1.01 万亿美元。

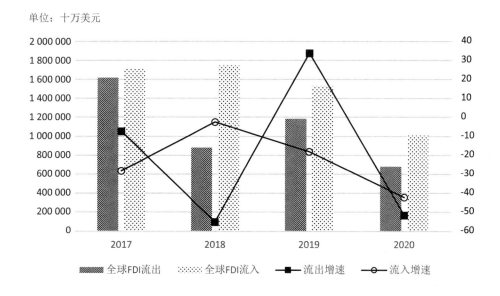

图 14　2017—2020 年全球 FDI 流量及增速

资料来源：根据 OECD 的 FDI 数据库整理绘制，https://data.oecd.org/fdi/fdi-flows.htm#indicator-chart。

如图 15 所示，2020 年主要发达经济体的 FDI 流入量和流出量均出现不同程度的下降。从流入量来看，欧盟下降最快，约为 1124 亿美元，同比下降 73.3%；其次是美国，约为 1770 亿美元，下降了约 37.2%。从流出量来看，欧盟、德国和日本降幅明显，FDI 流出量分别为

① 根据 WTO 服务贸易数据库整理计算所得，https://data.wto.org/。

870 亿美元、348 亿美元和 1157 亿美元，同比分别下跌 77%、74.9%和 48.9%；美国下降幅度较小，下降了 0.79%，降至 1179 亿美元。从图 16 中可以看出，美国、欧盟在 2018 年由资本净流出转为资本净流入，但 2019 年、2020 年净流入量有所下降。日本则保持着资本输出国的地位，尽管 2020 年净流出量有所下降，但仍在较高水平，为 1054 亿美元。德国一直保持着低水平的资本输出，但受 2020 年新冠肺炎疫情的冲击，其转变成为资本输入国。

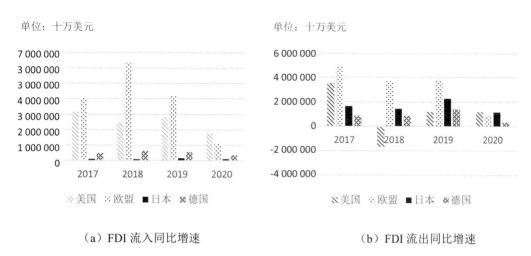

（a）FDI 流入同比增速　　　　　　　（b）FDI 流出同比增速

图 15　2017—2020 年主要发达经济体 FDI 流入量和流出量

资料来源：根据 OECD 的 FDI 数据库整理绘制，https://data.oecd.org/fdi/fdi-flows.htm#indicator-chart。

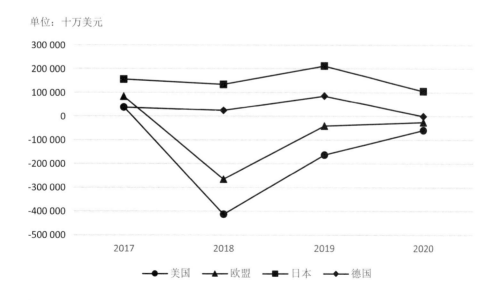

图 16　2017—2020 年主要发达经济体 FDI 净流出量

资料来源：根据 OECD 的 FDI 数据库整理绘制，https://data.oecd.org/fdi/fdi-flows.htm#indicator-chart。

　　主要新兴经济体 2020 年 FDI 流入出现分化，FDI 流出则出现不同程度的放缓。从流入量来看，中国和印度的 FDI 流入量上升，巴西、俄罗斯、墨西哥则出现了下降。如图 17 所示，中国的资本流入量一直保持在较高水平，2020 年中国吸引外商直接投资约为 2125 亿美元，相比 2019 年上升了 13.5%，中国成为全球最大的外资流入国，这与中国率先控制住疫情、实现经济恢复以及政府积极实施对外直接投资政策有关。印度 2020 年外商直接投资也实现了正增长，从 2019 年的 506 亿美元上升到 2020 年的 643 亿美元，增长了约 27.2%，其增长的主要推动力是数字领域的企业并购。①从流出量来看，中国虽然出现下降，但是规模仍高于其他主要新兴经济体，从 2019 年的 1369 亿美元下降为 2020 年的 1099 亿美元，下降了 19.7%。印度下降规模较小，下降了 11.9%，降至 115 亿美元。从图 18 中可以看出，俄罗斯在 2019 年由资本输出国转为输入国，而中国、巴西、印度和墨西哥近 4 年均为资本净输入国。

（a）FDI 流入同比增速　　　　　　　　　　（b）FDI 流出同比增速

图 17　2017—2020 年主要新兴经济体 FDI 流入量和流出量

资料来源：根据 OECD 的 FDI 数据库整理绘制，https://data.oecd.org/fdi/fdi-flows.htm#indicator-chart。

---

① 数据来自博鳌亚洲论坛 2021 年度报告《亚洲经济前景及一体化进程》，2021 年 2 月。

单位：十万美元

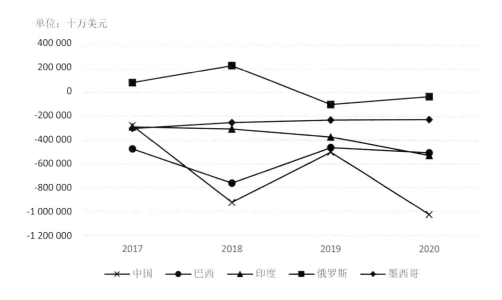

图 18　2017—2020 年主要新兴经济体的 FDI 净流出量

资料来源：根据 OECD 的 FDI 数据库整理绘制，https://data.oecd.org/fdi/fdi-flows.htm#indicator-chart。

（四）应对新冠肺炎疫情的经济政策

1. 大幅宽松的货币政策

2020 年，几乎所有国家的中央银行均采取了宽松的货币政策，通过向市场注入大量的流动性来避免经济衰退。2020 年 3 月，世界卫生组织宣布新冠肺炎疫情可能会全球性大流行，全球经济进入下行期，各国纷纷采取降息措施应对。美联储迅速通过降息降低市场融资成本，进而增加市场流动性，分别在 2020 年 3 月 3 日和 3 月 15 日下调联邦基金利率 150 个基点至 0～0.25%，3 月 23 日又宣布实施无上限的量化宽松政策。欧洲中央银行继续实行 2016 年以来的大额流动零利率和隔夜银行存款负利率政策。日本也维持大规模量化宽松的金融政策，鼓励金融机构积极对外融资，尤其强化日本银行对日本企业"无利息无担保"的融资支持。韩国中央银行也采取宽松的货币政策，2020 年 3 月 16 日韩国中央银行将基准利率降至 1%以内，调整为 0.75%。新兴经济体也积极放宽货币政策，以应对新冠肺炎疫情的影响，印度在 2020 年 3 月 27 日降息至 4.4%，中国人民银行在 2020 年 4 月 20 日将一年期贷款市场报价利率下调至 3.85%。除了降息，大部分经济体还采取了其他的宽松货币政策，例如，中国、印度尼西亚、马来西亚和阿拉伯联合酋长国通过降低银行储备金，向市场大量注入流动性，阿根廷、巴西、斯里兰卡和英国针对中小企业推出特殊的信贷额度。

2. 扩张性财政政策

为有效应对疫情，各经济体积极实行扩张性财政政策。美国于 2020 年推出六轮财政救助，总支出约为 3.4 万亿美元。2021 年 3 月 11 日，拜登总统签署了 1.9 万亿美元的《2021 美国救援计划法案》，继续实行刺激性财政政策。①欧盟也推出增加财政补贴、加大财政支出和应对疫情的投资计划，以避免陷入困境，欧盟委员会允许政府为中小企业提供应急资金，为受疫情冲击严重的企业提供一定的补偿，欧盟及其成员国对财政额度也进行了上调，以便更好地刺激经济。日本分别于 2020 年 2 月、3 月、4 月实施财政纾困方案，2 月、3 月主要支持中小企业与抗疫物资生产，4 月对企业减税、对家庭给予补助，规模高达 108 亿日元。日本在 2020 年 7 月 22 日又推行了一项提振需求的政策，主要用于民众国内旅游补贴和地方特产购物费用等。②新兴经济体也同样采取了扩张性财政政策。中国积极实行减税降费政策，一方面上调 2020 年财政赤字率目标至 3.6%，另一方面中央财政发行了 1 万亿元特别国债。印度在 2020 年 5 月支出 20.97 万亿卢比，用于中小企业贷款担保、市场流动性支持、针对工人和商贩等的救济资金及基础设施建设等。

二、影响全球经济发展的因素

（一）全球经济面临的风险

1. 新冠肺炎疫情不确定性持续存在

与疫情初期相比，大多数经济体对疫情的应对和管理工作逐渐完善，全球的疫情得到了显著控制，经济也开始缓慢复苏。但在实现广泛有效的疫苗接种之前，仍存在病毒继续传播的风险，应警惕毒株突变或疫情的再次暴发。

从短期来看，尽管在发达经济体和主要新兴市场国家中，疫苗接种工作于 2021 年初已加速开展，接种人数和范围持续上升，联合国也预计世界大部分地区的疫情最终将在 2022 年下半年得到控制。然而，疫苗的开发或生产可能会遇到技术问题、部分群体不愿接种疫苗，这些都可能阻碍疫苗的全面推广，或使一些敏感地区再次暴发疫情。许多新兴经济体或低收入国家在采购和分发疫苗方面遇到更多困难，或在当前面临疫苗供应瓶颈和囤积的情况下获得比预期效果差的疫苗，这些都会延缓疫苗的铺设接种速度。

一些国家的病例数持续上升，会中断消费者和商业信心的复苏，并可能引发财务状况突然恶化，包括股票估值大幅下跌，投资者纷纷转向安全资产，从而加大风险较高借款人的财务压力。随着经济增长前景被下调，私人消费受到抑制，投资也将放缓。对疫情挥之不去的担忧，加上供给生产"伤疤"的累积，以及国内外旅游业复苏的继续推迟，都会严重拖累 2022 年的经济增长，并使得未来全球经济复苏受到阻碍。

疫情还可能对经济增长产生持久的负面影响。疫情导致原本可以生存的企业破产，工人失业，金融系统遭到破坏，债务负担进一步增加。与过去 80 年来的任何一次疫情相比，

---

① 李思琪. 疫情之下美国财政政策的效果评估及前景展望[J]. 中国货币市场，2021（5）：85-89.
② 崔岩. 新冠疫情冲击下的日本经济与社会经济政策的新课题[J]. 现代日本经济，2020，39（6）：1-11.

目前的疫情蔓延和随后的全球衰退范围更广、更严重、更持久，这使得经济损害更加严重，从而影响人们对极端负面冲击可能性的评估，并造成投资回报降低和资本存量进一步减少。

从长期来看，疫情还会对人力资本的积累产生负面影响。从全球范围来看，一年额外教育可以使工资增加 10%，而疫情期间超过 90% 的学生教育中断，约有 40% 的学生甚至在整个学年都没有接受教育。与此同时，疫情不仅使工人们丧失了在职培训的机会，还导致了近 5 亿个全职工作岗位消失。[①]由于卫生系统欠发达，远程工作和虚拟教育能力较低，较贫穷的经济体总体受影响程度可能更严重。这种收入损失使得贫富差距拉大，并进一步阻碍了未来生产力的发展。

2. 贸易保护主义和地缘政治风险

近年来，贸易保护主义有所抬头，关税壁垒上升，政策不确定性加大，市场波动加剧，主要经济体之间的贸易争端不断升温，全球性机构在国际谈判中作用减弱。当前为减缓疫情蔓延而实施的一些边境和贸易限制，在疫情危机消散后也可能继续维持。全球合作的进一步削弱有可能降低国际组织处理日益紧迫的跨国问题的能力，包括未来的卫生危机、气候变化和全球贫困。

在疫情冲击下，以美国为代表的一些国家政策内顾倾向加重，保护主义持续升级。贸易和投资限制措施不断增加，从限制外商投资、加强高科技管制到鼓励产业链回迁等，这些措施破坏了经济秩序，进一步加剧全球贸易紧张局势，阻碍了全球经济复苏进程。拜登当选美国总统后，受制于国内压力，继续保持对华强硬立场，在多领域与中国展开竞争，中美两国将长期处于战略竞争态势。

地缘政治风险也同样持续存在。受疫情影响，许多地区更加容易发生内乱，特别是在不平等加剧、治理不善和经济增长薄弱的地区。在拉丁美洲、非洲、中东的部分地区，社会仍处于动荡状态，地方冲突可能进一步加剧。而人均收入的下降可能会引发南亚和其他地区人民的不满情绪日益高涨。欧洲面临新一轮难民危机，本土安全和经济利益受到威胁。地缘政治风险仍然是一个重要问题，特别是在疫情对经济增长产生严重不利影响的背景下，这一风险持续升级，国内和国际军事冲突都与疫情对经济增长的严重破坏有关。

3. 全球债务攀升

为有效应对新冠肺炎疫情，全球大部分经济体采取宽松的经济政策，一方面政府支出大幅增加，另一方面经济活动减缓，致使产出下降，进而导致财政收入减少，两方面因素均导致政府的债务攀升。国际货币基金组织（IMF）在财政监测报告中指出，2020 年全球一般政府债务达 GDP 的 97.3%，较去年增长 13.6%，创历史新高。[②]

---

① 联合国教科文组织. https://en.unesco.org/covid19/educationresponse。
② 国际货币基金组织财政监测报告. https://www.imf.org/en/Publications/FM/Issues/2021/03/29/ fiscal-monitor-april-2021，2021 年 4 月。

2020 年发达经济体的一般政府债务占 GDP 的比重为 120.1%，上升了 16.3%；新兴市场经济体政府债务占 GDP 的比重较 2019 年上升了 9.4 个百分点，达 64.4%；低收入发展中国家政府债务占比上升相对较慢，上升了 5.2 个百分点，达 49.5%。在发达经济体中，日本债务占 GDP 比重居于首位，为 256.2%；美国债务占比为 127.1%；英国为 103.7%；德国占比最低，为 68.9%。新兴市场经济体 2020 年政府债务占比较 2019 年有较大幅度的上升，其中印度政府债务占比上升最快，上升了 15.67 个百分点，达 89.6%；南非政府债务占比上升了 14.9 个百分点，仅次于印度；巴西上升了 11.25 个百分点，达 98.9%；中国和墨西哥分别提高了 9.77 和 7.29 个百分点。政府债务的升高将导致政策可调控范围缩减，尤其是全球货币进入收紧期后，债务风险会迅速升高，甚至引发债务危机。

（二）全球经济发展的利好因素

尽管负面风险占主导地位，但未来经济发展仍有明显利好因素，包括疫苗的研发和推广工作正在稳步推进，数字化和新技术的发展有望成为提振全球经济的新引擎，区域合作也在不断加强等。

1. 应对新冠肺炎疫情的积极因素

全球疫苗研发速度较快，铺设接种工作也在持续稳步推进，这将促进消费者信心恢复，并进一步强势拉动各经济体的需求。随着就业复苏和疫情引发的不确定性降低，消费和投资将稳步上升，而受打击最严重的服务业，如餐饮和旅游业，将因被压抑的需求释放而急速增长。从长期来看，疫情期间引入的新商业模式和办公方式等的变化有助于推动未来的生产率增长。总需求的短期激增，加上投资和生产率更持久的增长，可以减轻疫情的长期损害。

此外，全球共同抗击新型冠状病毒的经验可能开启向多边主义迈进的新步伐，有助于建立一个稳定、开放、以规则为基础的国际贸易体系，进一步促进关税降低、贸易增长、对新兴市场国家更强劲的直接投资，并最终推动更有力的全球增长。

2. 数字化与新技术的发展

当前互联网、大数据、人工智能等现代信息技术不断取得突破，数字经济蓬勃发展，各国利益更加紧密相连。特别是在全球经济衰退叠加疫情影响的背景下，数字办公、数字医疗、数字政务、数字教育、数字娱乐等在保障生产生活、防范疫情扩散、加强全球经贸合作方面发挥了重要作用。数字经济已经成为推动经济复苏、重塑国家新优势的重要抓手。

2019 年，全球数字经济规模达到 31.8 万亿美元，占全球经济总量的比重已经达到41.5%，数字经济正在成为主要的经济形态之一。[1]面对更加不稳定、不确定的世界经济复杂局面，数字经济展现出顽强的韧性，此次疫情期间，远程医疗、在线教育、共享平台、

---

① 中国信息通信研究院发布的《全球数字经济新图景（2020 年）——大变局下的可持续发展新动能》. http://www. caict.ac.cn/kxyj/qwfb/bps/202010/t20201014_359826.htm。

协同办公、跨境电商等迅速发展，在促进各国经济稳定、推动国际抗疫合作方面发挥了重要作用。

新型基础设施建设、数字贸易等成为焦点。信息基础设施作为数字经济发展的基石，也是数字产业化发展的重要部分。近年来，信息基础设施加速向高速率、全覆盖、智能化方向发展，新型基础设施建设的创新发展成为新的国际热点。伴随数字技术在全球范围内的深度应用和数字经济的快速发展，以互联网为基础的数字贸易蓬勃兴起，加速了全球创新链、产业链和价值链的优化整合，推动了全球经贸关系发生新变革。

3. 区域经济合作不断推进

2020 年新冠肺炎疫情暴发阻碍了各国的贸易往来，但区域经济合作仍得到进一步推进。据 WTO 统计，截至 2021 年 5 月，美洲参与的已生效的区域贸易协定有 162 个，亚洲参与的已生效的区域贸易协定有 160 个，欧洲有 153 个，非洲有 47 个。[①] 2020 年 11 月 15日，由东盟发起的《区域全面经济伙伴关系协定》（RCEP）的签署，标志着世界上最大的自由贸易区成立，该协定涵盖了 15 个国家，覆盖世界近一半的人口和近 1/3 的贸易量。该协议的签订表明各经济体以实际行动维护多边贸易体制，为建设开放型世界经济迈出了重要一步，对于深化区域经济一体化、稳定全球经济具有里程碑式的意义。在稳定控制疫情的前提下，区域协定内的国家交易成本和贸易投资风险降低，促使区域合作不断加深，有利于推动区域内经济的恢复和发展，并有助于全球经济从衰退走向复苏。

三、全球经济发展前景

（一）全球经济发展趋势

如上所述，随着主要经济体陆续出台大规模纾困和刺激政策，疫苗研发与生产稳步推进，加之数字化和新技术迅猛发展，区域合作持续深化，劳动者信心、消费和贸易逐步改善，预计未来一段时间全球经济将有所恢复，经济增速可能出现明显反弹。

但考虑到疫情仍在全球蔓延，贸易保护主义升级、地缘政治持续紧张等风险依然存在，经济复苏也存在不确定性。全球经济在未来一段时间内的恢复程度和增速反弹力度取决于新冠肺炎疫情本身的发展趋势、全球贸易环境的演进变化、各国财政货币政策的力度和效果等关键因素。从各主要机构的预测数据来看，国际货币基金组织预计 2021 年全球 GDP将同比增长 6.0%，2022 年全球经济将增长 4.9%。[②] 世界银行预计 2021 年全球经济将增长4%，这一增速比疫情发生前的预测低 5% 以上，考虑到疫情可能会对潜在经济增长造成持久损害，全球经济增长预计将在 2022 年放缓至 3.8%。[③]

---

① 区域贸易协定数据库. http://rtais.wto.org/UI/charts.aspx。
② 国际货币基金组织《世界经济展望报告》. https://www.imf.org/en/Publications/WEO，2021 年 7 月。
③ 世界银行《全球经济展望》. https://www.worldbank.org/en/publication/global-economic-prospects，2021 年 1 月。

第一，发达经济体 2021 年及其后的经济恢复速度将在很大程度上取决于疫情的控制情况，而疫情能否得到遏制又将受到广泛接种有效疫苗可能性的影响。各经济体为应对新冠肺炎蔓延而采取的预防性社交隔离和严格的封锁措施，使得服务业和制造业的生产活动受到严重影响，经济不确定性仍在加剧，学校教育和就业也受到持续干扰。2020 年发达经济体的 GDP 总量收缩了 5.4%，几乎所有经济体的产出都出现了下降。据世界银行预测，2021 年发达经济体的经济活动将增长 3.3%，其指出如果疫苗可以得到广泛接种，那么 2022 年的增长率将有望进一步小幅上升至 3.5%，但这一增长也依赖于各经济体持续实行积极的货币和财政政策。[①]

第二，疫情对新兴经济体的经济增长影响深远。世界银行指出，在 1/4 以上的新兴市场国家，疫情的发生使人均收入增长倒退至少 10 年。随着疫情应对措施的完善和外部需求的逐步稳定，以及疫苗接种的推广，世界银行预计新兴经济体 2021 年的经济增长率为 5%，2022 年将放缓至 4.2%，接近其潜在增速，超过 90% 的新兴市场国家 2022 年的产出水平将低于疫情发生前的预期。[②]各经济体的经济复苏速度不仅取决于疫情的发展，也取决于经济体的产业结构。例如，在服务业规模较大的经济体中，由于社交隔离措施的实施和国际旅行的持续疲软，疫情的影响尤为严重；又如，他国收入锐减而导致的财政紧缩，使得工业大宗商品出口国的增长非常疲弱。

第三，全球经济分化可能进一步加剧。疫情及其对贫富不均衡的经济影响正在使发达国家和发展中国家的社会进一步分化，及时和大规模的财政干预虽然有助于防止最坏的情况发生，但对边缘化人群和穷富分配严重不平等问题并没有明显效果。复苏之路和可持续发展目标的进展将取决于各经济体抵御未来经济和社会冲击的能力以及政治承诺的履行。加强公共财政和债务可持续性，扩大社会保护，将有助于世界走上可持续发展的轨道。

（二）国际贸易

新冠肺炎疫情扰乱了国际生产和供应网络，抑制了全球需求，对国际贸易造成严重冲击，对服务贸易的影响要远远高于对货物贸易的影响。2020 年以来，由于对电气和电子设备、药品、个人防护设备的强劲需求，商品贸易逐步复苏，特别是中国等经济体在控制疫情蔓延方面相对成功，复工复产、经济回升速度快于预期，带动了商品贸易回暖。随着各国控制疫情措施生效并放宽行动限制，联合国预计 2021 年全球贸易年增长率为 6.9%，2022 年为 3.7%。[③]然而，疫情未来尚有较大的不确定性，为全球贸易前景蒙上了阴影。而且，危机带来了持久的损害，例如，对劳动力市场和金融市场的不利影响使得主要贸易伙伴之间的贸易关系紧张持续存在。未来国际贸易的发展主要受以下几个方面因素的影响：全球

---

① 世界银行《全球经济展望》. https://www.worldbank.org/en/publication/global-economic-prospects，2021 年 1 月。
② 世界银行《全球经济展望》. https://www.worldbank.org/en/publication/global-economic-prospects，2021 年 1 月。
③ 联合国《世界经济形势与展望》. https://www.un.org/en/node/121674，2021 年 5 月。

价值链重塑、大宗商品市场变化、全球贸易格局演进和数字技术发展等。

第一，突发的疫情暴露了复杂和地域分散的生产网络带来的风险，可能会加速全球价值链重构，甚至缩短全球价值链。近几十年来，许多发展中国家，特别是东亚发展中经济体，通过参与全球价值链提高了生产力和就业，提升了人均收入，减少了贫困。但是，全球价值链在经历 20 世纪 90 年代和 21 世纪初的快速增长之后，自 2008 年全球金融危机以来增长速度明显放缓。主要经济体生产网络的成熟以及对全球化的抵制，使得全球许多地区采取更为内向的贸易政策，推动了供应链向本土化转变。

第二，疫情对国际大宗商品市场的影响极不均衡。由于全球需求较为强劲，农产品价格一直保持稳定，金属价格在疫情初期大幅下跌后，反弹速度和力度都超过了预期。来自中国的强劲需求和供应中断，使得当前铜、铝和铁矿石的价格远高于疫情暴发前的水平。与此同时，这场危机严重影响了全球能源行业，并可能带来持久的后果。油价在最初暴跌后，随着全球前景改善、石油供应削减和美元走软而稳步复苏，但是全球石油库存水平和产能过剩限制了油价未来的上行潜力。

第三，全球贸易格局不断变化。新冠肺炎疫情暴露了多边贸易体制面临的严峻挑战，各国纷纷采取单边贸易措施保护本国利益，日益增强的保护主义倾向以及向双边和区域贸易协定的转变有可能进一步削弱世界贸易组织作为全球贸易管理机构的作用。这反过来又可能导致未来几十年国际贸易形势日益两极分化和支离破碎，并对小国和低收入国家产生非常不利的影响。但是，这场疫情突出表明，在危机时刻保持贸易流动，限制保护主义、民族主义措施，对确保生命和生计安全至关重要，只有通过保持全球伙伴关系，才能应对当前和未来的挑战。打破现有僵局，需要在重新承诺多边主义和贸易一体化发展议程的基础上，重建对世界贸易组织的信任，积极维护多边贸易体制。

第四，数字化和服务化的快速发展成为新的贸易增长引擎。全球范围内的新冠肺炎疫情催生了对数字服务需求的快速增长，加速了正在进行的数字转型。由于多数经济体实行了封锁和行动限制，数字化运营已经成为许多公司唯一可行的选择。随着信息与通信技术服务控制业务流程，促进网络内以及公司和客户之间的交易，数字流程越来越深入生产和贸易中。数字化和新兴技术，包括人工智能和机器学习，也正在改变全球的服务交付，它们将日益促进卫生、教育和其他服务的跨界交流，增加服务在全球贸易和发展中的重要性。快速的技术变革和不断变化的全球贸易模式给发展中国家带来了重大挑战，但也可能带来巨大的机会。为了利用国际贸易环境变化带来的机遇，各国政府需要重点发展和提升劳动力技能，并建立相关政策和监管框架，使私营部门能够成功建立所需的信息和通信技术基础设施。

（三）国际金融

突发的全球疫情导致经济活动疲软，债务激增，银行体系的资本缓冲受到侵蚀，风险资产估值上升，金融体系的脆弱性也正在增加。在未来一段时间内，应严格防控金融风险的持续提高。

第一，流动性过剩提高了金融泡沫风险。由于全球范围内大规模刺激支出，金融市场充满了流动性。固定资产投资对于创造就业和促进经济增长至关重要，然而增加的信贷流动并没有刺激固定资产实现增长，大部分过剩的流动性被用于收购金融资产，金融泡沫形成的可能性正在提高。

第二，低收入和低消费需求降低了全球通胀水平。疫情在打乱全球和国内供应链的同时，对收入和消费需求也产生了巨大的负向冲击。2020 年消费和投资支出的疲软抑制了全球通胀压力，预计 2021 年消费价格通胀仍将保持在较低水平。世界各国中央银行在注入大量流动性和保持长期低利率方面取得了广泛成功，但它们在实现通胀目标方面却并不顺利，实际通胀仍低于预期。流动性过剩和低通胀的环境使得金融市场风险被低估，这会加剧金融不稳定。低通胀还将对全球高水平公共和私人债务的可持续性产生不利影响，低于预期的通货膨胀将保持债务的实际高价值，而债务的实际价值上升以及收入的停滞或下降会加剧债务违约的风险。

第三，股市繁荣的实体经济基础不牢，股市下行风险较大。美国股市和世界主要经济体股市的市盈率在 2020 年出现了快速上升，反映出股价表现和实体经济表现之间的严重背离。2001 年和 2007 年美国股市崩溃前，市盈率均出现短时期内的急剧上升，说明没有实体经济支撑的股市繁荣是存在较大风险的。2021 年实体经济会有所好转，这对股市稳定是有利的。但财政支持力度可能降低，企业债务风险加大，企业财务不可持续的风险可能爆发，这些不稳定因素很有可能造成股市震荡。

第四，金融体系的脆弱程度加剧。企业收入大幅度下降和企业债务大幅度扩张，提高了企业的财务风险，降低了银行和整个金融部门的资产质量。家庭收入和企业收益的持续疲软可能引发一波破产潮，这可能对失业产生严重而持久的影响，并将侵蚀资本缓冲，减缓信贷流动，增加金融危机爆发的可能性。由于新兴市场与发展中国家的银行资本不足，向银行业提供资本支持的政策空间有限，因此金融体系更加脆弱，尤其是在政府和银行体系之间存在高度互联性的情况下，金融压力更为突出。

综上所述，受疫情影响，全球经济在周期性放缓后出现明显衰退。国际贸易受到严重冲击，国际直接投资增长速度放缓。由于不同国家面对新冠肺炎疫情采取了不同政策与应对措施，各经济体经济增长出现明显分化。与主要发达经济体相比，新兴经济体在疫情冲击后显示出较为强劲的复苏态势。展望未来，新冠肺炎疫情的不确定性、贸易保护主义和地缘政治风险持续存在，全球债务不断攀升，为未来的全球经济复苏增添了诸多风险。但疫情逐步得到控制、数字化和新技术发展迅速、区域合作稳步推进，也将为经济增长提供助力。在此背景下，中国的整体经济表现相对强劲，成为主要经济体中唯一实现正增长的国家，彰显了中国经济的强大韧性。在经济复苏稳步推进的同时，中国未来应继续积极构建以国内大循环为主体、国内国际双循环相互促进的新发展格局，积极发掘经济增长新动能，不断巩固经济长期向好态势，并为世界经济复苏和发展做出重要贡献。

参考文献

[1] Antràs P. De-Globalisation? Global Value Chains in the Post-COVID-19 Age. NBER Working Paper 28115. National Bureau of Economic Research, Cambridge, 2020.

[2] International Monetary Fund. World Economic Outlook: Managing Divergent Recoveries. Washington: IMF, 2021-04.

[3] International Monetary Fund. World Economic Outlook: Fault Lines Widen in the Global Recovery. Washington: IMF, 2021-07.

[4] The United Nations. World Economic Situation Prospects. New York: The United Nations, 2021-05.

[5] World Bank. Global Economic Prospects. Washington: World Bank, 2021-01.

[6] 中国社科院国家金融与发展实验室. 2020 年度中国杠杆率报告[R]. 2021.

[7] 和音. 东亚区域合作的标志性成果[N]. 人民日报，2020-11-16（003）.

[8] 莫莉. 全球债务风险不容小觑[N]. 金融时报，2021-07-01（008）.

中国宏观经济形势回顾与展望

曲如晓　李　雪*

摘要： 2020 年，面对新冠肺炎疫情和世界经济深度衰退的严重冲击，我国宏观经济稳定恢复，实现了正增长。经济结构持续优化，发展动能不断增强。居民消费价格平稳回落，工业生产者出厂价格低位上升。就业形势改善，预期目标超额完成。居民收入增长与经济增长同步性进一步增强，收入分配差距缩小，社会保障范围扩大。在国内需求方面，消费受疫情冲击较大，但居民消费结构保持稳定，消费复苏梯次渐进，城乡消费差距缩小。新型消费蓬勃发展，线上消费逆势增长，境外消费回流。制造业投资降幅收窄，房地产开发投资回暖，基础设施投资整体趋稳，高技术产业和民生领域投资增长迅猛。在对外经济中，进出口总值低位企稳，一般贸易比重上升，商品结构持续优化，国际市场布局多元化成效显著，外贸内生动力增强。同时，对外投资规模保持稳定，对外投资结构优化，与"一带一路"沿线国家投资合作深化，地方企业对外投资热情高涨，境外经贸合作区建设成效显著。除此之外，围绕着"巩固、增强、提升、畅通"的"八字方针"，供给侧结构性改革稳步推进，实体经济活力不断释放。未来中国经济的增长潜力巨大，发展前景良好。

关键词： 宏观经济形势；国内需求；对外经济；供给侧结构性改革

一、总体经济形势回顾与展望

2020 年，新冠肺炎疫情肆虐全球，世界经济深度衰退，面对严峻复杂的国内外环境，我国宏观经济稳定、有序恢复，成为全球唯一实现经济正增长的主要经济体。经济运行稳中加固，经济结构发展新旧动能转换加快，经济发展新动能不断增强，市场活力逐步提升，民生保障愈发有力。经济发展主要依靠第二产业带动转向依靠三次产业共同带动，主要经济指标保持在合理的运行区间内。

---

* 曲如晓，北京师范大学经济与工商管理学院教授；李雪，中共河南省委党校经济管理部讲师。

（一）经济增长与产业结构

1. 宏观经济实现正增长

面对新冠肺炎疫情、世界经济深度衰退等多重严重冲击的复杂局面，我国宏观经济顶住了持续加大的下行压力，实现了正增长。2020 年国内生产总值为 101.6 万亿元，增长 2.3%，成为全球主要经济体中唯一实现正增长的国家（见图 1）。据国家统计局估计，中国 GDP 占全球的比重预计达到 17%，中国经济对世界经济增长贡献率持续上升，是拉动世界经济复苏的主引擎之一。

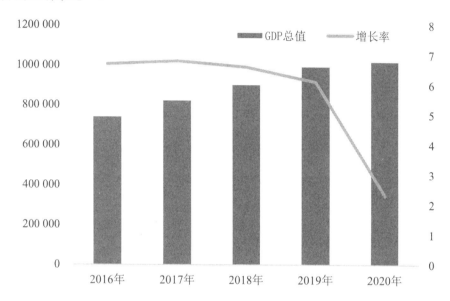

图 1　2016—2020 年国内生产总值与增速（单位：亿元，%）

资料来源：国家统计局. 2021 年国民经济和社会发展统计公报[EB/OL]. [2021-06-15]. http://www.stats.gov.cn/tjsj/zxfb/ 202102/t20210227_1814154.html。

2. 经济结构持续优化

从三次产业分布来看（见图 2），2020 年第一、二、三产业增加值分别为 7.78 万亿、38.43 万亿、55.4 万亿元，较 2019 年分别增长 3.0%、2.6%、2.1%，占比分别为 7.7%、37.8%、54.5%。在 2016—2020 年间，第三产业增加值占比显著提升，产业结构逐步优化，转型升级的步伐加快。第一产业增加值占比延续了 2019 年的上升趋势。第二产业占比则连续 4 年持续下降。

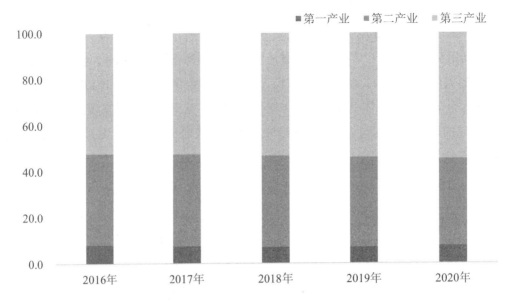

图 2　2016—2020 年国内三次产业占比（单位：%）

资料来源：国家统计局. 2021 年国民经济和社会发展统计公报[EB/OL]. [2021-06-15]. http://www.stats.gov.cn/tjsj/zxfb/202102/t20210227_1814154.html。

3. 科技实力不断进步，经济发展新动能增强

在创新驱动发展的大背景下，我国在创新领域取得新突破，科技实力不断增强。2020年研究与试验发展经费支出达 2.44 万亿元，较 2019 年增长 10.3%，占 GDP 比重为 2.40%，较 2019 年提高 0.16 个百分点。其中，基础研究经费增长 12.6%，增速较快。2020 年全国共授予专利权 363.9 万件，较 2019 年增长 40.4%。2020 年末每万人口发明专利拥有量预计达 15.8 件。涌现出一系列重大科技成果，例如，"嫦娥四号"首次登陆月球背面；"天问一号"探测器成功发射；"奋斗者"号完成万米载人深潜；量子计算原型系统"九章"研制成功；500 米口径球面射电望远镜正式开放运行等。据世界知识产权组织报告显示，2020年我国创新指数在全球排名第 14 位，是前 30 名中唯一的中等收入经济体。

（二）物价形势回顾与展望

1. 居民消费价格指数（CPI）平稳回落

2020 年居民消费价格指数走向总体表现为前高后低、平稳回落趋势，全年居民消费价格较 2019 年上涨 2.5%，涨幅较 2019 年回落 0.4 个百分点。CPI 月度同比与累计同比均出现相似的变化趋势（见图3），在 2020 年 1 月达到 5.4%、1.4%后，开始逐步下降。其中，月度同比首先逐月下降至 5 月的 2.4%。之后，受 6 月和 7 月高温和降雨等极端天气影响，涨幅小幅扩大。8 月开始又出现逐月下降的趋势，并在 11 月探至年内最低点-0.5%。12 月涨幅略有扩大，达到 0.7%。月度环比在 3 月达到年内最低点-1.2%。之后，在 3～7 月出现

上升趋势。8～12 月的变化情况与月度同比基本相似，先逐月下降至 11 月的-0.6%，而后在 12 月上升至 0.2%。

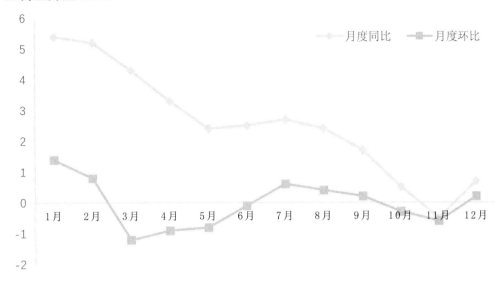

图 3　2020 年 CPI 月度涨跌幅度（单位：%）

资料来源：国家统计局. 2020 年国民经济和社会发展统计公报[EB/OL]. [2021-06-15]. http://www.stats.gov.cn/tjsj/zxfb/202102/t20210227_1814154.html。

　　从 CPI 的构成上来看，食品烟酒类消费品价格进一步延续了 2019 年的上涨趋势，成为 2020 年 CPI 涨幅最高的项目（8.3%），是推动 CPI 指数上涨的主要因素。尤其是受新冠肺炎疫情和非洲猪瘟影响，食品价格上涨了 10.6%，涨幅较 2019 年扩大 1.4 个百分点，CPI 上涨约 2.2 个百分点。医疗保健类、教育文化和娱乐类价格增长趋缓，分别较 2019 年价格小幅增长 1.8%、1.3%。衣着类、居住类、交通和通信类消费价格出现负增长，较 2019 年分别下降 0.2、0.4 和 3.5 个百分点。生活用品及服务类消费价格与 2019 年持平（见表 1）。

表 1　2020 年各类消费品价格增幅　　　　　　　　　　　　　　单位：%

类别	增幅
食品烟酒类	8.3
衣着类	−0.2
居住类	−0.4
生活用品及服务类	0.0
交通和通信类	−3.5
教育文化和娱乐类	1.3
医疗保健类	1.8
其他用品和服务类	4.3

资料来源：国家统计局. 2020 年国民经济和社会发展统计公报[EB/OL]. [2021-06-15]. http://www.stats.gov.cn/tjsj/zxfb/202102/t20210227_1814154.html。

2. 工业生产者出厂价格指数（PPI）低位回升

2020 年 PPI 整体呈现先降后升趋势。全年 PPI 下降 1.8%，降幅较 2019 年增加了 1.5 个百分点。年初受新冠肺炎疫情等因素影响，工业品需求低迷，PPI 呈现下降趋势，月度同比与月度环比分别在 2020 年 4 月、5 月达到年内最低点-2.3%、-5%。之后，随着国内疫情防控形势持续向好，工业生产稳定恢复，开始止降转涨。尽管 PPI 月度同比在 7～10 月再次出现小幅下降趋势，但降幅稳步收窄。在 12 月，PPI 月度同比与环比已大体接近疫情冲击前水平（见图 4）。

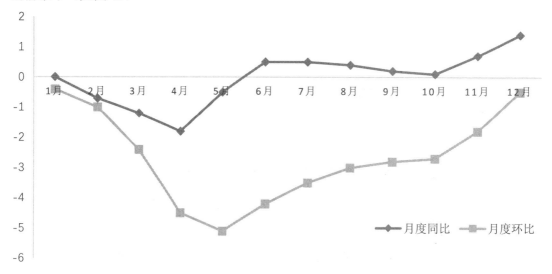

图 4　2020 年 PPI 月度涨跌幅度（单位：%）

资料来源：国家统计局. 2020 年国民经济和社会发展统计公报[DB/OL]. [2021-06-15]. http://www.stats.gov.cn/tjsj/zxfb/202001/t20200109_1721985.html。

就 PPI 的构成来看，生产资料价格同比下降 0.5%，降幅收窄 1.3 个百分点，导致工业生产者出厂价格总水平下降约 0.33 个百分点。其中，采掘工业价格下降 0.4%，原材料工业价格下降 1.6%，加工工业价格持平。生活资料价格同比下降 0.4%，降幅收窄 0.4 个百分点，导致工业生产者出厂价格总水平下降约 0.11 个百分点。其中，食品价格上涨 0.9%，衣着和耐用消费品价格均下降 1.8%，一般日用品价格下降 0.4%。

从主要行业出厂价格的变化幅度来看，在新冠肺炎疫情冲击、产油国"价格战"等多重因素叠加影响下，国际原油价格向下震荡，对国内与原油价格密切相关的行业造成了较大的冲击。其中，石油和天然气开采业、石油加工、炼焦和核燃料加工业、化学纤维制造业、化学原料和化学制品制造业价格分别下降 27.4%、14.3%、13.5%、5.9%。

未来物价指数的变化还存在较多的不确定因素。一方面，为应对疫情带来的不利影响，中国人民银行出台了多项政策支持企业复工复产。国内货币环境相对宽松，货币压力将推升物价进一步上涨。但另一方面，疫情将持续导致宏观需求总体偏弱，大宗商品需求不振，价格趋于下降。因此，国内存在着抑制物价上涨等客观因素。据国家信息中心初步测算，2020 年 CPI 翘尾因素约为-0.4%，PPI 翘尾因素约为 1.0%。综合考虑翘尾因素和新涨价因素的影响，初步预计 2021 年 CPI 涨幅将保持在 1.0%左右，PPI 的涨幅将保持在 2.0%左右。

（三）就业与居民收入形势回顾与展望

1. 就业形势逐步改善，预期目标顺利完成

在新冠肺炎疫情冲击下，2020 年出现前所未有的严峻就业形势。2020 年 2 月，全国城镇调查失业率升至 6.2%的年内高点。同时，2 月末农村外出务工劳动力人数同比减少 5400 万人，3 月城镇外来农业户籍人口失业率达到 6.7%的历史高点。随着国家全面强化就业优先政策，把就业列为"六稳""六保"之首，一系列减负稳岗扩就业的相关政策落地就效，总体就业形势逐步改善。6 月城镇调查失业率降至 5.7%，并持续降至 9 月的 5.4%。12 月，城镇调查失业率、城镇外来农业户籍人口失业率及 20～24 岁大专及以上受教育程度人员失业率均出现回落，与 2019 年同期持平。

随着各地区稳就业工作的推进，就业形势回稳向好。2020 年全国年均城镇调查失业率为 5.6%，低于 6%左右的预期目标。全年城镇新增就业人数为 1186 万人，比 900 万人的预期目标多 286 万人。年末城镇登记失业率为 4.24%，低于 5.5%左右的预期目标，各项就业预期目标顺利完成。

2. 居民收入增长稳步回升，城乡居民收入相对差距进一步缩小

如图 5 所示，2020 年全国居民人均可支配收入为 3.3 万元，比 2019 年增长 4.7%，扣除价格因素实际增长 2.1%，增速回落 2.7 个百分点，与经济增长基本同步。保就业、保民生等政策持续见效，推动了居民各项收入增速的回升。其中，2020 年全国居民人均工资性收入为 17 917 元，增长 4.3%。全国居民人均转移净收入为 6173 元，增长 8.7%，快于全国居民人均收入 4.0 个百分点。全国居民人均经营净收入为 5307 元，实现正增长。

城乡居民收入相对差距进一步缩小。其中，农村居民收入增长继续快于城镇居民。2020 年农村居民人均可支配收入为 17 131 元，名义增长 6.9%，实际增长 3.8%。城镇居民人均可支配收入为 43 834 元，名义增长 3.5%，实际增长 1.2%。城乡居民收入比值为 2.56，较 2019 年缩小 0.08，收入分配情况进一步改善。

3. 社会保障范围进一步扩大

2020 年社会保障范围进一步扩大，全年基本养老、失业、工伤保险基金总收入 5.02 万亿元，总支出 5.75 万亿元。城镇职工基本养老保险、城乡居民基本养老保险、基本医疗保险、失业保险参加人数分别为 45 638 万人、54 244 万人、136 101 万人、34 423 万人，较 2019 年分别增加 2150 万人、978 万人、693 万人和 1147 万人。全国基本养老保险参保近 10 亿人，基本医疗保险参保率稳定在 95%以上。社会帮扶持续加力，2020 年临时救助 1341 万

人次，资助 8990 万人参加基本医疗保险，实施直接救助 7300 万人次，救助人次数均明显增加。

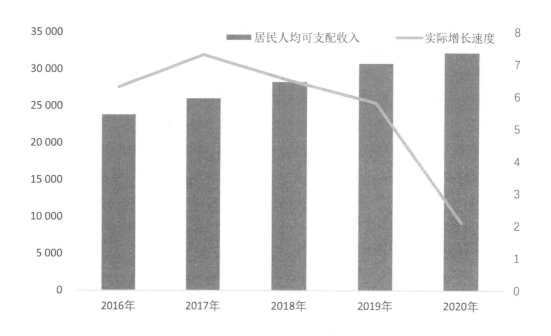

图 5   2016—2020 年全国人均可支配收入情况（单位：元，%）

资料来源：国家统计局. 全国人均可支配收入年度数据[DB/OL]. [2021-06-15]. http://data.stats.gov.cn/easyquery.htm?cn= C01。

2021 年政府工作报告中，中央进一步强调扎实做好"六稳"工作、落实"六保"任务，将就业优先政策放在首位。在稳定现有就业的同时，拓宽市场化就业渠道，广开就业门路，促进失业人员再就业。2022 年预计城镇新增就业 1100 万人以上，城镇调查失业率保持在 5.5% 左右。尽管世界范围内疫情的持续暴发将造成全球产业链和供应链的深刻变化，整体经济秩序恢复的不确定性增加，可能对国内就业产生外溢影响。但在稳就业、保就业政策的持续作用下，就业形势将保持总体稳定。

就业形势总体平稳和社会保障范围的扩大为居民收入稳定增长奠定了基础。与此同时，"十四五"规划纲要指出，要进一步提高农民土地增值收益分享比例、完善上市公司分红制度、创新更多适应家庭财富管理需求的金融产品、拓宽技术工人上升渠道、提高技能型人才待遇水平和地位、实施高素质农民培育计划等，这些举措对于增加城乡居民财产性收入、扩大中等收入群体的数量具有重要作用。宏观调控力度的增强，将有助于实现居民收入增长与经济增长同步、劳动报酬提高与劳动生产率提高同步。

二、国内需求形势回顾

（一）消费需求

尽管受新冠肺炎疫情影响，2020 年全社会消费品零售额较 2019 年下降 3.9%，总额达 39.2 亿元，但最终消费支出占 GDP 的比重达到近年来的最高水平（54.3%），较资本形成总额高 11.2 个百分点，发挥着稳定"压舱石"作用。随着疫情得到有效控制，国民经济秩序逐渐恢复，消费对经济增长的拉动力度逐季回升。2020 年第四季度社会消费品零售总额同比增长 4.6%，增速较第三季度加快了 3.7 个百分点，拉动经济增长 2.6 个百分点，较第三季度上升 1.2 个百分点，总体呈现出前高后低、稳定恢复态势。

1. 受疫情冲击较大

新冠肺炎疫情对消费造成了强烈冲击，2020 年全国居民人均消费支出首次出现近年来的负增长，增速较 2019 年下降 10.2 个百分点。从城乡情况来看（见表 2），城镇增速在 2019 年短暂升至 7.5% 后，在 2020 年出现大幅回落，增长 -3.8%，增速下降 11.3 个百分点，受疫情影响程度较高。农村居民消费人均支出增长 2.9%，较 2019 年下降 7 个百分点，受疫情影响程度相对较低。城镇与农村居民人均消费支出差额由 2019 年的 14 735 元下降至 2020 年的 13 294 元，城乡居民消费差距进一步缩小。

表 2　2018—2020 年我国居民消费人均支出及增速　　　　　　　　单位：元，%

年份	人均消费支出			较上年同比增速		
	全国	城镇	农村	全国	城镇	农村
2018	19 853	26 112	12 124	8.4	6.8	10.7
2019	21 559	28 063	13 328	8.6	7.5	9.9
2020	21 210	27 007	13 713	-1.6	-3.8	2.9

资料来源：国家统计局. 2020 年国民经济和社会发展统计公报[EB/OL]. [2021-06-15]. http://www.stats.gov.cn/tjsj/zxfb/202102/t20210227_1814154.html。

2. 居民消费结构保持稳定，消费复苏梯次渐进

如图 6 所示，在居民消费结构方面，食品烟酒、居住及交通通信消费三项传统支出依然是居民生活的首要开支，2020 年三项支出合计占比 67.8%，与 2019 年占比情况基本持平。其中，食品烟酒、居住类消费支出占比较 2019 年小幅上升。衣着、交通通信、教育文化娱乐、医疗保健等支出占比缩小，分别从 2019 年的 6.21%、13.28%、11.66%、8.82%，下降至 2020 年的 5.84%、13.02%、9.58%、8.69%。居民消费结构在总体上保持稳定。

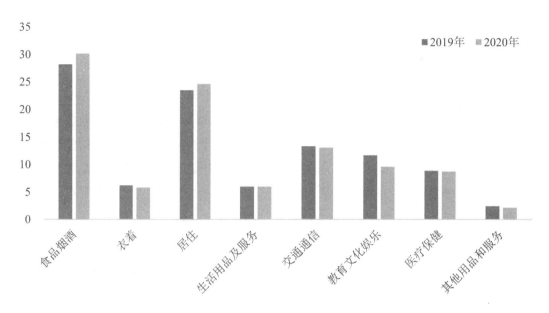

图6 2019—2020 年居民人均消费各项支出占出（单位：%）

资料来源：国家统计局. 居民收支情况[DB/OL]. [2021-06-15]. http://data.stats.gov.cn/easyquery.htm?cn=C01.

2020 年居民各项消费支出增速差异较大，呈现出梯次渐进的特征（见表3）。生活必需类消费快速恢复，其中食品烟酒消费支出较 2019 年增长 5.1%，居住消费支出较 2019 年增长 3.2%。升级类消费缓慢恢复，生活用品及服务消费支出、交通通信消费支出、医疗保健消费支出、衣着消费支出增速虽然呈现出不同程度的回落，但降幅相对较小。服务消费受疫情冲击严重，教育文化娱乐消费支出较 2019 年下降 19.1%，增速回落 32 个百分点。

表3 2019—2020 年居民消费各项支出增速　　　　　　　　　　　　单位：%

居民消费支出类别	2019 年	2020 年
食品烟酒消费支出	8.0	5.1
衣着消费支出	3.8	−7.5
居住消费支出	8.8	3.2
生活用品及服务消费支出	4.7	−1.6
交通通信消费支出	7.0	−3.5
教育文化娱乐消费支出	12.9	−19.1
医疗保健消费支出	12.9	−3.1
其他用品和服务消费支出	9.9	−11.8

资料来源：国家统计局. 2020 年居民收支情况 [DB/OL]. [2021-06-15]. http://data.stats.gov.cn/easyquery.htm?cn=C01。

3. 新型消费蓬勃发展，线上消费逆势增长

受到新冠肺炎疫情影响，以数字化、信息化技术为核心的新型消费快速崛起，数字经济与实体经济深度融合，展现出了强大的增长潜力。网络购物、无接触配送、直播带货、在线教育、社区团购等消费新业态新模式蓬勃发展。2020 年实物商品网上零售额达 9.8 万亿元，逆势增长 14.8%，占比 24.9%，中国连续 8 年成为全球第一大网络零售市场。快递业务量达 833.6 亿件，电商直播超 2000 万场，在线教育市场规模约为 4328 亿元，较 2019 年增长 24.79%。腾讯、阿里巴巴、京东、美团、苏宁易购等互联网企业争先开展社区团购项目，社区团购在短时间内实现快速扩张。

4. 境外消费回流

随着国货品质提升、进口渠道拓宽、免税购物政策完善及疫情对居民出境的限制，境外消费开始出现明显的回流趋势。2020 年旅行服务进口下降 47.7%。与此同时，全年消费品进口额达 1.57 万亿元，同比增长 8.2%，较进口整体增速高 8.9 个百分点，占进口额比重为 11%，较 2019 年提升约 1 个百分点。其中，肉类、首饰、化妆品进口增长 30% 以上，箱包、钟表进口增幅超过 20%。跨境电商零售进口持续保持快速增长，进口规模突破 1000 亿元。海南实施离岛免税购物新政，全年免税店销售额达 327.4 亿元，较 2019 年增长 1.27 倍。仅"双 11"期间，京东国际进口母婴成交额同比增长近 100%，进口保健品成交额增长超 270%。越来越多的消费群体实现"不出境、买全球"。

虽然受疫情影响，当前出现了居民消费信心不足、就业压力上升、收入增速放缓、区域流动受限等阻碍居民消费潜力释放的不利因素。但在总体上，宏观经济保持平稳运行，就业与居民可支配收入形势基本稳定，为消费需求的增长提供了稳固基础。不仅如此，随着数字经济与实体经济的深度融合，也为促进居民消费潜力提供了有力支撑。

（1）就业与居民收入形势稳定。受新冠肺炎疫情和中美贸易摩擦的影响，部分企业陷入生产困境，用工规模缩减。党中央和国务院适时推出了多项"稳就业"和"惠民生"政策，并将"稳就业"工作置于"六稳"工作之首。在政策托底的大背景下，并未出现大规模的失业风险。就业与居民收入形势稳定，对于提振居民消费信心具有不可替代的积极作用。

（2）供给侧结构性改革继续深化。国内企业的中、高端供给逐渐增加，无效和低端供给开始减少，资源利用效率提升。持续深入推进的供给侧结构性改革，对于改善和提升国内商品服务供给质量、促进境外消费有序回流具有积极作用。

（3）消费业态方式不断革新。新一代信息技术革命和数字经济的快速发展，催生了区块链、大数据、人工智能、云计算、物联网、网络信息安全等一系列新的产业群。数字信息产业逐渐渗透到生产、分配、流通等各环节，开始创造新的消费增长点。当前，随着数字经济与实体经济的融合向生产领域扩展，传统企业与线上企业各取所长，融合形成以消

费者为核心全渠道服务模式的新型消费系统，大大提高了居民消费的便利化程度，增加了居民消费的可选择性，为繁荣国内消费市场增添了新动力。

（4）促消费的政策持续发力。2020 年 3 月，国家发展改革委出台《关于促进消费扩容提质、加快形成强大国内市场的实施意见》，提出要加快完善促进消费体制机制，进一步改善消费环境，发挥消费基础性作用。不仅如此，"十四五"规划纲要中也明确提出要"全面促进消费"，并推出多项举措。促消费政策的持续发力，对于稳定消费者信心、持续提升居民消费能力、促进消费环境的优化升级具有积极影响。

（二）国内固定资产投资

面对世界经济严重衰退、产业链供应链循环受阻、大宗商品市场动荡的复杂局面，在"稳投资"工作的推动下，2020 年全社会固定资产投资实现 52.73 万亿元，保持正增长态势，较 2019 年增长 2.7%。其中，东部地区、中部地区、西部地区、东北地区固定资产投资额分别较 2019 年增长 3.8%、0.7%、4.4%、4.3%。

1. 制造业投资降幅收窄

随着企业投资能力和投资信心的缓慢恢复，制造业投资降幅收窄。2020 年制造业投资较 2019 年下降 2.2%。其中，医药制造业投资增幅最高，为 28.4%。计算机、通信和其他电子设备制造业较 2019 年增长 12.5%。铁路、船舶、航空航天和其他运输设备制造业增长 2.5%。原材料制造业投资中，黑色金属冶炼和压延加工业投资，以及石油、煤炭及其他燃料加工业投资分别增长 26.5%、9.4%。其他制造业投资仍然呈现出负增长。

2. 房地产开发投资回暖

房地产开发投资的回暖趋势明显，复苏较快。2020 年房地产开发投资实现 14.14 万亿元，较 2019 年增长 7.0%。其中，东部地区、中部地区、西部地区、东北地区房地产开发投资分别为 7.46 万亿元、2.88 万亿元、3.27 万亿元、0.54 万亿元，较 2019 年分别增长 7.6%、4.4%、8.2%、6.2%。住宅、办公楼、商业营业用房投资分别为 10.44 万亿元、0.65 万亿元、1.31 万亿元，分别增长 7.6%、5.4%、−1.1%。商品房销售面积达 176 086 万平方米，较 2019 年增长 2.6%。其中，住宅销售面积增长 3.2%，办公楼和商业营业用房销售面积分别下降 10.4%、8.7%。

3. 基础设施投资整体趋稳

疫情防控投入成本的加大，挤压了积极财政政策对基础设施建设的支出，并且随着近年来基建有效投资空间的持续收窄和优质基建项目的匮乏，2020 年我国基础设施投资（不含电力、热力、燃气及水生产和供应业）呈现企稳态势，同比增长 0.9%。其中，铁路运输业投资下降 2.2%。道路运输业投资增长 1.8%，增速回落 0.4 个百分点。水利管理业投资增长 4.5%，增速提高 1.4 个百分点。公共设施管理业投资下降 1.4%，降幅收窄 0.4 个百分点。

4. 高技术产业和民生领域投资增长迅猛

2020 年高技术产业和民生领域投资表现亮眼，增长迅猛。其中，高技术产业投资增长 10.6%，较全体投资增速高 7.7 个百分点。高技术制造业和高技术服务业投资分别增长 11.5%、9.1%。高技术制造业中，医药制造业、计算机及办公设备制造业投资分别增长 28.4%、22.4%。高技术服务业中，电子商务服务业、信息服务业投资分别增长 20.2%、15.2%。在民生领域中，卫生、教育投资分别增长 29.9% 和 12.3%。

随着近年来投资转型升级步伐的加快，我国产业和地区投资结构调整取得一定进展。但受疫情冲击，现阶段投资增长的下行趋势凸显，而稳投资又是促进短期需求和稳定长期发展的关键。受多重因素影响，2021 年投资增长的"动力"与"阻碍"参半，就有利条件而言：

（1）新型基础设施投资建设为"稳投资"提供保障。2021 年政府工作报告中指出，中央拟投资安排 6100 亿元继续支持促进区域协调发展的重大工程，推进"两新一重"建设，落实一批交通、能源、水利等重大工程项目建设，建设信息网络等新型基础设施，发展现代物流体系。基建投资的持续发力，将进一步增强经济发展动能，带动工业企业投资增长。

（2）新兴业态为企业投资提供新契机。在居民消费升级的促进下，旅游、文化、体育、教育培训等产业快速成长，改善供给质量、提供高端供给已经成为近年来的投资热点。新兴领域，如愈发受到重视的人工智能、区块链等应用领域，蕴含着巨大的投资潜力，有望引领未来的投资浪潮。

（3）投资环境优化。随着近年来"放管服"改革的纵深推进，国内的营商环境得到了有效改善。据世界银行发布的《全球营商环境报告 2020》，2020 年我国营商环境排名跃居全球第 31 位，较 2019 年提升 15 位。尤其是提高投资审批效率，对于持续优化企业投资环境、激发企业投资活力、增强经济发展内生动力具有重要作用。

但同时也应看到，受新冠肺炎疫情影响，现阶段宏观环境的不确定性增强，投资的下行压力加大。在外部环境方面，全球产业链和供应链布局深刻调整，跨境人流、物流受限，形势严峻。在国内环境方面，国内劳工成本上升，消费需求锐减，对中小企业和民营企业的打击严重。以上因素都会造成市场主体投资信心不足，不利于企业投资预期的改善，由此导致未来投资额下滑。

三、对外经济回顾与展望

2020 年受新冠肺炎疫情影响，世界经济缓慢复苏，国际产业链和供应链布局深刻调整，单边主义、贸易保护主义加剧，对外经济发展的外部环境愈发错综复杂。但与此同时，国内经济秩序的稳定恢复、外贸企业竞争新优势的不断增强，以及跨境电商等新业态的蓬勃发展，都为对外经济改善向好的运行态势提供了良好支撑，未来对外经济发展的风险与机遇并存。

（一）对外贸易

在新冠肺炎疫情冲击、世界经济复苏不稳定不平衡、国际产业链和供应链布局深刻调整的背景下，2020 年我国的外贸发展逆势增长，好于预期，高质量发展取得突出成效。据国家统计局数据显示，2020 年我国货物进出口总额为 32.16 万亿元，较 2019 年增长 1.9%，是全球唯一实现贸易正增长的主要经济体。其中，出口 17.93 万亿元，增长 4.0%。进口14.22 万亿元，下降 0.7%。货物顺差实现 3.71 万亿元，较 2019 年增加了 0.8 万亿元。全年服务进出口总额为 4.56 万亿元，下降 15.7%。其中，服务出口额近 1.94 万亿元，下降 1.1%；服务进口额为 26.27 万亿元，下降 24.0%，服务贸易进出口逆差达 0.7 万亿元。

1. 进出口总值低位企稳

如图 7 所示，从进口总值的月度数据来看，月度同比增长出现较强的波动性。2020 年上半年，月度同比基本保持在负增长区间，在 2020 年 5 月探至年内最低点（-16.7%）。随着世界经济秩序的恢复，2020 年下半年开始逐渐转向正增长，并在 2020 年 9 月出现年内最高点（13.2%），之后保持在 5% 上下波动。月度累计增长保持全年负增长，整体呈现先减后增趋势，转折点出现在 2020 年 5 月，自此以后，进口月底累计增速逐月上升。

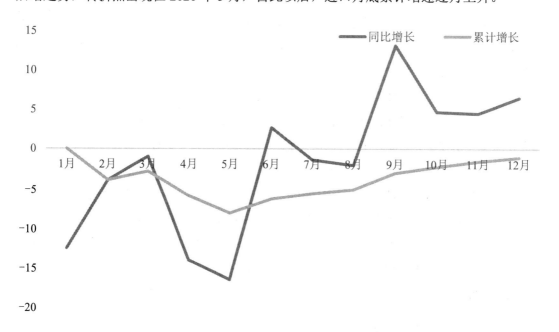

图 7　2020 年进口总值的月度增长（单位：%）

资料来源：国家统计局. 进出口贸易年度数据[DB/OL]. [2021-06-15]. http://data.stats.gov.cn/easyquery.htm?cn=C01。

如图 8 所示，从出口总值的月度数据来看，出口月度同比增长与月度累计增长呈现相似走势。两项增长均在 2020 年 2 月降至年内最低点-17.2%后，呈上升趋势。月度同比增长至 4 月的 3.5%后小幅下降至 5 月的-3.3%，在 6 月由负增长转向正增长，7～12 月出口月度同比增长保持在 7%以上，11 月达到年内最高点（21.1%）。出口月度累计增长逐月上升，在 10 月由负增长转向正增长，并在 12 月达到年内最高点（3.6%）。

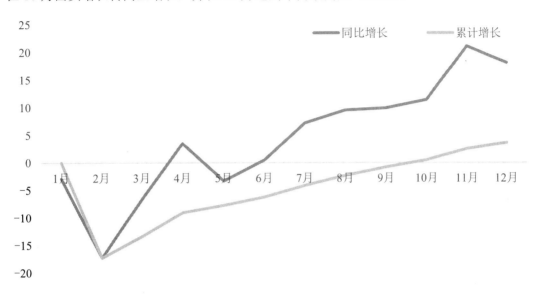

图 8　2020 年出口总值的月度增长（单位：%）

资料来源：国家统计局. 进出口贸易月度数据[DB/OL]. [2021-06-15]. http://data.stats.gov.cn/easyquery.htm?cn=C01。

2. 一般贸易比重上升

贸易方式方面，一般贸易进出口占比进一步上升，贸易结构有序调整，优化升级持续进行。如表 4 所示，2020 年我国一般贸易进出口总额为 19.25 万亿元，占当年货物贸易总额的 59.87%，较 2019 年提升了 0.87 个百分点，对外贸易自主发展能力不断增强。其中，一般贸易进口额约为 8.60 万亿元，出口额约为 10.65 万亿元，较 2019 年分别增长-0.7%、6.9%。加工贸易进出口总额约为 7.64 万亿元，占当年货物贸易总额的 23.78%。加工贸易进口额和出口额分别约为 2.79 万亿元、4.86 万亿元，较 2019 年同期分别下降 3.2、4.2 个百分点。

表 4　2020 年进出口不同贸易方式总额　　　　　　　　单位：亿元，%

方式	出口		进口	
	金额	增长	金额	增长
一般贸易	106 460	6.9	86 048	-0.7
加工贸易	48 589	-4.2	27 853	-3.2

资料来源：国家统计局. 进出口贸易年度数据[DB/OL]. [2021-06-15]. http://data.stats.gov.cn/easyquery.htm?cn=C01.

3. 商品结构持续优化

出口商品结构方面，2020 年机电产品、高新技术产品分别实现出口额 10.66 万亿、5.37 万亿元，分别增长 6%、6.5%，均高于当年出口整体增速（4.0%）。其中，笔记本电脑、家用电器、集成电路、医疗仪器及器械出口分别增长 20.4%、24.2%、15%、41.5%。劳动密集型产品占比进一步下降，纺织品、服装、鞋类、箱包、玩具、家具、塑料制品等七类劳动密集型产品合计出口 3.6 万亿元，占比 20.3%，增长 9.8%。与此同时，2020 年新冠肺炎疫情在全球范围内蔓延，带动了防疫物资的出口。2020 年 3～12 月海关共验放出口主要疫情防控物资价值 0.44 万亿元，包括口罩在内的纺织品、医疗器械、药品全年合计出口增长 31%，拉动整体出口增长 1.9 个百分点。

进口商品方面，能源资源型产品进口稳定增长，2020 年中国煤、原油、天然气、铁矿砂等资源型产品进口量分别增长 1.5%、7.3%、5.3、9.5%。粮食、肉类、大豆等农产品进口量分别增长 28%、60.4%、13.3%。消费品进口增长迅速，其中化妆品、医药品进口额分别增长 29.7%、4.2%。

4. 国际市场布局多元化成效显著

国际市场布局更加均衡，市场多元化成效显著，中国的外贸伙伴扩大至 230 多个国家和地区。2020 年中国对前五大贸易伙伴东盟、欧盟、美国、日本和韩国的进出口额分别为 4.7 万亿元、4.5 万亿元、4.1 万亿元、2.2 万亿元和 2.0 万亿元，分别占比 15%、14%、13%、7%、6%。前五大贸易合计占比 54.3%，东盟超越欧盟首次成为我国第一大贸易伙伴。与此同时，与"一带一路"沿线国家和地区的经贸合作也进一步深化，2020 年中国对"一带一路"沿线国家和地区进出口贸易总额达 9.4 万亿元，占比 29.1%，增长 1%。尤其是对沙特阿拉伯、土耳其、埃及、波兰、新西兰等部分"一带一路"沿线国家实现了较为快速的出口增长，占比分别为 18.4%、18%、12.1%、12.4% 和 5.9%。中欧班列全年开行 1.24 万列，发送货物 113.5 万标准箱，分别增长 50% 和 56%，综合重箱率达 98.4%。与"一带一路"沿线国家的贸易合作正成为拉动我国外贸发展的新动力。

5. 外贸内生动力增强

民营企业作为外贸主力军的作用进一步凸显。截至 2020 年，民营企业已经连续 6 年成为外贸出口第一大主体。2020 年中国有进出口实绩的外贸企业共 53.1 万家，较 2019 年增长 6.2%。其中，民营企业占比 47%，较 2019 年提升 3.7 个百分点。外资企业占比 38.7%，国有企业占比 14.3%，分别较 2019 年下降 1.1 个、4.1 个百分点。2020 年民营企业实现进出口总额 15.1 万亿元，较 2019 年同期增长 10.6%，较 2020 年进出口总体增速高 8.7 个百分点，拉动整体进出口增长 4.6 个百分点。出口额为 10.0 万亿元，增长 12.2%，占比 56%，较 2019 年提升 4.1 个百分点。进口额为 5.1 万亿元，增长 7.6%，占比 35.6%，较 2019 年提升 2.7 个百分点。

新冠肺炎疫情在全世界范围内的蔓延，加剧了世界经济复苏的不确定性。国际贸易格局深度调整，全球价值链重构，我国外贸发展环境错综复杂。就有利条件来看：

（1）国内经济迅速恢复，呈现向好态势。2020年国内宏观经济稳定复苏，实现世界主要经济体中唯一的正增长。经济结构持续优化，支撑经济发展的新旧动能加快转换，经济发展质量稳步提升，为外贸发展奠定了坚实基础。

（2）国际贸易布局进一步扩展。在巩固美、欧、日等传统市场的同时，随着我国与"一带一路"沿线国家、非洲、拉丁美洲等新兴国家经贸往来的持续推进，对外贸易格局呈现出遍布全球、多点开花的新局面。

（3）进出口企业发展韧性增强。在新冠肺炎疫情的冲击下，外贸企业积极寻求突破，传统外贸企业开始借助大数据精准营销工具、B2B平台、线上展会等渠道，开展客户开发、推广及引流，加快数字化转型。与此同时，还持续加大了研发投入，逐步提升出口产品的技术含量和附加值，不断向价值链上游攀升，愈发注重供应链管理、品牌打造、专业服务、品质控制和售后服务等综合能力的提升，努力打造新的核心竞争力。

（4）外贸政策环境优化。2020年以来，国务院出台了多轮稳外贸政策措施，包括出口退税、出口信用保险、加工贸易梯度转移、贸易发展新业态等内容，助力外贸企业走出困境。2020年8月，国务院办公厅印发《关于进一步做好稳外贸稳外资工作的意见》，提出多项稳外贸稳外资政策措施，提出发挥出口信用保险作用，复制或扩大"信保+担保"融资模式，扩大对中小微外贸企业出口信贷投放等举措。同年10月，国务院办公厅印发《关于推进对外贸易创新发展的实施意见》，要求培育新形势下参与国际合作和竞争的新优势，实现外贸创新发展。除此之外，各地方也出台了一系列配套举措。外贸政策环境的优化，有力提振了外贸企业的信心。

（5）多双边经贸关系取得重要突破。2020年11月，我国成功签署《区域全面经济伙伴关系协定》（RCEP），加入全球规模最大的自贸区。2020年12月如期完成中欧投资协定谈判。与此同时，中国还积极参与全球经济治理，维护多边贸易体制，参与世贸组织改革，构建高标准自贸区网络，并签署中柬自贸协定，推进中日韩以及与挪威、以色列、海湾阿拉伯国家合作委员会等自贸谈判，签署中欧地理标志协定，推动中美省州合作，加强中俄经贸合作，落实中非合作"八大行动"等。多双边经贸关系的重要突破将进一步改善中国同世界其他国家的贸易便利化程度，促进外贸发展。

但同时，新冠肺炎疫情的蔓延和近年来发达国家对外政策的变化，也将导致我国贸易发展所面临的不稳定、不确定因素增多，下行压力加大，具体表现如下：

（1）全球疫情形势变化频繁。虽然全球疫苗的研发和接种均有所突破，但世界各国国内疫情形势差别较大，并且随着病毒迅速变异，全球疫情有所反弹，各国仍然采取多项贸易保护措施，多国人员和商品跨境流动受限，威胁着世界经济贸易稳定复苏的基础。

（2）宽松货币政策的刺激效果减退。为了有效提振本国经济，多国提出了促进经济复苏的宽松货币政策。但目前大多数国家的利率水平已降至零利率甚至负利率，经济增长却仍然难以恢复，下行压力持续加大，成为阻碍世界经济稳定增长的风险性因素。

（3）贸易壁垒增加，国际贸易规则面临重塑。随着"逆全球化"的思潮涌动和贸易保护主义的抬头，世贸组织成员纷纷实施提高关税、数量限制、增加进口环节税收、严格海关监管等贸易限制措施。世界贸易环境的动荡使国际贸易规则面临重塑，多边贸易体制改革方向尚不清晰。美国等少数发达经济体的对外贸易政策可能发生重大改变，可能会采取实质性退出的方式重塑现有的贸易框架和规则，对外贸易发展的不确定性进一步增强。

（4）全球产业链供应链布局重构。新冠肺炎疫情的冲击将加速全球产业链供应链重构。随着世界各国的内顾倾向加剧，愈发趋向单边主义和贸易保护主义，全球产业链供应链布局开始向区域化、本土化、短链化的趋势过渡，由此将带来新一轮的挑战和竞争。

（二）对外投资

面对错综复杂的国内外形势，我国企业在政府对外投资方式政策的引导下，积极主动"走出去"，逐渐成长为新兴经济体跨国公司的代表，对外投资有序发展，对外投资大国的地位进一步巩固。

1. 对外投资规模基本稳定，对外投资结构持续优化

2020 年我国对外全行业直接投资 1329.4 亿美元，较 2019 年增长 6.2%。对外非金融类直接投资 1101.5 亿美元，同比下降 0.4%。其中，批发与零售业，租赁和商务服务业，信息传输、软件和信息技术服务业，以及交通运输、仓储和邮政业等行业对外投资的增速较快，分别增长 33.3%、22.6%、13.3%、12.1%。对外承包工程新签合同额 2555.4 亿美元，同比下降 1.8%，完成营业额 1559.4 亿美元，同比下降 9.8%。对外劳务合作派出各类劳务人员 30.1 万人，12 月末在外各类劳务人员 62.3 万人。全年整体对外投资规模基本保持稳定。

与此同时，对外投资结构持续优化，从产业流向来看，对外投资主要流向了制造业、租赁和商务服务业、批发与零售业、房地产业，以及信息传输、软件和信息技术服务业等行业，占比分别为 21.56%、18.38%、8.19%、14.07%、11.33%（表 5）。

表 5　2020 年主要行业对外直接投资额、增速及占比　　　　单位：亿美元，%

行业名称	金额	增长率	占比
农、林、牧、渔业	40	4.9	0.40
制造业	2156	−10.8	21.56
电力、热力、燃气及水生产和供应业	217	−9.4	2.17
交通运输、仓储和邮政业	347	12.1	3.47
信息传输、软件和信息技术服务业	1133	13.3	11.33
批发与零售业	819	33.3	8.19
房地产业	1407	−12.5	14.07
租赁和商务服务业	1838	22.6	18.38
居民服务、修理和其他服务业	21	−42.4	0.21

资料来源：国家统计局. 2020 年国民经济和社会发展统计公报[EB/OL]. [2021-06-15]. http://www.stats.gov.cn/tjsj/zxfb/202102/t20210227_1814154.html。

2. 与"一带一路"沿线国家投资合作稳步推进

2020 年，我国对"一带一路"沿线 58 个国家非金融类直接投资 177.9 亿美元，同比增长 18.3%，占同期总额的 16.2%，较 2019 年提升 2.6 个百分点。与沿线国家新签承包工程合同额达 1414.6 亿美元，完成营业额 911.2 亿美元，分别占同期总额的 55.4% 和 58.4%，展现出共建"一带一路"合作的活力与韧性。

3. 地方企业对外投资热情高涨，境外经贸合作区建设成效显著

2020 年地方企业对外非金融类直接投资达 807.5 亿美元，同比增长 16.4%，占同期对外直接投资总额的 73.3%。尤其是东部地区对外投资较 2019 年增长 21.8%，广东、上海、浙江位列前三，对外投资热情持续高涨。

境外经贸合作区是中国企业集群"走出去"的重要平台，截至 2020 年底，境外经贸合作区累计投资 3094 亿元，为当地创造了 37.3 万个就业岗位。境外经贸合作区的高质量发展，不仅扩大了我国优势产业在海外的集聚效应，也进一步降低了中国企业"走出去"的风险与成本，成为中国企业"走出去"的重要名片。

虽然近年来我国对外投资规模稳居世界前列，但与发达国家相比，还存在很大差距，国内的跨国企业仍处于成长阶段，国际运营能力还有待提升，未来我国对外直接投资的发展风险与机遇并存。一方面，受新冠肺炎疫情和"逆全球化"的影响，跨境人流、物流受到极大限制，欧美国家加强了对关键基础设施、关键技术、敏感数据等领域的外商投资审查，将对我国对外投资活动产生不利影响。但另一方面，我国的多双边经贸关系取得重大突破，成功签署《区域全面经济伙伴关系协定》（RCEP），并如期完成中欧投资协定谈判。加之"一带一路"倡议、境外经贸合作区、第三方市场合作、多元化融资体系、高标准自贸区网络等对外开放与合作平台蓬勃发展。这对于持续优化企业"走出去"环境，促进集群式投资、释放企业的对外投资潜力具有强大的助力作用。

四、供给侧结构性改革的现状及展望

围绕着"巩固、增强、提升、畅通"的"八字方针"，在巩固现有"三去一降一补"成果的基础上，2020 年供给侧结构性改革进一步深化。通过加大"破、立、降"力度，推动更多产能过剩行业加快出清，降低全社会各类营商成本，加大基础设施补短板力度等措施，实体经济活力不断释放，具体表现如下：

（1）"去产能"方面。2020 年全国工业产能利用率达 74.5%。其中，石油与天然气开采业、化学纤维制造业、黑色金属冶炼和压延加工业、电气机械和器材制造业产能利用率较高，分别为 90.1%、80.5%、78.8%、78.1%，基本与 2019 年持平。2020 年山西省退出煤炭产能 4099 万吨，圆满完成"十三五"煤炭去产能任务，煤炭行业成功转型，实现高质量发展。河北、天津、江苏等地退出钢铁产能 2000 万吨以上。

（2）"去库存"方面。房地产行业发展受政策引导明显，房地产投资涨幅得到控制。2020年末商品房待售面积49 850万平方米，比2019年末增加29万平方米。其中，商品住宅待售面积22 379万平方米，减少94万平方米。

（3）"去杠杆"方面。受新冠肺炎疫情影响，2020年各部门杠杆率较2019年有所上升。其中，政府部门杠杆率从2019年末的38.5%增长至45.6%，增幅达7.1%，同时高于1998年亚洲金融危机期间的40.1%，以及2009年全球金融危机期间的39.8%，为有统计数据以来的历史最高水平。非金融企业部门杠杆率由2019年末的151.9%上升至162.3%，居民部门杠杆率则由56.1%增长至62.2%。

（4）"降成本"方面。国家发展改革委在2020年7月出台了《关于做好2020年降成本重点工作的通知》，要求巩固和拓展减税降费成效，阶段性政策与制度性安排相结合，把减税降费政策落到企业，助力市场主体纾困。2020年我国新增减税降费超过2.5万亿元，全年组织税收收入（已扣除出口退税）13.68万亿元，同比下降2.6%，较财政预算目标高0.8个百分点。减税降费的持续推进，显著降低了实体经济成本，进一步激发了企业的市场活力。

（5）"补短板"方面。2020年脱贫攻坚工作成效显著，551万农村贫困人口全部实现脱贫。贫困地区农村居民人均可支配收入达12 588元，实际增长5.6%，增速分别较全国居民和全国农村居民高3.5个、1.8个百分点。

2021年政府工作报告中供给侧结构性改革的主要工作体现在"降成本""补短板"方面，会议提出要用改革办法推动降低企业生产经营成本，优化和落实减税政策，纵深推进"放管服"改革，加快营造市场化、法治化、国际化营商环境。同时，做好巩固拓展脱贫攻坚成果同乡村振兴的衔接工作，促进脱贫人口稳定就业。持续深化的供给侧结构性改革措施，对于稳定中小企业经济增长，持续释放经济增长活力，畅通国民经济循环，增强经济发展新动能有重要意义。

参考文献

[1]　国家统计局.2020年国民经济和社会发展统计公报[EB/OL].[2021-06-15]. http://www.stats.gov.cn/tjsj/zxfb/202102/t20210227_1814154.html.

[2]　国家统计局.2020年四季度全国工业产能利用率为78.0%[EB/OL].[2021-06-15]. http://www.stats.gov.cn/tjsj/zxfb/202101/t20210118_1812424.html.

[3]　国家统计局.2020年国民经济稳定恢复，主要目标完成好于预期[EB/OL].[2021-06-15]. http://www.stats.gov.cn/tjsj/zxfb/202101/t20210118_1812423.html.

[4]　国家统计局.2020年CPI逐步回落，PPI低位回升[EB/OL].[2021-06-15]. http://www.stats.gov.cn/ztjc/zthd/lhfw/2021/lh_sjjd/202102/t20210219_1813629.html.

[5]　国家统计局.投资稳步复苏，结构持续优化[EB/OL].[2021-06-15]. http://www.stats.

gov.cn/tjsj/zxfb/202101/t20210118_1812424.html.

[6] 国家统计局. 2020 年全国固定资产投资增长 2.9% [EB/OL].[2021-06-15]. http://www.stats.gov.cn/tjsj/zxfb/202101/t20210118_1812424.html.

[7] 国家统计局. 2020 年医药制造业投资同比增长 28.4% [EB/OL].[2021-06-15]. http://www.stats.gov.cn/tjsj/zxfb/202101/t20210118_1812424.html.

[8] 国家统计局. 2020 年 1-12 月份全国房地产开发投资同比上涨 7.0%[EB/OL]. [2021-06-15]. http://www.stats.gov.cn/tjsj/zxfb/202101/t20210118_1812424.html.

[9] 国家统计局. 基本民生保障有力，制度优势充分展现[EB/OL].[2021-06-15]. http://www.stats.gov.cn/tjsj/zxfb/202101/t20210118_1812424.html.

[10] 商务部.中国对外贸易形势报告（2020 年秋季）[EB/OL].[2021-06-15]. http://zhs. mofcom.gov.cn/article/cbw/202012/20201203021345.shtml.

[11] 商务部.中国对外贸易形势报告（2021 年春季）[EB/OL].[2021-06-15]. http://zhs. mofcom.gov.cn/table2017//2021060912027654.pdf.

[12] 商务部.2020 年中国对外投资合作情况[EB/OL].[2021-06-15]. http://www.mofcom. gov.cn/article/i/jyjl/l/202102/20210203038250.shtml/.

[13] 商务部.2020 年中国商务发展情况[EB/OL].[2021-06-15]. http://www.mofcom. gov.cn/article/i/jyjl/j/202101/20210103035550.shtml/.

[14] 商务部.2020 年中国消费市场运行情况[EB/OL].[2021-06-15]. http://www.mofcom. gov.cn/article/i/jyjl/j/202101/20210103032721.shtml/.

[15] 王薇，王念.2020 年消费形势分析与 2021 年展望[J]. 时代经贸，2021（1）：5-10.

[16] 王小广，张晏玮，刘莹.2020 年宏观经济运行特点与 2021 年经济形势展望[J]. 企业管理，2021（1）：39-43.

[17] 王蕴，姜雪，姚晓明.2020 年消费形势分析与 2021 年展望[J]. 中国物价，2021（1）：16-18.

[18] 杨挺，陈兆源，黄翘楚.展望 2021 年中国对外直接投资趋势[J].国际经济合作，2021（1）：41-39.

[19] 张前荣.2020 年物价形势分析与 2021 年展望[J]. 中国物价，2021（1）：19-22.

[20] 中国宏观经济研究院固定资产投资形势课题组.2020 年固定资产投资形势分析与 2021 年展望[J]. 中国物价，2020（1）：12-15.

[21] 中央人民政府.2020 年居民收入和消费支出情况 [EB/OL]. [2021-06-15]. http://www.gov.cn/xinwen/2021-01/18/content_5580659.html.

[22] 中央人民政府.2020 年我国新增减税降费超 2.5 万亿元[EB/OL]. [2021-06-15]. http://www.gov.cn/xinwen/2021-01/10/content_5578586.html.

[23] 中央人民政府. 2021 年政府工作报告[EB/OL]. [2021-06-15]. http://www.gov.cn/guowuyuan/zfgzbg.htm.

[24] 祝宝良. 2021 年中国经济走势和政策建议[J]. 中国经济报告，2021（1）：5-11.

美国经济形势分析

毛其淋　钟一鸣*

摘要： 2020 年初，新冠肺炎疫情大暴发，并在全球范围内肆虐蔓延，导致了 20 世纪 30 年代经济"大萧条"以来最严重的全球经济衰退，美国经济遭遇罕见的严冬，生产、消费、投资、贸易等经济活动陷入低谷。为缓解疫情冲击，时任美国总统特朗普先后签署了多项大规模的经济刺激法案，累计向市场投放了 16 万亿美元的流动性。自 2020 年第三季度起，在复产复工和财政刺激的影响下，美国经济开始反弹，经济复苏进程加快。本文首先对 2020 年以来美国经济的基本情况进行回顾，并对美国 2021 年的经济复苏前景做出基本判断，总体而言，2021 年美国经济将迎来补偿性增长，但由于通胀压力过大、就业市场低迷、金融市场动荡等众多因素的影响，美国经济的发展前景存在不确定性，经济全面复苏仍需时日。拜登就任后继续对中国采取强硬路线，且 2021 年初拜登政府实施的 1.9 万亿美元经济刺激计划将进一步扩大对华贸易逆差、加剧中美关系的紧张状态。对此，中国政府应积极应对挑战，坚定不移地推进更高水平的对外开放，在实现自身发展的同时，引领全球治理体系改革，促进世界经济繁荣。

关键词： 美国经济形势；新冠肺炎疫情；拜登经济政策；中国应对方案

特朗普在任期间，主要从减税、贸易和基建三个方面来提振美国经济。2019 年，美国经济高开低走，增速有所放缓，制造业出现了衰退的迹象，贸易保护主义和经济内向主义政策的不利影响开始显现，美国经济的增长动能减弱。

2020 年初，突如其来的新冠肺炎疫情席卷全球，多地采取了严密的隔离和防控措施，经济活动大面积停摆。随着疫情的蔓延，美国逐渐成为疫情"震中"，经济社会损失严重，本已乏力的经济复苏进程停滞并倒退，第二季度，美国 GDP 暴跌 31.4%，创历史最大降幅。在疫情逐渐缓和后，美国经济重启，生产生活及经济秩序逐步恢复，第三、四季度各项经

---

* 毛其淋，南开大学国际经济研究所教授、博士生导师；钟一鸣，南开大学国际经济研究所研究生。

济指标从 4 月的低谷触底反弹。但整体来看，美国 2020 年全年 GDP 增速萎缩 3.5%，2020 年仍成为严重阻碍美国经济复苏之路的历史性一年。本文首先对 2020 年以来美国的各项宏观经济指标进行解读，并分析了美国 2021 年第一季度的经济数据，对其日后的经济发展前景进行预判。美国经济的衰退、动荡以及美国政府在非常时期实施的纾困法案、量化宽松等政策存在负溢出效应，可能会给中国乃至全世界的经济发展带来长久的不确定性。基于此，本文进一步提出中国的应对策略及措施，试图为特殊时期下中国经济的发展方向以及中美关系的处理等提供有益的政策建议。

一、2020 年美国宏观经济指标分析

2020 年，由于新冠肺炎疫情的影响，美国经济遭受了自"大萧条"以来最严重的经济衰退。美国国家经济研究局认定，美国经济在 2020 年 2 月见顶，结束了始于 2009 年 6 月的、美国历史上持续时间最长的历史性经济增长周期。

表 1 展示了 2007—2020 年间美国经济的基本状况。2008 — 2009 年，国际金融危机全面爆发，美国经济遭到沉重打击，GDP 增长率、个人消费支出增长率、出口增长率和进口增长率均有所下降，失业率在 2009 年一度上升到 9.3%。从 2009 年第三季度起，美国经济开始缓慢复苏，并呈现出新的特点，总体来说，复苏一直在持续，但始终不够强劲，宏观上增长率不高，就业率提升不快。2020 年 2 月，美国的经济活动和就业达到峰值，自第二季度开始，各项经济指标出现创纪录的下降。2020 年全年，美国国内生产总值下跌 3.5%，创 1946 年以来最大年度跌幅。衰退几乎涉及了经济的每一方面和产出的每个组成部分。其中，占美国经济大约 70% 的个人消费支出是造成这一下降的主要原因，在 2012 年，该指标已恢复到金融危机之前的水平，并在之后的年份中保持持续波动性增长。2020 年，个人消费支出疲软，消费者信心低迷，个人消费支出的增长率降至-3.3%，是 GDP 下降的主要原因。私人投资增长率继 2019 年后继续下跌至 2020 年的-2.9%，在 GDP 下滑中贡献 0.5%。净出口和政府购买方面也呈现出不同程度的缩减，分别占据 GDP 下滑中的 0.5% 和 0.06%。

另外，由 CPI 和个人消费支出物价指数（PCE）可知，美国 2020 年的通胀率低于 2019 年的平均水平，潜在通胀较为温和。除此之外，在疫情的影响下，就业市场受到沉重打击，失业率在 2020 年 4 月达到了自 1948 年美国开始收集数据以来的最高水平（14.8%），且直至 2020 年 12 月仍处于较高水平（6.7%），全年平均值为 8.1%；而由于裁员主要集中于低薪工人，因此非农行业的平均工资率有所上升。通过对以上诸多指标的分析可以发现，2020 年美国政府消极抗疫，导致疫情蔓延、经济陷入全方位的严重衰退，极大地阻碍了美国的经济复苏之路。接下来，本文将从多个维度进一步详细分析美国 2020 年的经济发展状况。

表 1 美国主要经济指标（2007—2020 年） 单位：%

年份	GDP 增长率	个人消费支出增长率	私人投资增长率	出口增长率	进口增长率	政府消费与投资增长率	CPI	失业率	非农行业周薪年变化率	联储基准利率
2007	2.0	1.6	-1.8	9.2	1.3	2.3	4.1	4.6	1.0	5.02
2008	-2.8	-1.8	-15.3	-2.4	-5.5	2.5	0.1	5.8	-1.0	1.92
2009	0.2	-0.1	-9.2	1.2	-5.7	3.0	2.7	9.3	2.1	0.16
2010	2.6	2.7	12.1	9.9	12.0	-1.3	1.5	9.6	1.2	0.18
2011	1.6	1.2	10.4	4.6	3.8	-3.4	3.0	8.9	-0.9	0.10
2012	1.5	1.6	4.0	2.1	0.6	-2.1	1.7	8.1	-0.1	0.14
2013	2.6	1.9	9.3	6.0	3.0	-2.4	1.5	7.4	0.4	0.11
2014	2.7	3.8	4.7	3.0	6.7	0.2	0.8	6.2	1.0	0.09
2015	2.0	3.0	1.7	-1.6	3.4	2.2	0.7	5.3	2.4	0.13
2016	1.9	2.8	1.1	0.8	3.1	0.9	2.1	4.9	1.0	0.39
2017	2.5	2.7	5.0	4.7	5.4	0.1	2.1	4.4	0.5	1.00
2018	3.1	2.7	7.0	2.3	3.5	1.8	1.9	3.9	0.7	1.83
2019	2.3	2.6	-1.9	0.2	-2.2	3	2.3	3.7	1.4	2.16
2020	-3.5	-3.3	-2.9	-15.0	-7.0	-0.2	1.4	8.1	4.7	0.36

资料来源：Advisors COE. Economic Report of the President 2020 [J]. Claitors Pub Division, 2021.

（一）产出与经济增长

如表 2 所示，尽管美国疫情暴发较晚，但 2020 年第一季度美国经济还是出现了负增长（-5%），其中个人消费贡献率为-4.75%，下降较为严重，私人投资贡献率稍好，但仍为负值（-1.56%），出口贡献率为-1.12%。2020 年 3 月以后，美国逐渐成为疫情重灾区，第二季度美国 GDP 环比暴跌 31.4%，创下近 80 年来最大降幅。其中，受"居家令"的影响，美国餐饮、旅游、酒店、商业零售等众多领域大幅萎缩，个人消费下滑 33.2%；受人口、物资流动的限制，进出口贸易遭到重创，出口环比下降 64.4%，进口环比下降 54.1%；投资者规避风险情绪增强，私人投资环比下滑 46.6%。第三季度，美国大部分企业重新开工，消费者支出增加，贸易活动的物理性隔断有所解除，美国的经济受到刺激开始大力反弹，GDP 环比上升 33.4%，但仅从 2020 年 4 月经济的最低点复苏，GDP 总量仍低于新冠肺炎疫情暴发前的水平。占美国经济总量约 70%的个人消费支出是当季经济增长的主要拉动因素，环比提升 41%；私人投资大幅增长，变化率为 86.3%；反映企业投资状况的非住宅类固定资产投资环比上升 22.9%，但未能抵消第二季度 27.2%的降幅。第四季度，美国经济进一步回暖，GDP 以 4.3%的速度增长，个人消费支出、投资、进出口等组成部分继续增长，但增长速度明显下滑。2021 年第一季度，美国经济继续复苏，企业重新开工，新冠肺炎疫情得到了有效抑制，加之 2021 年初拜登政府推出多项应对新冠肺炎疫情的经济刺激措施，有效提振了私人消费与企业投资，GDP 环比年化增长率为 6.4%，其中政府消费投资与支出部分对经济增速的拉动达到 1.02 个百分点。随着新冠疫苗的广泛接种和经济的全面正常化启动，预计 2021 年第二季度美国的各项经济指标将加速上扬。

表 2　美国相关经济指标环比变化率　　单位：%

指标	2018 年	2019 年	2020 年第一季度	2020 年第二季度	2020 年第三季度	2020 年第四季度	2021 年第一季度
GDP 及其构成增长率（经季节调整折年率）							
实际 GDP	3.0	2.2	−5.0	−31.4	33.4	4.3	6.4
个人消费支出	2.7	2.4	−6.9	−33.2	41.0	2.3	11.3
私人投资	6.3	1.7	−9.0	−46.6	86.3	27.8	−4.7
固定资产投资	5.2	1.9	−1.4	−29.2	31.3	18.6	11.3
非住宅固定资产投资	6.9	2.9	−6.7	−27.2	22.9	13.1	10.8
住宅固定资产投资	−0.6	−1.7	19.0	−35.6	63.0	36.6	12.7
出口	3.0	−0.1	−9.5	−64.4	59.6	22.3	−2.9
商品	4.2	−0.1	−2.7	−66.8	104.3	31.1	−3.4
服务	0.4	3.7	−20.8	−59.6	−0.5	5.2	−1.6
进口	4.1	1.1	−15.0	−54.1	93.1	29.8	6.7
商品	5.0	0.5	−11.4	−49.6	110.2	31.0	6.5
服务	0.4	3.7	−28.5	−69.9	24.9	23.8	7.6
政府消费支出与投资	1.8	2.3	1.3	2.5	−4.8	−0.8	5.8
联邦政府	3.3	5.6	−0.3	3.8	3.2	4.8	−3.4
州和地方政府	2.1	1.8	4.4	37.6	−18.3	−8.9	44.8
GDP 构成对经济增长的贡献（百分点）							
个人消费支出	1.85	1.64	−4.75	−24.01	25.44	1.58	7.40
私人投资	1.08	0.30	−1.56	−8.77	11.96	4.41	−0.82
固定资产投资	0.88	0.32	−0.23	−5.27	5.39	3.04	1.96
非住宅固定资产投资	0.91	0.39	−0.91	−3.67	3.20	1.65	1.39
住宅固定资产投资	−0.02	−0.07	0.68	−1.60	2.19	1.39	0.57
出口	0.36	−0.01	−1.12	−9.51	4.89	2.04	−0.29
商品	0.33	−0.01	−0.20	−6.56	4.87	1.88	−0.24
服务	0.03	−0.01	−0.92	−2.95	0.03	0.16	−0.05
进口	−0.62	−0.16	2.25	10.13	−8.10	−3.57	−0.91
商品	−0.60	−0.06	1.36	7.32	−7.67	−3.12	−0.75
服务	−0.01	−0.10	0.90	2.80	−0.43	−0.45	−0.16
政府消费支出与投资	0.32	0.40	0.22	0.77	−0.75	−0.14	1.02
联邦政府	0.18	0.26	0.10	1.17	−0.38	−0.06	0.93
州和地方政府	0.13	0.14	0.12	−0.40	−0.37	−0.08	0.09

资料来源：BEA. Gross Domestic Product, 1st Quarter 2021 (Second Estimate). https://www.bea.gov/sites/default/files/2021-05/gdp1q21_2nd.pdf.

（二）就业市场遭受严重冲击

图 1 和图 2 分别绘制了美国 2007 年 12 月至 2020 年 12 月的年失业率，以及 2020 年 1 月至 2021 年 4 月的月失业率的变化趋势。始于 2007 年的美国次贷危机，到 2008 年演变为全球金融危机，在大衰退期间，美国的失业率急剧上升，从 2007 年 12 月（衰退开始时）的 5.0%上升到 2009 年 6 月（衰退结束时）的 9.5%。在衰退正式结束 4 个月后，2009 年 10 月，美国失业率达到峰值，自此之后，失业率在 2010—2019 年间稳步下降，就业市场表现良好。

图 1　2007 年 12 月至 2020 年 12 月美国失业率

资料来源：美国劳工统计局（BLS）。

2020 年，新冠肺炎疫情重创美国经济，美国的就业状况急转直下。2020 年 2 月，在新冠肺炎疫情暴发之前，美国的失业率为 3.5%。在疫情的冲击下，美国升级防疫措施，经济整体运行受阻，企业的投资活动暂停、经营前景恶化，众企业纷纷选择裁员，导致失业率指数在 2020 年 4 月环比飙升至 14.8%，为 20 世纪 30 年代经济"大萧条"以来的最高值。继 2020 年 4 月后，随着经济重启，低薪岗位逐步回归市场，暂时休假的工人重新开始工作，失业率迅速下降，2020 年 4 月至 12 月下降了 8.1 个百分点。尽管如此，直至 2021 年 4 月，美国失业率仍处于较高水平（6.1%）。

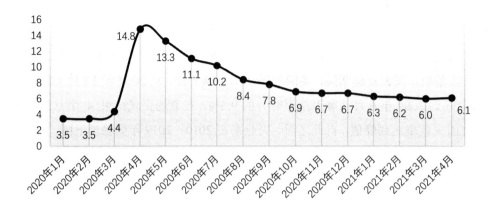

图2　2020年1月至2021年4月美国失业率（单位：%）

资料来源：美国劳工统计局（BLS）。

图3和图4分别展示了2020年1月至2021年4月美国非农就业人数的变化情况，以及2020年1月至2021年4月美国初请失业金人数的变化趋势。2020年第一季度，美国非农就业人数保持正增长，2020年4月陡然出现断崖式下跌，初请失业金人数激增，非农就业岗位减少2050万个，劳动参与率下降至60.2%，仅2020年4月一个月的失业人数总数就达到了"大萧条"期间失业人数总数的2倍以上。在触底之后，2020年5～10月，非农就业岗位复苏迅速，自2020年11月起，就业增长有所放缓。

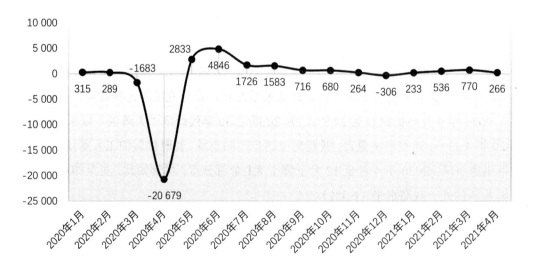

图3　2020年1月至2021年4月美国非农就业人数变化情况（单位：千人）

资料来源：美国劳工统计局（BLS）。

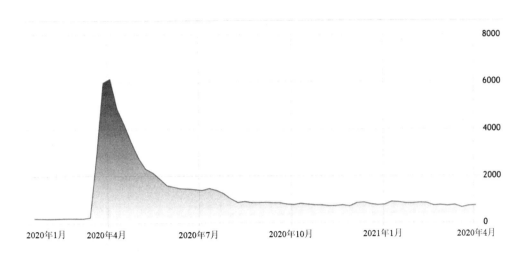

图4　2020 年 1 月至 2021 年 4 月美国初请失业金人数

资料来源：美国劳工统计局（BLS）。

在 2008 年全球金融危机后，美国劳动力市场复苏，工人的实际工资呈现上升趋势。如图 5 所示，2020 年第一季度，美国私人非农企业全部员工平均时薪稳步增长。而疫情发生后，2020 年 4 月，员工的平均时薪不但没有下降，反而呈现出大幅度的上升，这在经济衰退期并不多见，卫生事件对劳动力市场不同行业的差异化影响是造成这一现象的重要原因。受卫生事件影响大的餐饮、住宿、电影等接触性服务业薪酬偏低，此类行业失业人数多，在整体就业中比例下降；而金融、信息等高收入行业受卫生事件影响较小，此类行业失业人数少，在整体就业中比例上升，由此导致加权平均时薪上涨。

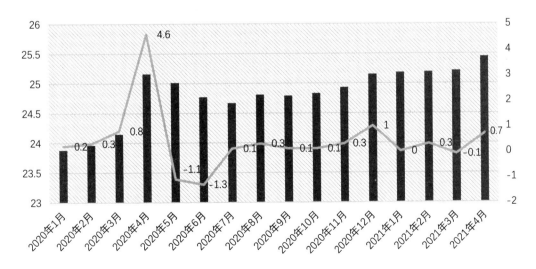

图5　2020 年 1 月至 2021 年 4 月美国私人非农企业全部员工平均时薪及增长率

资料来源：美国劳工统计局（BLS）。

（三）通胀呈先降后升趋势

总体而言，2020 年美国的通胀率与前几年相似，年初几个月的大幅通缩被之后几个月高于平均水平的通胀率所抵消，几乎没有出现通胀（见图 6）。总的 PCE 价格指数包括了波动较大的食品和能源成分，如果将这些成分排除在外（即核心 PCE 价格指数），通胀在 2020 年的 12 个月间只上升了 1.5%，与 2019 年同期基本一致，也远低于美联储为个人消费支出价格指数设定的长期通胀目标（2%）。

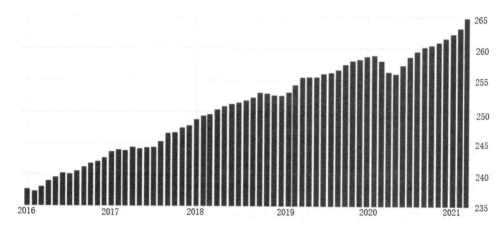

图 6　2016 年 1 月至 2021 年 4 月美国 CPI（月度）

资料来源：美国劳工统计局（BLS）。

受疫情冲击，加之油价大跌的影响，2020 年 4 月，美国 CPI 环比下降 0.7%，创 2008 年以来最大跌幅，通货膨胀率从 2020 年 3 月的 1.5% 降至 0.3%（见图 7）。此后，随着经济的复苏、油价的回升和政府一系列纾困政策的出台，美国的通货膨胀率逐渐回升，2020 年 6～8 月均高于趋势水平，截至 2020 年 8 月，核心 CPI 和核心 PCE 分别提升至 1.7% 和 1.59%。与 2020 年 9 月相比，2020 年 10 月和 11 月，以上两项指标均有所下降，这与同期美国个人收入环比的下降趋势相符合。2020 年 12 月至 2021 年 4 月，通货膨胀有所回升，整体表现强于预期，并持续升温。2021 年 3 月，CPI 同比增长 2.6%，环比增长 0.6%，创下 2020 年 7 月以来新高。

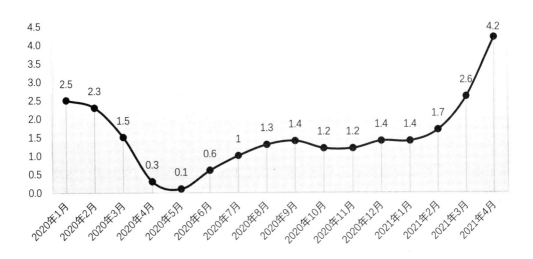

图7　2020年1月至2021年4月美国通货膨胀率（月度）

资料来源：美国劳工统计局（BLS）。

（四）贸易逆差创十二年新高

自2018年始，特朗普不断挑起并升级全球贸易争端，片面地认为贸易逆差是经济疲软的表现，力求通过加征关税限制相关商品进口来减少贸易赤字，同时也迫使其他国家采取对美国出口产品加征关税的方式予以反制，使得美国对外贸易逆差额一直不降反升。2020年，新冠肺炎疫情持续蔓延，使得全球贸易往来的活跃度大大降低，进出口活动锐减，贸易逆差不断扩大（见图8）。美国全年进口贸易额下降9.5%，出口贸易额下降15.7%，贸易赤字跳涨17.7%，达到6787亿美元，创下自2008年全球金融危机爆发以来的年度最高值。

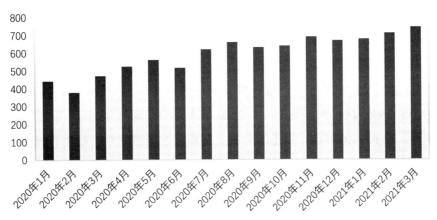

图8　2020年1月至2021年4月美国贸易逆差（单位：亿美元）

资料来源：美国经济分析局（BEA）。

2020年初，疫情不仅对物流行业造成致命的冲击，使货物的进出口贸易量大幅减少，同时抑制了众多企业的产能，部分企业甚至完全停产。美国的供给萎缩，导致出口贸易的缩减幅度超过进口贸易的缩减幅度，货物贸易的进出口逆差不断扩大。图 9 展示了 2020 年 1 月至 2021 年 4 月的美国货物进出口贸易情况。2020 年 4 月，货物贸易的进口额减少 263 亿美元，环比下降 13.5%，出口额减少 321 亿美元，环比下降 25.2%，货物贸易逆差达 723 亿美元，较 3 月上升 8.7%。2020 年 6 月开始，全球贸易活动的物理性隔断得到部分解除，美国的货物贸易在经历第二季度断崖式下跌后开始反弹，跌幅收窄。但由于进口反弹幅度高于出口，使得其货物贸易逆差进一步扩大。2020 年，美国货物贸易逆差达到 9049.41 亿美元的历史新高，较 2019 年扩大了 5.92%。

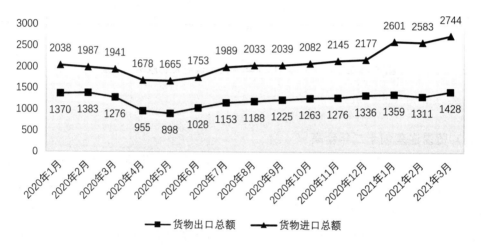

图 9   2020 年 1 月至 2021 年 4 月美国货物进出口贸易情况（单位：亿美元）

资料来源：美国经济分析局（BEA）。

在服务贸易方面，各国相继发布"居家令"和旅游限制措施，导致前往美国的国外旅客和前往海外的美国旅客数量迅速下降，旅游行业、航空客运行业受到重创，服务贸易需求受损（见图 10）。2020 年 3 月，服务贸易的进口额环比下降 17.6%，出口额环比下降 19.4%，进出口总额缩减 215 亿美元，与 2020 年 2 月相比降低 18.3%。随着贸易及各项商业活动的恢复，2020 年 6 月起，服务贸易的交易额开始缓慢回升，截至 2020 年 12 月，服务贸易的出口额较 2020 年 4 月的最低点上升 6%，进口额较 2020 年 4 月上升 17.2%，但仍都不及疫情前水平。全年美国服务贸易的进出口总额为 11 572.07 亿美元，同比下降 21.0%。

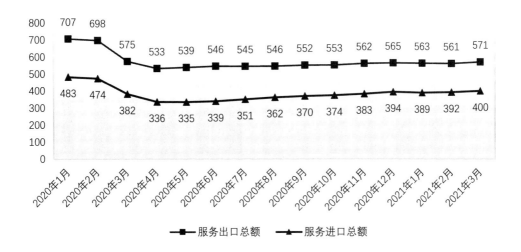

图 10　2020 年 1 月至 2021 年 4 月美国服务进出口贸易情况（单位：亿美元）

资料来源：美国经济分析局（BEA）。

（五）国际直接投资活动巨幅下滑

几十年来，美国一直是海外企业投资的首选目的地，外国直接投资（FDI）也成为美国经济增长强大的驱动力之一。但近几年，由于特朗普政府采取了保护主义和单边主义政策，不断挑起贸易摩擦，美国的海外投资受到负面影响，投资环境恶化，投资吸引力降低。此外，2018 年初，美国政府通过了《减税与就业法案》，大大降低了美企将现金和利润留在海外的欲望。税改引发了全球投资的变革，全球 FDI 低迷，2018 年流入美国的投资相较于 2017 年下降了 18.4%，来自中国的投资更是下降了 83%；2019 年的情况有所改观，来自海外的投资上升至 3100 亿美元，但是仍然低于 2017 年的水平。2020 年，受全球经济总体增长动能疲软、各种形式的贸易摩擦加剧等下行风险的影响，不确定性因素增多、资金链挑战加大，重挫投资者信心和跨国投资发展，流入美国的外商直接投资严重缩水（见图 11）。2020 年上半年，美国引入的 FDI 为 510 亿美元，同比下降 61%；全年吸纳 FDI 总额为 1340 亿美元，首次失去"全球吸引外国直接投资最大国"的桂冠，降幅高达 49%，其中跨国并购缩水 43%，绿地投资项目缩水 29%。2020 年已发布绿地投资项目投资额的下降预示着 2021 年美国的 FDI 将仍处于低迷状态，甚至进一步下滑。

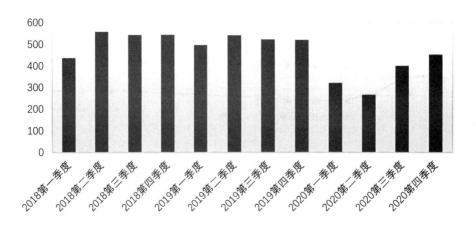

图 11　2018 年第一季度至 2020 年第四季度吸引外商直接投资额（单位：亿美元）

资料来源：美国经济分析局（BEA）。

（六）房地产行业逆势上扬

2020 年，受疫情的影响，美国经济遭受巨大冲击，经济复苏之路道阻且艰。但意外的是，房地产市场表现活跃，发展势头尚好。数据显示，2020 年美国楼市共售出房屋 564 万套，较上一年度上升 5.6%，销售额同比增长 22.2%。图 12 展示了 2020 年美国成屋销售数量的变化。第一季度末，疫情的暴发导致美国经济走向的不确定性增强，美国国内投资者对房地产市场表现出观望姿态，海外投资者的投资兴趣降低，导致房地产市场的需求减少，成屋的销售量大幅降低。在 2020 年 4 月，此指标暴跌约 18%，创下 2010 年 7 月以来最大月减幅；2020 年 5 月，房屋销售量降至最低点。但随着疫情后经济的恢复，美国的国内外局势得到缓和，加上美国政府经济措施和低利率的双重刺激，投资者的信心增强，房地产市场触底反弹，第三季度和第四季度的成屋销售量都出现了飙升。

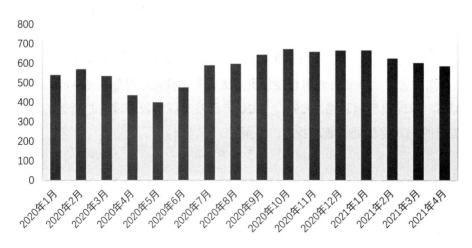

图 12　2020 年 1 月至 2021 年 4 月美国成屋销售数量（单位：年化万户）

资料来源：全球经济指标，https://zh.tradingeconomics.com/united-states/existing-home-sales。

　　尽管 2020 年美国房地产行业发展蓬勃、销售量增加，但数据显示（见图 13、图 14），成屋销售价格的中位数大幅上涨，而房屋的自有率增长缓慢，仍未恢复到次贷危机前的水平。这意味着，房地产市场在疫情期间逆势上扬并非因为底层民众在加紧购房，这一现象的本质是有多余财力的群体在利用低利率环境增加房产投资活动。豪宅市场高歌、低端住宅市场停滞不前，美国房地产市场的分化现象愈加严重。

图 13　2001—2020 年美国成屋销售价格中位数同比变化率（单位：%）

资料来源：Wind 数据库。

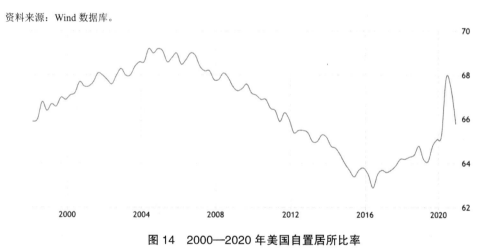

图 14　2000—2020 年美国自置居所比率

资料来源：全球经济指标，https://zh.tradingeconomics.com/united-states/home-ownership-rate。

　　在房价方面，美国凯斯-库勒（Case-Shiller）20 城综合房价指数显示（见图 15），2020 年全年房价呈持续攀升态势，尤其在下半年，美国楼市持续火爆，房价上涨加速，2020 年 12 月美国 20 城综合房价同比上涨 10.1%，创下 2014 年以来的最大升幅。住房需求的扩大和房屋供应的有限性共同造成了房屋的升值：从货币供应量来看，美联储采取大幅扩张的货币政策，使部分增发的货币流入楼市；从抵押贷款利率来看，利率的下降降低了购房所需的借贷成本，由此刺激了投资者的住宅购买需求。而由于建筑原材料价格上涨、劳动力短缺等原因，美国房地产市场的房屋供应量有限，难以满足高涨的市场需求，导致房价大涨。

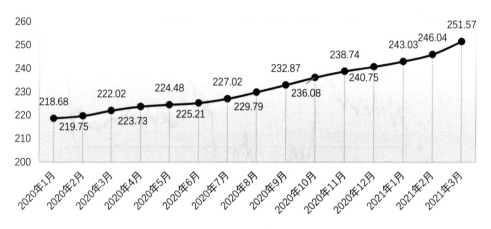

图 15　2020 年 1 月至 2021 年 3 月 Case-Shiller 房价指数

资料来源：全球经济指标，https://zh.tradingeconomics.com/united-states/case-shiller-home-price-index。

（七）制造业强劲反弹、持续升温

美国采购经理人指数（PMI）是由美国供应管理协会（ISM）每月对制造业采购经理人进行问卷调查、汇总结果整理出的反映美国整体制造业状况、就业及物价表现的重要指标。图 16 展示了 2020 年 1 月至 2021 年 4 月美国制造业 PMI 的变化趋势。2020 年第一季度，受新冠肺炎疫情和能源市场疲软影响，美国制造业活动萎缩，PMI 指数在 1 月至 4 月持续下降至最低点 41.5，为 2009 年 4 月以来最低水平，预示着经济生产形势出现紧缩。从分项来看，2020 年 4 月份制造业新订单指数下降 15.1 至 27.1，生产指数下降 20.2 至 27.5，雇佣指数更是创 1949 年 2 月以来的最低水平，下降 16.3 至 27.5。此后，美国重启经济活动，生产经营陆续恢复，制造业数据有了明显起色，在连续扩张 2 个月后，2020 年 7 月，PMI 上升至 54.2，高于前值和预期，创下了 2019 年 3 月以来的最高水平；2020 年 12 月，该指标攀升至 60.7，刷新 2018 年 9 月以来高位。2021 年，美国制造业保持强劲扩张状态，2021 年 3 月，PMI 达到 1983 年 12 月以来最高水平（64.7），高于接受《华尔街日报》调查的经济学家预测的 61.7。

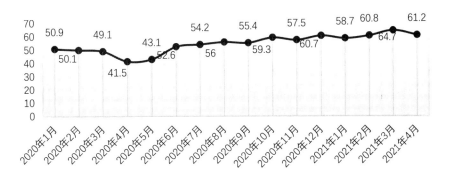

图 16　2020 年 1 月至 2021 年 4 月美国制造业 PMI 变化情况

资料来源：https://ycharts.com/indicators/us_pmi.

从重点分项数据来看（如表 3），2020 年 12 月，新订单指数录得 67.9，与 2004 年 1 月所创的最高水平持平，环比上升 2.8%；生产活动指数录得 64.8，重回疫情前水平，环比上升 4%；就业指数录得 51.5，重返扩张区间，环比上升 3.1%；供应商发货指数录得 67.6，环比大幅上升 5.9%；库存指数录得 51.6，环比上升 0.4%；价格指数录得 77.6，连续 7 个月处于扩张区间且增速更快，环比急涨 12.2%。由上述数据可知，美国 6 个最大的制造业领域均录得中等至强劲程度的增长，制造业处于复苏阶段，就业重返扩张。

表 3　2020 年 11—12 月美国制造业统计数据

指标	2020 年 11 月	2020 年 12 月	变化率（%）
PMI	57.5	60.7	3.2
新订单	65.1	67.9	2.8
生产活动	60.8	64.8	4.0
就业	48.4	51.5	3.1
供应商发货	61.7	67.6	5.9
库存	51.2	51.6	0.4
客户库存	36.3	37.9	1.6
价格	65.4	77.6	12.2
未完成订单	56.9	59.1	2.2
新出口订单	57.8	57.5	−0.3
进口	55.1	54.6	−0.5

资料来源：Wind 数据库。

（八）金融市场经历巨幅动荡

2020 年，美国股市经历了大幅暴跌，但最终从疫情期间的损失中恢复过来。图 17 和图 18 分别绘制了 2008—2020 年美国道琼斯工业指数以及 2019—2021 年美国标准普尔 500 指数的变化趋势。2020 年伊始，美股表现强劲，2 月 19 日，标准普尔 500 指数收于 3386 点，这是 2020 年疫情暴发前的峰值。一方面，伴随着全球新冠肺炎疫情的暴发，美国逐渐成为疫情"震中"，经济前景不容乐观；另一方面，石油输出国组织（OPEC）会议谈判破裂后，沙特阿拉伯决定报复性增加石油开采量，加上疫情冲击导致原油需求大减，引发国际油价大幅下跌。2020 年 3 月，在疫情和油价波动这两方面因素的影响下，美股乃至全球金融市场受到致命打击，三大股指呈断崖式暴跌，美国股市在连续 8 个交易日内 4 次熔断：3 月 9 日，美股开盘全线下挫，标准普尔 500 指数大跌 7%，触发一级熔断，持续 11 年的美股牛市自此终结；3 月 12 日，美股开盘后三大股指悉数跳空暴跌，标普 500 指数下跌超 6%；3 月 16 日，美股大幅低开，标准普尔 500 指数下跌 8%，触发本年度第三次熔断；3 月 19 日，标准普尔 500 指数大跌 7%，触发熔断机制，暂停交易 15 分钟，道琼斯工业指数也跌破 20000 点关口，抹去了过去三年的涨幅。截至 2020 年 3 月 23 日，标准普尔 500 指数相较年初下跌了 31%。

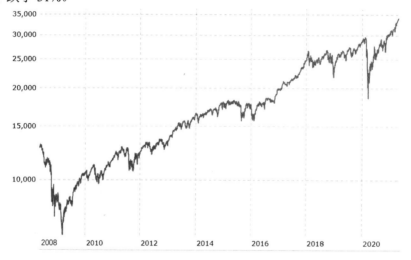

图 17　2008—2020 年美国道琼斯工业指数走势曲线

资料来源：https://www.macrotrends.net/1358/dow-jones-industrial-average-last-10-years.

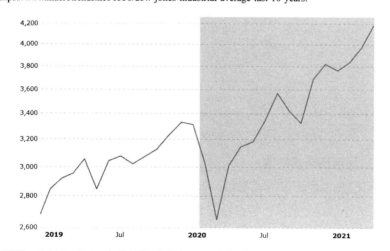

图 18　2019—2021 年美国标准普尔 500 指数（S&P 500 Index）走势曲线

资料来源：https://www.macrotrends.net/2324/sp-500-historical-chart-data.

2020 年第二季度，受疫情严重程度减轻、生产恢复、政府的经济刺激政策、疫苗研发进展顺利等众多因素的影响，投资者的信心增强，使得美股触底反弹、上涨迅猛，创下了 20 年来最佳季度表现。2020 年 6 月，道琼斯工业指数、纳斯达克指数和标准普尔 500 指数分别上涨 0.7%、5.2% 和 0.9%；整个第二季度，道琼斯工业指数累计上涨 18.1%，实现 1987 年以来最大季度涨幅；纳斯达克指数攀升 30.9%，迎来 2001 年以来最佳表现；标准普尔 500 指数上升 20.3%，创 1998 年以来最佳表现。2020 年第三季度，美国国会两党财政刺激谈判陷入僵局、美国疫情形势严峻、疫苗研发受挫，导致美股三大股指集体收跌，进入短暂衰退期。11 月 16 日，莫德纳（Moderna）公司宣布其疫苗的有效性达到 94.5%，与此同一天，道琼斯工业指数创下新高，收于 29950.44 点，一周后，创下新纪录，首次突破 30 000 点。12 月 31 日，美国三大股指集体收涨，华尔街结束了近来金融市场最动荡的一年（见图 19）。全年来看，2020 年，道琼斯指数累计上涨 7.25%，标准普尔 500 指数上涨 16.26%，纳斯达克指数上涨 43.64%。

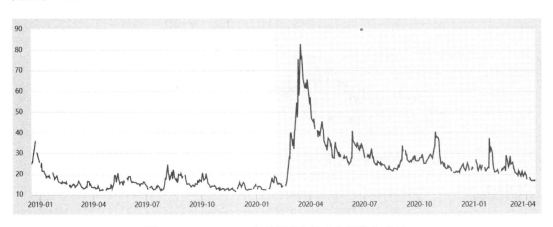

图 19　2019—2020 年美国股市波动率指数（VIX）

资料来源：https://ycharts.com/indicators/us_pmi.

二、对 2021 年美国经济运行状况的基本判断

（一）经济总体迎来补偿性增长

2020 年，美国经济到达周期性经济危机边缘，加之在新冠肺炎疫情的冲击下，美国政府消极抗疫，疫情失控且在全球范围内蔓延，使得美国经济形势急转直下，进入严重衰退期。尽管在下半年，国家推行一系列救助措施，生产生活及经济秩序逐步恢复，但总体而言，2020 年仍成为严重阻碍美国经济复苏之路的历史性一年。

2021 年，随着新冠疫苗研发的不断推进和接种的普及，美国新增确诊人数呈持续下降趋势（见图 20）。1 月 20 日，拜登正式就任美国总统，进一步推行宏观经济刺激政策，于 3 月 11 日正式签署规模为 1.9 万亿美元的抗疫刺激法案，致力于缓解民众面临的经济困境、

鼓励消费投资、提升美国经济增速。据此判断，2021 年美国经济预计出现强劲的补偿性增长，经济增长前景向好。美国国会预测办公室（CBO）的官方预测数据显示，2021 年全年美国实际 GDP 预期增长 3.7%；未来 5 年 GDP 将平均增长 2.6%。2021 年第一季度，美国的实际 GDP 增长 6.4%，虽不及市场预期，但相较于 2020 年的全年负增长，复苏势头已十分明显。但与此同时，通胀压力过大、金融市场过热的问题凸显，可能会给美国经济的长期增长带来风险，经济全面复苏仍需时日。

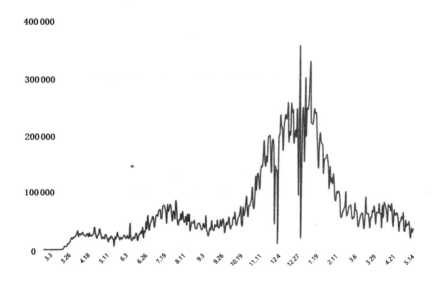

图 20　2020 年 3 月至 2021 年 6 月美国新冠疫情新增确诊人数

资料来源：疫情实时大数据报告。

（二）通货膨胀风险加剧

自 2020 年 3 月美国疫情暴发开始，美国国会已累计投入总额超过 5 万亿美元的经济刺激资金；拜登上台后，美参议院正式签署了金额高达 1.9 万亿美元的经济救助法案，首次在超低利率环境下推行大规模财政刺激。此次的财政刺激资金主要用于两方面——对中低收入群体进行补贴和扩大政府消费性支出。一方面，中低收入群体的边际消费倾向高，对其进行补贴会显著增强其消费意愿；另一方面，增加政府消费支出相当于政府承担购买者的角色，会直接扩张市场总需求。在经济衰退期，居民和政府消费的增加都会引发乘数效应，使得最终的消费刺激幅度通常高于最初制定计划时的政策刺激。美国智库布鲁金斯学会的估计显示，此轮经济刺激的支出乘数为 1.3，即财政刺激带来的 GDP 增加将是财政支出的 1.3 倍。大规模的经济刺激将使社会的消费需求大幅度增加，而受疫情影响复工复产进程缓慢，能源开采迟缓、原材料出口下降、工业生产部门产能低迷，生产力尚未完全恢复，供给无法满足不断回升、扩张的总需求，由此直接将引致最终品价格上涨，并进一步推动大宗商品价格和工资升高，最后间接加剧最终品通胀，市场通货膨胀率预计将持续走高。

美国于 2021 年前四个月的各项通胀指标已经印证了以上预测。以 2021 年 4 月为例，美国的 CPI 同比增长 4.2%，涨幅刷新了 2008 年 9 月以来最高水平；在剔除食品与能源的价格之后，核心 CPI 同比增长 3%，涨幅刷新 1996 年 1 月以来最高水平；消费品价格环比上涨 0.8%，远超 0.2% 的预期值，同比增长 4.2%，增速创 2008 年以来最高；生产价格指数（PPI）同比增长 6.2%，环比增长 0.6%，高于预期值 0.3%；核心 PPI 同比增长 4.1%，环比增长 0.7%，高于预期值 0.4%。不但钢铁、铜、木材等大宗商品的价格持续飙升，如钢铁制品的价格在 4 月内环比上涨 18.4% 以外，猪牛肉、塑料、民用天然气、乳制品等居民消费品的价格也出现了不同程度的抬升。

美联储副主席克拉里达表示，目前的通胀增速已远高于他的预期，他将其评价为"历史上最大的预测误差"。但美联储对通胀预期表示乐观。美联储主席鲍威尔表示，经济的重启势必会对物价造成上涨压力，供应链调整需要时间，此时的价格飙升现象只是暂时的，美联储在 2020 年加息的可能性微乎其微。然而在我们看来，虽然美联储希望保持温和的通胀状态并以此带动经济的良性循环，但受财政刺激引发的消费者需求激增与疫情背景下的供应链中断共同作用，美国的通胀水平仍将持续走高，阶段性通胀难以避免。若通胀预期水平过高或增长速度过快，美联储可能会比预期更快地开始削减宽松政策、采取收紧货币措施并最终提高利率，使通胀预期处于美联储的控制范围之内。

（三）就业市场可能持续低迷

受疫情形势好转以及拜登政府出台的大规模经济刺激计划提振，美国的劳动力市场预测走向偏好，然而截至 2021 年 5 月，就业报告却令人失望。2021 年 4 月，美国的失业率升至 6.1%，高于预期的 5.8%，环比上升 0.1%；新增非农就业岗位 26.6 万个，远远低于外界普遍预测的 100 万个；官方记录在案的失业人数达到 980 万人。其中，失业超过 27 周的人数高达 421.8 万人，占据总失业人数的 43.4%，绝对规模和相对比例均远高于疫情前的水平。由此可见，美国的劳动力市场复苏面临着艰巨的挑战，未来劳动力市场的恢复将更加艰难。

劳动力市场的消极态势源于多方面的问题：其一，就业市场存在供需不匹配等结构性问题。一方面，由于疫情是否会卷土重来具有不确定性，企业经营前景不明，使得企业大规模招聘员工的意愿不高，对劳动力的需求量受到抑制；另一方面，就业市场的供给无法满足雇主的需求标准，专业和熟练的合格劳动力短缺，因此，虽然进入劳动力市场的失业者人数有所增加，但他们难以匹配到合适的岗位，仍然处于失业状态。其二，政府给予的失业经济救助削弱了失业者的就业意愿。拜登政府于 2021 年 3 月出台的 1.9 万亿美元经济救助计划，将疫情期间的每周失业救济金在原有基础上增加了 300 美元，这使得失业者的每周收入高于平均时薪为 15 美元的全职工作者，他们不再愿意求职于低薪岗位，而会选择继续领取失业救济金。

在此情况下，美国的失业补助计划遭到共和党的质疑。尽管拜登驳斥了共和党"失业救济金增加导致新增就业低迷"的观点，并强调最新就业数据恰恰反映了经济刺激措施的重要性，截至 2021 年 5 月 14 日，已有 15 个州宣布将退出失业救济计划，此后失业人口将不再获得每周 300 美元的福利补贴。此措施有利于激发失业者的就业意愿，对推动复产复工进程、恢复劳动力市场具有一定的激励作用。尽管如此，劳动力市场已成为美国经济复苏的主要制约因素之一，调整就业市场结构任重道远，其低迷之势在短期内难以得到较大改变。

（四）美元指数走势偏弱或成常态

2020 年，受常规的政治经济因素和突发的公共卫生事件共同作用，全球外汇市场走势跌宕起伏，美元指数震荡下行（见图 21）。2020 年初，全球经济相对稳定，美元指数略有下跌，1 月收盘报 97.39；2020 年 3 月初，全球疫情蔓延，叠加石油价格战的影响，全球经济受严重冲击，投资者避险情绪高涨，美元指数一度上扬至 102.99 的高值；2020 年 5 月下旬，全球疫情逐渐常态化，各国经济进入复苏阶段，投资市场的避险情绪得到缓解，使得美元指数大幅度下跌并在 2020 年的下半年内在低值区间持续震荡，全年累计下跌 6.73%，年末跌破 90 关口，收盘报 89.94。2021 年 2 月下旬起，美国的疫苗注射率快速上升，疫情增长趋于平稳，美元指数开始走强，2021 年 3 月收盘报 93.23，兑人民币也一度达到 6.57 的阶段性高位。但 2021 年第二季度开始，美元指数重拾颓势，5 月 11 日再次跌破 90 关口达到 89.97 的低点。

分析美元的基本面主要从 GDP、通货膨胀预期和就业三方面展开。第一，从 GDP 增长的角度而言，2021 年美国经济将表现为补偿性增长，GDP 增长率预期高于以往平均水平，消费增长动力加强，使得美元的吸引力增强，经济增长倾向于支持美元上涨。第二，从财政政策的角度来看，为缓解疫情带来的经济压力，美国在 2020 年发行的货币量是总货币量的 21%，已经引发了一定程度的高通胀，而 2021 年 3 月起，拜登 1.9 万亿经济刺激计划的出台将使得更大规模的资金进入市场，货币流通量暴增。至于实施的货币政策，美国的量化宽松力度明显高于其他发达经济体，导致美元供给过度充裕、美元信用受到削弱。扩张性的财政政策配合宽松的货币政策，必然引发通胀预期的提高，大大增大了美元的贬值概率。第三，美国的非农就业情况形势严峻，2021 年 4 月的新增非农就业岗位为 26.6 万个，远不及外界普遍预测的 100 万个，失业情况没有得到明显改善，自然是利空美元。从以上分析来看，美元指数回升仍面临诸多阻碍，延续数年的美元升值周期已接近尾声。我们预测，在中短期内，美元将处于下行通道之中宽幅震荡，持续下行的空间相对有限。

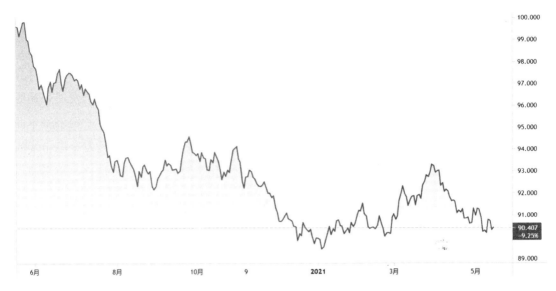

图21 2020年6月至2021年6月美元指数走势图

资料来源：Trading View 数据库，https://cn.tradingview.com/symbols/TVC-DXY/。

（五）资本市场不确定性仍然较强

得益于疫苗的推行和拜登承诺的1.9万亿美元经济刺激计划，2021年第一季度，美国股市大幅上涨。道琼斯工业平均指数在三个月内上涨了6.8%，以2020年11月以来最高的数值结束了第一季度。2021年4月1日标准普尔500指数突破4000点，创历史新高，当日收盘报4019.87点，实现了连续第四个季度的增长。

股市基本面的利好因素主要体现在如下几个方面：第一，美国接种冠状病毒疫苗的人数越来越多，民众的乐观情绪和消费支出意愿也会随之增强；第二，随着经济活动的重新开展，石油、旅游、休闲娱乐等传统行业的股票再次增值，而在疫情期间得到强劲发展的科技、电子商务、生物技术等新兴行业前景光明，有理由激发投资者的投资热情；第三，美联储承诺将利率维持在接近零的水平，有利于刺激消费。

尽管如此，一系列利空因素同样值得关注。首先是上文提到的通胀上升和失业率高的问题。在美国劳工部于2021年5月12日公布了4月份美国远超预期的高通胀率数据之后，美国股市全线暴跌，当天道琼斯工业平均指数下跌1.99%至681.50点；标准普尔500指数下跌2.14%至4063.04点；纳斯达克综合指数下跌2.67%至357.75点；衡量投资者恐慌情绪、反映市场风险的芝加哥期权交易所波动指数上涨26.33%。由此可见，若高通胀和失业问题长期得不到有效解决，美国股市将无法继续维持上涨态势。其次是拜登与特朗普奉行的经济方针截然不同，特朗普重视经济的内循环，不断对企业采取减税措施；拜登则重视经济的外循环，主张通过对国内企业增税的方式对其他国家释放增量。除此之外，相较于注重股市走向的特朗普，拜登更多关注于中产阶级的就业问题，并表示将大范围撤回特朗普政府实行的 2 万亿美元减税计划，这一政策的调整，势必会压缩美国企业所得利润。另外，根据历史数据可以推断出，股市偏好于总统连任和共和党上位的情形，因此，拜登执政在一定程度上将利空美国的股票市场。最后是美国实体经济与虚拟经济的发展长期脱节，金融风险不断累积，加上现今推行的大规模刺激政策已使资产估值超过了经济基本面所能证明的水平，使得资本市场的泡沫愈演愈烈，随时都有崩盘的风险并诱发金融市场的风险连锁反应。由此可看出，美国金融市场的未来前景仍具有较强的不确定性，市场波动不可避免。

三、中国的应对措施

2020 年，新冠肺炎疫情严重冲击了全球经济，各国宽松的财政和货币政策易放难收，经济走向的不确定性加剧。疫情并未改变美国发起中美贸易摩擦的基本逻辑，长期来看，美国经济政策对于中国的影响弊多利少，中国面临的外部经济形势依然严峻。对此，中国需积极应对，统筹疫情防控工作与经济社会发展，把握好宏观经济政策调节的节奏与力度，引导国民经济平稳恢复、健康发展，并积极承担大国责任、展现大国担当，加强与各国的交流合作，在实现自身崛起的同时，推动世界经济复苏。

（一）实施供给与需求双扩张战略，增强经济内循环动力

在 2020 年新冠肺炎疫情的影响下，正常的生产生活节奏被打破，产业链和供应链大大受阻，需求侧、供给侧均遭受巨大打击，经济结构中存在的弱项突显出来。在"后疫情"阶段，全球经济仍面临巨大的不确定性，我国的复工复产、经济复苏需要生产端和需求端的共同发力。政府需将扩大内需战略同深化供给侧结构性改革有机结合，努力形成需求牵引供给、供给创造需求的高水平动态平衡。

1. 有效扩大国内需求

消费是拉动我国经济增长的第一动力，对我国 GDP 的贡献率高达 60%。2020 年，在疫情的冲击下，居民收入的增长幅度减小，消费意愿降低，全国居民人均消费支出较上一年度名义降低 1.6%，扣除价格因素后实际降低 4.0%。为消除世界经济下行风险带来的负面影响、消化外贸企业受疫情困扰难以出口的产品、助力我国经济平稳恢复，扩大内需战略是我国的必然选择，也是我们应对各种风险挑战的战略基点。第一，从短期来看，在全球大宗商品原材料价格走高的背景下，要引导大宗消费的稳定增加，推动汽车、家电等消费品由购买管理向使用管理转变。第二，从中长期来看，应逐步完善消费型基础设施的建设，包括以 5G 网络、人工智能为主导的新型信息基础设施建设、城乡冷链物流设施的有机衔接以及城市群内部基础设施的互联互通，从而拉动投资和消费双增长。第三，积极推进制度性改革，进一步优化和完善收入分配政策、社会保障体系和公共服务制度，深化户籍制度改革，提高城乡居民的收入水平和消费能力，以形成消费稳定增长的内生机制。第四，自疫情暴发以来，以互联网为基础的新型消费模式急剧增长，为经济未来发展方向提供了新的可能。随着"90后""00后"年轻一代逐渐成为消费主力军，政府应大力培育新型消费，鼓励网络零售业发展，促进新型消费扩容提质。

2. 深化供给侧结构性改革

深化供给侧结构性改革是现阶段我国经济工作的主线，也是建设现代化经济体系的关键环节。当前中国正处于从高速增长转向高质量发展的重要转型期，在疫情危机潜伏、中美贸易摩擦持续、外部环境不确定等多重风险并存的背景下，供给侧结构性改革可为中国经济的复苏与高质量发展提供新动力。因此，未来中国应坚持并进一步深化供给侧结构性改革，为提高经济质量激发内生动力、营造外部环境。第一，推进"降成本"的相关措施，合理降低企业税费负担，着力降低制度性交易成本和物流成本，延续部分阶段性降低企业用工成本政策，助力市场主体纾困发展。第二，现阶段总量性去产能任务已全面完成，应加强巩固去产能成果，持续推动系统性去产能、结构性优产能，加快"僵尸企业"处置，进一步提高供给的质量与效率。第三，创新能力较弱、体制机制僵化是当前制约我国经济发展的一个重要问题。对此，应贯彻实施创新驱动发展战略，深化科技体制改革，加大基础研究投入，培育人力资本，尽快制定与完善科技成果的利益共享及分配机制，以鼓励高新技术的研发与创新。第四，在新冠肺炎疫情暴发期间，生产中断、供应链停摆给许多国家造成致命性的打击。据此，我国政府应注重增强产业链及供应链的自主可控性，强化我国产业链的集群优势，抢占产业链信息化数字化转型先机，保证我国的产业链供给在外部供应受限时仍能满足国民经济运转的基本需要。

（二）警惕美国量化宽松的负溢出效应，防范金融风险

2020年，新冠肺炎疫情重创美国的经济金融体系，为了缓解疫情带来的不利冲击、引导就业市场，美联储重启流动性投放机制，宣布实施无限量的量化宽松政策，使得美国资产负债表的规模从2020年2月的4.2万亿美元迅速扩张至2021年2月的7.6万亿美元，金融市场严重偏离实体经济。2021年3月，联邦公开市场委员会表示，将继续维持当前的宽松货币政策和0~0.25%的联邦基金利率区间，2023年底前美联储都不会采取加息措施。

需要注意的是，美国的量化宽松货币政策可能会对中国经济造成负面影响。第一，截至2021年1月，中国政府持有的美国国债数额高达1.1万亿美元，占我国外汇储备的34.26%；美国实施的量化宽松政策使国际市场上的美元供给增加、购买力下降，必然会造成美国国债贬值，进而导致我国外汇储备缩水。第二，量化宽松下的美元贬值，不仅提高了美国自身的通胀水平，同时也直接导致以美元计价的国际大宗商品价格高涨，增加了我国的输入型通胀压力。第三，低利率和宽松的金融条件鼓励了各类经济主体的激进投资行为，机构投资者倾向于增持高风险、低流动率的资产，使得金融风险不断累积，中国金融体系的稳定受到威胁。因此，中国应积极防控并应对美联储量化宽松政策的潜在风险，灵活应对内外部变化，兼顾"稳增长"和"防风险"两个方面。

1. 保证人民币汇率稳定，坚持外汇储备多元化

维持人民币汇率稳定，是我国最基本的防线和底线。量化宽松政策促使人民币的实际有效汇率在短期内有不断波动的可能，在此情况下，为了节约国际结算中不必要的交易成本、降低资金流动的不稳定性，我国应坚持人民币与美元间汇率的相对稳定，使合理均衡水平上的双向波动成为常态，从而形成稳定的市场预期，降低汇率波动对企业利润的损害。为防范美元贬值带来的外汇购买力下降风险，我国应坚持外汇储备的多元化，有计划地优化外汇储备投资结构、强化币种结构的动态化管理，适度降低美债在外汇储备中的比重，用多样化的货币和资产种类代替美元和美债，从而降低外汇储备组合存在的风险、赚取稳定的回报。除此之外，目前全球经济形势尚不明朗，美联储政策具有不确定性，政府应适度加强对外汇资金的管理，密切监测资本的流动情况，避免国际投机资本过度涌入催生资产泡沫。

2. 继续实施稳健的货币政策，把握好调控节奏

2020 年以来，稳健的货币政策在消化疫情冲击、调控物价、保民生保就业以及稳定金融市场等多方面做出了重要的贡献。目前，虽然美国及全球多数国家的货币政策处于持续宽松阶段，但我国货币政策已恢复至正常区间，短期内不存在资本外流的压力，也不需要大规模的货币扩张政策。因此，坚持稳健的主基调不变，现阶段应更强调"以我为主"的货币政策理念，即不盲从于其他国家的政策变化，而要根据我国经济复苏的进程和需要进行灵活精准的动态调整。应密切关注流动性的总量变化，尤其要对人民币持续升值引致的流动性意外增加给予重视，保证流动性总量稳定、合理充裕，使货币信贷及社会融资规模的增长速度同名义经济增速相匹配。同时，应秉承结构性调控的核心思路，强化并综合运用各类结构性货币政策工具；加大对实体经济的支持力度，进一步推进延期还本付息、设立专项贷款等纾困政策以有效缓解中小微企业面临的资金压力；加强风险防范措施，鼓励中小型商业银行通过多种渠道补充资本金。

参考文献

[1] Altonji, Joseph, Zara Contractor, L Finamor, et al. Employment Effects of Unemployment Insurance Generosity during the Pandemic. Manuscript, Yale University, July 14, 2020.

[2] Baqaee, DR, and E Farhi. Nonlinear Production Networks with an Application to the COVID-19 Crisis. CEPR Discussion Paper DP14742. London: Centre for Economic Policy Research, 2020.

[3] Bartik A, M Bertrand, F Lin, J Rothstein, and M Unrath. Measuring the Labor Market at the Onset of the COVID-19 Crisis. NBER Working Paper 27613. Cambridge, MA: National Bureau of Economic Research, 2020.

[4] V Chauhan, S Galwankar, B Arquilla, et al. Novel Coronavirus (COVID-19): Leveraging Telemedicine to Optimize Care While Minimizing Exposures and Viral Transmission. Journal of Emergencies, Trauma, and Shock 13, 2020(1): 20–24.

[5] Cronin C, W Evans. Private Precaution and Public Restrictions: What Drives Social Distancing and Industry Foot Traffic in the COVID-19 Era? NBER Working Paper 27531. Cambridge, MA: National Bureau of Economic Research, 2020.

[6] Goolsbee A, C Syverson. Fear, Lockdown, and Diversion: Comparing Drivers of Pandemic Economic Decline 2020. NBER Working Paper 27432. Cambridge, MA: National Bureau of Economic Research, 2020.

[7] Marr C, S Jacoby, C Huang, et al. Future Stimulus Should Include Immigrants and Dependents Previously Left Out, Mandate Automatic Payments. Center on Budget and Policy Priorities. https://www.cbpp.org/research/economy/ future-stimulus-should-include-immigrants-anddependents-previously- leftout, 2020.

[8] Nunn R, J Shambaugh. Whose Wages Are Rising and Why? Brookings Institution. https://www.brookings.edu/policy2020/votervital/whose-wages-are-rising-and-why/, 2020.

[9] Patel A, D Jernigan, 2019-nCov CDC Response Team. Initial Public Health Response and Interim Clinical Guidance for the 2019 Novel Coronavirus Outbreak—United States, December 31, 2019–February 4, 2020. Morbidity and Mortality Weekly Report 69, 2020(5): 140–146.

[10] White House. Proclamation on Suspension of Entry as Immigrants and Nonimmigrants of Persons who Pose a Risk of Transmitting 2019 Novel Coronavirus. https://www.whitehouse.gov/presidential-actions/proclamation-suspension-entry-immigrants-nonimmigrants-persons-pose- risk-transmitting-2019-novel-coronavirus/, 2020a.

日本经济发展形势及经济合作分析

于 潇 曾 成*

摘要： 2020 年新冠肺炎疫情突如其来，给世界经济带来了严峻的挑战。日本受到新冠肺炎疫情的影响，各项经济指标已显露出进入新一轮慢性衰退的端倪，GDP 下降和国内消费持续疲弱，失业率上升，对外贸易不容乐观。新冠肺炎疫情的反复导致消费不振、投资活动更加慎重，受此影响，日本政府继续维持宽松的货币政策刺激经济增长，但持续的量化宽松和全球经济疲软导致货币政策效果减弱。与此同时，新冠肺炎疫情对东京奥运会产生巨大影响，日本希望借助东京奥运会提升国际影响力、推动经济社会转型的目标大打折扣。

关键词： 日本经济；新冠肺炎疫情；东京奥运会；亚太经济合作

一、2020 年日本经济形势分析

2019 年下半年，日本经济进入下行阶段。2000 年突如其来的新冠肺炎疫情又给日本经济沉重打击，可谓雪上加霜。日本观光旅游业、航空运输、酒店、餐饮业以及会展等行业遭受直接打击，因全球经济萎缩和产业链阻断导致日本外需减少、国内生产停滞。随着疫情形势的好转，日本国内经济活动逐渐恢复，但目前依然处于极为严峻的局面。2020 年，日本经济遭受新冠肺炎疫情冲击重创后艰难复苏。工业、消费、贸易等主要指标在刺激政策与复工复产推动下缓慢恢复，但经济整体仍相对低迷。2020 年 9 月 16 日，菅义伟当选日本第 99 任首相。菅义伟首相继承了安倍政权的经济政策，首先是应对新冠肺炎疫情，将恢复经济活力作为重要课题。2021 年新冠肺炎疫情发展态势仍将是影响日本经济的重要因素，在当前疫情再度反弹，叠加内需疲弱、通胀疲软、人口老龄化等中长期性问题难以有效解决的状态下，日本经济或将延续缓慢修复态势。

---

* 于潇，吉林大学东北亚研究院院长、教授、博士生导师；曾成，吉林大学东北亚研究院博士研究生。

（一）经济萎缩

2019 年，日本 GDP 实际增长 0.7%。然而 2020 年，日本 GDP 萎缩 4.8%，为 2008 年全球金融危机以来新低。从各季度来看，2020 年四个季度环比增速分别为－0.6%、－8.3%、5.3%和 2.8%，呈现大幅下滑后缓慢修复态势。从 GDP 构成看，拉低经济增长的主要因素是内需和出口，全年分别拖累经济增长 3.9 和 2.1 个百分点，其中第二季度国内需求和出口分别拉低经济 5.2 和 2.9 个百分点，均为金融危机以来最低水平。经济大幅减速的主要原因在于，提高消费税的负面效应凸显，私人消费大幅萎缩，而政府需求增长无法弥补私人需求下降带来的负面效应。日本工业生产较上年下降 10.1%，降幅扩大 7.1 个百点，为金融危机以来的新低。但是，也有一些行业获得了新的消费需求，如任天堂公司的视频游戏销售额获得了巨大增长。疫情期间通过互联网购买日常用品的人数急剧增长，网络销售额大增，进而带动了物流行业的利润显著增加。

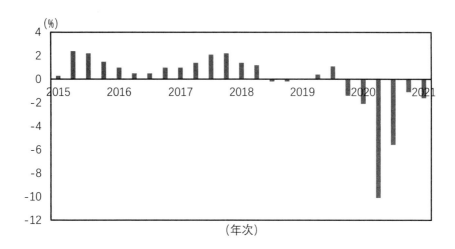

图 1　2015—2021 年日本 GDP 增长率

资料来源：http://www.stat.go.jp/index.html.

（二）国内消费持续疲软

2020 年消费税增加持续影响消费的同时，新冠肺炎疫情影响叠加，日本商品零售额较 2019 年下降 3.2%，为 2002 年以来最大降幅；新车登记数下降 11.4%，降幅较上年扩大 9.3 个百分点。消费者信心延续低迷态势，12 月份消费者信心指数为 31.8，远低于疫情前 39.0 的水平。2020 年日本消费价格指数与上年持平，消费低迷是导致经济负增长的主要原因之一。

（三）失业率急剧上升

2019 年第四季度，日本月平均就业人口为 6762 万人，至 12 月已连续 84 个月同比增加。失业率继续维持在超低水平，2019 年 10 月、11 月、12 月失业率分别为 2.4%、2.2%、2.2%，就业形势显示经济处于良好发展时期。然而突如其来的新冠肺炎疫情导致日本失业率急剧上升。根据日本总务省统计局的数据，2020 年 10 月日本失业率为 3.1%，失业人口为 215 万人，同比增加 51 万人；就业人数 6694 万人，同比减少 93 万人。2020 年，日本全年平均失业率为 2.8%，较上年增长 0.4 个百分点，为 11 年来首次上升。一方面，新冠肺炎疫情导致企业用人需求减少，求人倍率为 1.19，较上年下降 0.41 个百分点，创 1975 年石油危机以来最大降幅。

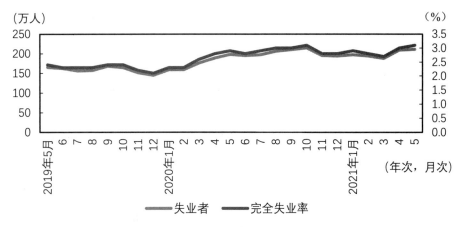

图 2　2020—2021 年日本完全失业率

资料来源：http://www.stat.go.jp/index.html.

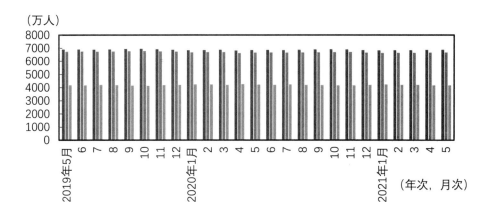

图 3　2020—2021 年日本劳动人口数据

资料来源：http://www.stat.go.jp/index.html.

（四）对外贸易大幅度下降

近年来，日本受经贸摩擦、全球经济不确定性增强等因素影响，运输设备、机电产品、电子产品出口"量价齐跌"，造成出口持续收缩；同时，由于日本国内需求不振导致能源资源产品进口量大幅下降，进口规模大幅萎缩。2019 年，随着中美两国贸易摩擦趋于稳定，日本对华出口额迅速攀升，中国在继续保持日本最大进口来源国的基础上，超越美国重新成为日本最大的出口对象国。2020 年 1 月，受新冠肺炎疫情影响，日本进出口额仅为1116.9 亿美元，同比、环比分别下降 3.1%、8.4%。2020 年 2 月，新冠肺炎疫情导致全球市场避险情绪高涨，日元再度升值。2020 年，日本出口额较上年下降 11.1%，降幅扩大 5.5 个百分点，为 2008 年全球金融危机以来新低；进口额下降 13.7%，降幅扩大 8.7 个百分点。日本出口大幅度下降是导致经济萎缩的另一个重要原因。

（五）宽松的货币政策减弱

货币政策方面，日本或将维持宽松的货币政策，但宽松力度已开始边际减弱。货币宽松是为了实现通胀率为 2%的物价稳定目标。自 2013 年以来，日本银行一直在推行大规模的货币宽松政策。2016 年夏天，也就是货币宽松政策实施 3 年后，日本银行对其进行了一次全面评估，以检验政策效果。评估结果显示，在宽松货币政策刺激下，日本的金融状况得到很大的改善，之前的日元过度升值和股市下跌得到扭转，从而提升了企业的盈利能力，促进了各项经济活动。日本国内政治变动对货币政策的扰动因素消散，不存在政策突然转向的可能性，预计此前制订的货币政策将得以延续。

日本中央银行将 2%的通胀目标作为货币政策正常化的首要判断指标，据日本中央银行测算，2018 年日本核心 CPI 或将升至 1.4%，2020 年升至 2.0%。进入 2020 年以来，日本经济在诸多方面出现了不同程度的下滑，个人消费环比下降。这两个"负增长"预示着日本经济已出现衰退，外需与内需不匹配成为日本经济发展中的主要矛盾及重要限制性因素，内需贡献率严重不足使本国经济发展缺乏持续的内生动力。个人消费和此前表现坚挺的企业设备投资也出现了下滑。此外，PMI 指数的回升趋势减退，在低位徘徊且波动不定，预示着日本经济在本年度呈现出复苏疲软的趋势。

全球经济增速放缓及市场波动等因素，将会促使日本中央银行继续维持量化宽松的货币政策取向。预计日本中央银行短期内将坚持收益率曲线控制策略，维持政策利率不变，但值得注意的是，日本货币政策事实上已开始边际收紧，2017 年日本中央银行购买的国债规模远未达到 80 万亿日元的年度资产购买目标，量化宽松政策力度实际上已经开始边际减弱。财政政策方面，刺激政策或将延续，但受制于高企的债务水平，中期财政政策空间有限。2017 年 12 月，日本内阁通过高达 8600 亿美元的 2018 财年财政预算案，表明日本选择延续积极的财政政策。目前，日本政府债务余额占 GDP 的比重已超过 250%，为世界各国最高。为改善日本财政状况，2018 年 2 月安倍政府制订了 2025 年实现基本财政盈余的目标，而在老龄化趋势加剧与 2020 年东京奥运会背景下政府支出需求偏刚性的影响下，只能通过增加财政收入来实现目标，具体措施为自 2019 年 10 月起将消费税税率由 8% 上调至 10%。从历史经验看，日本于 2014 年 4 月将消费税税率从 5% 提至 8%，其结果是当年一季度日本 GDP 环比增长 0.8%，而加税后二季度 GDP 环比下降 1.7%，消费税上调对经济增长的下拉作用较为明显。预计随着财政政策对经济拉动效果的逐渐减弱，叠加消费税税率上调对居民消费的抑制作用，日本经济增长面临一定的下行压力。

二、新冠肺炎疫情对日本经济的影响

2020 年伊始，新冠肺炎疫情突如其来，此后迅速在全球蔓延，给世界经济带来了前所未有的打击。据国际货币基金组织（IMF）2021 年 6 月的最新预测，2020 年全球经济可能因此萎缩 4.9%，其中发达国家将萎缩 8%，日本经济将萎缩 5.8%。世界银行、经济合作与发展组织（OECD）等国际组织的预测结果也大体相同。新冠肺炎疫情对日本经济的打击十分沉重，其严重程度不仅仅体现在经济增长速度的下降，而对经济发展的综合打击程度可能大于上述国际组织的预测。其原因在于，与其他发达国家相比，日本经济长期处于低迷状态并未真正复苏，而且又出现许多新问题。

由于新型冠状病毒肺炎的传染性强，与社会交往相关的经济活动受疫情冲击尤为严重。从行业属性来看，从事餐饮、住宿等面对面服务的日本企业，其经济活动在疫情期间出现大幅下降。此外，娱乐行业也备受打击。从家庭开支来看，与实物消费相比，服务消费下降更为明显，限制服务消费是为了防止病毒扩散。从人口学上看，不同年龄段的群体对病毒的警惕性存在较大差异，并在消费行为上得以体现：年轻人的服务消费恢复较快，老年人则因为对病毒保持高度警惕，其服务消费急剧下降且回升缓慢。相对而言，生产商品的制造业和销售商品的零售业受疫情影响较小，全球商品贸易甚至有所增加。与 2008 年国际金融危机时期相比，此次疫情导致的全球贸易活动不仅萎缩幅度较小，而且复苏更为迅速。到 2020 年底，日本的出口已经快速恢复到新冠肺炎疫情暴发之前的水平，从而使制造业保持相对稳定。由此可见，新冠肺炎疫情产生的冲击是不平衡的。不同行业和规模的企业、不同年龄段的消费群体，所受到的影响大相径庭。

与 2020 年早春相比，现在许多国家都已经在疫情防控与经济活动之间找到了平衡。尽管日本经济复苏依然举步维艰，但得益于 2020 年春季以来所积累的经验教训，经济活动水平逐步提高，全社会在采取防疫措施的同时开始适应"新的生活方式"。尽管如此，现在对日本经济进行预判尚为时过早，经济下行的风险仍未消除。虽然最近关于疫苗的诸多喜讯令人鼓舞，但要广泛接种还有待时日，新的变异病毒传染性更强，日本也面临着疫情再次反弹的压力。特别令人忧虑的是，新冠病毒仍在全球范围内持续传播，日本的确诊人数甚至再度飙升。为减轻新冠肺炎疫情对经济和社会的负面影响，日本政府采取了若干措施，

向经济领域和居民提供财政援助，2020 财年首次增加补充预算 25.69 万亿日元，4 月日本政府宣布向每位国民发放 10 万日元。6 月 21 日，日本国会批准了一项总额为 31.9 万亿日元的第二次补充预算案，用于支持受新冠肺炎疫情影响的中小企业和医护人员。日本的经济援助总额超过 230 万亿日元，相当于其 GDP 的 40%。日本政府资助抗击新冠肺炎疫情的举措，很可能会使财政情况变得更糟。其在原有的 102.7 万亿日元预算中，又增加了 25.69 万亿日元和 31.9 万亿日元两笔预算。近年来，日本的预算赤字一直在缩小，但 2020 财年的预算赤字开始增加，这意味着日本无法在不发行新债券的情况下为新增预算提供资金，与抗击疫情相关的成本将进一步增加日本的公共债务。

在疫情挥之不去的背景下，经济增长预期是否会下降、金融体系能否保持稳定，是影响日本经济前景的不确定性因素。为此，日本银行将继续密切关注国内外经济金融新动向。从物价走势看，与上年相比，2020 年日本 CPI 一直处于负增长，这主要归咎于一些临时性因素，比如原油价格下跌、"振兴旅游"补贴方案所带来的旅馆费用打折等。尽管新冠肺炎疫情导致的消费需求下降对通货膨胀产生了一定的抑制作用，但在排除这些临时性因素后，2020 年日本 CPI 仍保持小幅上涨。尽管当前日本的 CPI 与疫情暴发前相比仍为负数，但随着临时性因素消失以及经济状况改善，CPI 将逐渐转正并走高。目前，日本银行的判断是，物价不会出现整体和持续下降，换言之，经济不会陷于通缩状态。但是，鉴于经济回升依然缓慢，未来仍存在诸多不确定性。①

三、举办东京奥运会对日本经济的影响

1964 年，日本东京第一次成功举办了奥运会，并取得了显著的成效，成为第一个借助奥运会拉动经济增长的国家。2020 年东京奥运会，日本一方面想借此向世界展示其科学技术的发展及国家的全新面貌，另一方面更想借此再次带动本国经济的飞跃式发展。②日本受长期低迷经济的影响，在 2013 年拼尽全力取得 2020 年东京奥运会的举办权，试图通过这届奥运会拉动国内经济增长，实现经济复苏甚至是经济飞跃，取得像 1964 年东京奥运会那样的经济效应。申奥成功后，日本中央政府于 2014 年 11 月制定并公布了《关于推进 2020 年东京奥运会、残奥会准备及运转工作的基本方针》，指出 2020 年东京奥运会的主要意义为"重振正在失去自信的日本，将成熟社会的先进经验展示给世界"③。

大型体育赛事对地区或者国家的影响越来越大这一趋势是显而易见的，从历届奥运会的举办效应来看，经济永远都是人们关注的重点。日本筹办东京奥运会投资巨大，寄希望

---

① 引自 2020 年 12 月 24 日黑田东彦行长在日本商业联合会上的演讲。国际清算银行网站. https://www.bis.org.

② 郭伟，梅林薰，曾根纯也.2020 年东京奥运会对日本经济效益提升的背景与前瞻研究［J］.北京体育大学学报，2020，43（4）：40-50.

③ 姜尚. 北京 2022 年冬奥会市场开发与东京 2020 奥运会的对比与思考［C］. 2018 年全国体育社会科学学年会论文集，2018：346-350.

于奥运会带来巨大的综合收益。日本在东京奥运会的前期准备中确实获得了一定的经济效益，特别是基础设施建设的直接经济效应就是扩大就业。2013 年，日本成功申办奥运会之后便开始对奥运会基础设施进行投资建设，在筹备期间进行了大规模的奥运场馆建设、交通建设、奥运村建设、城市建设等，这些基础设施的投资，不仅需要技术人员的参与，也需要大量的基础性劳动力，这为日本民众创造了大量的就业机会。东京奥委会的预测数据显示，东京申奥成功将为日本民众提供 15 万个就业机会。

举办奥运会最为明显的经济效应是带动旅游业发展。奥运会作为一项国际大型赛事，在筹备和举办期间，大量外国游客涌入，在日本产生各种消费，从旅行、餐饮到娱乐等，尤其是会带动东京和大阪周边地区旅游产业发展，旅游业又能够带动餐饮业和娱乐行业的发展。

日本预期举办东京奥运会的经济效应远不止这些，体育场馆赛后的循环再利用、基础设施的完善可以为以后的使用打下良好基础等。特别是，氢动力在奥运会上的全面运用，是日本试图将氢能源技术推向全球的重要战略部署，也是日本试图引领新一轮清洁能源技术变革的重要举措。

鉴于此次东京奥运会投资巨大，并且日本全社会对此寄予厚望，日本试图尽量规避新冠肺炎疫情的影响。但是，尽管日本感染病例并不多，病死率也处于较低水平，但无奈以欧美为中心的全球性疫情迅速蔓延，东京奥运会无法按期举办，最后日本与国际奥委会协商决定延期一年后举办，这确实是无奈的选择，但也是最明智的选择。东京奥运会的延期举办给日本经济带来很大损失，有关专家估算其直接损失可达 6400 亿日元[①]。日本试图通过举办奥运会提振国家士气、扩大国际影响力、推广氢能源等新技术、摆脱经济长期低迷困境的战略目标大打折扣。

四、日本对外政策的新趋势

2020 年初以来，日本也面临着新冠肺炎疫情带来的种种冲击和变化。日本首相更替和疫情影响的叠加，预示着日本在经济社会、内政外交等方面会发生很大的变化。日本政府在对外经济政策方面基本会遵循安倍所确定的指针和方向，但受世界经济形势变化和新冠肺炎疫情影响，也将会做出相应调整。日本是经济规模排名世界第三的国家，也是中国重要的经济伙伴，其经济状况和对外政策的变化必然会对世界，尤其对中国产生很大的影响。

（一）深化日美同盟关系

无论是安倍晋三还是菅义伟，都延续了联合美国的对华遏制政策，安倍晋三执政时期，

---

① NEWS 前沿. 东京奥运会若停办日本赔多少？ 经济学家算出来了[EB/OL]. http://www.bjseo.org/guoji/245963.hrml.

由于特朗普总统实施"美国优先"的单边主义政策，大大削弱了美国与盟友的关系，美日盟友关系受到极大影响。特朗普总统执政期间，不仅第一时间宣布退出跨太平洋伙伴关系协定（TPP），美国还要求日本增加防务费用、调整同盟关系等，令安倍政府和民众感到茫然无从，日美盟友关系受到削弱。

2020 年 8 月 28 日安倍晋三因身体原因辞去首相职务，菅义伟于 9 月 16 日当选为日本首相，并延续了安倍执政末期为迎合美国而回归对华遏制的政策取向。2020 年 9 月 25 日中日首脑在电话会谈中，习近平强调，中方愿同日本新政府一道，按照中日四个政治文件各项原则和精神，妥善处理历史等重大敏感问题，不断增进政治互信，深化互利合作，扩大人文交流，努力构建契合新时代要求的中日关系。

2021 年 1 月 20 日，拜登就任美国第 46 任总统。拜登总统重回加强盟友关系的老路，美国与日、韩等盟友关系得到修复和加强。同时，拜登也延续了特朗普对华打压和遏制政策，试图联合欧洲和亚太地区盟友对话施压。日本则紧随美国，在对华施压方面表现十分积极。日本政府对华政策历来存在"两面性"，但是，近期日本对华政策明显倒向美国，严重影响了两国关系，损害中日关系的健康发展。

（二）降低对中国的经济依赖

新冠肺炎疫情可能进一步弱化美国对亚太地区的影响。受新冠肺炎疫情冲击，美国国防部主张日本增强自我防卫能力、增加日本自卫队直接承担相关国际事务。由于日本对中国商品的依赖程度较高，在新冠肺炎疫情期间，中国的供应链遭到破坏，对日本制造业造成严重影响，对此时任首相安倍晋三表示，日本工业生产不应该严重依赖中国，并呼吁国内企业将一部分工厂从中国撤回日本或迁往其他国家。2020 年 4 月 10 日，印度总理莫迪表示，他与安倍晋三进行了"富有成果的讨论"。莫迪认为，印度与日本的官方战略和全球伙伴关系有助于为世界抗击新冠肺炎疫情提供技术和解决方案。在疫情肆虐的背景下，日本与东盟国家不仅在经济领域，而且在安全和卫生领域也加强了联系。为此，日本提出支持建立"东盟传染病中心"。2020 年 4 月，安倍晋三出席东盟与中日韩抗击新冠肺炎疫情领导人特别会议。在视频会议中，东南亚领导人和来自中国、日本、韩国的专家讨论了通过视频链接克服疫情危机的策略。据日本专家介绍，日本的公共部门可以通过增加投资，帮助东盟各国为未来的此类健康危机做好应对准备。

（三）积极参与"印太联盟"

"印太地区"这一概念最早由印度海军上校库兰纳在 2007 年提出；之后，日本时任首相安倍晋三在访问印度时提过类似的概念；从 2011 年起，来自澳大利亚、美国、日本等国的政府官员、军方人士和智库人士开始大量使用"印太地区"这一概念；2013 年，"印太地区"被写入 2013 年澳大利亚国防白皮书中。随着大国实力的变化及世界地缘中心的转移，印太地区已成为未来世界经济增长的中心。据估计，这一地区占全球人口的 57.6%，按购买力平价计算，占全球国内生产总值的 42.1%。①

对美国来说，"印太地区"的地缘政治与经济的重要性不言而喻。2017 年 10 月，特朗普首次在亚太经合组织领导人会议上提出了"自由开放的印太"这一概念，并阐述了美国的印太展望。为继续推动"印太战略"的实施，2017 年 11 月，特朗普在越南出席 APEC 峰会时提出了"自由开放的印太战略"，用"印太战略"正式取代奥巴马政府的"亚太再平衡"战略。随后，在美国国家安全报告中，特朗普政府再次强调了印太地区的战略地位，并发表了美国的印太构想，即"自由开放的印太"。2018 年 5 月，美军太平洋司令部更名为印太司令部。2018 年 12 月，美国国会通过了"2018 年亚洲再保证倡议法案"，旨在就美国制订印太地区的长期战略愿景，强化美国在该地区的领导地位，向区域伙伴与盟国展现美国的决心，同时通过贸易方式助推美国经济发展。"2018 年亚洲再保证倡议法案"要求美国为日本、韩国、澳大利亚及中国台湾地区等提供"再保证"，建议美国政府连续 5 年配置 15 亿美元的预算，发展与印太地区国家的关系，以"在印太地区确立长远的战略目标以及综合性、全方位和原则性的政策"。2019 年 6 月，美国国防部正式发表了"印太战略报告"，全面阐释了美国的"印太战略"，指出印太地区是"美国未来最重要的地区"。

在提出并推进"印太战略"之后，特朗普政府又主导了一系列针对中国的单边外交行动，包括发动贸易战等。美国印太战略正式提出后，经过 4 年的开发，其形式和内容都有了较大发展，主要内容归纳如下：以美国为主导，以印度为重点，以日澳为支点，以联盟与伙伴关系、经济合作和前沿军事存在为支柱，构建范围更大的地缘战略，全面遏制中国崛起。该战略提出的所谓"自由开放印太原则"包括以下四个方面：一是尊重所有国家的主权和独立；二是和平解决争端；三是自由、公平和互惠的贸易；四是坚持国际规定和准则。美国将与日本、韩国、法国、印度、澳大利亚、新西兰等盟国和伙伴国一起追求"自由开放印太战略"。②

在美国的支持下，印度与澳大利亚、日本等不断强化机制性的安全关系，特别是印澳关系得到显著强化。在疫情背景下，印澳日三国还共同推出"供应链韧性倡议"，企图策应美国鹰派的对华经济"脱钩"图谋，减少对中国的经济依赖程度。③美国"印太战略"涉及面广，内容丰富，其根本目的是企图通过巩固和加强军事联盟和伙伴关系，把印度塑造成为遏制中国的前线，在印太地区从东西两线钳制和威慑中国，延缓中国发展的步伐，阻止中国崛起，维持美国世界霸主的地位。

菅义伟首相上台伊始，坚持安倍的战略性外交、价值观外交理念，力求构建美日澳印

---

① The Department of Defense. Indo - Pacific Strategy Report: Preparedness. Partnerships, and Promoting A Networked Region[R]. US: The Department of Defense, 2019: 1-4, 2-10, 17-52.

② The Department of Defense, Indo-Pacific Strategy Report, June 1, 2019: 3-6.

③ 赵明昊. 疫情背景下美国"印太战略"的进展[J]. 云梦学刊，2021，42（1）：13-22.

合作机制，提升落实安倍提出的"自由开放的印度洋太平洋"构想的影响力和号召力。[①]菅义伟提出以日美同盟为基轴，与欧美寻求推进"自由开放的印度洋太平洋"构想的共识，积极推进"印太联盟"。2020 年 9 月 20 日，菅义伟致电澳大利亚总理莫里森，双方就新冠肺炎疫情后建立一个自由开放的印度洋太平洋地区乃至繁荣稳定的国际社会而加深合作达成"共识"，并一致同意进一步加强日澳双边关系，表明深化两国"特殊战略伙伴关系"的意愿。

2020 年 10 月，美国、日本、澳大利亚和印度四国在东京举行外长战略对话，同意携手维护印度太平洋地区的安全与稳定。美国主导的"印太四国联盟"阴影再现。拜登政府执政以来，美国加大了与亚太地区盟友的合作，积极推动"印太联盟"进程，日本则联合澳大利亚、印度，为组建"印太联盟"做准备。

五、中国推动亚太区域合作的政策措施

进入 21 世纪之后，大国竞争愈演愈烈。2020 年，新冠肺炎疫情在全球蔓延，对世界经济造成沉重打击。国际货币基金组织（IMF）预估 2020 年世界经济萎缩 3.5%，为 20 世纪 30 年代"经济大萧条"以来最严重的经济衰退。根据国际货币基金组织发布的《世界经济展望报告》预测，2020 年全球经济将萎缩 4.4%，主要经济体中美国、欧元区、日本、英国的国内生产总值分别下滑 4.3%、8.3%、5.3% 和 9.8%，全球生产总值总量预计将由 2019 年的 87.75 万亿美元降至 2020 年的 83.84 万亿美元，相当于减少德国一年的国内生产总值。国际货币基金组织之前预测中国将保持 1.9% 的正增长，而中国国家统计局的最新数据显示，中国 2020 年国内生产总值实现了 2.3% 的正增长。疫情暴发以来，虽然全球经济遭受重创，但中国在疫情中的良好表现成功维持了全球供应链的稳定性，美国下半年的经济数据也优于预期，为世界经济注入两剂强心针。随着疫苗的广泛接种，几个主要经济体选择继续追加刺激政策，利好因素在一定程度上提升了市场对中期经济趋势和疫情形势的乐观情绪，大多数主要机构上调 2021 年世界经济增长预期。IMF 预测 2021 年世界经济增长 5.5%，较 2020 年 10 月预测值上调 0.3 个百分点。OECD 预测增速为 5.6%，较 2020 年 12 月预测值上调 1.4 个百分点。英国共识公司预测增速为 5.3%，较同年 1 月预测值上调 0.4 个百分点。世界银行出于对疫苗接种进度迟缓和全球金融风险累积的担忧，预测增速为 4.0%，较 2020 年 10 月预测值下调 0.2 个百分点。[②③]

---

① 吕耀东. 后安倍时代的日本外交政策及中日关系走向[J]. 人民论坛，2020（29）：120-123.

② IMF. 世界经济展望报告. 2020-01-26.

③ 张国洪，李婧婧，王庭锡，等. 世界经济深度衰退复苏面临潜在风险：2020 年世界经济形势回顾和 2021 年展望[J]. 全球化，2021（3）：55-67，135.

（一）加强全球性疫情防控合作

新冠肺炎疫情是全球性问题，只有将其放在全球性问题的框架内才能解决。疫情期间，在开展医疗人员合作、联合防控疫情、协调医疗物资生产与联运和保障生活必需品供应等方面，中亚各国在欧亚经济联盟和上海合作组织框架下积极开展合作，为稳定地区防疫局势做出重要努力。2020 年 3 月 26 日召开的"二十国集团"视频峰会传递出加强团结、共同应对疫情挑战的信号。4 月 14 日，东盟与中日韩（10+3）抗击新冠肺炎疫情领导人特别会议中展现出东亚和东南亚国家合作抗疫的共识。欧亚经济委员会最高理事会召开视频工作会议，提出将维持联盟现有运输流量，确保疫情期间成员间各类救援和防疫物资的正常运输。虽然受疫情影响，欧亚经济联盟成员间贸易额出现大幅下滑，服务业和贸易业损失惨重，但是因疫情而兴起的医疗、电子商务等新合作方向使欧亚经济联盟成为中亚国家经济复苏的重要平台之一。2020 年 11 月 10 日，习近平主席在上海合作组织成员国元首理事会上发表重要讲话，首次在上合组织框架内提出构建"卫生健康共同体""安全共同体""发展共同体""人文共同体"的重大倡议。[①]由此，中国向多个国家和地区出口了大量的防疫物资，积极开展药物及疫苗研发国际合作，为全球应对疫情做出重要贡献。中国海关总署公布的数据显示，2021 年上半年，中国已向 112 个国家和地区出口了超 5 亿剂新冠疫苗和原液，这相当于当前全球疫苗总产量的 1/6。全球疫苗免疫联盟（GAVI）宣布已同中国国药集团和科兴公司分别签署预购协议。

（二）冷静应对"印太联盟"

印太区域是大国竞争的核心地区，同时也是未来地缘政治与地缘经济的中心，战略地位十分重要。中国作为亚太地区的大国，一直致力于推动亚太区域合作，分享中国经济发展的机遇，促进地区繁荣发展和维护地区安全。针对"四国联盟"，中国冷静应对，不仅坚持中国一贯的亚太区域合作政策，而且加快推进区域全面经济伙伴关系协定（RCEP）签署生效；推动 APEC 机制转型发展；大力推进"一带一路"倡议实施；积极与东盟国家加强合作，努力推动中国-东盟命运共同体建设；扩大新冠肺炎疫情防控合作，提升亚太地区合作共识和地区意识。针对"印太联盟"赤裸裸的对抗、围堵战略意图，中国并不是针锋相对，而是转向在亚太地区更加充分地发挥区域合作倡导者、地区秩序维护者、建设性制度安排提供者、共享发展机遇分享者、地区安全稳定维护者的作用，以积极推动亚太地区合作。

（三）加强东盟战略对接，积极开展南海安全合作

东盟在美国"印太战略"安排中占据重要位置。在美国的战略设计里，东盟作为其关键的一环，是美国实施并落实"印太战略"的重要倚靠力量。东盟对美国"印太战略"的回应及付出在很大程度上影响着美国"印太战略"在东南亚地区的推进。实际上，对于美

[①] 上海合作组织成员国元首理事会莫斯科宣言［EB/OL］. 新华网，http://www.xinhuanet.com /2020－11/11/ c_1126723429. htm.

国的"印太战略"，东盟的态度经历了从不安、谨慎到推进"印太展望"的过程。即使美国的印太报告宣称其是一种全方位、多层次的自由而开放的地区合作理念，也有意愿维持东盟的中心地位，加大彼此间的交流合作。在美国的"印太战略"设计中，东盟的重要性及其战略地位非常突出，美国也试图拉拢东盟进入以美国为首的同盟圈，从而全方位地遏制中国发展。但实际上，从东盟对美国"印太战略"的态度来看，东盟是有其自身发展诉求的。在当前美国"印太战略"不断加剧地区紧张局势、大国竞争对抗升级的情况下，东盟是中国争取合作的对象，也是推进印太地区新秩序的重要力量，中国应积极与东盟加强战略对接，努力构建中国-东盟命运共同体，从而推动中国及印太地区秩序的发展。

自 2009 年起，中国便成为东盟第一大贸易伙伴，2010 年中国-东盟自贸区建立后，中国与东盟的经贸往来不断加深。2019 年，双方贸易额达 6414.6 亿美元，东盟成为中国第二大贸易伙伴。2020 年前三季度，双方贸易额达 3.38 万亿元人民币，同比增长 7.7%，东盟成为中国第一大贸易伙伴。2020 年，中国与东盟的货物贸易额为 6845.99 亿美元，约占同时期中国对外贸易总额的 15%，同比增长 6.7%。其中中国与越南贸易额增长形势最为可观，2020 年中越贸易额已达 1922.89 亿美元，同比增长 18.7%。[①]东盟在中国对外贸易格局中的地位正在显著提升。由此可见，在世界经济不明朗的情况下，东盟是中国重要的经济合作伙伴。鉴于中国与东盟这种经济伙伴关系，中国应把握机遇，不断加强双方的经济交流合作。中国与东盟都是印太地区重要的经济行为体，推动区域经济健康稳定发展符合双方的共同利益。

长期以来，尽管中国与东盟在经贸和投资方面的相互依赖性不断增强，但双方之间的互信却没能随之增长，这在很大程度上是因为东盟对邻近大国中国崛起产生的安全担忧。海洋安全，尤其是南海安全问题是影响中国-东盟关系的重要因素。中国在维护自身正当权益的同时，应加强与东盟国家的对话沟通，相互增信释疑，搁置争议，共同开发，通过与东盟国家开展南海安全合作来共同管控南海争端。此外，中国还应加强与东盟之间的民间交流与合作，通过建立一系列的合作协议及相关协定来减少双方之间的摩擦，通过进一步的务实合作，减少敌对因素对双方关系的影响。

在世界经济复杂多变、自由贸易受到严重冲击的情况下，中国应积极支持东盟推进 RCEP 谈判进程，并就区域经济合作问题提出中国方案，以开放、友好、合作的态度积极面对逆全球化浪潮，不断加强双方经贸关系。在"印太展望"里，东盟将经济建设放到了重要的位置，中国应加强与东盟的经济对接，将"一带一路"倡议与东盟经济共同体建设有机结合；以亚洲基础设施投资银行为合作平台，支持东盟基础设施建设和区域互联互通建设，在具体经济领域中不断深化中国-东盟的经济合作伙伴关系。

---

① 《2020 年 12 月进出口商品主要国别（地区）总值表（美元值）》，中国海关总署，2021-01-14，http://www.customs.gov.cn/customs/302249/zfxxgk/2799825/302274/302275/3511695/index.html.

（四）推进实施《区域全面经济伙伴关系协定》

2020 年 11 月 15 日，历经 8 年、4 次领导人会议、23 次部长级会议、31 轮正式谈判后，《区域全面经济伙伴关系协定》（RCEP）顺利签署，意味着全球人口最多、经贸规模最大、最具发展潜力的自由贸易区正式起航，这为新冠肺炎疫情肆虐、逆全球化阴霾笼罩的世界经济带来了一缕光明，增强了亚洲区域经济恢复增长的信心。

2021 年 3 月 22 日，中国商务部完成《区域全面经济伙伴关系协定》的核准，成为率先批准协定的国家。2021 年 4 月 15 日，中国向东盟秘书长正式交存《区域全面经济伙伴关系协定》核准书。这标志着中国正式完成 RCEP 核准程序。2021 年 4 月 28 日，日本参议院全体会议通过了《区域全面经济伙伴关系协定》。相关国家也在加快 RECP 核准程序，推动协定于 2022 年 1 月 1 日生效。

RCEP 不仅为中国与东盟合作提供了新机遇，而且为中日韩、中澳新合作提供了新的机遇，RCEP 也在一定程度上弥补了中日之间没有 FTA 的制度性缺憾。RCEP 推动各成员按照协定实施承诺，降低贸易成本及商品价格，提高投资便利性，使区域内各国和消费者从中受益。以 RCEP 为契机，东盟与中日韩乃至东亚地区产业合作将进一步深化，形成更为紧密的区域贸易投资和产业分工关系。尤其重要的是，中日韩三国以 RCEP 为基础，推进中日韩自贸区谈判取得实质性成果，积极促成 RCEP+中日韩 FTA 早日实现，并以此推动亚洲区域经济一体化发展进程。[①]

（五）积极推动中日韩三边合作

中国、日本、韩国三国之间的交流与合作历史悠久。作为东北亚地区的重要组成部分，中日韩三国都是区域合作的参与者和受益者。伴随着经济的区域化，中日韩的经济贸易紧密度、依存度相较以往大大提升。中日韩三国坚持推行的自贸区战略，也将中日韩自贸区谈判推到新阶段。然而，近年来，在逆全球化和保护主义之风盛行的背景下，世界政治经济形势日益显示出不确定性和不稳定性。中日韩三国都对贸易自由、多边贸易有着相同的理念和诉求，是维护多边主义和反对保护主义的重要力量。因此，在新的时代背景下，克服摆在中日韩合作面前的障碍，寻求良性解决路径，继续开展和推进中日韩三国的合作与交流尤为重要。中国积极推动中日韩合作主要包括以下三方面：

一是扩大政治互信。中日韩三国是无法回避的地缘邻国，三国既有合作的内在需求和合作基础，也存在历史认知、领海岛屿争端等复杂的双边矛盾，日韩是美国的盟友，但是中国从地缘关系的角度致力于推动中韩、中日双边合作，也希望日韩之间化解矛盾，增强政治互信，实现共同发展。

二是加强产业互补合作。中日韩三国在产业结构上有相当可观的互补性。中国资源丰

---

① RCEP 刚刚签署，李克强抓紧部署国内相关工作对接. 中国政府网，2020-11-19. http://www.gov.cn/premier/ 2020-11/19/content_5562654.htm.

富、人口众多，劳动密集型产业和资源密集型产品在日韩市场上优势明显；日本在智能创造技术开发等领域有比较优势；韩国在工业技术研发等方面领先。然而，近年来，中国低劳动成本和劳动力丰富的优势逐渐降低，日本国内经济低迷，韩国国内市场狭小，三国应充分发挥各自的比较优势，扩大产业合作，增强产品的市场竞争力。

三是扩大疫情防控合作与民间交流。新冠肺炎疫情期间，中日韩三国的联合抗疫，受到了国际上的瞩目，为全球抗疫树立了典范，这也进一步促进了中日韩三国的民间交流，在很大程度上改善了各国民众的负面认知和情绪。在继续这种局面的同时，还应扩大人文交流规模，丰富人文交流内容，创新人文交流形式，扩大民间友好团体和民间友好人士的交流与合作。

参考文献

[1] ［日］郭伟，梅林薰，曾根纯也. 2020 年东京奥运会对日本经济效益提升的背景与前瞻研究[J]. 北京体育大学学报，2020，43（4）：40-50.

[2] 姜尚. 北京 2022 年冬奥会市场开发与东京 2020 奥运会的对比与思考[C]. 2018 年全国体育社会科学年会论文集，2018: 346-350.

[3] The Department of Defense. Indo-Pacific Strategy Report: Preparedness. Partnerships, and Promoting A Networked Region[R]. US: The Department of Defense, 2019.

[4] 赵明昊. 疫情背景下美国"印太战略"的进展[J]. 云梦学刊，2021，42（1）：13-22.

[5] 吕耀东. 后安倍时代的日本外交政策及中日关系走向[J]. 人民论坛，2020（29）：120-123.

[6] 张国洪，李婧婧，王庭锡，等. 世界经济深度衰退复苏面临潜在风险：2020 年世界经济形势回顾和 2021 年展望[J]. 全球化，2021（3）：55-67，135.

[7] 赵明昊. 疫情背景下美国"印太战略"的进展[J]. 云梦学刊，2021，42（1）：13-22.

全球疫情下东盟经济形势分析与预测

王　勤*

摘要： 在全球疫情冲击下，2020 年东盟国家经济普遍陷入严重的经济衰退。2021 年 4 月起，东盟国家疫情相继出现反弹。为应对新一轮疫情的蔓延，各国重新出台疫情防控和促进复苏的一系列政策措施，以求尽快摆脱经济衰退的困境。尽管各国疫情蔓延阻滞了区域内生产要素的自由流动，但东盟经济共同体建设仍取得新的进展，《区域全面经济伙伴关系协定》（RCEP）正式签署将提升东盟区域经济一体化的水平。展望 2022 年，东盟国家经济走向全面复苏仍存在较大的不确定性，各国经济可能出现"K"形复苏，一些国家和部门将率先复苏，而另一些国家和部门则尚未摆脱疫情的阴影

关键词： 全球疫情；东盟国家；经济形势；东盟经济共同体

在全球疫情的冲击下，东盟国家经济增速急转直下，普遍陷入严重的经济衰退之中。2021 年 4 月起，东盟国家的疫情出现了明显的反弹，一些国家疫情防控形势趋于恶化。面对疫情蔓延和经济衰退，东盟国家启动了新一轮的疫情防控和促进措施。作为我国最重要的周边地区之一，近期东盟国家的经济走向引人关注。

一、东盟国家普遍陷入经济衰退

2020 年，新冠肺炎疫情在全球范围内扩散，对世界各国经济社会造成了巨大的冲击。自 2020 年 1 月 22 日泰国首次出现两例新冠肺炎确诊病例，到 3 月 23 日老挝确诊两例新冠肺炎病例，疫情席卷了东盟十国，其后东盟各国疫情防控形势出现了多次反复，尤其是 2021 年 4 月起，一些国家的疫情出现了明显的反弹。截至 2021 年 7 月底，东盟国家累计确诊病例超过 720 万例，累计死亡病例超过 14 万例，其中印度尼西亚（累计确诊病例超过 330 万例，累计死亡病例超过 9 万例）、菲律宾（分别超过 150 万例和 2.7 万例）、马来西亚（分别超过 100 万例和 8700 例）是东盟确诊病例最多的三个国家。

* 王勤，厦门大学东南亚研究中心教授，博士生导师。

　　在全球疫情冲击下，2020 年东盟国家经济普遍陷入严重的衰退，除文莱、缅甸和越南经济实现正增长，其他国家均为负增长。印尼、马来西亚、菲律宾、新加坡、泰国都陷入自 1998 年亚洲金融危机以来最严重的经济衰退。据东盟国家的官方统计，2020 年，东盟主要国家的季度和年度经济增长率如下：印尼四季度增速分别为 2.97%、-5.32%、-3.49% 和-2.19%，全年为-2.07%；马来西亚分别为 0.7%、-17.1%、-2.6% 和-3.4%，全年为-5.6%；菲律宾分别为-0.7%、-16.9%、-11.4% 和-8.3%，全年为-9.3%；新加坡分别为 0%、-13.3%、-5.8% 和-2.4%，全年为-5.4%；泰国分别为-1.8%、-12.2%、-6.4% 和-4.2%，全年为-6.1%；越南分别为 3.82%、0.39%、2.62% 和 4.48%，全年为 2.91%。[①] 2021 年初，东盟国家经济衰退仍未止步，经济复苏举步维艰。据东盟主要国家的最新统计，2021 年第一季度，印尼经济增长率为-0.74%，马来西亚为-0.5%，菲律宾为-4.2%，新加坡为 1.3%，泰国为-2.6%，越南为 4.65%。预计 2021 年全年印尼经济增长率为 4.5%～5.5%，马来西亚为 6%～7.5%，菲律宾为 6%～7%，新加坡为 4%～6%，泰国为 0.8%～1.8%，越南为 6%～6.5%。

　　面对全球疫情的变化，国际经济组织对 2021 年东盟国家经济复苏持谨慎乐观的预测，但其不确定性较大。据国际货币基金组织（IMF）的预测，2021 年文莱的经济增长率为 1.6%，柬埔寨为 4.2%，印尼为 4.3%，老挝为 4.6%，马来西亚为 6.5%，缅甸为-8.9%，菲律宾为 6.9%，新加坡为 5.2%，泰国为 2.6%，越南为 6.5%（见表 1）。据世界银行的预测，2021 年柬埔寨的经济增长率为 4%，印尼为 4.4%，老挝为 3%，马来西亚为 6%，缅甸为-10%，菲律宾为 4.7%，泰国为 2.2%，越南为 6.6%。[②] 据亚洲开发银行的预测，2021 年东南亚的经济增长率为 4.4%，其中文莱为 2.5%、柬埔寨为 4%、印尼为 4.5%、老挝为 4%、马来西亚为 5%、缅甸为-9.8%、菲律宾为 4.5%、新加坡为 6%、泰国为 3%、越南为 6.7%。[③]

表 1　2003—2022 年东盟国家的国内生产总值增长率　　　　单位：%

国家	2003—2012年	2013年	2014年	2015年	2016年	2017年	2018年	2019年	2020年	2021年	2022年
文　莱	0.5	-2.1	-2.5	-0.4	-2.5	1.3	0.1	3.9	1.2	1.6	2.5
柬埔寨	8.0	7.4	7.1	7.0	6.9	7.0	7.5	7.0	-3.5	4.2	6.0
印　尼	5.8	5.6	5.0	4.9	5.0	5.1	5.2	5.0	-2.1	4.3	5.8
老　挝	7.6	8.0	7.6	7.3	7.0	6.9	6.3	4.7	-0.4	4.6	5.6
马来西亚	5.1	4.7	6.0	5.0	4.4	5.8	4.8	4.3	-5.6	6.5	6.0
缅　甸	9.6	7.9	8.2	7.5	6.4	5.8	6.4	6.8	3.2	-8.9	1.4
菲律宾	5.2	6.8	6.3	6.3	7.1	6.9	6.3	6.0	-9.5	6.9	6.5
新加坡	6.6	4.8	3.9	3.0	3.3	4.5	3.5	1.3	-5.4	5.2	3.2
泰　国	4.4	2.7	1.0	3.1	3.4	4.2	4.2	2.3	-6.1	2.6	5.6
越　南	6.6	5.6	6.4	7.0	6.7	6.9	7.1	7.0	2.9	6.5	7.2

　　资料来源：根据 IMF World Economic Outlook April 2021 数据编制。

　　注：2003—2012 年为年平均增长率；2021 年、2022 年为预测数。

① Growth of the Gross Domestic Product (GDP) in ASEAN. https://data.aseanstats.org/indicator/AST.STC.TBL.6.

② World Bank (2021). Global Economic Prospects June 2021, p64.

③ ADB (2021). Asian Development Outlook 2021.

印尼是东盟国土面积最大和人口最多的国家，其国内生产总值总额约占该地区的 1/3。2020 年 3 月 2 日，印尼首次发现新冠肺炎确诊病例后，疫情始终未曾得以缓解，2021 年 1 月 26 日确诊病例达到 100 万例。2021 年 5 月后，印尼疫情防控形势日趋严重，单日新增确诊病例和死亡病例不断创出新高，6 月 21 日确诊病例突破 200 万例，7 月 22 日超过 300 万例，成为东盟疫情最严重的国家。2020 年，印尼经济陷入严重的衰退，人均国民收入萎缩，国内生产与出口下滑，失业率上升，印尼盾的汇率大幅波动，国际收支出现赤字，外汇储备下降，贫穷人口比率再回升为两位数。2020 年世界银行曾宣布，印尼从中等偏下收入国家跻身于中等偏上收入国家，但 1 年后又重新被降级为中等偏下收入国家。①

作为东盟第二大经济体，泰国经济增长近年来持续处于低速和波动的状态，国内疫情的蔓延使得原本低迷的泰国经济陷入严重衰退之中，国内消费与投资下滑，产出骤降，出口受阻，泰国成为东盟中经济遭受疫情冲击最严重的国家之一。从 2020 年第一季度开始，泰国连续 5 个季度经济增速同比为负数，政府连续 3 次调低 2022 年的预期经济增长率，预计未来两年泰国可能维持缓慢复苏的势头。在全球疫情蔓延的形势下，泰国经济的结构性问题日渐显现，国内经济过度依赖旅游业，基础设施发展严重滞后，政府财政收入来源狭窄，家庭高负债影响国内消费，地区经济发展失衡，营商环境仍存在诸多不便，中小企业难以适应技术变革和市场竞争等。②

马来西亚自 2020 年 2 月 3 日发现首例本国确诊病例后，国内疫情经历了多次反复，政府实施了严格的疫情防控措施，也先后多次延期全国行动管制令，由此国内经济陷入严重的衰退。从 2020 年第二季度起，马来西亚已连续 4 个季度经济增速同比为负增长，国内消费与投资下降，生产与出口受挫，失业人数增加，民生问题凸显。马来西亚先后出台了 6 个总额为 3400 亿林吉特经济援助配套计划，加上 3220 亿林吉特的财政预算拨款，政府经济援助总额达 6620 亿林吉特。2021 年 5 月起，马来西亚的疫情防控形势日益严峻，政府实施全面行动管制令，推出了总值 400 亿林吉特第七个经济援助配套，以应对疫情蔓延和经济衰退。

2020 年 7 月以来，菲律宾新冠肺炎疫情确诊病例数一直处于高位增长。2021 年 3 月起，菲律宾有序推进疫苗接种，计划在 2022 年底达到 7000 万人完全接种疫苗，以实现群体免疫的最高目标。在国内疫情的冲击下，菲律宾经济从快速增长陷入严重衰退，从 2020 年第一季度开始，连续 5 个季度经济增速同比负增长。菲律宾经济增长的动因减弱，国内基础设施建设受阻，外国直接投资下滑，业务流程外包（BPO）减少，国内重要的支柱产业旅游业遭受重创，作为第二大外汇来源的海外劳务人员侨汇收入骤降。

新加坡疫情处于可控范围内，国内疫苗接种有序进行，完成疫苗接种者占人口比重超

---

① 政府自信我国经济即将复苏或在 2022 年恢复成为中等偏上收入国家[N]. 印尼国际日报，2021-07-13.
② 已无路可退的泰国经济除加快疫苗接种，还需解决六大棘手问题[N]. 泰国中华日报，2021-03-18.

过42%，是东盟疫苗接种率最高的国家。据官方预计，到2021年8月，新加坡70%的人口将完成疫苗接种，约75%的70岁以上老年人也将完成疫苗接种。在经历了建国以来最严重的经济衰退后，2021年前两个季度，新加坡经济增速出现大幅反弹，其国内生产总值同比分别增长1.3%和14.3%，制造业和建筑业率先复苏，出口贸易出现明显回升，服务业部门也逐步恢复增长，其中制造业第一、二季度分别增长7.6%和18.5%，连续第四个季度扩张，电子、精密工程、化学和生物医学制造业均取得较快增长。不过，新加坡服务业整体仍未完全复苏，航空和旅游相关行业的复苏更为缓慢。因防疫措施的限制和国境仍未开放，建筑、海事和岸外工程领域均面临严重的劳动力短缺问题。

自2020年1月23日国内出现首例确诊病例后，越南政府出台了一系列政策措施，有效促进了经济复苏，实现了疫情防控和稳定经济的双重目标。2020年，越南经济实现了正增长，成为东盟少数几个经济正增长的国家。2021年5月初以来，越南出现了第四波疫情，政府加大疫情防控和稳定经济的政策力度，国内经济继续保持稳定复苏的态势，上半年经济同比增长5.64%，第一、二季度分别增长4.65%和6.61%。其中，农林渔业增长3.82%，工业和建筑业增长8.36%，制造业增长11.42%，服务业增长3.96%。2021年上半年，越南货物进出口总额为3167.3亿美元，增长32.2%，其中出口1576.3亿美元，增长28.4%；进口1591亿美元，增长36.1%。[①]

二、各国应对经济衰退的政策措施

从2020年5月起，东盟国家疫情防控的形势有所好转，各国逐步开启经济恢复的进程。东盟推出"东盟全面复苏框架"及其实施计划，一些国家积极寻找疫情过后的发展方向。但是，2021年4月起，东盟国家疫情相继出现反弹，疫情防控形势日趋严重。为应对新一轮疫情蔓延，各国重新出台经济援助配套计划，调整宏观经济政策工具，加大财政支出，继续推进国内产业转型升级和基础设施建设，积极调整疫情防控措施、扩大疫苗接种，以求尽快摆脱经济衰退的困境。

（一）制订"东盟全面复苏框架"及其实施计划

2020年11月12日，第37届东盟峰会通过"东盟全面复苏框架"（ASEAN Comprehensive Recovery Framework）及其实施计划，作为东盟应对新冠肺炎疫情并实现社会经济稳步复苏的指导性文件。该框架计划是区域层面应对疫情的协调一致战略，旨在通过聚焦关键部门和弱势群体，确定符合区域和行业优先方向的行动举措，实现更有韧性、包容和可持续的复苏。该框架的指导原则如下：一是聚焦战略领域和优先方向；二是在抗疫和民生之间实现平衡；三是专注于实现经济复苏的影响力；四是行动举措务实且便于实施；五是具有

---

① 今年上半年越南进出口总额增长32.2%[N]. 越通社，2021-06-30.

包容性，更应关注弱势群体和受影响最严重的部门；六是计划实施进展可衡量监测和定期评估。该框架实施计划遵循"3R"阶段路径，即重新开放（re-opening）、复苏（recovery）和韧性（resilience），以适应东盟国家近期和中长期经济复苏和增长的需求。[①]

"东盟全面复苏框架"及其实施计划提出了东盟复苏行动聚焦的五大战略领域及其优先措施、具体倡议和项目、预期目标和成果、实施期限和负责部门等，这五大战略领域和优先方向如下：①提升卫生系统，优先方向包括维持现有健康举措、加强关键卫生服务和疫苗安全、提升卫生人力资源水平等；②强化人类安全，优先方向包括加强社会保障、加强食品安全、通过数字技术和教育培训提升人力资本、加强劳工政策对话、维护性别平等、保障人权等；③最大化东盟内部市场和经济一体化潜力，优先方向包括提升东盟区域内贸易和投资水平、加强供应链韧性、保持市场开放、减少非关税壁垒、推进贸易投资便利化、提升交通和区域互联互通、促进旅游业和中小微企业发展等；④加快包容性数字转型，优先方向包括发展电子商务和数字经济，提升电子政务服务、数字互联互通和信息通信技术水平，推进中小微企业数字转型，保障数据和网络安全等；⑤迈向更可持续和更具韧性的未来，优先方向包括在东盟各领域实现可持续发展，尤其是在投资、能源、农业、绿色基础设施、灾害管理以及可持续金融领域。

"东盟全面复苏框架"还提出了实施东盟复苏行动应考虑的因素，包括：①政策措施和应对。东盟成员国政府继续出台多领域和全方位的政策措施，并加强国际和区域政策协调合作。②融资和资源运作。利用所有可能的现有资源并吸引新资源，通过东盟疫情应对基金，实现可持续和包容性复苏。③机构和治理机制。发挥东盟协调委员会公共卫生危机工作组协调作用，提升各方沟通效率，保障实施效果。④利益相关方参与和合作。扩大私营部门和发展伙伴的参与，政府与商界保持密切沟通，积极开展多边合作。⑤有效监测。东盟及其成员国加强监测和评估，保障信息和资源运作过程透明，东盟秘书处提供必要的支持。截至 2021 年 6 月，该框架及其实施计划已完成 28 项，正在审查有 73 项，正在实施中有 68 项。[②]

（二）各国纷纷推出新的经济援助配套计划

在新一轮疫情蔓延的背景下，东盟国家在实施原有经济援助和纾困计划的基础上，纷纷推出新的经济援助配套计划，扩大政府财政支出，实施赤字预算政策，加大疫情防控的投入，刺激国内消费与投资，援助受疫情影响的行业、中小企业和弱势群体，以缓解新冠肺炎疫情对国内经济的冲击。

印尼先后推出了经济刺激配套政策，政府削减当年国家和地方预算的非优先支出，为

---

① ASEAN Secretariat (2020). ASEAN Comprehensive Recovery Framework and its Implementation Plan. https://asean.org/asean-comprehensive-recovery- framework-implementation-Plan.

② 东盟加强合作，共同战胜挑战[N]. 越通社，2021-08-01.

21 个工业、农业和服务业领域提供了税务优惠。截至 2021 年 4 月底，印尼国家预算案总计为 829 家微型企业提供援助 9.95 万亿印尼盾，为 960 万个家庭提供社会现金援助 11.1万亿印尼盾，为 1600 万个家庭提供基本必需品 11.9 万亿印尼盾，为 970 万民众提供援助开支 13.7 万亿印尼盾，为 90.69 万名大学生提供印尼智慧卡 4.2 万亿印尼盾，以及为在校学生提供补助 5.2 万亿印尼盾。①

从 2020 年 2 月起，马来西亚先后出台了 6 个经济振兴配套方案，总值达 3400 亿林吉特，加上 3220 亿林吉特的财政预算拨款，总额达 6620 亿林吉特。2021 年 5 月底，政府宣布实施总值 400 亿林吉特的第七个经济振兴配套计划，包括政府提供 50 亿林吉特的拨款，为不同收入家庭提供现金补贴，内阁部长和副部长不领薪 3 个月，其薪金纳入国家天灾信托户头。6 月底，马来西亚又推出了总值 1500 亿林吉特的经济复苏配套计划，包括政府直接注入 100 亿林吉特的拨款，其重点是继续关怀人民、支持企业和提高疫苗接种率。

2020 年，新加坡曾连续推出了 5 个经济援助配套计划，纾困资金近千亿新元，政府扩大财政支出，财政赤字高达 649 亿新元，相当于国内生产总值的 13.9%，其中政府动用了 520 亿新元国家储备金，相当于 1996—2019 年财政盈余的总额。2021 年，新加坡连续第二年实施赤字预算政策，政府拨出 110 亿新元作为应对疫情的配套计划，并对尚未摆脱疫情冲击的航空、旅游业等部门行业给予额外的援助。

2020 年，泰国政府先后出台了两个经济振兴预算案，预算金额分别达 9240 亿泰铢和 1520 亿泰铢。2021 年 6 月，随着国内疫情反弹，泰国政府内阁出台了 1400 亿泰铢的"一揽子"经济刺激计划，旨在减轻下半年疫情对经济的影响，其中包括发放现金、电子代金券或以共同支付形式进行，以共同支付形式向 3100 万人提供约 930 亿泰铢的援助，将 164 亿泰铢和 30 亿泰铢分别直接发放给残疾人和享有社会保障政策的人，将 280 亿泰铢以电子代金券形式分配给中高收入阶层。②

（三）继续推进国内产业转型升级和基础设施建设

2020 年 5 月起，在疫情防控形势有所转好的情形下，东盟国家逐步开启经济恢复进程，并继续推进疫情前既定产业转型政策和具体实施项目。印尼政府成立国家经济复苏及处理疫情工作组，通过总统条例出台国家经济复苏计划，预定国家经济复苏的预算开支多达 318.09 万亿印尼盾（约 212.8 亿美元）。③越南提出国家正式步入经济复苏时期，政府提出促进经济回到新常态，化解生产经营中的困难，加快公共投资到位进度，保障民生和社会秩序，在当前维持生产经营活动的同时，为疫情结束后经济复苏创造条件。④ 2021 年新加

---

① 政府今年抗疫实施四项步骤：筹备疫苗及医疗、社会援助、振兴经济和基础设施[N]. 国际日报，2021-05-31.
② 内阁正式批准 1400 亿经济计划案[N]. 泰国中华日报，2021-06-01.
③ 府会拟订国家经济复苏纲领[N]. 印尼国际日报，2020-05-13.
④ 竭尽全力恢复经济[N]. 越通社，2020-05-14.

坡财政预算案重点从紧急援助转向经济结构性的调整，即从以疫情防控为主过渡到经济转型。除疫情防控预算外，政府拨出 240 亿新元以鼓励企业创新与转型，拨款 6000 万新元设立农业产品转型基金，拨款 3000 万新元资助电动车发展计划。在新加坡企业发展局的扶持下，2020 年新加坡超过 1.53 万家企业加速转型步伐，其中有 1.48 万家企业参与提高生产力和技能的项目，另有 600 家企业展开创新项目和开发新产品，但本地企业国际化的步伐放缓。①

在疫情防控期间，东盟国家加大基础设施的投资建设，一些重点基础设施建设项目取得新进展。印尼雅万高速铁路建设稳步推进，自 2018 年 6 月开工以来，整体工程施工完成 73%，全线 13 座隧道已贯通 8 座，大部分重点路段连续梁和框架墩施工完成，主要路基、桥梁、隧道和车站等工程建设有序进行，雅万高铁全长约 142 公里，最高设计时速达 350 公里。菲律宾的"大建特建"基础设施建设计划并未中断，该计划拟在 2017—2022 年间投资 8.4 万亿比索，涵盖道路、桥梁、机场、铁路、港口、防洪设施等 30 多个基础设施建设项目。2021 年上半年，菲律宾政府的基础设施建设支出达 4266 亿比索，同比增长 43.2%，全年计划支出 1.2 万亿比索，占 GDP 的 5.1%。② 截至 2021 年 4 月，在首都大马尼拉地区、宿务、达沃、卡加延德奥罗市、桑托斯将军城、三宝颜、锡亚高岛等地，一些项目业已完工或即将完工，如萨马省甲描育机场修复工程、比科尔国际机场、大马尼拉地区地铁和轻轨扩建项目等。③ 泰国积极实施东部经济走廊发展计划，推进三大机场连接高速铁路、乌塔堡机场、廉差邦港口三期、航空维修中心、东部航空城五大基础设施项目建设，该五大建设项目投资额达 6950 亿泰铢。其中，乌塔堡机场改造升级项目预计 2023 年完工；航空城是集工业、旅游、物流和航空为一体的综合中心，该项目横跨差春骚、春武里和罗勇三府，拥有 34 个工业园区和 6033 家工厂。

（四）积极调整疫情防控措施，加快国内经济复苏

随着疫情的蔓延，东盟国家充分意识到疫情防控是加快经济复苏的前提，而疫苗接种是疫情防控的关键因素。面对新一轮疫情的蔓延，各国加大了疫情防控的力度，调整了疫情管控政策。印尼、菲律宾和泰国等均实行了更加严格的防疫举措，马来西亚将行动管制令调整为国家复苏计划，越南也强化了疫情防控措施。同时，各国均实施全国性疫苗接种计划，力求在全民免疫过程中实现经济复苏的目标。

在疫情暴发后，马来西亚政府先后实施了行动管制（MCO）、有条件行动管制（CMCO）和复苏行动管制（RMCO）等一系列疫情防控措施。但到 2021 年 1 月，马来西亚疫情失控后再次收紧管制，并宣布全国进入紧急状态。2021 年 6 月起，马来西亚将疫情期间实施的

---

① 社论：积极转型与创新稳定经济关键[N]. 新加坡联合早报，2021-02-8.
② 上半年基础设施支出增长 43.2%[N]. 菲律宾商报，2021-07-27.
③ 抗疫期间菲完成多项基础设施建设项目[N]. 菲律宾世界日报，2021-04-17.

行动管制（MCO）政策改称为国家复苏计划（National Recovery Plan，NRP）。马来西亚政府宣布，国家复苏计划分为 4 个阶段，每阶段将以每日新增病例、加护病房床位和疫苗接种率三项指标来决定是否进入管制更宽松的下个阶段。从第一阶段进入第二阶段的标准，包括单日新增病例少于 4000 例、加护病房床位处于中等水平和 10%的人口接种疫苗；进入第三阶段的标准是单日新增病例少于 2000 例、加护病房床位足够和 40%的人口接种疫苗；进入第四阶段的标准是单日病例少于 500 起、加护病房床位处于安全水平和 60%的人口接种疫苗。据政府预估，2021 年 7 月或 8 月马来西亚可进入第二阶段，9 月或 10 月将进入第三阶段，11 月或 12 月将进入第四阶段。

为了遏制新冠肺炎疫情的蔓延，东盟国家均启动了疫苗接种计划，期望能为全国 70%的人口接种疫苗，力争在 2021 年底或 2022 年初实现群体免疫。印尼计划优先为 1.815 亿名国民接种疫苗，马来西亚分别从 2 月、4 月和 5 月起实施 3 个阶段的接种计划，菲律宾在 17 个地区设立了 3263 个疫苗接种点，泰国疫苗接种在最初针对疫情重灾区的医护人员和争取率先开放的旅游景区后全面展开。但是，由于东盟国家疫苗供应严重依赖于国际市场，使得疫苗接种进展较为缓慢。据统计，截至 2021 年 7 月 16 日，东盟国家整体疫苗接种率仅为 9%，新加坡完成疫苗接种者占人口比重为 42%，柬埔寨为 24%，马来西亚为 13%，老挝为 9.4%，印尼为 5.9%，泰国为 4.8%，文莱为 4.3%，菲律宾为 3.7%，缅甸为 2.8%，越南为 0.3%。[①]

三、东盟经济共同体建设的新进展

2015 年底，东盟经济共同体（AEC）正式建成。《2025 年东盟经济共同体蓝图》确定了未来 10 年东盟经济共同体的发展目标，提出了东盟经济共同体建设的五大支柱，即高度一体化和凝聚力的经济，竞争、创新和活力的东盟，促进互联互通和部门合作，有弹性、包容和以人为本的东盟，以及全球性的东盟。[②] 2021 年 4 月，东盟秘书处发布了《〈东盟经济共同体蓝图 2025〉中期评估报告》，对 5 年来东盟经济共同体五大支柱建设（包括 29 个具体部门、1700 余项具体行动）的进展进行了中期评估，其评估结论如下：东盟经济共同体建设已完成项目占 54.1%，正在进行项目占 34.2%，尚未进行项目占 9.2%，撤销项目占 2.5%。[③]

（一）东盟经济共同体五大支柱建设的进展

1. 高度一体化和凝聚力的经济

2025 年东盟经济共同体蓝图提出，要建立高度一体化和凝聚力的经济，就是要促进区

① 德尔塔迅速传播，东南亚病例激增成"重灾区"[N]. 新加坡联合早报，2021-07-17.

② ASEAN Secretariat (2015). ASEAN Economic Community Blueprint 2025. Jakarta: ASEAN Secretariat.

③ ASEAN Secretariat (2021). Mid-Term Review of ASEAN Economic Community Blueprint 2025, p11.

域内商品、服务、投资、资本和技能劳动力的自由流动，构建东盟区域的贸易和生产网络，为企业和消费者建立一个单一市场，并提出在商品与服务贸易、投资、区域金融一体化、技能劳动力和商务人士流动、参与全球价值链等方面的具体措施。其中，包括继续实施"东盟货物贸易协定"（ATIGA），简化和实施原产地原则，减少非关税壁垒，实施单一窗口制，签署"东盟服务贸易协议"（ATISA）；在"东盟全面投资协议"（ACIA）的框架下，建立自由、开放和透明的投资体制；推动东盟区域本土银行、保险市场和证券市场的一体化进程，促进资本账户自由化、支付与结算系统和金融能力建设；在专业人才资质互相认可（MRA）框架下，促进专业人员和技能劳动力的区域自由流动；促进各成员国参与全球和区域价值链，以实现规模经济和产业集聚的效应。据中期评估报告测定，该支柱建设已完成项目占60.3%，正在进行项目占 32.1%，尚未进行项目占 6.8%，撤销项目占 0.8%。

2. 具有竞争力、创新性和活力的东盟

《2025 年东盟经济共同体蓝图》提出，提升区域竞争力和生产力包括竞争政策、知识产权保护、参与全球价值链、区域规制框架和实施等，其主要措施包括：有效的竞争政策，消费者保护，知识产权保护，效率驱动型增长、创新、研究与开发（R&D）和技术商业化，税务合作，良好的治理，有效的管理，经济可持续发展，全球趋势和贸易相关的问题。据中期评估报告测定，东盟经济共同体建设中，"竞争、创新和活力的东盟"已完成项目占47.8%，正在进行项目占 31.3%，尚未进行项目占 12.6%，撤销项目占 8.3%。

3. 促进互联互通和部门合作

根据"东盟互联互通总体规划"（Master Plan on ASEAN Connectivity，MPAC），东盟将加快区域交通运输、电信和能源等基础设施建设，建立高效和具有全球竞争力的物流和多模式的交通运输系统，实现东盟区域的互联互通；加快电子商务的区域合作，促进电子商务的跨境交易；推进区域能源、食品、农业和林业、旅游、医疗保健、矿产资源和科学技术等部门的整合与合作，促使区域经济的可持续发展，提升东盟区域的竞争力。据中期评估报告测定，该支柱建设已完成项目占 52%，正在进行项目占 34.9%，尚未进行项目占10.8%，撤销项目占 2.3%。

4. 具有弹性、包容和以人为本的东盟

《2025 年东盟经济共同体蓝图》提出，建设具有弹性、包容和以人为本的东盟，其主要战略措施包括制订和实施中小微企业的发展计划，增强中小微企业的作用；建立有效协商机制和渠道，加强私人部门参与区域合作的作用；完善公私合作伙伴关系（PPP），吸引私人部门参与 PPP 项目融资活动；在东盟一体化倡议（IAI）下，促进后进国家的能力建设，缩小发展差距；激励利益相关者参与区域一体化，增强东盟区域一体化公众意识。据中期评估报告测定，该支柱建设已完成项目占 43.5%，正在进行项目占 48.1%，尚未进行项目占8.4%。

5. 全球性的东盟

《2025 年东盟经济共同体蓝图》提出，通过与中、日、韩、印、澳、新的自贸协定，并进行区域全面经济伙伴关系协定等的谈判，加快融入世界经济，提升国际地位，其主要措施包括以区域共同立场和全球经济视野，实施具有战略性和一致性的对外经济关系；进一步完善和升级现有的自贸协定，使之成为现代化、全面性和高标准的自贸协定；促进与非自由贸易对话伙伴的经济关系，扩大双边贸易与投资项目；推动东盟与区域和全球的经济整合，促进与新兴经济体或区域集团的经济合作；继续支持多边贸易体制，积极参与全球性和区域性机构的活动。据中期评估报告测定，该支柱建设已完成项目占 54.5%，正在进行项目占 45.5%。

（二）东盟经济共同体五年的建设成就

随着东盟经济共同体的建设进程，东盟整体的经济实力迅速增强，其世界经济地位不断提升，成为全球第五大经济体，仅次于美国、中国、日本和德国。2015—2019 年，东盟的 GDP 由 2.5 万亿美元增至 3.2 万亿美元，年均增长 5.1%；东盟人均 GDP 持续增长，由 3932 美元增至 4827 美元，新加坡和文莱跨入高收入国家的行列，其他国家均已跨入中等收入国家的行列；东盟经济总量占全球经济份额由 3.3%升至 3.6%，而按购买力平价（PPP）计算，东盟占世界经济比重则达 6.2%。①

2015 年东盟经济共同体建成后，东盟国家继续实施削减关税与非关税壁垒，简化原产地规则，推行单一窗口，促进贸易投资自由化和便利化，以加快构建单一市场体系。东盟国家积极实施《东盟货物贸易协定》，到 2019 年 5 月，东盟实现零关税商品税目已占 98.6%，其中东盟六国（文莱、印尼、马来西亚、菲律宾、新加坡和泰国）为 99.3%，东盟四国（柬埔寨、老挝、缅甸和越南）为 97.7%。② 2018 年初，"东盟单一窗口"（ASW）正式启动，该系统整合了区域内不同国家的单一窗口系统，通过实现成员国之间贸易相关文件的电子交换，加快货物通关和促进跨境贸易。2019 年 4 月，东盟签署了《东盟服务贸易协议》，它以原有《东盟服务业框架协议》（AFAS）为基础，使得区域内服务部门开放数量超过 70%。《东盟全面投资协定》生效后，东盟先后签署了 4 份修订议定书，进一步推动区域投资自由化与便利化。2020 年 1 月，东盟签署了《〈东盟货物贸易协定〉第一修订议定书》，修改了原产地规则认证操作程序，9 月东盟原产地自主认证制度（ASEAN-Wide Self Certification Scheme，AWSC）正式启动。2020 年 11 月，东盟海关跨境系统（ASEAN Customs Transit System，ACTS）开始实施，通过该系统，贸易商只需办理一次海关申报手续就可实现在成员国之间自由运输货物。此外，2015 年 11 月，中国-东盟自贸区升级谈判成果文件正式签署。2020 年 11 月，《区域全面经济伙伴关系协定》正式签署。

---

① ASEAN Secretariat (2021). Mid-Term Review of ASEAN Economic Community Blueprint 2025, p25.

② ASEAN Secretariat (2019). ASEAN Integration Report 2019, p19-20.

近 5 年，东盟区域贸易投资自由化便利化初见成效，进出口贸易持续增长，引进外国直接投资（FDI）日益扩大，接待国际游客人数不断增加，营商环境趋于改善。2015—2019 年，东盟进出口贸易额由 2.3 万亿美元升至 2.8 万亿美元。其中，东盟内部贸易由 5350 亿美元增至 6330 亿美元，但内部贸易占贸易总额的比重略有下降，从 23.6% 降至 22.5%；东盟引进外国直接投资由 1187 亿美元增至 1589 亿美元，服务业吸收外资的比重从 43.1% 升至 49.4%，但东盟区内投资比重从 17.5% 降至 13.9%；东盟接待的国际游客由 1.09 亿人次上升至 1.44 亿人次，其中东盟区内游客比重从 42.2% 降至 35.6%；东盟的营商环境逐步改善，在东盟国家开办企业的平均时间从 2017 年的 24.5 天缩减至 2020 年的 14.5 天；东盟积极推动普惠金融，金融排斥（financial exclusion）水平由 2016 年的 44% 降至 2020 年的 30%；[1] 2018 年，东盟国家可再生能源占所有能源的比重达 14%（2025 年的目标为 23%），能源强度水平比 2005 年基准缩减 21%（2025 年的目标为缩减 32%）；2019 年，东盟互联网普及率已达 57%，人均拥有手机 1.39 部。[2]

（三）未来 5 年东盟经济共同体的建设

在全球疫情蔓延的背景下，东盟普遍陷入严重的经济衰退，区域内生产要素自由流动受阻，对面向 2025 年东盟经济共同体的建设产生一定的影响。《〈2025 年东盟经济共同体蓝图〉中期评估报告》提出，未来 5 年东盟经济共同体建设必须重视和关注以下三大问题。

首先，解决首要和跨领域问题。未来 5 年，东盟经济共同体必须增强协调、监测和评价机制，促进不同领域间协调和跨领域问题的规划，加强对 23 个部门工作计划实施情况和后续行动的监测，对东盟经济共同体建设的相关协议的批准和生效进行系统性跟踪与审查，加强和优化东盟经济共同体跨部门的协同；建立统一框架解决交叉问题，探索促进部门间跨领域的协同增效问题。目前，许多跨领域问题必须通过平行的特定部门才得以解决，因而跨部门的协同和监测成为当务之急；东盟必须加快实施第四次工业革命和数字化转型战略，以应对新一轮工业革命和数字经济带来的机遇与挑战。同时，不同利益相关者应该积极参与 "工业 4.0" 的产业转型升级，融入全球价值链和区域生产网络，并向全球价值链上游攀升。因此，东盟国家必须加速推进贸易投资自由化和便利化，促进产业转型与技术创新，参与产业链的高附加值环节，推动区域产业合作，打造配套产业，开发人力资本，从而进一步提升产业竞争力。

其次，增强东盟的中心地位和韧性。加强东盟的组织制度建设，强化东盟秘书处的战略协调职能；提升主要部门协定和文件的实施水平，将工作重点转移至制订区域协同战略，建立东盟框架、区域平台和基础设施；在 RCEP 正式签署后，要推动 RCEP 早日生效实施；

---

① 金融排斥（financial exclusion），是指社会中某些群体没有能力进入金融体系，没有能力以恰当的形式获得必要的金融服务。

② ASEAN Secretariat (2021). Mid-Term Review of ASEAN Economic Community Blueprint 2025, p25-26.

在自贸协定框架下，推进新兴议题对话合作；争取更积极主动、更具战略性的外部伙伴参与，在推进自贸协定的同时探索部门合作等新形式，在多边合作中发挥积极的作用。

最后，保持东盟经济共同体的包容性和可持续性。未来 5 年，东盟经济共同体的建设要追求更加公平、包容和可持续的发展，进一步缩小发展差距，推广包容性商业模式，支持中小微企业发展。另一方面，强化利益攸关方的咨询和参与，包括民众、企业、智库和东盟对话伙伴等。

四、RCEP 对东盟经济发展和区域整合的影响

2020 年 11 月，《区域全面经济伙伴关系协定》（RCEP）正式签署，标志着以东盟为主导，具有现代化、全面、高质量和互惠特点的世界最大自贸区应运而生。在 RCEP 经济体中，东盟凭借其整体经济占有举足轻重的地位，它是东亚区域价值链和生产网络的重要节点，而 RCEP 在东盟外向型经济中也有着不可替代的位置。RCEP 自贸区建成后，它将助力"后疫情时代"东盟国家经济增长与复苏，促进各成员国市场开放和产业转型，加快融入全球价值链和区域生产网络，并进一步提升东盟区域经济一体化的水平。

（一）RCEP 成员在东盟外向型经济中占有重要地位

东盟国家是高度的外向型经济，2018 年东盟国家对外依存度（进出口贸易占 GDP 比重）高达 94.3%，其中新加坡为 215%、越南为 199.1%、马来西亚为 129.7%、柬埔寨为 122.6%。[①]随着东盟与中、日、韩、印、澳、新自贸区的建成，区域内贸易和投资效应日益显现，RCEP 成员在东盟外向型经济中的地位不断提升。目前，与 RCEP 成员的贸易约占东盟进出口贸易总额的半壁江山，来自 RCEP 成员的外国直接投资占东盟吸收外资总额的比重超过 40%，RCEP 成员是东盟及其成员国主要的自贸伙伴。

在东盟十大贸易伙伴中，2019 年 RCEP 国家占 5 个，分别为东盟区内、中国、日本、韩国和澳大利亚，占进出口贸易总额的 56.7%。其中，在东盟十大进出口贸易国中，RCEP 国家分别占进口、出口贸易额的 60.8% 和 51.9%，分别为东盟区内（占进口、出口贸易额的 21.6% 和 23.3%）、中国（占 21.9% 和 14.2%）、日本（占 8.3% 和 7.7%）、韩国（占 7.0% 和 4.2%）和澳大利亚（占 2.0% 和 2.5%）（见表 2）。在东盟十大商品贸易中，向 RCEP 国家出口比重占有半数的商品有 4 种，超过 40% 的商品有 7 种；从 RCEP 国家进口比重超过半数的商品有 7 种。根据海关编码（HS）分类计算，在东盟向 RCEP 国家出口的十大商品中，85 章商品占 46.4%，84 章商品占 48.0%，27 章商品占 79.4%，71 章商品占 40.2%，87 章商品占 55.1%，39 章商品占 71.6%，90 章商品占 56.4%，40 章商品占 24.7%，15 章商品占 16.8%，61 章商品占 16.1%；从 RCEP 国家进口的十大商品中，85 章商品占 68.5%，27 章商品占

---

① ASEAN Secretariat (2019). ASEAN Integration Report 2019, p19.

50.8%，84 章商品占 62.8%，39 章商品占 64.0%，87 章商品占 77.5%，72 章商品占 68.9%，90 章商品占 39.3%，71 章商品占 44.3%，29 章商品占 42.8%，73 章商品占 62.6%（见表 3）。

表 2　2019 年东盟国家十大进出口贸易伙伴　　　　　　单位：百万美元，%

国家或地区	出口		国家或地区	进口	
	金额	比重		金额	比重
东盟区内	332 311.9	23.3	中国	305 413.2	21.9
中国	202 550.0	14.2	东盟区内	300 292.4	21.6
美国	183 794.3	12.9	欧盟	126 710.7	9.1
欧盟	154 107.8	10.8	日本	116 118.7	8.3
日本	109 910.5	7.7	美国	110 999.1	8.0
香港	92 205.9	6.5	韩国	97 126.6	7.0
韩国	59 379.9	4.2	中国台湾	79 043.2	5.7
印度	48 299.7	3.4	印度	28 798.1	2.1
中国台湾	40 250.5	2.8	澳大利亚	27 649.8	2.0
澳大利亚	35 441.1	2.5	阿联酋	27 134.5	1.9
出口总额	1 423 830.2	100.0	进口总额	1 392 601.8	100.0

资料来源：根据 ASEAN Statistical Yearbook 2020 的数据编制。

表 3　2019 年 RCEP 国家在东盟十大进出口商品所占比重　　　　　　单位：%

出口	比重	进口	比重
85 章 电机、电器、音像设备及其零附件	46.4	85 章 电机、电器、音像设备及其零附件	68.5
84 章 核反应堆、锅炉、机械器具及零件	48.0	27 章 矿物燃料、矿物油及其产品：沥青等	50.8
27 章 矿物燃料、矿物油及其产品：沥青等	79.4	84 章 核反应堆、锅炉、机械器具及零件	62.8
71 章 珠宝、贵金属及制品，仿首饰，硬币	40.2	39 章 塑料及其制品	64.0
87 章 车辆及其零附件，但铁道车辆除外	55.1	87 章 车辆及其零附件，但铁道车辆除外	77.5
39 章 塑料及其制品	71.6	72 章 钢铁	68.9
90 章 光学、照相、医疗等设备及零附件	56.4	90 章 光学、照相、医疗等设备及零附件	39.3
40 章 橡胶及其制品	24.7	71 章 珠宝、贵金属及制品，仿首饰，硬币	44.3
15 章 动植物油、脂蜡，精制食用油脂	16.8	29 章 有机化学品	42.8
61 章 针织或钩编的服装及衣着附件	16.1	73 章 钢铁制品	62.6

资料来源：根据 ASEAN Statistical Yearbook 2020 编制。

注：根据 HS 编码两位数商品编制。

在近年东盟吸收外国直接投资的十大来源国中，RCEP 国家占 5 个，分别为东盟区内、日本、中国、韩国和澳大利亚。据统计，2010—2019 年，RCEP 国家每年在东盟直接投资所占比重为 35%～50%，2016 年其比重曾超过半数（见表 4）。2018 年和 2019 年，东盟吸收外国直接投资的十大来源国中，RCEP 国家均占 5 个，分别占 FDI 总额的 43.6% 和 35.7%；其中，来自东盟区内的 FDI 分别占 15.2% 和 13.9%，日本分别占 13.7% 和 13%，中国分别占 6.5% 和 5.6%，澳大利亚分别占 0.8% 和 1.7%，韩国分别占 3.9% 和 1.5%。在部门投资分布中，日本投资集中在金融保险、制造业和批发零售业等，中国集中在制造业、房地产、金融保险业等，韩国集中在制造业、批发零售、房地产业等，澳大利亚集中在金融保险、制造业等。在国别投资分布中，2018 年文莱吸收来自 RCEP 国家的 FDI 占 25.5%，柬埔寨占 66.2%，印尼占 88%，老挝占 100%，马来西亚占 23.8%，缅甸占 80.3%，菲律宾占 14.8%，新加坡占 19.7%，泰国占 59.5%，越南占 71.7%。[①]

表 4　2010—2019 年 RCEP 国家在东盟的外国直接投资　　单位：百万美元

国家或地区	2010	2011	2012	2013	2014	2015	2016	2017	2018	2019
东盟区内	15 521	15 837	23 901	18 464	22 181	20 819	24 989	25 889	24 250	22 075
日本	12 855	7798	14 853	24 609	13 436	12 962	14 038	16 140	23 338	20 636
中国	3631	7194	7975	6165	6812	6572	11 272	15 495	12 241	8896
韩国	5578	1774	1279	4303	5257	5609	6284	4611	5460	2391
澳大利亚	1717	4847	741	2166	4032	1407	862	701	1329	2770
新西兰	336	25	-946	270	496	-58	155	165	66	-104
RCEP 合计	39 638	37 475	47 803	55 977	52 214	47 311	57 600	63 001	66 684	56 664
FDI 总额		87 563	116 774	120 966	130 115	118 667	114 591	155 025	153 120	158 864

资料来源：根据 ASEAN Statistical Yearbook 2020 的数据编制。

此外，东盟各成员国与 RCEP 国家签署的自贸协定超过东盟各国签署自贸协定总数的一半。截至 2020 年底，东盟各成员国共签署了自贸协定 128 个，而与 RCEP 国家签署的自贸协定就多达 69 个。其中，文莱 10 个自贸协定中与 RCEP 成员国签署的有 6 个，柬埔寨 8 个自贸协定中有 6 个，印尼 15 个自贸协定中有 6 个，老挝 9 个自贸协定有 7 个，马来西亚 17 个自贸协定中有 8 个，缅甸 7 个自贸协定中有 5 个，菲律宾 9 个自贸协定中有 6 个，新加坡 26 个自贸协定中有 10 个，泰国 14 个自贸协定中有 10 个，越南 13 个自贸协定中有 7 个。[②]

（二）RCEP 将加快东盟国家的市场开放和产业转型

在 RCEP 框架下，东盟国家将进一步削减关税和非关税壁垒，促进贸易投资的自由化和便利化，加快市场的开放力度，从而融入东亚区域大市场。2000—2015 年，东盟国家整体的平均关税税率从 8.9% 降至 4.5%。2017 年，文莱平均关税税率为 0.2%、柬埔寨为 11.1%、印尼为 8.1%、老挝为 8.5%、马来西亚为 5.7%、缅甸为 6.5%、菲律宾为 6.3%、新加坡为 0、泰国为 9.5%、越南为 9.6%。尽管各国的关税水平逐步下降，但非关税壁垒有所增加。2000—2015 年，东盟国家非关税项目从 1634 项增至 5975 项。截至 2019 年 5 月，东盟国家现行的非关税壁垒有 5886 项，其中临时贸易保护措施 132 项，出口相关措施 759

---

① ASEAN Secretariat (2019). ASEAN Statistical Yearbook 2019. p128, 134-143.

② ADB Asia Regional Integration Center. http://aric.adb.org/fta.

项，装船前检验 150 项，其他措施 32 项，价格控制措施 194 项，数量控制措施 157 项，卫生以及动植物卫生检疫 1938 项，技术性贸易壁垒 2524 项。①RCEP 生效后，东盟国家加大了市场开放的力度，各国均扩大了零关税的商品税目，并加快削减非关税壁垒。东盟国家新增的零关税商品税目达 126 项，其中印尼 32 项、马来西亚 8 项、菲律宾 16 项、文莱 18 项、泰国 9 项、柬埔寨 27 项、缅甸 12 项和老挝 4 项。各国服务贸易的部门开放均高于 5 个 "10+1" 自贸协定的承诺，除老挝、柬埔寨和缅甸 3 个最不发达国家外，其他国家开放的服务部门均在 100 个以上。

为应对新一轮的工业革命浪潮，东盟国家纷纷出台 "工业 4.0" 战略，印尼、马来西亚、新加坡、泰国和越南等相继出台了相关的政策措施，提出了经济转型和产业升级的目标，确立了面向 "工业 4.0" 的主导产业。印尼的 "工业 4.0" 路线图提出要优先发展电子、汽车、纺织服装、食品和饮料以及石化工业的数字建设，马来西亚重点发展电子电气、机械设备、化工、医疗器械和航空航天等高增长和有潜力行业，新加坡的产业转型计划（ITP）选择 23 个制造业和服务业行业，"泰国 4.0" 确定新一代汽车制造、智能电子、未来食品加工、农业和生物技术、高端旅游、生物能源与生物化工、数字经济、工业机器人、航空物流和医疗卫生产业等。2019 年 11 月，第 35 次东盟峰会发布了《东盟面向 "工业 4.0" 的产业转型宣言》，提出实施东盟第四次工业革命的综合战略，通过采用 "工业 4.0" 的创新和技术，促进数字价值链的互联互通，推动创新和技术驱动型产业的发展，增强企业尤其是中小微企业的能力建设，以建立繁荣和公平的东盟共同体。②RCEP 自贸区的建立，将为东盟国家产业转型升级提供外部动力。

（三）RCEP 将加快东盟融入全球价值链和区域生产网络的进程

近年来，全球经济增长持续低迷，逆全球化和贸易保护主义日益抬头，中美贸易战加速了全球价值链的调整，而世界范围内疫情扩散也对全球价值链造成了严重的影响，它暴露出全球价值链的高度脆弱性。后疫情时代，跨国公司将加快全球价值链和区域生产网络的重构，美、日、韩等国家实施了鼓励本国跨国公司从中国回归本土或转向东盟国家的措施，这将对东亚区域价值链和生产网络的稳定性产生一定的冲击。RCEP 生效后，一方面，东亚区内市场规模迅速扩大，贸易壁垒和投资限制大幅减少，将为区内企业参与全球和区域价值链创造良好的营商环境，有助于稳定区域价值链和生产网络，扩展区内产业链和供应链。另一方面，RCEP 采取了区域累积的原产地原则，使得产品原产地价值成分可在 RCEP 成员国内进行累积，只要产品区内价值成分累积达到 40%，就可视为区域内原产而享受零关税的优惠，这意味着企业将更注重从区域内采购原材料、半成品和零部件。因此，在 RCEP

---

① ASEAN Secretariat (2019). ASEAN Integration Report 2019. p19-21.

② ASEAN Secretariat (2019). ASEAN Declaration on Industrial Transformation to Industry 4.0. https://asean.org/storage/2019/11/1-issued-ASEAN-DECLARATION-ON-INDUSTRIAL-TRANSFORMATION-TO-INDUSTRY-4.pdf.

框架下，跨国公司将建立更精细的全球价值链和产业链的区域分工体系，更加灵活地实施产业区域布局，这也将加快东盟企业融入以跨国公司为主导的全球价值链和区域生产网络之中。

（四）高标准和高质量的 RCEP 将提升东盟区域一体化水平

目前，东盟区域经济一体化主要由东盟区内一体化、"10+1"自贸区、各成员国双边或多边自贸协定三大板块构成。东盟区内一体化经历了从特惠贸易安排（APTA）到自由贸易区（AFTA），再到经济共同体（AEC）3 个阶段。"10+1"自贸区包括东盟与中国、日本、印度、韩国、澳大利亚和新西兰、中国香港等签订的 6 个自贸协定。各成员国多边自贸协定包括文莱、马来西亚、新加坡和越南参与的"全面与进步跨太平洋伙伴关系协定"（CPTPP）等，各成员国双边自贸协定包括印尼与澳大利亚、马来西亚与印度、菲律宾与日本、新加坡与美国、泰国与智利、越南与韩国等签订的自贸协定。截至 2020 年底，东盟成员国已签署的自贸协定有 128 个，已签署并生效的自贸协定有 122 个。这些自贸协定的原产地规则、关税减让不尽相同，产生了交叉重叠的"意大利面碗"效应，妨碍了自贸区效率的提升。例如，东盟在"10+1"自贸协定关税减让的幅度差异较大，新加坡零关税商品税目达 100%，文莱、菲律宾、泰国、马来西亚高于 90%，而柬埔寨、印尼、老挝、缅甸和越南零关税的商品税目均低于 90%。同时，东盟的零关税商品税目只有 73.3% 是重叠的，而 25.8% 的商品采取了不同程度的关税减让方法。[①] RCEP 整合了 4 个"10+1"自贸协定，覆盖 RCEP 成员间双边自贸伙伴关系，高标准的 RCEP 将取代各成员原有双边自贸协定的规则，形成区域内统一的经贸运行规则体系，它将有效解决东盟及其成员国不同自贸协定水平不一和碎片化等问题，有助于区域开放程度的提升、运行规则的升级和统一市场的形成，从而增强东盟区域一体化的福利效应。

五、展望 2022 年东盟经济发展

尽管世界各国的疫情尚未消退，但全球经济增速开始出现反弹，2022 年世界经济已显露复苏的迹象。据国际货币基金组织预计，2021 年全球经济将增长 4.4%，其中发达经济体为 3.6%，新兴市场和发展中经济体为 6.7%；到 2022 年，世界经济将增长 5.4%，发达经济体为 5%，新兴市场和发展中经济体为 5%，其中亚洲新兴市场和发展中经济体为 8.6%。[②] 据世界银行预计，2021 年世界经济将增长 5.6%，其中发达经济体为 5.4%，新兴市场和发展中经济体为 6%，其中东亚和太平洋地区为 7.7%；到 2022 年，世界经济增长率为 4.3%，其中发达经济体为 4.0%，新兴市场和发展中经济体为 4.7%，东亚和太平洋地区为 5.3%。[③]

---

① Yoshifumi Fukunaga, Ikumo Isono (2013). Taking ASEAN+1 FTA toward the RCEP: A Maping Study. ERIA Discussion Paper Series, 2013:8.

② IMF (2021). World Economic Outlook Update April 2021, p128, 132.

③ World Bank (2020). Global Economic Prospects June 2021, p4.

不过，迄今全球疫情仍未消退，一些新兴国家的疫情出现严重的反弹。从短期看，国际市场需求难以迅速扩大，全球价值链面临着重构与调整，商业和消费者信心恢复还需时日，贸易保护主义日益抬头，金融市场更趋于规避风险，国际旅游和商务旅行需求萎缩，因而2021—2022 年世界经济增长前景不容乐观。

近期，国际经济组织对 2022 年东盟国家经济的复苏持谨慎乐观的预测，但其不确定性较大。据国际货币基金组织的预测，2022 年文莱经济增长率为 2.5%，柬埔寨为 6%，印尼为 5.8%，老挝为 5.6%，马来西亚为 6%，缅甸为 1.4%，菲律宾为 6.5%，新加坡为 3.2%，泰国为 5.6%，越南为 7.2%。[①] 据世界银行预测，2022 年柬埔寨经济增长率为 5.2%、印尼为 5%、老挝为 2.6%、马来西亚为 4.2%、菲律宾为 5.9%、泰国为 5.1%、越南为 6.5%。[②] 据亚洲开发银行预测，2022 年东南亚经济增长率为 5.1%，其中文莱为 3%、柬埔寨为 5.5%、印尼为 5%、老挝为 4.5%、马来西亚为 5.7%、菲律宾为 5.5%、新加坡为 4.1%、泰国为 4.5%、越南为 7%。[③]

不过，东盟国家的经济复苏情况仍取决于全球和本国疫情能否消退。从 2021 年 4 月起，东盟国家的疫情出现明显的反弹，印尼、马来西亚、菲律宾和越南等国每日确诊病例大幅增加，多国重启严厉的疫情防控措施，经济复苏进程可能由此停滞。由于东盟国家属于高度外向型经济，各国疫情后的经济增长在很大程度取决于主要贸易伙伴的经济复苏。当前，东盟国家的进出口贸易集中在东亚和欧盟国家，其中东盟区内占 23%、中国占 17.1%、欧盟占 11.2%、美国占 9.3%、日本占 8.2%、韩国占 5.7%（2018 年）。如果疫情后东亚地区经济率先复苏将有利于东盟进出口贸易恢复，但若欧美国家疫情久拖未决，势必会影响东盟的对外贸易，从而拖累国内经济的复苏。

由于全球疫情反复无常，疫苗接种速度慢，加上新毒株的出现，全球经济全面复苏短期难以实现，东盟国家经济也可能呈现出"K"形复苏的态势。所谓"K"形复苏，是指经济遭遇整体性下跌后，一部分反弹上升，另一部分仍然处于低位，形成分叉走势。东盟国家经济"K"形复苏可能表现为部分国家经济出现反弹，而一些国家仍深陷经济衰退；某个国家的一些产业部门行业逐渐复苏，而另一些部门行业尚未走出疫情的阴影。2021 年第一、二季度，越南经济增速保持正增长，新加坡经济增速由负转正，而多数国家经济仍为负增长。据泰国中央银行分析，泰国经济最快要到 2023 年初才有望恢复至疫情前的水平，旅游业可能要迟至 2026 年才能够完全复原。不过，泰国出口贸易得益于全球贸易复苏已出现明显的增长，2021 年首季度泰国出口额同比增长 5.1%，也是自 2020 年以来首次出现季度正

① IMF (2020). World Economic Outlook April 2020, p151.
② World Bank (2021). Global Economic Prospects June 2021, p64.
③ ADB (2021). Asian Development Outlook 2021, p xxii.

增长。①

总之，由于全球新冠肺炎疫情的持续时间无法判定，其对世界经济的影响仍存在明显的不确定性，因而 2022 年东盟国家经济发展的前景难以预料，区域经济全面复苏还需假以时日。在全球疫情的影响下，东盟国家经济持续增长的态势被中断，各国经济转型和结构调整进程受挫，区域生产要素的自由流动受阻，它将对东盟国家中长期经济发展和区域整合产生较为深远的影响。

参考文献

[1]　ADB (2021). Asian Development Outlook 2021. Manila：Asian Development Bank.

[2]　ASEAN Secretariat (2015). ASEAN 2025: Forging Ahead Together. Jakarta：ASEAN Secretaria.

[3]　ASEAN Secretariat (2019). ASEAN Declaration on Industrial Transformation to Industry 4.0. Jakarta：ASEAN Secretariat.

[4]　ASEAN Secretariat (2019). ASEAN Integration Report 2019. Jakarta: ASEAN Secretariat.

[5]　ASEAN Secretariat (2020). ASEAN Comprehensive Recovery Framework and its Implementation Plan. Jakarta: ASEAN Secretariat.

[6]　ASEAN Secretariat (2020).Summary of the Regional Comprehensive Economic Partnership Agreement. Jakarta: ASEAN Secretariat.

[7]　ASEAN Secretariat (2021). The Mid-Term Review of Master Plan on Connectivity (MPAC 2025). Jakarta: ASEAN Secretariat.

[8]　ASEAN Secretariat (2021). Mid-Term Review of ASEAN Economic Community Blueprint 2025. Jakarta: ASEAN Secretariat.

[9]　IMF (2021). World Economic Outlook April 2019: Managing Divergent Recoveries. Washington, DC：IMF.

[10] World Bank (2021). Global Economic Prospects June 2021. Washington, DC: World Bank.

[11] 王勤. 东南亚蓝皮书：东南亚地区发展报告（2020—2021）[M]. 北京：社会科学文献出版社，2021.

---

① 泰国经济 K 形复苏面临的现实困惑[N]. 泰国中华日报，2021-04-25.

亚太贸易投资合作

中国在亚太地区推进高水平自贸区建设问题研究

于晓燕*

摘　要： 在亚太地区推进高水平自由贸易区（FTA）建设是当前我国参与亚太区域经济合作的重点工作之一。亚太地区同时也是我国加快实施自由贸易区战略的重点地区。近年来，中国在亚太地区高水平 FTA 建设中取得了积极进展。《区域全面经济伙伴关系协定》（RCEP）已经签署并于 2022 年 1 月生效，多项已生效的自由贸易协定实现了升级，已签署的自由贸易协定承诺全面落实推广并带来显著收益。展望未来，中国在亚太地区推进高水平自由贸易区建设将是机遇与挑战并存。地区经济合作的深化，以及国内政府部门和企业的高度重视是推进建设的有利因素。而新冠肺炎疫情的蔓延及地区政治关系的复杂多变等因素将可能对建设进程造成不利影响。

关键词： 亚太地区；高水平；自由贸易区；战略

习近平同志指出，加快实施自由贸易区战略是我国新一轮对外开放的重要内容。党的十七大把自由贸易区建设上升为国家战略，党的十八大提出要加快实施自由贸易区战略。党的十八届三中全会提出要以周边为基础加快实施自由贸易区战略，形成面向全球的高标准自由贸易区网络。①高水平的自由贸易区建设有助于我国深化改革开放进程，积极参与和引领国际贸易投资规则的制订，增强中国企业的国际竞争力，在"后疫情"时代为中国创造更为稳定、开放、友好的对外贸易投资环境。亚太地区各成员一直与我国保持密切的经贸交往，是我国实施高水平自由贸易区建设战略需要关注的重点区域。近年来，我国在亚太地区推进高水平自由贸易区建设方面取得了突破性进展。《区域全面经济伙伴关系协定》（RCEP）全面达成，我国与多个国家和地区签署的自由贸易协定承诺正在全面落实，部分协定已进行了升级谈判并取得成果。未来高水平自由贸易区的建设仍将面临新的问题和挑战，我国需对亚太地区政治经济环境及发展做出合理预判，在地区经济合作中把控机遇，

---

* 于晓燕. 南开大学 APEC 研究中心副教授，经济学博士。

① 习近平. 加快实施自由贸易区战略 加快构建开放型经济新体制[EB/OL]. 新华网，2014-12-06.

规避风险，提前布局，争取主动。

一、中国在亚太地区已签署的自由贸易协定及缔约成员概况

截至 2022 年 11 月，除内地与中国香港和中国澳门两个独立关税区签署的更紧密经贸关系安排外，中国在亚太地区已经签署并生效的自由贸易协定包括《中国-东南亚国家联盟自由贸易协定》及其升级协定、《中国-智利自由贸易协定》及其升级协定、《中国-新西兰自由贸易协定》及其升级协定、《中国-秘鲁自由贸易协定》、《中国-澳大利亚自由贸易协定》、《中国-新加坡自由贸易协定》及其升级协定、《中国-韩国自由贸易协定》、《中国-柬埔寨自由贸易协定》以及 RCEP。目前各项协定的关税减让措施以及服务投资自由化安排等正在全面落实。中国在亚太地区参与建设的各自由贸易协定的签署、生效和升级情况参见表 1。

亚太地区已经与中国签署自由贸易协定的经济体包括中国香港特别行政区、中国澳门特别行政区、东盟十国（文莱、柬埔寨、印度尼西亚、老挝、马来西亚、缅甸、菲律宾、新加坡、泰国和越南）、澳大利亚、新西兰、日本、韩国、智利和秘鲁。中国及其 FTA 伙伴货物及服务贸易总规模情况参见表 2。其中，货物贸易总体规模相对较大的 FTA 伙伴包括中国香港特别行政区、马来西亚、新加坡、泰国、越南、韩国、澳大利亚、日本和瑞士。上述 FTA 伙伴的出口和进口规模在世界总规模中所占比重均超过了 1%。日本、中国香港特别行政区和韩国的货物贸易规模位居中国全部 FTA 伙伴的前三位。服务贸易总体规模相对较大的 FTA 伙伴包括中国香港特别行政区、新加坡、泰国、韩国、澳大利亚、日本和瑞士。

表 1　中国在亚太地区已签署的自由贸易协定谈判及实施情况（截至 2022 年 11 月）

名称	生效时间	说明
内地与香港更紧密经贸关系安排	2004 年 1 月 1 日实施	已签署多项补充协议及"《内地与香港关于建立更紧密经贸关系的安排》关于内地在广东与香港基本实现服务贸易自由化的协议"
内地与澳门更紧密经贸关系安排	2005 年 1 月 1 日实施	2003 年 10 月 17 日签署，已签署多项补充协议及"《内地与澳门关于建立更紧密经贸关系的安排》关于内地在广东与澳门基本实现服务贸易自由化的协议"
中国-东盟自由贸易协定	框架协议于 2003 年 7 月生效；货物贸易协议于 2005 年 1 月 1 日生效；服务贸易协议于 2007 年 7 月 1 日生效；投资协议于 2009 年 8 月 15 日签署，并于签署后 6 个月生效	《中华人民共和国与东南亚国家联盟全面经济合作框架协议》2002 年 11 月 4 日签署于柬埔寨金边，并于 2003 年 7 月 1 日生效。中国-东盟自贸区服务贸易协议第二批具体承诺于 2012 年 1 月 1 日起正式生效。中国-东盟自由贸易区至 2010 年全面建成。2015 年签署升级议定书

名称	生效时间	说明
中国-智利自由贸易协定	2006 年 7 月 1 日实施	2005 年 11 月 18 日签署自由贸易协定，2008 年 4 月 13 日签署关于服务贸易的补充协定，2010 年 8 月 1 日开始实施。2012 年 6 月 26 日签署投资补充协定，2014 年 2 月开始实施。2015 年 5 月签署《关于中国-智利自由贸易协定升级的谅解备忘录》，同意探讨中智自贸协定升级的可能性
中国-新西兰自由贸易协定	2008 年 10 月 1 日实施	2008 年 4 月 7 日签署
中国-新加坡自由贸易协定	2009 年 1 月 1 日实施	2008 年 12 月 23 日签署
中国-秘鲁自由贸易协定	2010 年 3 月 1 日实施	2009 年 4 月 28 日签署。2016 年 11 月 21 日启动升级联合可行性研究，2019 年 4 月启动首轮协定升级谈判，目前升级谈判仍在进展中
中国-韩国自由贸易协定	2015 年 12 月 20 日实施	2015 年 6 月 1 日签署。2017 年 12 月 14 日启动第二阶段谈判，目前仍在进行中
中国-澳大利亚自由贸易协定	2015 年 12 月 20 日实施	2015 年 6 月 17 日签署
中国-东盟自由贸易协定升级版	2016 年 7 月 1 日率先对中国和越南生效。2019 年 10 月 22 日对所有协定成员全面生效	2015 年 11 月 22 日签署升级议定书，2016 年 7 月 1 日率先对中国和越南生效。此后东盟其他成员陆续完成国内核准程序，升级议定书生效范围不断扩大。2019 年 8 月 22 日，所有东盟国家均完成了国内核准程序，10 月 22 日，升级议定书对所有协定成员全面生效。2015 年双方签署的升级议定书是我国完成的第一个自贸区升级协议
中国-智利自由贸易协定升级版	2019 年 3 月 1 日生效	2017 年 11 月 11 日签署
中国-新加坡自由贸易协定升级版	2019 年 10 月 16 日生效	原产地规则调整于 2020 年 1 月 1 日生效
中国-柬埔寨自由贸易协定	2022 年 1 月 1 日生效	2020 年 1 月启动谈判，7 月完成谈判，2020 年 10 月签署
RCEP	2022 年 1 月 1 日起对各成员陆续生效	2020 年 11 月 15 日签署
中国-新西兰自由贸易协定升级版	2022 年 4 月 7 日生效	2016 年 11 月启动升级谈判。2019 年 11 月结束升级谈判。2021 年 1 月 26 日签署升级议定书

资料来源：作者根据商务部自由贸易区服务网信息整理。

表 2　中国及其 FTA 伙伴 2019 年货物及服务贸易规模

国家/地区	货物出口金额（FOB 百万美元）	占世界货物总出口比重（%）	货物进口金额（CIF 百万美元）	占世界货物总进口比重（%）	商业服务出口金额（百万美元）	占世界商业服务总出口比重（%）	商业服务进口金额（百万美元）	占世界商业服务总进口比重（%）
中国	2 499 304	13.21	2077967	10.80	281 651	4.64	496 967	8.67
中国在亚太地区的 FTA 伙伴								
中国香港	534 887	2.83	577 834	3.00	101 224	1.67	78 849	1.38
中国澳门	1586	0.01	11 168	0.06	43 084	0.71	4562	0.08
文莱	7039	0.04	5103	0.03	597	0.01	1777	0.03
柬埔寨	14 700	0.08	20 720	0.11	6027	0.10	3161	0.06
印度尼西亚	167 497	0.89	170 727	0.89	30 872	0.51	39 323	0.69
老挝	5764	0.03	6252	0.03	1101	0.02	1274	0.02
马来西亚	238 195	1.26	204 998	1.07	40 808	0.67	43 244	0.75
缅甸	18 110	0.10	18 607	0.10	6735	0.11	3444	0.06
菲律宾	70 927	0.37	112 909	0.59	40 972	0.68	27 389	0.48
新加坡	390 763	2.07	359 266	1.87	204 509	3.37	198 819	3.47
泰国	246 245	1.30	236 640	1.23	81 617	1.35	58 473	1.02
越南	264 273	1.40	253 903	1.32	27 421	0.45	18 552	0.32
智利	69 889	0.37	69 802	0.36	9831	0.16	14 184	0.25
新西兰	39 517	0.21	42 363	0.22	16 696	0.28	14 164	0.25
秘鲁	47 690	0.25	42 265	0.22	7716	0.13	10 580	0.18
韩国	542 233	2.87	503 343	2.62	101 473	1.67	124 975	2.18
澳大利亚	270 923	1.43	221 564	1.15	69 168	1.14	70 228	1.23
日本	705 564	3.73	720 957	3.75	200 541	3.31	201 713	3.52
亚太地区 FTA 伙伴合计	3 635 802	19.24	3 578 421	18.62	990 392	16.34	914 711	15.97
RCEP 合计	5 481 054	28.99	4 955 319	25.78	1 110 188	18.31	1 303 503	22.75
中国的其他的 FTA 伙伴								
巴基斯坦	23 334	0.12	50 349	0.26	4217	0.07	8835	0.15
哥斯达黎加	11 803	0.06	16 148	0.08	9472	0.16	4141	0.07
冰岛	5223	0.03	6567	0.03	5605	0.09	3671	0.06
瑞士	313 934	1.66	277 830	1.44	119 597	1.97	103 761	1.81
格鲁吉亚	3798	0.02	9517	0.05	4510	0.07	2360	0.04
马尔代夫	361	0.00	2888	0.02	3413	0.06	1312	0.02
毛里求斯	2230	0.01	5609	0.03	2943	0.05	2128	0.04
FTA 伙伴合计	3 996 485	21.14	3 947 329	20.53	1 140 149	18.81	1 040 919	18.16

资料来源：根据 WTO 2020 年贸易概况数据整理计算。

注：FOB 指船上交货价，CIF 指成本、保险费加运费。

就中国的对外货物贸易而言，亚太地区的 FTA 伙伴与中国的双边货物贸易规模非常引人注目。如表 3 所示，2020 年，在中国的货物出口总额中，对亚太地区 FTA 伙伴的出口金额约占 38.5%，其中中国香港位居第一，日本位居第二；在中国的货物进口总额中，自亚太地区 FTA 伙伴的进口金额约占 40.15%，其中日本位居第一，韩国位居第二。对 RCEP 成员的出口金额约占中国出口金额总额的 27%，自 RCEP 成员的进口金额约占中国进口总额的 38%。而其他非亚太地区 FTA 伙伴在中国对外贸易中所占比重均较低。由此可见，亚太地区各成员与中国具有经济贸易上的密切联系，是中国推进高水平 FTA 建设的重要伙伴。

表 3　2020 年中国与 FTA 伙伴双边货物贸易情况

贸易伙伴名称	中国对贸易伙伴货物出口金额（亿美元）	占中国货物总出口比重（%）	中国对贸易伙伴货物进口金额（亿美元）	占中国货物总进口比重（%）	中国贸易差额（亿美元）
世界	25 906.01	100.00	20 555.91	100.00	5350.10
中国在亚太地区的 FTA 伙伴					
中国香港	2726.51	10.52	69.84	0.34	2656.67
中国澳门	22.22	0.09	0.63	0.00	21.59
文莱	4.66	0.02	14.36	0.07	−9.70
柬埔寨	80.57	0.31	14.98	0.07	65.59
印度尼西亚	410.04	1.58	373.69	1.82	36.35
老挝	14.95	0.06	20.63	0.10	−5.68
马来西亚	564.28	2.18	747.33	3.64	−183.05
缅甸	125.51	0.48	63.42	0.31	62.09
菲律宾	418.39	1.62	193.07	0.94	225.32
新加坡	575.40	2.22	315.51	1.53	259.89
泰国	505.26	1.95	480.98	2.34	24.28
越南	1138.14	4.39	784.75	3.82	353.39
智利	153.39	0.59	287.49	1.40	−134.1
新西兰	60.56	0.23	120.63	0.59	−60.07
秘鲁	88.66	0.34	141.48	0.69	−52.82
韩国	1125.04	4.34	1727.56	8.40	−602.52
澳大利亚	534.82	2.06	1148.37	5.59	−613.55
日本	1426.42	5.51	1748.68	8.51	−322.26
中国对亚太地区 FTA 伙伴货物贸易合计	9974.82	38.50	8253.40	40.15	1721.42
中国对 RCEP 成员货物贸易合计	6984.04	26.96	7753.96	37.72	−769.92
中国其他的 FTA 伙伴					
巴基斯坦	153.67	0.59	21.23	0.10	132.44
哥斯达黎加	15.36	0.06	6.69	0.03	8.67

贸易伙伴名称	中国对贸易伙伴货物出口金额（亿美元）	占中国货物总出口比重（%）	中国对贸易伙伴货物进口金额（亿美元）	占中国货物总进口比重（%）	中国贸易差额（亿美元）
冰岛	1.01	0.00	1.05	0.01	-0.04
瑞士	50.93	0.20	174.95	0.85	-124.02
格鲁吉亚	12.76	0.05	0.97	0.00	11.79
马尔代夫	2.75	0.01	0.06	0.00	2.69
毛里求斯	7.00	0.03	0.26	0.00	6.74
中国对 FTA 伙伴货物贸易合计	10 218.30	39.44	8458.61	41.15	1759.69

资料来源：根据联合国 UN Comtrade 数据库中国报告数据整理。

二、中国关于建设高质量自由贸易区的战略安排

2002 年，中国与东南亚国家联盟启动了自由贸易区谈判进程，这标志着我国正式开启了自由贸易区建设实践。经过近 20 年的协商谈判，中国已经在自由贸易区建设领域取得丰硕成果。中国自由贸易区战略的制订相对滞后于实践工作。2007 年，党的十七大提出，要"实施自由贸易区战略，加强双边多边经贸合作"，这是中国首次将自由贸易区建设上升为国家战略。党的十八大继续强调要加快实施自由贸易区战略。2012 年，党的十八届三中全会提出坚持双边、多边、区域、次区域开放合作，以周边为基础加快实施自由贸易区战略，形成面向全球的高标准自由贸易区网络。

为了全面落实党中央的指示和要求，2015 年 12 月 17 日，国务院发布《关于加快实施自由贸易区战略的若干意见》（以下简称《意见》）。这是我国开启自贸区建设进程以来的首个战略性、综合性文件，对我国自贸区建设做出了顶层设计，并提出了具体要求。《意见》明确了加快实施自由贸易区战略的近期和中长期目标。近期目标包括：加快现有自由贸易区谈判进程，在条件具备的情况下逐步提升已有自由贸易区的自由化水平，积极推动与我国周边大部分国家和地区建立自由贸易区，使我国与自由贸易伙伴贸易额占我国对外贸易总额的比重达到或超过多数发达国家和新兴经济体的水平。中长期目标包括：形成包括邻近国家和地区、涵盖"一带一路"沿线国家以及辐射五大洲重要国家的全球自由贸易区网络，使我国大部分对外贸易、双向投资实现自由化和便利化。

为更好地落实《意见》所提出的战略规划，中国在相关领域做出了积极的尝试和探索。2019 年，党的十九大进一步提出，赋予自由贸易试验区更大改革自主权，探索建设自由贸易港。

三、中国在亚太地区推进高水平自由贸易区建设进展分析

总体而言，中国在亚太地区推进高水平 FTA 建设战略已经取得了积极效果。中国与各 FTA 伙伴的贸易及投资往来日益密切，货物及服务贸易规模不断扩大。在全球疫情暴发的大环境下，FTA 伙伴为中国出口产品提供了更为开放和稳定的国际市场环境。而同时，中国巨大的市场需求效应也有利于为 FTA 伙伴提供更多的经贸复苏机会。此外，服务和投资市场的相互开放有利于进一步密切亚太地区的经贸合作往来，增加地区经济合作的活力。

（一）RCEP 谈判取得重大成果

2020 年 11 月 15 日，东盟十国以及中国、日本、韩国、澳大利亚和新西兰五国领导人在第四次 RCEP 领导人会议上共同发表联合声明，正式宣布签署《区域全面经济伙伴关系协定》。2022 年 1 月 1 日起，RCEP 对各成员陆续生效。

2012 年 11 月 20 日，在柬埔寨金边举行的东亚领导人系列会议期间，东盟十国与中国、日本、韩国、印度、澳大利亚和新西兰的领导人，共同发表了《启动〈区域全面经济伙伴关系协定〉谈判的联合声明》，正式启动这一覆盖 16 个国家的自由贸易区建设进程。各国领导人承诺将努力建成一个高质量、全面和互惠的区域自由贸易协定，共同促进地区经济发展。谈判最初计划于 2013 年初正式开始，在 2015 年底结束。协定的内容计划涵盖货物贸易、服务贸易、投资和经济技术合作等广泛领域。同时，协定还计划设立开放准入条款，在谈判结束之后，其他经济伙伴可申请加入协定。

RCEP 的实际谈判难度和时间超出了最初的预期。从 2012 年正式启动谈判至 2020 年 11 月正式签署协定，8 年来，各成员国共举行了 4 次领导人会议和 23 次部长级会议，并开展了 31 轮正式谈判。[①]印度在最后阶段退出了谈判，从而使成员国数量从启动谈判时的 16 国减为 15 国。

RCEP 最终达成的协定文本共包含 20 章，内容涵盖货物、服务、投资、贸易便利化、知识产权、电子商务、竞争政策、政府采购等内容。总体而言，RCEP 是一份全面、高质量和互惠的自由贸易协定。RCEP 成员既包括发达国家，又包括发展中国家。协定在承诺水平上充分考虑了不同成员经济发展水平的差异，在总体保持较高自由化水平的同时，允许各成员根据不同国情选择制订不同的市场开放承诺方式及开放安排。其中，在货物贸易领域，各成员国可以选择制订多份针对不同市场的关税减让表，允许关税减让周期最长达到 21 年，为部分国家及产品保留了足够的发展和成长时间；在服务贸易领域，各成员国可以自主选择制订正面或负面清单，并可选择制订服务和投资共同适用的不符措施清单。此外，协定在原产地规则方面采用了包含所有 RCEP 成员的累积规则，为企业的货物贸易创造了

① 中国自由贸易区服务网转引商务部新闻办公室，钟山部长《人民日报》刊文：开创全球开放合作新局面，2020-11-24。http://fta.mofcom.gov.cn/article/rcep/rcepnews/202011/43720_1.html。

更多享受协定优惠的机会，并有利于创造更多的投资机会。

总之，RCEP 的签署是亚太地区经济合作的重要进展，也是我国实施高水平自由贸易区建设战略的重要成果，为我国未来更加深入地参与地区经济合作带来重要的推动作用，并提供重要的平台和媒介。

（二）部分自由贸易区已开展升级谈判或达成升级协定①

中国已签署并实施的部分自由贸易协定开启了升级谈判。其中，《中国-东盟自由贸易协定》《中国-智利自由贸易协定》《中国-新加坡自由贸易协定》以及《中国-新西兰自由贸易协定》已完成升级谈判并正式生效实施。《中国-韩国自由贸易协定》第二阶段谈判以及《中国-秘鲁自由贸易协定》升级谈判已经启动。

1.《中国-东盟自由贸易协定》

中国-东盟自由贸易区于 2010 年建成，是我国对外开展谈判建设的第一个自由贸易区，同时也是目前中国已建成自由贸易区中经济规模最大的一个。该自由贸易区的成员基本上为发展中国家。考虑到该自由贸易区成员数量多、经济发展水平差异大的特征，该自由贸易区的谈判和建设过程采用了分阶段和分领域的方式，并且允许不同成员采用不同的自由化时间表。有鉴于此，2010 年建成之时，该自由贸易区的货物及服务贸易等领域承诺均有所保留。该自由贸易区的自由化程度与后建成的部分自由贸易区明显存在差距，为后续商签升级版协定留有较大的空间。

2015 年 11 月 22 日，中国-东盟自由贸易区各成员在吉隆坡签署《中华人民共和国与东南亚国家联盟关于修订〈中国-东盟全面经济合作框架协议〉及项下部分协议的议定书》，协定升级版开始分步骤生效。2016 年 7 月 1 日，升级版协定首先对中国和越南生效。此后，东盟各成员国内的审核批准程序陆续结束，升级版协定的适用范围不断扩大。2019 年 10 月 22 日，升级议定书正式对所有协定缔约国全面生效。

该协定是我国第一个实现升级的自由贸易协定，升级的内容涵盖了货物贸易、服务贸易、投资、经济技术合作等领域。该协定的升级提高了中国与东盟贸易投资等领域合作的自由化水平，满足了各缔约国的合作愿望和要求，创造了更加自由、公平、开放和可预期的地区经济合作环境。同时，该协定的升级也为我国后续开展其他协定的升级谈判积累了经验。

2.《中国-智利自由贸易协定》

《中国-智利自由贸易协定》协定于 2005 年 11 月签署，并于 2006 年 10 月开始实施，主要覆盖货物贸易和合作等内容，是中国对外签署的第二个自贸协定，也是中国与拉美国

---

① 根据中国自由贸易区服务网（http://fta.mofcom.gov.cn）公布的信息整理。

家签署的第一个自由贸易协定。①2016 年 11 月，中国商务部与智利外交部签署关于启动中智自贸协定升级谈判的谅解备忘录，宣布启动升级谈判。2017 年 11 月，中智双方签署了《中华人民共和国政府与智利共和国政府关于修订〈自由贸易协定〉及〈自由贸易协定关于服务贸易的补充协定〉的议定书》。2019 年 3 月 1 日，上述议定书正式生效实施。

中智自由贸易协定升级议定书是我国达成的第二个自由贸易升级协定，其内容涵盖了货物贸易、服务贸易、经济技术合作以及电子商务、环境、竞争、政府采购等规则领域。它的生效提升了两国贸易自由化和便利化水平。议定书生效后，中方将在 3 年内逐步取消对智方部分木制品关税，智方将立即取消对中方纺织服装、家电、蔗糖等产品关税，双方相互实施零关税的产品将达到约 98%，中智自贸区将成为我国货物贸易开放水平最高的自由贸易区之一。服务贸易方面，双方在原有服务贸易补充协定的基础上，进一步扩大和提升服务贸易承诺部门的数量和水平。中方在商业法律服务、娱乐服务、分销等 20 多个部门进一步开放，智方在快递、运输、建筑等 40 多个部门做出更高水平的开放承诺。此外，议定书还对原产地规则、经济技术合作章节进行修订和补充，并新增了电子商务、竞争、环境与贸易等规则内容。②

3.《中国-新加坡自由贸易协定》

中新双边自贸协定于 2008 年 10 月签署，并于 2009 年 1 月生效实施。2018 年 11 月 5 日，中国和新加坡政府共同宣布结束两国间的自由贸易协定升级谈判。双方将在履行有关国内程序后签署《中华人民共和国政府和新加坡共和国政府关于升级〈自由贸易协定〉的议定书》。2018 年 11 月 12 日，两国政府正式签署《自由贸易协定升级议定书》。2019 年 10 月 16 日，升级议定书正式生效。

升级议定书对原中新自由贸易协定的原产地规则、海关程序与贸易便利化、贸易救济、服务贸易、投资、经济合作等 6 个领域进行升级，并新增电子商务、竞争政策和环境 3 个领域。升级议定书涉及的原产地规则调整于 2020 年 1 月 1 日起实施。③

在内容上，双方在自由贸易协定中首次纳入"一带一路"合作，强调"一带一路"倡议对于深化双方全方位合作、实现共同发展目标、建立和强化互联互通以及促进地区和平发展的重要意义。在海关程序与原产地规则领域，双方进一步提高了贸易便利化水平，简化了部分化工产品的特定原产地规则标准。在服务贸易领域，双方升级了包括速递、环境、空运、法律、建筑、海运等原有自贸协定服务贸易承诺。在投资领域，双方同意给予对方

① 中国自由贸易区服务网转引中国商务部. 中国-智利自贸区升级谈判正式启动，2016-11-23，http://fta.mofcom.gov.cn/article/chiletwo/chiletwonews/201705/35066_1.html。

② 中国自由贸易区服务网转引中国商务部. 中智自贸协定升级议定书今日生效，2019-03-01，http://fta.mofcom.gov.cn/article/chiletwo/chiletwonews/201903/39904_1.html。

③ 中国自由贸易区服务网转引中国商务部新闻办公室. 中国与新加坡自由贸易协定升级议定书生效，2019-10-16，http://fta.mofcom.gov.cn/article/singaporetwo/singaporetwonews/201910/41639_1.html。

投资者高水平的投资保护，相互给予准入后阶段国民待遇和最惠国待遇，纳入了全面的投资者与东道国间争端解决机制。在自然人移动领域，双方同时签署了《中华人民共和国政府和新加坡共和国政府关于就业准证申请透明度和便利化的谅解备忘录》。双方还在电子商务、竞争政策和环境等领域达成广泛共识。

2020 年 12 月 8 日，中国和新加坡宣布启动中新自贸协定升级后续谈判。双方将基于负面清单模式开展自由贸易协定项下服务和投资自由化相关后续谈判，以期进一步提升两国贸易和投资自由化便利化水平。截至 2021 年 6 月 30 日，《中国-新加坡自由贸易协定》升级协定的后续谈判已开展了两轮磋商，磋商内容涉及跨境服务贸易、投资、电信等领域规则等。双方同意今后的谈判中将开展服务贸易和投资负面清单市场准入磋商。

4.《中国-新西兰自由贸易协定》升级版已完成谈判，并已于 2022 年 4 月 7 日正式生效

《中国-新西兰自由贸易协定》是中国同发达国家达成的第一个自由贸易协定，该协定于 2008 年 4 月签署并于同年 10 月 1 日正式生效。2014 年 11 月，两国领导人开始探讨自贸协定升级问题。2015 年 3 月，双方建立了中新自贸协定升级谈判联合评估机制，随后提出了《联合评估工作组关于中国-新西兰自由贸易协定升级的建议》。2016 年 11 月 20 日，在秘鲁利马举行的 APEC 领导人会议期间，两国政府共同宣布正式启动中国-新西兰自贸协定升级谈判。2019 年 11 月 4 日，两国宣布正式结束自由贸易协定升级谈判。2021 年 1 月 26 日，两国正式签署《中华人民共和国政府与新西兰政府关于升级〈中华人民共和国政府与新西兰政府自由贸易协定〉的议定书》。2022 年 4 月 7 日，升级议定书正式生效。

中新自贸协定升级议定书进一步优化了原有的海关程序与合作、原产地规则及技术性贸易壁垒等章节，新增了电子商务、环境与贸易、竞争政策和政府采购等章节。其中环境与贸易章节就提高环境保护水平、加强环境执法、履行多边环境公约达成了较高水平的合作条款。

升级议定书中，双方还在货物和服务贸易市场准入、自然人移动和投资等方面做出新的承诺。在货物贸易领域，中方将原协定中维持基础税率水平不参加关税减让的部分产品，如部分木材及木制品和纸制品等纳入了关税减让安排，将进一步提升上述产品的贸易自由化水平。在服务贸易领域，中方进一步扩大了航空、教育、金融、养老、客运等服务部门对新方的开放。新西兰在特色工种工作许可安排中，将中国公民申请量较大的汉语教师和中文导游赴新就业的配额在原有基础上增加一倍，分别提高到 300 名和 200 名。在投资领域，新方放宽中资审查门槛，确认给予中资与《全面与进步跨太平洋伙伴关系协定》（CPTPP）成员同等的审查门槛待遇。在其他规则领域，双方承诺在电子商务、竞争政策、政府采购、环境与贸易等领域增强合作。

5.《中国-韩国自由贸易协定》第二阶段谈判

2017 年 12 月 14 日，中韩两国签署了《关于启动中韩自贸协定第二阶段谈判的谅解备

忘录》，中韩自贸协定第二阶段谈判正式启动。该协定第二阶段谈判是我国首次采用负面清单方式在自由贸易协定谈判中开展服务贸易和投资谈判。截至 2022 年 11 月，双方已开展多轮谈判。

6.《中国-秘鲁自由贸易协定》升级谈判

《中国-秘鲁自由贸易协定》于 2009 年 4 月签署，并于 2010 年 3 月开始实施，是一个覆盖领域广、开放水平高的自贸协定，也是我国与拉美国家达成的第一个全面的自由贸易协定。目前，我国已成为秘鲁第一大贸易伙伴、第一大出口市场和第一大进口来源地。2016 年 11 月，中秘两国领导人就开展中秘自由贸易协定升级联合研究达成重要共识。2017 年 11 月 21 日，中国与秘鲁政府共同签署《中华人民共和国商务部和秘鲁共和国外贸旅游部关于中国-秘鲁自由贸易协定升级的谅解备忘录》，宣布启动双边自贸协定升级联合研究。2018 年 11 月，双方宣布启动升级谈判，并一致同意加快谈判进程，力争早日结束。2019 年 8 月 23 日，中国-秘鲁自贸协定完成第三轮升级谈判。双方在前期达成共识的基础上，围绕服务贸易、投资、海关程序与贸易便利化、原产地规则、卫生与植物卫生措施、知识产权、电子商务、竞争政策和全球供应链等议题展开全面深入磋商。

（三）已生效自由贸易协定继续全面落实各项自由化承诺

生效较早的《中国-新西兰自由贸易协定》《中国-智利自由贸易协定》《中国-新加坡自由贸易协定》等已经全部完成了关税减让承诺，缔约方的原产货物在获取协定优惠原产地证书后基本可以自由进入伙伴方市场。其中，中国与智利自贸协定的升级议定书所涉及的关税减让也已完成。中国与新加坡自贸协定升级版不涉及关税减让。中国与新西兰自贸协定升级版中包括中方新的关税减让承诺，已于 2022 年 4 月 7 日正式生效。

《中国-东盟自由贸易协定》中，各成员均已完成正常产品的关税减让，将针对原产于其他缔约方的进口产品关税降为零。敏感产品也已按照货物贸易协定的安排完成了全部关税减让承诺，但最终关税水平因产品种类而有所不同。《中国-东盟自由贸易协定》的升级议定书在货物贸易领域优化了原产地规则程序和便利化安排，但没有制订新的关税减让安排。

在《中国-秘鲁自由贸易协定》中，2010 年 3 月 1 日协定生效当天，中方对来自秘方 4747 个税号的产品免征关税，约占我方税目总数的 61.2%，同时秘方也对来自中方的 4572 个税号的产品给予零关税待遇，约占秘方税目总数的 62.7%。①该协定的关税减让周期为 17 年，双方将于 2026 年全部完成协定下的关税减让。

《中国-澳大利亚自由贸易协定》中，澳方已经全面完成关税减让义务，原产于中国的产品可以全部享受零关税进入澳大利亚市场。中方对绝大多数产品也已完成关税减让。除

---

① 中国自由贸易区服务网转引商务部新闻办公室. 商务部国际司负责人就中国—秘鲁自贸协定接受记者采访, 2010-03-01, http://fta.mofcom.gov.cn/article/chinabilu/bilunews/201006/2874_1.html。

极少数保留产品不参加关税减让外，其他剩余少量税号下的产品最晚将于 2029 年 1 月 1 日实现零关税。

《中国–韩国自由贸易协定》与《中国–澳大利亚自由贸易协定》同时于 2015 年 12 月生效。但由于中韩双方商定的关税减让周期较长，承诺的减让安排相对较为复杂，因此双方的减让均仍在按要求推进之中。中韩协定的最长关税减让周期为协定生效后 20 年，双方均规定部分产品的减让后最终关税水平不为零，少数产品不参加关税减让。

四、中国在亚太地区推进高质量 FTA 建设展望

经过近 20 年的努力，中国在亚太地区推进高水平 FTA 建设已经取得了积极的成果，并积累了丰富的经验。在未来几年，中国在 FTA 的建设领域应继续充分利用以下有利因素，争取获得更多的建设成果。

第一，RCEP 的签署为亚太区域经济合作带来新的合作动力。RCEP 的生效将为中国高水平 FTA 战略带来重要的推动作用。在原产地规则领域，累积规则的应用将为企业利用贸易协定优惠安排提供更多的机会。原产地证书及程序的便利化安排也将降低企业的贸易成本。日本的加入将扩展中国在亚太地区的 FTA 合作伙伴范围。未来服务及投资领域将全面过渡到采用负面清单承诺，这也将为我国深度参与国际贸易规则的制订积累经验。此外，RCEP 在贸易投资便利化、合作以及边界内措施方面的规则也将有利于提高我国在深化亚太地区经济合作进程中的主动性和引领作用。

第二，中国国内正在全面实施各项 FTA 承诺，启动升级谈判，优化 FTA 战略成果，为后续谈判及建设奠定了良好的经济及政策基础。

在货物贸易领域，中国正在尝试就部分关税减让保留产品做出新的承诺安排。由于受到各 FTA 伙伴内部产业保护的压力，部分 FTA 的货物贸易仍存有少数产品未参与关税减让或最终减让关税未降至零。未来，可对这些产品分别进行有针对性的市场调研，争取进一步扩大关税减让范围，做出更广泛的关税减让承诺。

在服务和投资等领域，中国争取继续深化合作，推进原有协定承诺逐渐升级。目前各 FTA 在投资和服务领域已经落实了各项承诺，但承诺的内容差异比较大。部分 FTA 升级谈判的主要内容集中在上述领域。服务和投资自由化涉及的国内法规多、部门广，因此谈判难度较大，需做好统筹协调。

同时，中国在努力逐步扩大合作领域，提升 FTA 的质量标准。早期生效的部分 FTA 在合作领域上不够全面，如缺失关于电子商务、环境、竞争政策和政府采购等领域的规则。升级谈判可对这些相关领域的条款进行适当的补充和升级。

第三，国内各级政府部门和企业高度关注 FTA 谈判成果的落实工作，增强了建立高水平自由贸易区的信心。近年来，各级政府有关部门加大了 FTA 谈判成果的宣传力度，并努

力采取措施，做好配套培训宣讲工作以及各项自由贸易协定优惠措施的落实和推广工作，全面提高了协定的利用效率。政府机构、商会行会等均有针对性地向相关企业，特别是中小企业开展了宣讲活动，宣讲内容不仅局限于关税减让优惠，还包括服务贸易、投资以及其他便利化措施和合作领域的新举措。同时，各企业也在积极参与成果的推广和落实工作，积极通过参加培训和咨询等方式，将谈判成果转化为现实收益。

第四，中国高度重视深化国内改革开放，通过完善国内法律法规和管理制度，推进贸易投资自由化，为实施高水平 FTA 建设创造有利的内部支持。高水平 FTA 的建设必须以国内各领域的改革开放为基础。在推进对外商签 FTA、对内落实各项承诺的同时，各产业部门及政府主管部门应深入调查和了解本行业、本部门的开放潜力以及应对国际经济贸易新规则的能力，从自身做起，提前预判，改革增效，深化各项应对准备，并探索新的开放领域，提高参与和制订国际贸易投资等新规则的能力，为在"后疫情"时期提高国际竞争能力做好充分准备。

高水平和现代化的 FTA 涵盖的合作领域更加广泛，涉及服务、投资、人员移动、知识产权、电子商务、环境、政府采购、竞争政策等诸多议题。高水平 FTA 建设由此已经成为一项全面的、多领域的、复杂的国内政策协调和改革过程。中国目前高度重视国内经济政策、法律法规及管理制度的改革工作，并通过自由贸易试验区建设等多种措施尝试加快这一进程。国内改革开放的不断深化有利于减轻 FTA 谈判的外部压力，提高国际竞争能力，并在国际经济贸易新规则的制订过程中争取更多的主动权。

同时，新冠肺炎疫情在全球蔓延，以及世界和地区政治经济环境的不断变化也为我国实施高水平 FTA 建设战略带来了严峻的新挑战，我们应提前研判，努力做好应对准备。

第一，新冠肺炎疫情蔓延在贸易、投资、自然人移动以及国际供应链等多个领域对自由贸易区建设造成了不利影响。新冠肺炎疫情在世界范围内的蔓延给亚太地区合作前景及中国的 FTA 战略的实施带来了重大影响。首先，疫情导致的封锁对世界经济发展造成了重大冲击，减缓了世界及地区范围内区域经济合作的步伐。随着世界经济增长速度的回落，各经济体的贸易保护主义倾向严重，经济逆全球化趋势进一步加剧。其次，人员及货物等的跨境移动遭受了巨大的阻碍。由于疫情防控增加了运输障碍，提高了运输成本，延长了出入境时间，人员及货物的跨境流动难度大幅度提高，货物及服务贸易遭受了巨大打击。最后，国际投资意愿减弱，全球供应链受到显著影响。有些经济体认为，供应链部分环节的海外转移加剧了本国/地区对国际市场的依赖度，并在出现疫情封锁时降低了内部市场的供应能力。因此，疫情导致了海外投资的回流趋势，并使国际供应链趋于缩短。上述问题将共同导致亚太地区各成员的经济合作推动意愿减弱，并有可能对中国的高水平 FTA 建设战略造成不利影响。

第二，在亚太地区，APEC 合作进程面临新的考验，加大了区域经济合作的难度。2020

年，APEC 建立之初所确立的"茂物目标"正式终结，APEC 合作正式进入"后茂物目标"时代。为了确定未来发展的更为明确的长期合作新方向，APEC 成员提前开始研究准备，并最终在 2020 年 APEC 领导人会议期间发表了 2040 年"布特拉加亚愿景"，提出"到 2040 年建成一个开放、活力、强韧、和平的亚太共同体"的新目标，并责成部长会议在 2021 年完成全面实施计划制订并提交审议。①新愿景依然将大力推进亚太地区经济一体化和亚太自由贸易区建设作为未来亚太合作的重要议题之一。但由于各成员尚未就具体行动计划及安排等达成共识，APEC 在地区合作路径及方式等问题上存在很大的不确定性。同时，由于合作范围已经远远超出传统的贸易和投资自由化及便利化领域，合作的难度也将进一步加大。亚太地区是我国开展 FTA 建设的重点地区，地区内成员间合作关系和关注的重点合作议题的变化会直接干扰和牵制我国未来高水平 FTA 建设的规划和布局。

第三，地区经济合作模式的不确定性将对中国实施 FTA 战略带来不利影响。亚太经合组织于 2014 年提出了建设亚太自由贸易区（FTAAP）的愿景，希望通过这一自由贸易区的建设整合区域内现有 FTA，结束纷繁复杂的合作关系，明确未来的区域合作发展蓝图。截至 2022 年中，FTAAP 的建设仍缺乏具体而有效的规划方案，这也对亚太各成员的 FTA 战略制订与实施造成困扰。亚太地区内成员数量较多且经济规模较大的自由贸易区包括美加墨自由贸易区、CPTPP 以及 RCEP，三大自由贸易区之间相互交叉重叠，又同时构成一定的竞争关系，各成员不得不在不同自由贸易协定间做出选择或平衡。其中，美加墨自由贸易协定及 CPTPP 已正式生效实施，并且已经达到了较高的贸易投资自由化及便利化水平，但可能给新加入的成员带来较大的市场开放压力。RCEP 全面考虑了发展中成员的特殊情况，做出了差异化安排。中国目前已签署 RCEP，并已正式表态可申请加入 CPTPP。亚太地区未来经济合作路径的选择事关中国 FTA 建设战略的布局和方向选择，中国须综合考虑内部经济改革开放压力及外部区域合作战略布局，就未来 FTA 战略实施做出综合研判。

第四，地区政治外交关系的变化也会对中国的高质量 FTA 建设战略造成影响及干扰。目前，亚太地区的政治外交关系复杂多变。中美关系自特朗普政府执政以来就一直矛盾不断，拜登政府执政后，这一趋势也未有实质性扭转。美国对外政策中，各种遏制中国的立场和措施仍然屡见不鲜。此外，日本、澳大利亚、加拿大及中国等地区大国间的政治外交关系错综复杂，也对地区经济合作造成了不利影响，部分 FTA 谈判及可行性研究进程也因此受到干扰。中国在推进高水平 FTA 建设战略时，应同时对地区政治安全不稳定因素给予高度关注。

---

① APEC, 2020 Leaders' Declaration, The 27th APEC Economic Leaders' Meeting, 20 November 2020, Kuala Lumpur, 2020 Kuala Lumpur Declaration, https://www.apec.org/Meeting-Papers/Leaders-Declarations/2020/2020_aelm.

参考文献

[1] APEC. 2020 Leaders' Declaration. The 27th APEC Economic Leaders' Meeting, 20 November 2020, Kuala Lumpur, 2020 Kuala Lumpur Declaration, https://www.apec.org/Meeting-Papers/Leaders-Declarations/2020/2020_aelm.

[2] 习近平. 加快实施自由贸易区战略 加快构建开放型经济新体制[EB/OL]. 中国自由贸易区服务网转引新华网，2014-12-08. http://fta.mofcom.gov.cn/article/zhengwugk/201412/19394_1.html.

[3] 刘晨阳，曹以伦. APEC 三十年与我国参与亚太区域经济合作的战略新思考[J]. 东北亚论坛，2020，29（2）.

[4] 孟夏，孙禄. RCEP 服务贸易自由化规则与承诺分析[J]. 南开学报（哲学社会科学版），2021（4）.

区域全面经济伙伴关系：特征、挑战及应对

刘均胜　沈铭辉*

摘　要：巨型自贸区 RCEP 的达成，标志着东亚合作进入新阶段。从规模、议题、标准上看，RCEP 明显不同于之前东亚的 FTA。RCEP 使东亚合作有了整体性的制度构架，而原来是浅层次、竞争性的多层次架构。通过 RCEP，东亚国家有机会参与和引领下一代贸易规则的制订。由于下一代贸易规则的制订涉及重大利益格局的调整，因此 RCEP 的未来建设可能会面临更多的挑战。考虑到东亚合作的初始条件，未来 RCEP 建设需要重点关注主导权之争、标准升级和内外部因素的干扰等问题。

关键词：区域全面经济伙伴关系；自贸区；东亚；合作

2020 年 11 月 15 日，经过 8 年 31 轮谈判，《区域全面经济伙伴关系协定》（RCEP）的文本协议最终正式签署，这意味着人口最多、规模最大和潜力最高的自贸区在东亚地区横空出世。在世界经济三大板块中，东亚在区域合作方面一直落后于欧盟和北美。但是受逆全球化和贸易保护主义影响，近年来欧盟和北美在区域合作和经贸自由化方面陷入困境。在这种背景下，RCEP 的达成具有重要意义，不仅表明了东亚抗击逆全球化和贸易保护主义的决心和行动，而且标志着东亚在区域合作方面后来居上，国际经贸秩序出现重大变化。[①]由此可见，作为巨型自贸区，RCEP 反映且塑造着全球和地区的经贸秩序。因此，RCEP 的未来建设和发展将会面临更多的内外挑战，相比一般的自贸区，其建设中遇到的问题也将更加复杂和艰巨。对此有必要进行前瞻性的分析和把握，只有这样才能更好地建设和发展 RCEP，使其行稳致远。

一、RCEP 开启东亚合作的新阶段

东亚合作最初可以追溯到 20 世纪 60 年代东盟的成立，在 1997 年亚洲金融危机的刺

---

* 刘均胜，中国社会科学院亚太与全球战略研究院副研究员；沈铭辉，中国社会科学院亚太与全球战略研究院研究员。

① 江瑞平. RCEP：国际经贸秩序隐现东亚方案[J]. 世界知识，2021（4）.

激下，东亚地区的合作机制开始更多地建立起来。20 世纪 90 年代是"新区域主义"高涨的时代，欧洲、北美和东亚一般被认为是全球区域主义发展的三大地区代表。实际上，东亚和欧洲、北美在区域合作上存在诸多明显的不同，最突出的是前者和后两者在地区架构的制度化程度上存在着重大差异。①在 RCEP 达成之前，尽管表面上东亚合作各种机制安排层出不穷，但实际上更多的表现是多重架构的过度竞争和"制度过剩"。②相比之下，欧洲和北美都是在一个相对统一架构下、由明确主导国家引领的、制度性的一体化。

2010 年以后，东亚地区浅层次、多框架竞争所导致的"制度过剩"和"碎片化"现象更为突出。③RCEP 的概念是在 2011 年 2 月第 18 次东盟经济部长会议上首次提出的，这可以被看作东亚经济体谋求东亚合作摆脱困境、深入推进的一种尝试。RCEP 是在"东亚自由贸易区"（EAFTA）和"东亚紧密经济伙伴关系"（CEPEA）的基础上产生的。中国倡议以"10+3"为主渠道来深化东亚合作，目的是建立包括东盟十国和东北亚中日韩三国在内的 EAFTA。而日本则提出"10+6"方案，倡议在"10+3"的基础上加入印度、澳大利亚和新西兰，即所谓的"10+6"方案，目的是建立 CEPEA。日本因背离了东亚合作最初设定的以"10+3"为主渠道的构想，遭到中韩两国的反对。EAFTA 和 CEPEA 之争表面上是区内国家对东亚合作缺乏共识，实际上反映了中日对东亚合作主导权之争。④东盟为缓和中日之争，提议设立"东盟+"工作组讨论两个方案，并在此基础上提出了 RCEP。这样，东盟可以通过确保包含区域外大国的区域合作来实现对区内大国的影响。⑤再者，美国 2008 年提出"重返亚洲"战略，随后提出建立"跨太平洋伙伴关系协定"（TPP），这也是刺激东盟推动 RCEP 谈判的一个重要因素。⑥

RCEP 是巨型的多边自贸协定（FTA），而 RCEP 之前在东亚地区主要是双边 FTA。1997 年亚洲金融危机后，相比亚太合作，东亚合作更受关注和重视。加之 WTO 的多哈回合谈判陷入僵局，全球多边贸易自由化受阻，东亚经济体的合作热情开始转向次区域和双边 FTA。在此情况下，东亚地区的 FTA 数量出现激增，其中大部分是双边自贸协定。据统计，2000—2017 年每年平均签署的、至少包含一个亚洲经济体的 FTA 数量超过 6 个。东盟和东亚经济体走在前列，87% 的 2005—2017 年所签署的亚洲 FTA 至少包括这些国家中的一个。到 2017 年，亚洲的 FTA 数量达到 170 个，其中生效的有 154 个，⑦这些 FTA 中双边

① 秦亚青. 东亚地区合作：2009[M]. 北京：经济科学出版社，2010：5.

② 李巍. 东亚经济地区主义的终结？制度过剩与经济整合的困境[J]. 当代亚太，2011（4）.

③ [日] 山影进. 旨在"驯服"大国的小国的战略：聚焦东盟的影响力[J]. 南洋资料译丛，2013（2）.

④ Benny the Cheng Guan. Japan-China Rivalry: What Role Does the East Asia Summit Play[J]. Asia Pacific Viewpoint, Vol.52, No.3, 2011.

⑤ [日] 山影进. 旨在"驯服"大国的小国的战略：聚焦东盟的影响力[J]. 南洋资料译丛，2013（2）.

⑥ 孙溯源. 美国 TPP 战略的三重效应[J]. 当代亚太，2013（3）：4.

⑦ Sasidaran Gopalan, et al., Trade Configurations in Asia: Assessing de facto and de jure Regionalism[J]. The World Economy, 2019.

FTA 的数量占了绝大多数。双边 FTA 主要有两种形式，一是在两个经济体之间达成，二是在一个经济体与一个区域组织之间达成。

由于谈判参与方少、协调成本和审批难度低，双边 FTA 更容易达成。而且，当一国同多个国家构建双边 FTA 的时候，就会产生所谓"轮轴-辐条"（hub-and-spoke）现象，处于"轮轴"地位的国家比处于"辐条"地位的国家具有更多的优势。[1]因此，一个经济体有动力追求同更多的国家达成双边 FTA，这样更多的资源就被投入双边 FTA 而不是覆盖整个地区的多边 FTA 上，其结果就是东亚合作整体难以推进，而且单个的双边 FTA 体量小，难以产生大市场竞争效应和规模效应。以新加坡、智利和秘鲁等为代表，其所构建的 FTA 大多是在双边贸易量不高、经济规模和影响力不大的两个经济体之间达成的，被称为"微型 FTA"（Micro-FTA）。更为重要的是，重叠交织的双边 FTA 会产生"意大利面碗效应"，[2]该效应会增加区域合作的运行和监管成本，降低企业对 FTA 的利用率。根据 2007 年中国的一次抽样调查显示，利用 FTA 优惠出口达到或超过 50% 的企业仅占 8.8%，在 20%～50% 的企业占 11%，低于 20% 的企业占 33.1%，未利用出口优惠的企业占 47.1%。[3]

相比之下，RCEP 是通过整合 5 个"10+1"FTA 而建立的，属于巨型多边 FTA。巨型 FTA 一般包括多个国家，尤其是地区内的大国。这样的巨型 FTA 不但总量上规模巨大，而且覆盖的范围也大。从规模上看，RCEP 涉及的总人口达 22.7 亿，约占世界人口总量的 30%；总 GDP 达 26.2 万亿美元，接近全球 GDP 总量的 33%；总出口额达 5.2 万亿美元，约占全球贸易总额的 28%。从横向比较上看，RCEP 覆盖的区域人口是 CPTPP 的 4.5 倍、是欧盟的 5 倍以上，制造业产出约占全球的 50%，是全球对外直接投资的重要目的地和来源地，也是全球投资增长的主要源泉和制造业的动力源之一。[4]

从经济效应上看，RCEP 将显著促进地区经济增长、贸易、投资和社会福利的提高。根据彼得森国际经济研究所的估计，到 2030 年，RCEP 每年将使全球 GDP 增加 1860 亿美元，并为成员国带来 0.2% 的经济增长。而布鲁金斯学会的最新的研究表明，到 2030 年，RCEP 每年可为全球增加 2090 亿美元的收入，使世界贸易额增加 5000 亿美元。[5]从覆盖范围上看，RCEP 包括了东南亚和东北亚的经济体，而此前东北亚的中日韩之间是没有 FTA 的，可以说 RCEP 的出现代表了东亚真正从整个区域上实现了合作。值得一提的是，从合作制度的构建上看，RCEP 是具有法律性和强制性的 FTA，是经过反复谈判达成后经各经

① Ronald J Wonnacott. Trade and Investment in a Hub-and-Spoke System Versus a Free Trade Area[J]. World Economy, 1996.

② Richard E Baldwin. Managing the Noodle Bowl: The Fragility of East Asian Regionalism[J]. ADB Paper No.7, Februry 2007.

③ Zhang Yunling. People's Republic of China, edited in "Asia's Free Trade Agreements: How is Business Responding", by M.Kawai and G. Wignaraja, ADBI, pp 116.

④ UNCTAD. RCEP Agreement a Potential Boost for Investment in Sustainable Post-COVID Recovery[EB/OL]. Global Investment Trends Monitor, November 2020, pp. 5-6, https://unctad.org/system/files/official-document/diaeiainf2020d5_en_0.pdf.

⑤ 沈铭辉，郭明英. 大变局下的"区域全面经济伙伴关系协定"：特征、影响和机遇[J]. 当代世界，2021（1）.

济体的国内程序核准的，其承诺具有更高的可信性。长期以来，东亚合作被认为是非正式的、不具强制性的功能性合作，而 RCEP 的出现标志着东亚合作向正式的制度性合作迈进。

RCEP 是相对高质量的 FTA，而 RCEP 之前的东亚地区的 FTA 大多是低质量或被称为"浅的 FTA"（shallow FTA）。"浅的 FTA"主要指涵盖的内容少、标准低的 FTA。到 2015 年，东亚经济体所签署的 FTA 中只有一半包括投资自由化以及与投资有关的争端解决机制和资本转移等条款。而其他亚洲经济体签署的 FTA 中包括投资自由化、与投资有关的争端解决机制和资本转移条款的所占比例更小，分别只有 7.7%，15% 和 9.6%。①在竞争政策和政府采购条款上，东亚地区的 FTA 也存在较大差异，如日本、韩国所签署的 FTA 多包括这些条款，而中国和东盟经济体所签署的 FTA 中一般很少包括。而且，由于内部协调困难，东盟作为整体与其他经济体签订的 FTA 中也没有政府采购等敏感条款。尽管一些东亚经济体的 FTA 包括知识产权等条款，但在具体落实和法律的执行之间还存在着差距。

相较而言，RCEP 在建立之初就将目标定位为现代、全面、高质量、互惠的区域 FTA，这在 2012 年的"东盟区域全面经济伙伴关系框架文件"和"RCEP 谈判指导原则和目标"中都有明确的规定。从公布的协定文本看，RCEP 由序言、20 个章节和 4 部分承诺表共 56 个附件组成，共计超过 1.4 万页。这充分体现了协定内容的现代化和全面性，基本涵盖了与贸易有关的各方面，除了传统货物贸易所涉及的关税减让、原产地规则、技术壁垒、海关措施、检验检疫、贸易救济外，还包括投资、服务贸易、知识产权、政府采购、竞争政策、电子商务、经济技术合作和争端解决等新议题。

RCEP 条款设定了较高的标准，以体现自贸区的高质量性。在货物贸易方面，总体上区域内 90% 以上的货物贸易将最终实现零关税，时间上分为协定生效后立刻降税到零和 10 年内降税到零两类。RCEP 达成的最重要一项成果是，统一了原产地规则，区内企业可以在区域价值累积或税则归类改变两个标准之间做出选择，并将经核准的出口商声明及出口商自主声明纳入原产地证书类型，降低了企业利用优惠关税的难度。

贸易便利化上，提高卫生与植物卫生措施、海关程序等方面的透明度，鼓励跨境资格认证和采取新技术，以提高通关速度。

在服务贸易上，采取了渐进灵活性的开放策略。对日本、韩国、澳大利亚、印度尼西亚、马来西亚、新加坡和文莱采用负面清单方式，而对中国等其余 8 个成员采用正面清单方式，并承诺将于协定生效后 6 年内转化为负面清单，老挝、柬埔寨、缅甸在 15 年内转为负面清单。中国在入世承诺开放服务部门的基础上，新增 22 个部门开放，提高了 37 个部门开放水平。值得一提的是，RCEP 将金融、电信纳入开放范围，提高各经济体监管的透明度和规则一致性。此外，RCEP 还设立了自然人流动章节，简化了审批手续和程序规则。

---

① Sasidaran Gopalan, Luu Nguyen Trieu Duong and Rmkishen S Rajan. Trade Configurations in Asia: Assessing de facto and de jure Regionalism[J]. World Economy, 2020 (43): 1034-1058.

在投资自由化上，中国首次对制造业、农业、林业、渔业、采矿业这 5 个非服务业领域的投资采取负面清单制，表明了彻底锁定开放成果的决心。在投资营商环境上，RCEP 规定给予外国投资者最惠国待遇、全面的投资保护、投资促进和投资便利化措施。

在知识产权保护上，该章节的内容最多，篇幅最长。各方同意统一知识产权保护和执行规则，提高透明度和合作水平，促进跨区域的创新投资和知识流动。这是迄今中国在已签署自贸协定中做出的最为全面的知识产权保护规定。

在电子商务上，RCEP 达成了亚太区域首份范围广泛、水平较高的诸边电子商务规则成果，涵盖促进电子商务的使用和合作、减少对数字贸易的限制和保护区域内消费者隐私安全等内容。

此外，在贸易救济、政府采购、竞争政策、中小企业、经济技术合作等领域，RCEP 也达成了较高水平的规则。

综上，RCEP 作为巨型多边自贸区，同之前的双边自贸区相比，在规模、内容、标准、制度化等方面都有显著的提升。尤其是在东亚地区自贸区格局上，出现了一个整体的、全面的、相对高质量的合作框架，这标志着东亚合作新阶段的开始。

二、RCEP 建设中可能面临的挑战

在东亚合作的新阶段，RCEP 的建设意味着东亚作为整体参与到全球下一代贸易规则的制订之中，因此谈判条款的落实和未来 RCEP 的发展就显得尤为关键。RCEP 的谈判过程并不是一帆风顺的，包括多次超过预定的谈判期限，且一开始就参与谈判的印度最后宣布退出，等等。由此可见，RCEP 成员在一些议题上还是存在着不少的分歧。如果 RCEP 未来建设得好，作为一种帕累托改善型的制度安排，那么成员各方的分歧就会弱化，从而促进 RCEP 进入良性发展的轨道。[1]反之，各方的分歧就会增强，RCEP 未来建设就会陷入停滞或走向相反方向。

为了尽可能避免后一种情况发生，就需要对 RCEP 未来建设中可能出现的问题做到未雨绸缪。从新制度经济学的路径依赖理论来看，尽管 RCEP 在东亚合作发展上是里程碑性质的事件，但 RCEP 的未来发展还是要受东亚合作发展惯性的影响。[2]一些制约东亚合作发展的因素，并不会因 RCEP 的出现而消失，而是会在 RCEP 的建设中体现出来。如何重视和超越这些因素，将是 RCEP 未来需要面对的课题。

---

[1] 所谓的"帕累托改善"，又被称为"帕累托优化"，是以意大利经济学家帕累托（Vifredo Pareto）的名字命名的，是指在没有使任何人境况变坏的前提下，使得至少一个人变得更好。

[2] 路径依赖是指类似于物理中的惯性，事物一旦进入某种途径，就会对这种途径产生依赖。道格拉斯·诺思因用路径依赖理论成功地阐释了经济制度的演进而在 1993 年获得诺贝尔经济学奖。道格拉斯·诺思. 制度、制度变迁与经济绩效[M]. 上海：上海三联书店，1994：12.

（一）合作的主导权之争仍然不可忽视

FTA 是区域合作的一种制度安排。像作为公共产品的多边贸易体系、国际金融市场等一样，区域合作的制度安排也属于公共产品。公共产品通常面临供给不足，对于区域合作来说，主导国的作用就是为合作提供公共产品。①考察欧盟和北美自贸区（现在的《美加墨三国协议》，USMCA）的历史，可以发现前者是法德共同主导，后者是美国单一主导，两者成功的关键是存在主导国。②

与上述两种模式不同，RCEP 采取了东盟小国集体主导的模式。③无论是相对于东亚内部的中日韩，还是外部的美国，东盟在经济总量、政治影响和安全力量上都处于相差悬殊的地位。面对区内外大国，东盟长期以来奉行"大国平衡战略"，致力于在大国博弈中谋求自身利益。这样，无论是在综合力量上，还是意愿上，东盟可能在未来 RCEP 建设中难以提供足够的公共产品供给。

如前所述，在东亚合作到底是东亚自由贸易区（EAFTA）还是东亚全面经济伙伴关系（CEPEA）上，作为东亚地区的大国，中日之间存在区域合作的主导权之争。④后来，RCEP 能开启谈判，很重要的原因就是中日主导权之争被弱化，在中日韩领导人会议上达成了支持东盟在地区合作中发挥主导作用的共识。RCEP 生效后，主导权之争不能忽视来自美国的影响。

为了维护霸权地位，长期以来美国通过扮演"离岸平衡手"来干预亚太的区域合作，如反对日本建立"亚洲货币基金"、插手中日韩合作等。⑤2000 年后，中国经济呈现快速增长势头，尤其在超过日本成为仅次于美国的第二大经济体后，美国对中国的战略由接触转为遏制，2009 年美国制订"重返亚太"战略。⑥鉴于中国已成为亚洲大多数国家最大的贸易伙伴或出口市场，以及在东亚正在形成围绕中国的合作格局，美国推动构建 TPP，用奥巴马的话说就是"不允许中国书写全球经济规则"。⑦2017 年，特朗普上任后宣布退出 TPP，但与中国连续进行了四轮贸易战。美国的对外政策一直在相对保守主义与区域主义间徘徊。因此，特朗普政府收缩亚太战略属于暂时的行为，而从长期看必然回归。⑧

2020 年拜登赢得美国大选后表示，不会对亚太地区的一体化态势置之不理，重申美国在制订游戏规则的过程中"必须"占据主导地位。拜登就任后宣称"重返亚太"战略是应对中国挑战的必要之举，要加强同日韩澳等传统盟国的关系，深化与印度和印度尼西亚等

① 樊勇明. 区域性国际公共产品：解析区域合作的另一个视点[J]. 世界经济与政治，2008（1）.
② Walter Mattli, The Logic of Regional Integration: European and Beyond[J]. Cambridge University Press, 2001: 48.
③ 许宁宁. RCEP：东盟主导的区域全面经济伙伴关系[J]. 东南亚纵横，2012（10）.
④ 门洪华. 中国崛起与东亚安全秩序变革[J]. 国际观察，2008（2）.
⑤ 张鹏. 中日韩三边关系探析：三边与双边互动的视角[J]. 领导科学论坛，2018（17）：52-56.
⑥ 李向阳. 跨太平洋伙伴关系协定：中国崛起过程中的重大挑战[J]. 国际经济评论，2012（2）：17-27.
⑦ http://news.sohu.com/20151005/n422610694.shtml.
⑧ 杨勇. 中美对于亚太多边化区域贸易平台主导权的争夺[J]. 武汉大学学报，2019（3）：16-28.

国的"战略伙伴"关系。

2020 年 9 月新上任的日本首相菅义伟宣称，日本外交不会放弃"日美同盟"基轴，将继续配合美国在全球推行所谓"价值观外交"，加大对"印太战略"的投入以平抑中国影响。对于 2020 年 11 月 RCEP 签署后中国表示考虑加入 CPTPP，日本的回应是"CPTPP 要求成员国必须具有非常高水准的市场开放，中国恐怕很难达标"。

鉴于 RCEP 未来建设涉及下一代贸易规则制订等重大问题，而在日美同盟背景下，日本在经济、政治、安全上又一贯受制于美国战略，中美之争可能会引发中日之争。在这种背景下，需要警惕 RCEP 在建设过程中可能会出现的主导权之争，这对东盟小国集体主导的协调能力可能是一种挑战。

（二）在标准升级上面临困难

根据世贸规则，FTA 存在合理性的一个重要原因就是通过建立更高标准的自贸区推动全球或地区的贸易自由化。全球尤其是东亚地区生产价值链日益复杂和加深，这内在需要形成更高开放标准的地区制度构架。如前所述，RCEP 比照之前东亚地区的 FTA 标准有所提高，但要参与生产价值链基础上的下一代贸易规则制订，还需要在标准升级上做更进一步的努力。尤其是与 CPTPP 相比，RCEP 在高标准方面还存在距离。

全球生产价值链（GVC）的出现，使传统贸易规则难以适应新的经济发展形势。依靠现代运输和信息通信技术，跨国公司可以根据比较优势原则，把一件产品的生产细分成不同的生产环节，放到不同的国家来完成。这样越来越多的国家被纳入跨国公司的生产体系中，从而形成全球价值链。传统贸易规则针对的是"边境上"最终商品的交换，而全球价值链背景下是大量的中间商品和与之相关的服务的"边境后"交换。进一步，基于全球生产链，还有大量的劳务、技术、信息和资本的流动，这些内在地要求"边境后"规则的协调和统一。在 WTO 陷入停滞和瘫痪的背景下，更高标准的 FTA 不断出现。据研究，截至 2015 年，在涉及 189 个经济体的 279 个区域贸易安排中，共有 52 个超出 WTO 多哈回合内容的议题。其中，14 个议题虽在 WTO 谈判授权范围内，但在法律执行上更具约束力，被称为"WTO+"条款；38 个议题超出了 WTO 谈判授权或管辖范围，涉及竞争政策、数据保护、创新、监管等，即所谓的"WTO-"条款。[①]

与 CPTPP 相比，从 FTA 发展的趋势来看，RCEP 未来建设面临着标准升级的压力。RCEP 被认为更多地关注于关税和非关税壁垒削减，而不是知识产权保护等新议题。[②]实际上，RCEP 倡导在整合 5 个"10+1"FTA 的基础上以渐进方式推进区域经济合作，这样其内容和重点主要属于"WTO+"的范畴。而 TPP 是美国主导建立的一套高标准贸易规则的

---

① http://data.worldbank.org/deep-trade-agreements.

② M Sharma. India Can't Keep Dodging Trade Deals[EB/OL]. Bloomberg Opinion 16 Nov. 2018. https://www.bloomberg.com/opinion/articles/2018-11-15/india-and-china-can-t-let-rcep-trade-talks-fail.

尝试，内容更多与"WTO-"有关。CPTPP 虽然较 TPP 少了约 5% 的内容，但仍保留了大量敏感行业或部门，自由化水平较 RCEP 更高。在 CPTPP 中，环境、劳工、国有企业与指定垄断条款都是单独的一章，而 RCEP 中则没有这些条款。RCEP 成员之间的双边 FTA 涉及劳工标准条款的比例不到 20%，明显少于 CPTPP 劳工标准覆盖率。环境和劳工是当前国际经贸中的热点问题，美国总统拜登提出，对不关注环保的国家出口到美国的商品要征收碳调节费，同时认为，任何协定都应该包括劳工内容。国有企业条款是西方国家政府和企业所普遍关注的内容，这在 WTO 改革和大多数自贸协定中都多有体现。对于政府采购议题，RCEP 主要规定了原则性内容，没有市场准入清单。①实际上，RCEP 在政府采购规定方面的目的不是市场开放，而是要提高政府采购的公平性和透明度。

为了谈判的达成，RCEP 已经在标准方面做了灵活性较大的让步，考虑到 FTA 带有的强制性特点，未来这样的妥协空间不大。众所周知，RCEP 的成员国在社会经济体制、发展程度、规模体量等方面存在很大的差异，不但有中国、日本这样的经济大国，也有柬埔寨、老挝等不发达国家。为了体现非歧视和包容性，RCEP 对不发达成员采取了灵活性、适度性和渐进性的原则。例如，在货物贸易上，不发达成员的同期关税削减任务要少于其他成员，部分产品零关税有 20 年的过渡期，甚至一些敏感产品可以延迟到 2040 年。在服务贸易上，一些成员采取负面清单制，另一些成员可以采取正面清单制，但 6 年后要转为负面清单制，对柬埔寨、老挝和缅甸则延长到 15 年。在知识产权和竞争等议题上，对不发达成员给予差别待遇，设立了"特定缔约方过渡期""技术援助请求清单""针对反竞争的适当措施"和"合作"等附件。在中小企业和经济技术合作上，针对落后成员给予更多的能力建设帮助。

在新区域主义范畴下，大国与小国签署双边 FTA，其突出特征是在谈判过程中小国单方面对大国让步。②实际上，大国和小国通过合作可以实现不同的利益诉求，因此大国和小国都存在向对方让步的可能。这种让步会受让步一方总体成本-收益的制约而存在一定的限度。

而且，灵活性和差异性的存在，还会给协定执行的统一监管造成困难。亚太地区一直以来对经济技术合作的呼声很高，但实际成效并不如预期。随着 RCEP 的发展，一些成员国可能在差别待遇适用性和能力建设的有效性上采取机会主义做法，这会降低未来 RCEP 追求标准升级的动力。

（三）内外干扰因素会影响深层次发展

对区域合作或一体化组织来说，内部的区域认同和外部的区域环境是其发展的决定性因素。区域认同的内容包括身份认同、文化认同、区域利益认同等。从文化上看，欧盟和

① 苏庆义. RCEP 给中国带来的影响及中国的未来选择[J]. 新金融评论，2020（4）：120-126.
② 李向阳. 新区域主义与大国战略[J]. 国际经济评论，2003（4）：5-9.

北美地区在文化上受相对单一的基督教影响，而东亚在文化上相对多元，儒家文化、佛教、伊斯兰教和印度教等同时并存。历史遗留问题和领土争端等则不利于形成身份和区域利益认同。

第二次世界大战后，东亚各经济体经历了经济高速增长，经济赶超导致民族国家意识的增强和民族主义的出现。民族主义的增强会导致区内国家更重视自身的相对利益，而不是区域的绝对利益。这样尽管区域一体化或合作能在绝对意义上增加每个地区国家的利益，但由于民族国家存在相对利益的竞争，会加剧区域一体化或合作的难度。因此，区域经济一体化的内在要求是民族国家权力的弱化。欧盟区域经济一体化之所以走得较为顺利，就是因为在欧洲一体化之前就已经历了民族国家的崛起和民族主义的发展。① 相比之下，东亚的区域经济一体化却是与经济飞速发展下的民族主义强化同时出现，这会从深层次上影响 RCEP 的未来发展，不利于高水平自贸区的建设。

影响 RCEP 发展的外部因素主要是东亚对外部市场的依赖和来自其他 FTA 的竞争。前者就是所谓的东亚"贸易转型"问题，即东亚通过扩大本地区内部对最终产品的需求，以降低对美国等外部最终产品市场的依赖。② 长期以来，"贸易转型"一直是困扰东亚合作的根本问题之一，在 RCEP 未来发展中也需要给予足够的重视。

作为落后地区，东亚能在短时间内实现经济赶超和"东亚奇迹"的根本原因是，依照比较优势原则，将引入的发达国家资本和技术同本地区丰富的劳动力相结合，利用出口导向模式来带动经济增长和产业升级。在这一过程中，虽然制造业实现了从日本到韩国等新兴工业化经济体、再到东盟和中国的梯度转移，但最终产品的出口市场是欧美等发达国家。由于出口是面对外部市场，所以在 20 世纪 90 年代初新区域主义浪潮兴起时，日韩更支持全球多边贸易体系，而对区域一体化并不积极。

随着中国成为"世界工厂"和 2004 年进出口贸易额超过日本，东亚贸易格局发生改变，形成以中国为枢纽的"新三角贸易"模式，即中国成为东亚其他经济体出口加工基地以及东亚其他经济体向区域外出口的替代。③ 因此，在欧盟、北美自贸区和东亚三大区域中，东亚是区域内贸易增长最快的地区，其绝对比重仅次于欧盟。区域内经济依赖程度的上升，在一定程度上刺激了东亚合作的发展，FTA 数量出现激增。需要注意的是，尽管东亚的区域内贸易增长，但主要是中间品和资本品的贸易，最终产品的市场仍然依靠外部。

2008 年全球金融危机后，中国成为东亚区域内最大的最终资本品出口市场，且最终产品的进口额不断上升。目前，中国成为东盟、韩国、澳大利亚、新西兰的最大贸易伙伴、出口市场和进口来源地，还是日本的最大贸易伙伴和进口来源地。2019 年中国对 RCEP 中

---

① 庞中英. 全球治理与世界秩序[M]. 北京：北京大学出版社，2012：92.
② 李晓，冯永琦. 中日两国在东亚区域内贸易中地位的变化及其影响[J]. 当代亚太，2009（6）.
③ 李晓，丁一兵，秦婷婷. 中国在东亚经济中地位的提升：基于贸易动向的考察[J]. 世界经济与政治，2005（5）：1-7.

的日本、韩国、澳大利亚、新西兰均处于逆差状态，金额合计达 1711.1 亿美元；中国对欧盟和美国则均处于顺差状态，金额合计高达 4480.6 亿美元。2019 年，美国是中国、日本最大顺差来源地和日本最大出口市场，是澳大利亚、新西兰的第三大、韩国的第二大货物贸易伙伴。2020 年，东盟首次成为中国的最大贸易伙伴，但中国在对美进出口合计和单独出口上的增速仍然分别比对东盟快 1.6% 和 1.2%，对美国和欧盟的顺差也扩大至 4493.3 亿美元。①这说明，东亚贸易格局依然是"新三角贸易"模式，美国仍然是东亚重要的最终产品消费市场。如果这种情况未来得不到改善，不但会降低 RCEP 的凝聚力，还会使其更容易受到来自美国的影响。

从外部因素上看，RCEP 还要面对来自其他 FTA 的竞争。从 FTA 产生的原因上看，经济和战略上的制衡和对冲是重要的原因之一，这使得 FTA 之间尤其是同一地区之间会出现竞争。前面提到的东亚浅层次多框架的"制度过剩"、EAFTA 和 CEPEA 等都属于 FTA 之间的竞争，而最突出的就是 RCEP 和 TPP 之间的竞争。TPP 不包括中国，RCEP 不包括美国，标志着亚太地区双轨竞争局面的形成。②美国、日本、东盟、中国 4 个主要行为体的竞争性互动成为 TPP 和 RCEP 之争兴起和演进的催化剂。③2017 年 1 月，美国特朗普政府退出 TPP，在日本的接棒推动下，11 月其余 11 个成员国达成框架协议，决定将 TPP 正式更名为 CPTPP，2018 年 1 月达成最终文本协议。④2018 年底，CPTPP 在日本、澳大利亚、加拿大、新西兰、墨西哥和新加坡六国正式生效。2019 年以来，越南、文莱、智利、马来西亚和秘鲁逐步完成协议生效所需的内部审批程序。不包括美国的 CPTPP 在市场份额、经济体量、贸易和投资规模，以及全球影响力上都显著下降，如经济体量从占全球的 40% 下降到 13%，对外贸易规模下降为 TPP 的 57%，吸引外资和对外投资规模分别为 TPP 的 37% 和 46%。⑤这有利于降低 RCEP 所面对的竞争压力。不过，日本一直劝说美国重返 CPTPP。2018 年特朗普曾表示美国有可能重返 CPTPP。在这种情况下，一些国家，包括哥伦比亚、印尼、韩国、英国和泰国等纷纷表示希望加入 CPTPP。2020 年在拜登当选美国总统后，美国重返 CPTPP 的可能性进一步提高。考虑到中美之间竞争的长期性，一旦美国重返 CPTPP，则与 RCEP 和 TPP 之间的竞争可能会重演。

CPTPP 可能从两个方面对 RCEP 施加竞争压力和不利影响。一是在成员构成上，日本、新加坡等 7 个成员既属于 CPTPP，又属于 RCEP，这对 RCEP 的发展可能构成离心力。这些成员由于已经参与到高标准的 CPTPP 中，所以在未来 RCEP 建设上可能会缺乏动力，或者对 RCEP 不发达成员在标准升级谈判上索要更多的筹码，从而不利于 RCEP 的发展。二

①　张天桂. RCEP：特点、问题和前景[J]. 国际展望，2021（2）：35.

②　唐国强. 亚太与东亚区域经济一体化形势与建议[M]. 北京：世界知识出版社，2013：13.

③　杨慧. 主导权、制度负外部性与亚太地区的经济制度竞争：以 TPP 与 RCEP 为例[J]. 外交评论，2021（2）：130.

④　常思纯. 日本主导 CPTPP 的战略动因、影响及前景[J]. 东北亚学刊，2019（3）：57.

⑤　蔡彤娟，郭晓静. TPP 到 CPTT：中国面临的新挑战和对策[J]. 区域与全球发展，2019（2）：10.

是在标准上，如前所述，CPTPP 基本继承了 TPP 的协定结构和承诺范围，保留程度达到 95%，特别是在下一代贸易规则上大大领先于 RCEP，这样就会降低 RCEP 的吸引力，如果 RCEP 不能参与和引领下一代贸易规则，那么其在未来众多的 FTA 中可能就是一根"宽面条"。这样的 RCEP 对成员来说可能在货物贸易和战略层面的收益较大，但在市场开放和制度型规则上带来的收益则相对有限。①鉴于此，中国被认为难以通过 RCEP 解决西方国家政府和企业所关注的问题，这也是中国提出加入 CPTPP 的原因之一。中国对是否加入 CPTPP 的态度也有一个逐渐变化的过程。国内学界对是否加入 CPTPP 主要有三种观点：赞成态度、不赞成态度和开放态度。②目前来看，更多观点倾向于要尽快加入 CPTPP，对中国加入的可行性和策略的分析增多。③从政府对加入 CPTPP 的态度看，2018 年初外交部部长王毅表示持积极态度，2020 年 5 月李克强总理表示对加入持积极开放态度，11 月习近平主席表示要积极考虑加入。④

除 CPTPP 外，美日贸易协定可能对 RCEP 的未来建设产生影响。2018 年 9 月，美日同意启动双边贸易谈判，经过七轮部长级贸易磋商，到 2019 年 9 月 25 日已经达成框架协议、签署初步贸易协议和发表联合声明。美日分别是世界第一、第三大经济体，美国是同 RCEP 竞争的 TPP 的主导国，日本是 RCEP 的重要成员国。美日协定被认为是美日同盟加强的结果和象征，存在损害基于多边框架的全球贸易规则的风险。美日贸易协定的存在会降低日本对 RCEP 的资源投入，使日本有了更多的谈判筹码，美国有了更多介入东亚的理由和手段。

三、结论和前景展望

在逆全球化和贸易保护主义的冲击下，欧美的区域一体化遭遇挫折，东亚由于 RCEP 的达成而后来居上。RCEP 属于巨型 FTA，它的出现开启了东亚合作的新阶段。从覆盖广度、规模体量、议题范围、标准程度等方面看，RCEP 都不同于之前东亚地区的 FTA。尤其在区域制度上，RCEP 使东亚合作有了整体性的制度构架，而原来是浅层次、竞争性的多层次架构。RCEP 反映其塑造着东亚新阶段的合作，使东亚地区可以参与和引领下一代贸易规则的制订。由于制度的非中性，下一代贸易规则的制订背后涉及重大利益格局的调整，因此 RCEP 的未来建设相比一般的 FTA 要面临更多的挑战。加之东亚地区合作所具有

① 苏庆义. RCEP 给中国带来的影响及中国的选择[J]. 新金融评论，2020（4）.

② 刘向东，李浩东. 中国提出加入 CPTPP 的可行性与实施策略分析[J]. 全球化，2019（5）：57-59.

③ 王辉耀. 中国加入 CPTPP 的时机正在成熟[N]. 环球时报，2020-06-11（015）.

④ 人民网. 王毅回应"新版 TPP"中国维护以 WTO 为核心的全球自由贸易体系. http://world.people.com.cn/n1/2018/0308/c1002-29856169.html；中国青年报. 中国对加入 CPTPP 持积极开放的态度. https://news.youth.cn/sz/202005/t20200528_12347377.html；新华网. 习近平在亚太经济组织第二十七次领导人非正式会议上的讲话. http://www.xinhuanet.com/politics/leaders/2020-11/20/c_1126767392.html.

的特定初始条件，未来 RCEP 建设需要重点注意的问题包括主导权之争、标准升级和内外部因素的干扰等。

作为东亚地区的大国，随着经济实力和综合国力的上升，中国日益深入地参与到东亚合作中。面对当前的逆全球化和贸易保护主义，中国的态度是"解决经济全球化进程中出现的矛盾，各国应该努力形成更加包容的全球治理、更加有效的多边机制、更加积极的区域合作"①。RCEP 是中国加入的第一个真正意义上的区域 FTA，并首次在投资方面采取了负面清单方式。RCEP 有利于产业链的区域重构，为我国向全球产业链的高端攀升提供了契机。尤其在新冠肺炎疫情导致的严峻国际经济环境下，面对全球产业链未来可能存在的撕裂或脱钩危险，中国提出构建以国内大循环为主体、国内国际双循环相互促进的新发展格局。在这种情况下，RCEP 不但有助于确保当前区域产业链的运转，而且可以在中长期内倒逼国内深化体制改革，以优化内部经商环境，最终有利于双循环发展格局的形成。

对于 RCEP 建设中可能存在的主导权之争，中国要一如既往地支持东盟的主导地位，充分发挥东盟的大国协调作用。除了在 RCEP 框架下，中国还要在多边、双边层次上深化同东盟之间的关系，如建立和升级中国同东盟国家之间的双边 FTA，这样的 FTA 可以采取更灵活的方式来覆盖 RCEP 之外的领域。同时，中国要积极推动中日韩合作，通过多层次的经济融合和利益绑定来弱化中日主导权之争。2019 年是中日韩合作 20 周年，在该年的第八次中日韩领导人会议上，发表了"中日韩未来合作十年展望"，为三国规划了未来合作的方向。谈判中的中日韩 FTA 在标准上高于 RCEP，如形成二者相互促进的局面，尤其是产业链的融合和地区最终市场的开发，则有助于提升东亚的地区凝聚力，增强 RCEP 同其他 FTA 的竞争力。

对于标准升级上的困难，主要是要从制度上解决高标准与发展性二者之间的矛盾，形成激励、补偿和监督一整套机制。激励机制就是从制度上鼓励 RCEP 成员中的发达经济体去带头推进投资、环保规则和 TRIPS 之外的知识产权保护、商业环境、市场竞争、电子商务等方面的改革，努力建设与下一代贸易规则兼容的经济发展法规体系。补偿机制就是对于 RCEP 不发达成员，当前采取的是差别对待和过渡期，未来要探索如何以有效方式对因标准升级所导致的利益受损产业和个体进行补偿和提供配套的能力建设。监督机制的核心就是要探索建立综合的发展评价指数体系，以加强量化评估的公平性和透明性、执行的有效性。

对于内外干扰因素，要有针对性地建立长效机制来具体分类解决。关于领土和领海争端，可探索通过增强战略互信来解决，如保证通畅的信息沟通渠道来避免双方产生误判、具体争议由直接当事国通过谈判和协商解决，等等。这方面的一个例子是，中国政府倡议

---

① 习近平. 在亚洲基础设施投资银行第五届理事会年会视频会议开幕式上的致辞[N]. 人民日报，2020-07-29（2）.

建立中国-东盟命运共同体，形成相互依存、休戚与共的关系。在最近提出的中国-东盟"2+7框架"中，深化战略互信被放在首位。①可通过政府与民间等多渠道来增进各地区人民的了解与沟通，从而解决历史问题，如中国"一带一路"倡议所强调的"五通"中就有"民心相通"，东盟的"互联互通"中也有文化交流等内容。值得一提的是，尽管历史和领土争端不利于东亚经济体形成区域认同，但在逆全球化和贸易保护主义的背景下，东亚各经济体在利益上面临重新分化组合，这有助于形成新的基于利益的区域认同。②从利益认同出发，配合长效机制，就可以渐进性地培育文化、身份认同。

对于外部干扰因素，关键还是要培育区内最终产品的消费市场，只有这样才能增强东亚地区的发展自主性和凝聚力。区内最终产品消费市场需要有良好的基础设施和完善的制度设施。过去东亚地区缺乏便利的交通基础设施，导致生产主要集中在沿海地带，加之缺乏完善的货币、信用、担保等制度体系，所以东亚只能依靠外部市场实现货物和资金流的循环。根据亚洲开发银行（ADB）的估计，亚太地区存在巨大的基础设施投资缺口，总额高达 8 万亿美元。中国的"一带一路"倡议和东盟的基础设施规划都将提高区域内基础设施投资作为重点。基础设施投资不仅可以作为扩大内需的手段来带动上下游产业和吸引私人资本的进入，而且可以改善区域交通、物流等条件，从而减少交易和流通成本。随着经济实力的增强，中国从自身比较优势出发，积极提供力所能及的区域公共产品，包括倡议成立亚洲基础设施投资银行、投资丝路基金、扩大人民币互换规模和推广人民币的国际化，等等，这些对于推动东亚区域内最终产品市场的建立具有重要意义。未来，随着人类命运共同体理念的践行，中国应和 RCEP 其他成员一道，继续加大对区域公共产品的投资，以减轻对区域外最终产品市场的依赖问题。

参考文献

[1] Baldwin R E. Managing the Noodle Bowl, The Fragility of East Asian Regionalism. ADB Paper No.7, Februry 2007.

[2] Gopalan S, Duong L N T, and Rajan R S. Trade Configurations in Asia: Assessing de facto and de jure Regionalism. World Economy, 2020, 43: 1034-1058.

[3] UNCTAD. RCEP Agreement a Potential Boost for Investment in Sustainable Post-COVID Recovery. Global Investment Trends Monitor, November 2020:5-6, https://unctad.org/system/files/official-document/diaeiainf2020d5_en_0.pdf.

[4] Walter Mattli. The Logic of Regional Integration: European and Beyond, Cambridge University Press, 2001:48.

---

① 推动共建丝绸之路经济带和 21 世纪海上丝绸之路的愿景与行动[EB/OL]. 人民网，2015-03-28.
② 张蕴岭. 转变中的亚太区域关系与机制[J]. 外交评论，2018（3）：1-11.

[5] Wonnacott R J. Trade and Investment in a Hub-and-Spoke System Versus a Free Trade Area. World Economy, 1996.

[6] Zhang Y. Asia's Free Trade Agreements: How is Business Responding. ADBI, pp 116.

[7] Teh B C G. Japan-China Rivalry: What Role Does the East Asia Summit Play. Asia Pacific Viewpoint, 2011, 52(3).

[8] 刘向东，李浩东. 中国提出加入 CPTPP 的可行性与实施策略分析[J]. 全球化，2019（5）.

[9] 唐国强. 亚太与东亚区域经济一体化形势与建议[M]. 北京：世界知识出版社，2013：13.

[10] 常思纯. 日本主导 CPTPP 的战略动因、影响及前景[J]. 东北亚学刊，2019（3）：57.

[11] 庞中英. 全球治理与世界秩序[M]. 北京：北京大学出版社，2012：92.

[12] 张天桂. RCEP：特点、问题和前景[J]. 国际展望，2021（2）：35.

[13] 张蕴岭. 转变中的亚太区域关系与机制[J]. 外交评论，2019（3）.

[14] 张鹏. 中日韩三边关系探析：三边与双边互动的视角[J]. 领导科学论坛，2018（17）.

[15] 李向阳. 新区域主义与大国战略[J]. 国际经济评论，2003（4）.

[16] 李向阳. 跨太平洋伙伴关系协定：中国崛起过程中的重大挑战[J]. 国际经济评论，2012（2）：17-27.

[17] 李晓，丁一兵，秦婷婷. 中国在东亚经济中地位的提升：基于贸易动向的考察[J]. 世界经济与政治，2005（5）.

[18] 李晓，冯永琦. 中日两国在东亚区域内贸易中地位的变化及其影响[J]. 当代亚太，2009（6）.

[19] 杨勇. 中美对于亚太多变化区域贸易平台主导权的争夺[J]. 武汉大学学报，2019.

[20] 杨慧. 主导权、制度负外部性与亚太地区的经济制度竞争：以 TPP 与 RCEP 为例[J]. 外交评论，2021（2）：130.

[21] 樊勇明. 区域性国际公共产品：解析区域合作的另一个视点[J]. 世界经济与政治，2008（1）.

[22] 沈铭辉，郭明英. 大变局下的"区域全面经济伙伴关系协定"：特征、影响和机遇[J]. 当代世界，2021（1）.

[23] 王辉耀. 中国加入 CPTPP 的时机正在成熟[J]. 环球时报，2020（15）.

[24] 苏庆义. RCEP 给中国带来的影响及中国的选择[J]. 新金融评论，2020（4）.

[25] 蔡彤娟，郭晓静. TPP 到 CPTPP：中国面临的新挑战和对策[J]. 区域与全球发展，

2019（2）：10.

[26] 许宁宁. RCEP：东盟主导的区域全面经济伙伴关系[J]. 东南亚纵横，2012（10）.

[27] 门洪华. 中国崛起与东亚安全秩序变革[J]. 国际观察，2008（2）.

[28] 孙溯源. 美国 TPP 战略的三重效应[J]. 当代亚太，2013（3）：4.

[29]［日］山影进. 旨在"驯服"大国的小国的战略：聚焦东盟的影响力[J]. 南洋资料译丛，2013（2）.

[30] 李巍. 东亚经济地区主义的终结？制度过剩与经济整合的困境[J]. 当代亚太，2011（4）.

[31] 江瑞平. RCEP：国际经贸秩序隐现东亚方案[J]. 世界知识，2021（4）.

[32] 秦亚青. 东亚地区合作：2009[M]. 北京：经济科学出版社，2010：5.

基于 RCEP 推进亚太金融合作的路径分析
——来自双边营商环境视角的研究

张靖佳　史　睿*

摘　要：随着《区域全面经济伙伴关系协定》（RCEP）的签订，亚太地区在进一步加深和推进高水平金融合作上的潜力巨大，发展前景广阔。RCEP 成员之间在 APEC 和东盟的框架下，有了良好的金融合作的基础，在未来开展金融合作的可鉴之路非常丰富，同时RCEP 也为 APEC 提供了一个将无约束的金融合作构想转变为有约束的金融合作协议的契机。其中，一个基础性的问题在于：在区域合作一体化发展的大背景下，金融业的高质量一体化发展需要什么样的金融营商环境？本文利用世界银行的《营商环境报告》中的金融系统指标，对 RCEP 成员的金融系统的深度及稳定性进行了评估，并基于双边金融营商环境视角，对中国与 RCEP 各成员开展金融合作的现状和推进金融合作可行路径进行了系统分析，并提出相应的改善对策。

关键词：RCEP；双边营商环境；亚太金融合作

自 2012 年东盟发起《区域全面经济伙伴关系协定》（RCEP）以来，中国在 2020 年 11 月15 日正式签署该协定，RCEP 也由此成为目前涵盖人口数量最多、成员结构最为复杂多元、经济贸易规模最大的自由贸易区。同时，RCEP 的成立也意味着区域一体化贸易及投资将集聚于亚洲地区，有助于抵抗疫情和贸易保护主义对亚洲乃至世界经济复苏的负面影响。商务部副部长兼国际贸易谈判副代表王受文认为，2016 年《利马宣言》进一步明确了实现亚太自由贸易区的两条路径，就是 RCEP 和 CPTPP（《全面与进步跨太平洋伙伴关系协定》）。参与 RCEP 的重要性不仅体现在 RCEP 巨大的贸易合作潜力上，更体现在成员在金融层面开展合作的良好基础上。根据 2020 年国际货币基金组织（IMF）发布的国家金融稳定指数（FSI），除新西兰、新加坡、缅甸和老挝外①，其他东盟国家和中国、日本、韩国、澳大利

---

* 张靖佳，南开大学 APEC 研究中心副研究员；史睿，南开大学国际经济研究所硕士研究生。

① IMF 的金融稳定指数没有披露新西兰和老挝的指标，新加坡和缅甸没有披露 2020 年第一季度的指标。

亚的商业银行核心资本充足率指标均在 10～24，在很大程度上超过《巴塞尔协议III》中要求的核心资本充足率大于 4.5% 的标准。其中 2020 年第一季度监管资本在风险加权资产中占比最高的是印度尼西亚和柬埔寨，分别为 21.6% 和 23.3%；而占比最少的是菲律宾和中国，分别为 15% 和 14.5%。从这个层面来看，RCEP 成员的金融稳定性相对较强且差异较小，更有利于成员之间开展有效的金融合作。尽管目前 RCEP 仍然是以贸易自由化协议为主，兼顾货物贸易、服务贸易、投资准入和市场准入等传统协议领域，以及新金融服务、电信服务、知识产权、自然人临时移动、竞争政策等与时俱进的新领域，但相信随着各成员参与协定程度的不断加深，成员间的金融合作也能够依托这一协定机制逐步开展。

基于成员角度，RCEP 与 APEC 合作机制重叠交汇。其中，除缅甸、老挝和柬埔寨之外，其他 RCEP 成员同时也属于 APEC 经济体。不仅如此，东盟作为 RCEP 的发起者，同时也是 APEC 合作机制的观察员之一。无论从成员之间的合作历史，还是合作机制的成熟度来说，RCEP 都能够很好地推动 APEC 成员之间开展更为深入的合作。考虑到 APEC 本身已经涉及诸如货币金融合作、基础设施融资合作以及金融系统改革等金融合作领域，RCEP 虽然尚未开展金融合作安排的谈判，但基于在 APEC 框架下的合作路径，RCEP 在未来开展金融合作的可鉴之路非常丰富，从贸易自由化协议过渡到金融合作协议的可实践性也更强。因此，从一定程度来说，RCEP 为 APEC 提供了一个将无约束性的金融合作构想转变为有约束的金融合作协议的契机，一方面可能更有效地推进 APEC 部分成员之间的金融合作制度化，另一方面也能够解决 APEC 从"茂物目标"时代的合作空泛问题，使"布特拉加亚愿景"更有望成为将金融合作有效落地的合作蓝图。本文将基于我国与 RCEP 其他成员之间的双边营商环境来探究未来开展金融合作的可能路径和需要克服的问题。

一、我国与 RCEP 成员的金融合作基础

早在东盟提出 RCEP 框架之前，我国与东盟国家、日本、韩国和澳大利亚都开展了多层面的金融合作。最早的中国-东盟金融合作是出于抵御 1997 年亚洲金融危机冲击、稳定地区金融安全的目的。1997 年，亚洲金融危机爆发，使得东盟国家将区域经济协调一体化和危机救援机制建设视为重要的金融合作范围和内容，并在 2000 年举行的东盟"10+3"财长会议上共同签署了"清迈倡议"（CMI），即建立区域性货币互换网络，由此开启了中国与东盟之间最早的金融合作。2021 年 5 月，第 24 届"东盟+3"财长和央行行长会议强调指出，"东盟+3"区域金融合作对于支持区域经济体为对抗新型冠状病毒肺炎等后流行病时代做好准备正变得越来越重要。加强区域金融合作，包括通过"清迈倡议"多边化（CMIM）、东盟与中日韩宏观经济研究办公室（AMRO）、亚洲债券市场倡议（ABMI）和"东盟+3"金融进程的战略方向，对于加快区域经济复苏、确保实现包容性、可持续的复苏和维持金融稳定有着不可替代的作用。另一方面，我国在 APEC 合作框架下，与日本、韩国和澳大

利亚都开展了一定程度的金融合作。财政部长程序（FMP）①是 APEC 合作框架下最为持久的金融合作对话机制，旨在为 APEC 成员提供探讨地区宏观和金融问题，以及制订国内或区域金融政策优先领域提供平台。APEC 成员已经在以下领域进行了机制化的沟通：①审慎的公共融资管理；②有效的公司治理；③稳定有效的金融市场；④更广泛的经济合作、一体化和经济开放；⑤APEC 区域内经济便利化和科技合作。我们基于上述两个机制，分别对我国与东盟和 RCEP 其他成员之间的金融合作现状进行梳理。

（一）我国与东盟国家的金融合作

目前，我国与东盟国家的金融合作主要在三个框架下开展：一是货币合作框架，旨在通过设立区域外汇储备与多双边合作基金完善东亚区域性的金融抗灾体系；二是金融监管合作框架，通过区域金融监管协调，提前阻止金融风险的扩大；三是金融市场合作框架，包括区域债券市场、金融机构合作以及在"一带一路"倡议下的区域移动支付合作。

其中，在货币合作框架下，"清迈倡议"（CMI）启动后，为了加强东亚地区对抗金融危机的能力，在 2010 年"东盟 10+3"财长会议上，各经济体统一决定并共同签署决定将"清迈倡议"进一步升级为"清迈倡议多边化协议"（CMIM）②，建立一个资源巨大、多边与统一管理于一体的区域性外汇储备库，通过多边互换协议的统一决策机制，完善东亚区域性的危机救援体系。在东盟秘书处和世界银行的支持下，"东盟+3"灾害风险融资和保险金融合作（SEADRIF）建立了巨灾风险保险与公共资产金融的发展保护计划，加强了东盟成员国抵御灾害风险的金融抗灾能力。中国发起设立了多支与东盟各国的多双边合作基金，如致力于为双边多边互联互通提供投融资支持的丝路基金、中国-东盟投资合作基金（CAF）、中国-东盟海上合作基金和湄澜合作专项基金等，通过股权类投资，在不增加企业债务负担的情况下，为项目建设提供长期、可靠的资金支持，为亚太地区的区域金融合作创造了新动能与新机会。③中国与东盟国家的双边货币互换协议网络在"清迈倡议多边化协议"的框架下也得到了加强和深化，从 2010 年起，中国与马来西亚、泰国、新加坡、印度尼西亚、菲律宾 5 个东盟国家续签了多次大规模的货币互换协议，其中与菲律宾签订的是货币直接兑换协议。中国与多个东盟经济体共同签署了货币互换协议，规模目前达到 6500 亿元人民币。区域性外汇储备库的建立及双边货币互换协议的签订，不仅能加强各国对破坏型资本流动的抵御能力，更使各国拥有了更强的汇率稳定能力，完善了"10+3"区域金融安全网。

区域金融监管合作最重要的是要加强在银行保险业监管和金融市场监管方面的合作。为了促进跨境银行业监管的合作，中国银监会按时间顺序与新加坡（2004 年）、菲律宾（2005

---

① https://www.apec.org/Groups/Other-Groups/Finance-Ministers-Process. [2021-06-04].

② http://www.gov.cn/gzdt/2010-03/24/content_1563685.htm.[2010-03-24].

③ http://asean-china-center.org/resources/file/8.新加坡投资营商环境指南（2019）.

年）、泰国（2006 年）、越南（2008 年）、印度尼西亚（2009 年）、柬埔寨（2013 年）等成员的金融监管机构签订了双边监管合作谅解备忘录。在证券业监管领域，截至 2021 年 6 月，中国证监会已与东盟中的 8 个成员签订了证券（期货）监管协议和（或）备忘录，按时间顺序为新加坡（1995 年）、马来西亚（1997 年）、印度尼西亚（2003 年）、越南（2005 年）、泰国（2007 年）、老挝（2011 年）、文莱（2014 年）、柬埔寨（2019 年）。在保险业监管领域，自 2005 年起，中国保监会（现称中国银保监会）发起并签署了亚洲区域保险监管合作北京宣言，东盟国家一致通过该宣言。中国也与大多数东盟国家签署了保险监管谅解合作备忘录，这些直接推动了保险业的金融监管合作。双边或者多边的监管谅解合作备忘录及协议加强了中国与东盟各成员在金融监管和金融市场方面的协作，从而进一步加强了区域金融安全，避免风险的进一步扩大。

中国-东盟的区域金融市场合作为亚太地区的区域性外汇储备库在金融的流向上增加了多种渠道，加强了区域金融的互联互通。其中作为亚太地区首个多边储备合作机制的亚洲债券基金的建立，维护了亚太地区的金融稳定。继亚洲债券市场基金一期（ABF1）启动后，2004 年起，东亚及太平洋地区中央银行行长会议组织（EMEAP）宣布出资设立亚洲债券市场基金二期（ABF2），框架包括泛亚基金与母子基金，分别致力于区域和各国的债券市场的发展，进一步推动了亚太债券市场的完善。中国与东盟成员也加强了金融机构间的合作，大力构建金融市场网络化布局。在中央银行层面，自 1993 年起，中国人民银行与周边的东盟国家中央银行签署了关于人民币作为国际支付与转账的结算货币的协定，促进了边境贸易的发展。在商业银行层面，中国四大国有商业银行以中资银行的形式为东盟各国大型基础设施建设提供融资、边境外汇结算清算、国际贸易、担保业务、内保外贷等金融服务。中国其他城市商业银行与东盟各国本土银行共同设立合资银行，主要经营货币兑换、担保、抵押、信用等资产类业务。在政策银行层面，中国进出口银行、中国国家开发银行深化与越南、柬埔寨、老挝、印度尼西亚等国家政府、企业和金融机构合作，推出多项国际业务产品，其中包括贷款融资类和自营投资类产品。这些合作根据国家政策为一定项目提供金融支持的资金，不仅在财务上放开了对境外投资人的限制，促进区域内资金的顺利流动，也服务于国家战略性目的，支持了基础设施、基础产业和战略新兴产业的基本建设。在保险、证券等金融机构层面，中资证券、保险等公司与东盟各国，如老挝、柬埔寨、新加坡等的金融机构共同成立合资金融机构，共同建立政治暴乱保险基金，在证券业务与保险业务上，为跨境企业、个人提供金融服务与风险防控。这些金融机构的合作有助于支持亚洲基础设施生态系统和保险财团的建设。随着互联网技术和跨界电商的飞速发展，中国与东盟之间的区域金融市场合作不仅包括传统的金融机构间合作，还催生了移动支付等创新型合作方式。在"一带一路"倡议背景下，国内两大移动支付市场巨头——腾讯和蚂蚁金服积极以输出技术经验及与当地服务商协作的方式与东盟国家展开金融合作，开拓海外市场。蚂蚁金服通过经验输出、技术输出相继助力泰国正大集团旗下支付企业（Ascend Money）、菲律宾电子钱包 GCash 的母公司 Mynt，并与马来西亚、印度尼西亚等银行企业展开战略合作，引入支付宝，开发当地电子钱包。腾讯主要凭借其微信支付服务与当地旅游局合作，主要策略是利用本身的内容生态通过跨境游服务进行推广，比如与新加坡旅游局合作推出商旅微信小程序"智荟新加坡"，通过微信支付深入当地生活。银联主要通过与东盟国家的相关机构签署合作协议，在扩大银联卡使用范围的同时，推动云闪付产品和银联二维码支付影响力的提升。①

（二）APEC 框架下 RCEP 其他成员金融合作的现状

1993 年，APEC 财政部长程序（FMP）正式成立，FMP 是 APEC 成员开展金融合作对话的主要机制，FMP 已成为 APEC 成员经济体解决区域宏观经济和金融问题，以及国内和区域金融政策重点的论坛。在 2014—2019 年工作计划中，FMP 主要通过实施宿务行动计划、发展数字经济、灾害风险管理、普惠金融缩小差距等优先领域与活动开展金融合作。

2015 年，"宿务行动计划"在第 22 届亚太经济合作组织财政部长会议上发布，旨在讨论区域金融一体化、财政改革与透明度、金融体系弹性和基础设施发展融资合作等议题。在财政透明度方面，提出"开放政府伙伴关系（OPG）倡议"，各经济体对外公开财政收支数据，支持推进税基侵蚀和利润转移（BEPS）"一揽子"计划的实施，加强 APEC 经济体税收的确定性、透明度和合作。在金融弹性方面，提出建立主权灾害风险融资机制，减少灾害给各经济体带来的经济损失。在支持基础设施建设方面，提出建立亚太基础设施伙伴关系（APIP）风险分担和融资组合措施，有效推动各经济体基础设施建设。亚太经合组织应根据"宿务行动计划"为有关经济体启动能力建设方案计划的金融基础设施发展网络（FIDN）构建现代动产金融市场的生态系统。另外，2018 年中国主导提出了有效的个人破产制度的基本要素，这些基本要素来源于各法域的经验和既定原则，是考虑了亚太经合组织成员的经济和社会条件、文化和法律的广泛多样性而制订的，协调发展和改革各成员经济体的个人破产制度，为跨境债务的有序清算和解决提供机制，鼓励中小微企业扩大规模并参与国际贸易和投资活动。该制度可作为政策制订者进行改革的指南，以刺激亚太经合组织成员经济体中小微企业的增长和创新。

在灾害风险管理及金融区域一体化层面，亚太经合组织财长会议商定与多边组织合作，以促进区域巨灾债券市场的发展，将巨灾债券纳入亚太经合组织区域性灾害风险金融与保险（DRFI）解决方案进行研究。通过为亚洲发展中国家发行巨灾债券，建立亚太巨灾债券市场，其中日本是亚洲巨灾债券发行的主要国家。同时为了加快本币债券市场一体化，APEC 推动亚太发展中经济体的监管机构和私营部门加强各自的政策合作，来解决长期机

① http://asean-china-center.org/resources/file/8.新加坡投资营商环境指南（2019）.

构投资者在投资跨境本币公司债券以及在这些市场上进行跨境公司发行时面临的挑战。

在发展数字经济这一优先领域方面，优先发展亚太经合组织享有互操作性的亚洲基金护照制度（ARFP），促进可互操作的实时支付系统的实现。通过中央银行和相关公共、私营部门利益相关者合作，建立基于国际性互联网标准的区域互操作型实时支付基础设施。此外，亚太经合组织通过批准 APEC 数字金融包容性路线图，在亚太金融论坛（APFF）金融科技研讨会上为数字经济中的中小企业赋能创新金融。同时通过促进法律法规方面的改革，确保不同行业可以使用数字化文件生态系统。这些改革澄清围绕电子商务法律承认的各种数据、国际合同中的电子通信、电子签名、电子所有权文件和其他相关方面，审查自由贸易协定的相关章节，特别是关于电子商务的章节，电子签名、跨境贸易文件、计算设施的位置以及与金融服务相关的数字化问题，以确保其与法律改革的一致性框架。促进跨生态系统协调与沟通。对于贸易和供应链金融的数字化问题，通过一个虚拟的跨机构、跨生态系统，使用 APFF 的公私部门平台来加速全球贸易和供应链金融的数字化。在普惠金融方面，APEC 致力于通过数字化缩小差距：通过开发新技术时代的信用报告系统和开展普惠金融方面的研讨会，创建普惠支付系统；通过引入可识别和可互操作的数字身份标识号码来促进数字支付金融服务发展。同时，为保护消费者数据信息，建立协调政策机构来监督数字金融部门的部署，建立共同的数字金融服务指标来衡量和跟踪金融服务建设的进展。

二、营商环境对 RCEP 成员金融合作的影响

改善金融营商环境是共建 RCEP 框架下金融合作的重要保障。RCEP 作为以大项目为基础的跨境协作，在实施过程中面临着经济文化不确定、政治风险高的危机，因此对于 RCEP 来说，完善法制透明、平等、公正的金融营商环境是降低金融合作风险、实现有法可依的重要前提。为此，金融营商环境的制度、机制协调可以为 RCEP 框架下的高水平金融合作打造全方位、深层次、多角度的合作条件，有利于整体上促进金融发展，推动金融互联互通。从微观企业角度来看，境外企业必然要经历获得信贷、投资保护和破产办理过程，与此同时，这些环节构成了金融营商环境的基本内容，每个环节办理的流程、时间、效率、成本、结果都构成了金融营商环境的一部分，这些软件的机制直接或间接影响了微观企业能否进入境外市场，或者能否在境外市场中存活。因而，改善营商环境是共建 RCEP 框架下金融合作的重要前提。

作为世界上最大的自由贸易安排，RCEP 所涉及的经济体不仅包括东盟十国，还包括以中国为代表的非东盟新兴市场国家，以及日本、韩国、澳大利亚和新西兰等发达国家。其中，除老挝、缅甸和柬埔寨外，其余 RCEP 成员同时也是 APEC 成员。从这一层面来看，RCEP 在很大程度上兼备了东盟和 APEC 机制下的金融合作基础。为了更好地探究 RCEP

成员之间的合作环境差异，我们基于世界银行发布的《营商环境报告》[①]中所包含的 133 个经济体的 5 项营商环境指标中关乎微观企业金融行为的 3 项内容，以及世界经济论坛《全球竞争力报告》中的金融指标，来分析 RCEP 成员之间金融营商环境存在的差异，从微观企业所感受到的营商环境便利度的视角来探讨基于 RCEP 推进亚太金融合作所面临的现实问题和解决问题的路径。

世界银行《营商环境报告》是对 190 个经济体的营商法规及其执行情况的客观评估，目的是对中小企业在当地从开办到破产之间的程序中所涉及的营商便利程度进行量化，其中与中小企业金融行为最为贴切的三个指标为获得信贷、保护中小投资者、办理破产（见表 1）。获得信贷通过合法权利指数、信贷信息深度指数、信贷登记机构覆盖率、信用局覆盖率，以及获得信贷分数和排名等具体指标进行度量。其中，合法权利指数、信贷信息深度指数用来描述法律对贷款的便利性。信贷登记机构覆盖率和信用局覆盖率用来描述信贷是否是全方位覆盖的。保护中小投资者指标拥有两个二级指标，即纠纷调解指数与股东治理指数。纠纷调解指数衡量利益冲突的调控解决能力，股东治理指数用来度量关联交易中的小股东权利与公司治理情况。办理破产指标通过回收率和破产框架力度指数来度量。回收率用来度量破产程序的效率结果成本等，破产框架力度用来度量破产法律的完整性和充分性。世界经济论坛《全球竞争力报告》是对 141 个经济体经济发展的可持续性、竞争性、包容性的评估，将影响经济竞争力的因素分为 12 个具体指标，其中金融指标包括该地区金融系统的深度性及稳定性（见表 2），这对于中小企业进入市场与退出市场中的金融行为有着指导意义。金融系统深度分为私营部门的国内信贷、中小企业融资、可用风险资本、市值、保险费五个指标，用来度量中小企业或者创新企业获得股权融资、债务融资的便利度，以及对抗风险的成本。金融系统稳定性分为银行稳健度、不良贷款率、信贷缺口、银行监管资本充足率 4 个指标，用来衡量该国（地区）金融系统违约、信贷、监管情况。

表 1　世界银行《营商环境报告》金融营商环境的指标说明

类别	测度方法	分项指标	指标说明
获得信贷	信贷分数是前沿水平距离分数，即某一经济体距离当年最高分数经济体的差距	合法权利指数	衡量担保交易中借方和贷方的合法权利
		信贷信息深度指数	衡量信贷信息上报畅通程度
		信贷登记机构覆盖率	衡量信贷登记机构信贷信息的覆盖面
		信用局覆盖率	衡量信用局信贷信息的覆盖面

① https://www.doingbusiness.org/en/reports/global-reports/doing-business-2020.

续表

类别	测度方法	分项指标	指标说明
保护中小投资者	取几个指标的平均值测度	纠纷调解指数	衡量利益冲突的调控能力，包括披露程度指数、董事责任程度指数、股东诉讼便利度指数
		股东治理指数	衡量股东在公司治理中的权利，包括股东权利指数、所有和管理控制指数、公司透明度指数
办理破产指标	通过回收率和破产框架力度指数各占 50% 的权重来度量	回收率	回收率是关于破产程序的时间、成本、结果及贷款利率的函数，按担保债权人收回的债务占债务额的百分比来记录
		破产框架力度	对一个经济体现有破产法律框架的充分性和完整性进行评估，该指标取值范围为 0～16 分，数值越高表示破产框架力度越好

资料来源：根据世界银行《营商环境报告》数据整理。

表 2　世界经济论坛《全球竞争力报告》金融环境的指标说明

类别	分项指标	指标说明
金融系统深度	私营部门的国内信贷	提供给私营部门的财政资源的总价值占 GDP 的百分比，该指标主要为贷款、购买非股权证券、贸易信贷和其他应收账款，用于确定金融公司向公司和家庭提供的还款要求
	中小企业融资	回答调查问题"在你的国家，中小企业能在多大程度上通过金融部门融资"
	可用风险资本	"在你的国家，有创新但有风险的项目的初创企业家是否容易获得股权融资？"（1=极其困难；7=极端简单）
	市值	国内上市公司的总价值（按所有境内上市公司股价计算）表示为占 GDP 的百分比按所有境内上市公司股价计算
	保险费	指寿险和非寿险保费金额，按人寿保险费和非人寿保险费之和计算，总量除以 GDP。保险费数额是保险人在上一个日历年赚取的（如果是财产/伤亡）或收到的（如果是生命/健康）直接保费
金融系统稳定性	银行稳健度	回答调查问题"在你的国家，你如何评估银行的稳健性"（1=极低的银行可能需要资本重组；7=资产负债表良好）
	不良贷款率	指不良贷款价值除以在同一地区经营的所有银行的贷款组合总值的比率。2017 年国家违约贷款是指逾期 90 天或以上的利息和本金的支付。记录为不良的贷款金额包括资产负债表上记录的贷款总值，而不仅仅是逾期金额
	信贷缺口	衡量信贷与 GDP 之比和其长期趋势，按最新的国内对私营部门的信贷（占国内生产总值的百分比）及其影响趋势计算
	银行监管资本充足率	银行监管资本总额（股东权益、已披露和未披露准备金、重估准备金、一般准备金和其他工具）与银行资产总额的比率，根据这些资产的风险进行加权。在将原始分数标准化为 0～100 分之前，对其应用对数变换

资料来源：根据世界经济论坛 2019 年的《全球竞争力报告》数据整理。

（一）总体营商环境两极分化

从世界银行《营商环境报告》中估计可得 RCEP 国家的平均营商环境为 71.96 分，相比世界整体来说，分数比较高。但是从国家层面来看，营商环境分布不均，有排名第一的新西兰，排名第二的新加坡，也有排名特别靠后的缅甸、老挝、柬埔寨。表 3 中营商环境的聚类结果显示，在总体营商环境水平较高的 RCEP 成员国家中，依然存在一些营商环境便利度分数处于中低程度的国家。根据世界经济论坛《全球竞争力报告》，RCEP 国家的竞争力水平分布不均，与营商环境的分布大体类似，有排名前二十的新加坡、日本、韩国等发达经济体，也有排名靠后的老挝、柬埔寨、缅甸等国家（见表 4）。可以看出，营商环境与本国的经济发展水平有较大联系，RCEP 成员的经济发展水平差异较大，成员之间政治体制、经济发展水平、宗教文化信仰等因素存在巨大的差异。RCEP 参与国多为发展中国家，大都存在自我建设能力不足、风险较高、融资资金短缺、金融系统稳定性差等问题，建设 RCEP 的经贸金融项目合作，跨境跨期项目体量规模大、融资需求大，而从改善金融营商环境入手，对于促进区域金融合作和项目顺利实施至关重要。

表 3　RCEP 参与国家总体营商环境的聚类结果（2020 年）

类别	营商环境便利度分数	国家
高	大于 70 分	新西兰　新加坡　日本　韩国　马来西亚　泰国　文莱　澳大利亚　中国
中等	55～70 分	印度尼西亚　菲律宾　越南
低	55 分以下	老挝　缅甸　柬埔寨

资料来源：根据世界银行《营商环境报告》数据整理。

表 4　RCEP 参与国家全球竞争力聚类结果（2019 年）

		新加坡	日本	韩国	澳大利亚	新西兰	马来西亚	中国	泰国	印尼	文莱	菲律宾	越南	柬埔寨	老挝
总排名	分数	84.8	82.3	79.6	78.7	76.9	74.6	73.9	68.1	64.6	62.8	61.9	61.56	52.1	50.1
	排名	1	6	13	16	19	27	31	40	50	56	64	67	106	113
金融系统深度排名	私营部门的国内信贷	18	7	14	15	9	19	8	11	87	84	79	20	38	—
	中小企业融资	6	13	37	32	11	8	34	29	31	60	71	97	88	80
	可用风险资本	6	17	51	46	18	9	13	34	37	64	44	61	86	67
	市值	4	11	17	15	44	8	30	14	42	125	24	54	117	91
	保险费	14	8	4	20	42	33	40	21	74	103	65	81	124	120

		新加坡	日本	韩国	澳大利亚	新西兰	马来西亚	中国	泰国	印尼	文莱	菲律宾	越南	柬埔寨	老挝
金融系统稳定性排名	银行稳健度	2	33	62	5	9	41	95	28	80	70	17	114	97	96
	不良贷款率	17	15	3	10	4	19	26	56	45	63	20	27	34	102
	信贷缺口	101	138	1	110	1	1	128	1	1	126	130	113	136	1
	银行监管资本充足率	81	90	109	118	119	78	126	62	17	33	108	133	29	93

资料来源：根据世界经济论坛《全球竞争力报告》数据整理。

（二）金融营商分项环境两极分化

通过表 4 可以看出，世界经济论坛《全球竞争力报告》中金融环境的深度与稳定度排名地区差异较大，且每个国家内部不同指标的差异也较大。发达国家也存在这种情况，在新西兰，中小企业融资有着便利的环境，但是在其所需支付的保险费用方面存在一定的短板。中国在银行稳健度方面有较大提升空间。对于一些不发达国家来说，每个分项指标的世界排名靠后。越南、老挝、柬埔寨的中小企业融资便利度和银行稳健度不高，这就说明如果要提高中小企业在当地的金融便利度和稳定度，需要当地推进法律流程便利化、降低金融业务成本，以及提升金融系统的稳定性。

从图 1 来看，金融营商环境的三项分项指标——保护少数投资者、获得信贷和办理破产水平在整体中处于相对劣势，而且各个成员的子环境差异较大。这说明从整体来看，RCEP 部分成员缺乏统一针对交易过程中各个环节的强大法治保障，尤其缺乏企业获得信贷和破产程序的管制制度。从区域差异来看，新西兰、新加坡、韩国、马来西亚、澳大利亚等排名较高的地区，基本没有分项环境的短板，而且在很多分项指标的子指标方面，其属于世界最佳规制地区。根据 2019 年世界银行《营商环境报告》，新西兰在获得信贷子指标合法权利指数方面属于世界一流水平。在保护少数投资者的子指标中，马来西亚的披露程度指数在全球范围内处于最高水平，体现了其较强的纠纷调解能力。对于营商环境水平处于 RCEP 参与国中位数的中国来说，在保护少数投资者领域具有一定的优势，特别是在保护少数投资者的子指标中，中国在衡量纠纷调解能力的披露程度指数以及股东治理能力的公司透明指数层面均处于世界一流水平。但中国在获得信贷方面却相对较差，因此应加快简化获得信贷的程序流程，降低融资成本，以改善中小企业私营部门的资本环境。而东南亚大部分国家虽然处于中等水平，但是在获得信贷、保护少数投资者、办理破产等便利化、法治化程度方面均存在短板。由于金融营商子环境指标通过加总得到总指标，且权重一定，因此为了改善金融总体的营商环境以及子环境，中国在金融营商环境方面的劣势以及相对其他国家的劣势都需要予以改善和优化。

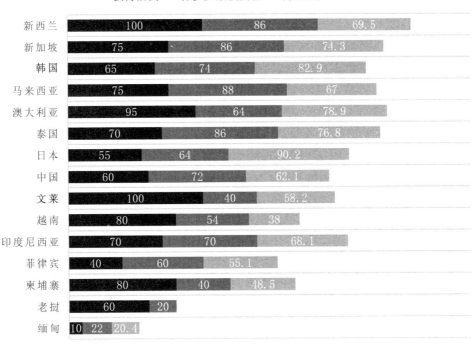

图 1　2020 年 RCEP 各国金融营商环境分项指标情况

资料来源：根据世界银行《营商环境报告》数据整理。

（三）金融营商环境改善的发展趋势

从金融营商环境来看，2014—2020 年间，总体的金融环境随着各国政府的推进与合作得到改善，特别是一些营商环境比较差的国家从自己的短板子项目入手，逐步改善整体的营商环境。比如，缅甸的金融营商分项指标中的保护少数投资者指标一直处于相对劣势，而且在本国的措施中也属于低位。2019 年，缅甸通过加强对少数投资者的保护，要求更多地披露与相关方的交易，增加董事的责任，并要求提高公司透明度，从而改善了本国保护少数投资者的分项指标。2019 年，菲律宾也加强了对少数投资者的保护，要求更多地披露与利益关联方的交易，并加强董事对与利益关联方交易的责任。文莱对自己的短板——办理破产环节进行了改善，并通过增加债权人在破产程序中的参与度，使得解决破产问题更加容易。对于中国来说，近年来金融营商环境得到了较大的改善。比如，2019 年，中国加强了对中小投资者的保护，对控股股东的不公平关联交易规定了责任，并明确了所有权和控制结构的相关规定。中国通过提供启动后信贷优先权规则和增加债权人对破产程序的参与，使解决破产问题更加容易。对于之前金融营商环境一流的国家——新西兰、新加坡、日本、韩国来说，近年来其金融营商环境维持在原有水平，由此可以看出 RCEP 不同发展层次的成员所采取和所需要的改善措施都不一样，但基本都围绕在发挥金融营商环境分项优势、改善分项劣势层面。对于营商环境排名较高的国家来说，要想进一步提高营商环境的便利度，需要采取更加深化和更加有针对性的举措。

三、RCEP 签订背景下中国与其他成员金融合作展望

RCEP 中深层次和全方位的金融服务条例极大地促进了金融营商环境的改善，有利于加强区域金融合作。但是更高水平的金融合作仍然需要进一步的具体规划。基于金融营商环境改善对于推动建设 RCEP 框架下的区域金融合作的重要性，未来应该从改善不同国家的营商环境入手，使之成为促成高水平金融合作的新平台、新机会。中国与其他成员国在"东盟+3"、APEC 框架下的金融合作有着坚实的基础，在 RCEP 签订背景下，金融合作有巨大的潜力与前景。RCEP 签订后，推动中国与其他各国的金融营商环境改善，将促进区域金融合作互联互通，维护区域金融稳定与发展。

（一）RCEP 签订后对金融营商环境的改善

RCEP 在金融领域做出了更全面和高水平的承诺，体现在服务类别的多样性和无限制承诺的更深层次上。在服务类别层面，RCEP 做出的承诺覆盖保险银行服务、提供和转让金融信息、金融数据处理，以及与金融服务提供者有关软件的其他金融服务等多种金融服务范畴。在无限制承诺上，RCEP 在市场准入限制、国民待遇限制等方面，对不同的服务提供方式做出了深层次的承诺，如对于保险相关服务来说，外国金融机构的企业形式、经营范围与企业许可均无限制，且发放营业许可无地域或数量限制，这让金融服务领域得到了更加全面和细致的开放。

不仅如此，RCEP 还做出了跨领域的新承诺，在附件中引入了新金融服务、做出提升金融服务领域监管透明度的承诺、制订金融信息转移与信息处理等规则。这些规则全方位、多角度地规范了金融机构的跨境合作。新金融服务层面规定，对于两地不对称的金融服务，如一地已提供、另一地未提供的金融服务，本土未提供的一方无须对法律进行修改[①]。在金融服务领域监管透明度的承诺中，RCEP 对缔约方实施措施的合理客观性、普遍性做出了规定，同时针对利害关系人的合法权利、便利评议与咨询做出了承诺，特别是在监管行政决定的合理期限方面，制订了人性化、合理化的规则。在信息转移与信息处理方面，RCEP 不限制缔约方保护个人数据、个人隐私，以及个人记录和账户机密性的权利，维护日常运

---

① http://fta.mofcom.gov.cn/rcep/rceppdf/d8z_fj1_cn.pdf.

营所需的信息转移和处理。①

RCEP 在金融领域规则上多样的服务和深层、全方位的承诺为各方金融服务提供者创造了更加透明、开放、公平的营商环境，对境外企业在东道国（地区）金融流程的行政期限、政策法规及潜在风险有了更加全面和更便利的规定，避免了金融机构进入境外市场的不稳定、不确定因素，显著地优化了金融营商环境，有助于进一步推动亚太地区高水平的金融合作，促进地区金融与经济深度一体化。

（二）RCEP 签订后成员国金融合作展望

RCEP 成员之间的金融合作在东盟与 APEC 的框架下有了良好的基础，RCEP 的推行和签署不仅让亚太之间加强了互联互通，而且优化了整体金融营商环境。特别是 RCEP 条例中对新金融服务的引入以及金融服务方面的深化，有利于大幅降低企业进入境外市场时获得融资信贷的成本，这些举措显著突破了区域内的资金、资源流动和金融合作的限制，为亚太金融合作提供了新机遇与动能。在推动金融合作的有效路径中，营商环境因素有较大影响。其中，当地营商制度环境是影响金融市场资金自由流动以及资源配置优化的重要因素。但是由于 RCEP 的举措是针对成员整体的，而每个成员的金融发展状况、便利水平不一，导致了国家之间的金融营商环境和子环境呈现两极分化的现象。虽然每个国家在近几年都对子环境的短板进行了优化，但是相对于整体来说，金融营商环境仍然分布不均，这势必对 RCEP 内部的金融合作造成了阻碍。因此，为了推动 RCEP 成员之间的金融合作与互联互通，有针对性地改善营商环境，从而促进金融合作的有效路径对于推动亚太地区金融稳定和发展十分重要。

1. "求同存异"的金融监管政策

整体上，在 RCEP 的框架下，国家可以构建三层国家金融安全防护网。在国家层面上，金融机构负责实施审慎风险管理行为规范，并以健全监管系统和监管者的有效监察为基础。在区域和全球层面上，RCEP 参与国则可以通过"东盟+3"金融合作举措和国际货币基金组织等机构，支持和强化金融体系的稳定性。特别是受到颠覆性科技，如手机众筹等新型金融服务工具的影响，在金融生态体系中，跨境合作金融监管者在平衡传统金融业者及金融服务使用者之间的利益冲突时需要多加考虑。在 RCEP 不同国家之间，各个成员内部金融发展水平，如市场规模发展、抵御危机能力等的差异性导致各国在金融发展中的现实需要和潜在需求可能存在一定差异，因此坚持"求同存异"的监管政策有利于有针对性地深化与各类 RCEP 国家的金融合作，同时需要设立环境过渡条例，对于金融营商环境落后的国家，金融监管应该给予一定的过渡期，并制订相应的标准，通过外部压力促进其改善金融营商环境。对于金融营商环境落后的国家，根据不同成员发展状况，实现弹性调整，平

---

① http://fta.mofcom.gov.cn/rcep/rcep_new.shtml.

等对话。对于金融营商环境良好的国家，先行探索合作模式，以确定可借鉴的金融合作路径，促进区域内建立健全、透明、高效的法律制度和宽松、迅捷的信息流通环境。我国应该与 RCEP 各成员协调制订监管标准制度，共同监督金融合作交易，通过多边金融监管机制来保证金融合作的安全健康和金融体系的整体稳定。同时，提高多边会谈频率，建立金融监管信息交流共享平台，实时监控金融合作，及时反映已经存在的和潜在的风险，同时针对不同金融营商环境国家，对其潜在优势和风险进行分析。我国可以推进创新型监管合作，加强金融机构的网络安全，运用科技来简化金融机构的监管规程。

2．完善企业信息共享机制，支持中小企业发展

金融营商环境对于中小企业完善融资体系，从而实现内部发展十分关键。近年来，大多数 RCEP 国家都出台了支持中小企业金融发展，从而促进金融合作的优惠政策。比如，2018 年，缅甸中央银行进一步放宽对外资银行的限制，准许在缅甸经营的外资银行分行向缅甸国内企业提供贷款及其他服务，金融体系便利化程度逐渐提高。同年，缅甸在仰光开设一站式中小企业银行业务服务中心，为中小企业提供多种金融和商务服务。缅甸政府还批准成立缅甸首家信用咨询公司（缅甸信用统计局），为企业提供信用咨询和征信服务。新加坡将中小企业可以申请的资金周转贷款计划（EFS-WCL）延长 1 年。柬埔寨政府为了支持制造业和手工业中小型企业的发展，提供 1 亿美元低息信贷，放宽中小微企业申请融资条件，延长贷款年限。针对跨境的 RCEP 金融合作，跨境交易风险较大的中小企业需要得到更多的金融支持，其普遍面临融资成本高昂、融资渠道较窄的问题，因此减轻融资负担、拓展融资渠道，成为支持中小企业发展的关键。为了防止出现信用风险过大的问题，我国可以推动促进与 RCEP 各成员建立企业信息披露共享机制，完善双边信息共享平台和信用评级制度，使得金融机构可以即时掌握中小企业的信用状况，预防信用风险。在金融监管合作方面，中国应当努力推动建立统一的监管标准以及多样化的监管形式，不仅对于跨境资金流动实行即时的监管，预防区域性金融风险的产生，还可以兼顾不同地区的金融发展状况和金融营商环境，做到因地制宜，更好地促进跨境金融合作。

3．进一步推进人民币国际化

在 RCEP 的框架下，中国应该继续加强与其他各成员的金融基础设施建设合作，构建亚太保险和风险转让的全球资本平台，从而促进亚太地区金融的互联互通。在亚太地区金融合作中，中国应合理布局新兴金融信息技术，如银行卡支付结算系统设施建设、运维服务等，从而促进人民币的高效流通。政府应当制订统一结算标准，负责统一的管控与统筹。同时随着信息通信技术的发展进步，无现金化成为趋势和主流，一些龙头企业也可进入市场，主要负责交易方式的创新，如支付宝、微信等，加强与相关国家企业或政府合作，为当地提供较为便利化的金融服务。我国金融科技机构也应该加强区块链与数字经济以及电子票据等方面在其他国家的推广及应用，从而进一步在人民币跨境流动中构建网络化布局。

4. 创新金融合作领域

新冠肺炎疫情后期，东盟以及 APEC 框架下的国家经济复苏应对措施从维持经济稳定转向谋求经济增长，其中数字经济在疫情期间保证经济增长稳定，衍生出了对数字金融服务的巨大需求，但是东南亚地区的数字金融服务供给十分薄弱。根据谷歌、淡马锡控股和贝恩咨询公司的《2019 年东南亚数字经济报告》，2019 年东南亚互联网用户达 3.65 亿，占总人口的 60%，其中半数用户使用数码经济服务，超过九成主要用手机上网，但仍有 75%的人口无法享有完善的金融服务。对此，中国可以与周边国家合作，完善电子汇款、贷款、投资和保险等数码金融服务的市场渗透，与东南亚蓬勃发展的科技公司生态圈相结合。除此之外，中国与 RCEP 其他成员应当就金融合作领域多样化、产品创新化和金融服务方式方面继续深化金融合作。其中在多样化金融合作领域方面，我国应致力于在新领域发挥示范作用，如在绿色金融、科技金融、普惠金融等领域推进金融合作。在绿色金融领域，我国作为示范国家，应首先从法制层面推动建立绿色金融法规，在融资支持的产业上做好可持续性的引导，同时应该与 RCEP 其他成员实行金融合作，逐渐让跨境绿色产业享受到优惠和融资便利，同时也应以普惠金融促进资金融通。普惠金融的公平性、广泛性、便捷性、可获得性的特点与跨境大项目建设的融合性、联动性、共享性不谋而合。在深化金融产品创新层面，基于基础设施投资项目的不同特点，实施融资产品创新，降低区域金融风险的产品创新，推进不同期限、保费特点的产品创新。在推动创新型的金融服务层面，构建完善的联通供应链相关企业的金融服务系统，具体而言，应当利用好大数据和云计算，为供应链参与方建立信息、资源共享平台，对供应商、服务商、客户合作伙伴的信息进行公示和共享。

参考文献

[1] APEC Finance Ministers' Progress. Joint Ministerial Statement-21th APEC Finance Ministers' Meeting 2014[R]. APEC, 2014.

[2] APEC Finance Ministers' Progress. Joint Ministerial Statement-22th APEC Finance Ministers' Meeting 2015 [R]. APEC, 2015.

[3] APEC Finance Ministers' Progress. Joint Ministerial Statement-23th APEC Finance Ministers' Meeting 2016 [R]. APEC, 2016.

[4] APEC Finance Ministers' Progress. Joint Ministerial Statement-24th APEC Finance Ministers' Meeting 2017 [R]. APEC, 2017.

[5] APEC Finance Ministers' Progress. Joint Ministerial Statement-25th APEC Finance Ministers' Meeting 2018 [R]. APEC, 2018.

[6] APEC Finance Ministers' Progress. Joint Ministerial Statement-26th APEC Finance

Ministers' Meeting 2019 [R]. APEC, 2019.

[7] E-conomy Sea 2019[R].Google and Temasek in 2016. Bain & Company, 2019.

[8] World Bank. Doing Business 2020 [R].Washington DC:World Bank, 2019.

[9] 陈悄悄，郑天歌. 后疫情时代中国-东盟金融合作[J]. 商业经济，2021（2）：35.

[10] 企业对外投资国别（地区）营商环境指南——菲律宾（2020）[R]. 中国国际贸易促进委员会，2020.

[11] 黄梅波，刘斯润. 以金融发展、金融创新助力"一带一路"战略的实施[J]. 福建论坛（人文社会科学版），2016（2）：37-42.

[12] 企业对外投资国别（地区）营商环境指南——柬埔寨（2020）[R]. 中国国际贸易促进委员会，2020.

[13] 姜巍，张菀航."一带一路"背景下的金融创新和跨境投资："国研智库论坛2015·创新金融助力中国'一带一路'战略峰会"综述[J]. 中国发展观察，2015（8）：20-22.

[14] 企业对外投资国别（地区）营商环境指南——老挝（2020）[R]. 中国国际贸易促进委员会，2020.

[15] 李俊久，蔡琬琳."一带一路"背景下中国与东盟货币合作的可行性研究[J]. 亚太经济，2020（4）：39-48，149.

[16] 刘方，丁文丽. 中国-东盟金融合作指数的构建及其演变特征[J]. 国际商务（对外经济贸易大学学报），2020（1）：71-83.

[17] 罗永宣，罗婕尹，刘邦月，等."一带一路"倡议下中国与东盟区域移动支付发展研究[J]. 金融科技时代，2021，29（3）：82-87.

[18] 企业对外投资国别（地区）营商环境指南——马来西亚（2020）[R]. 中国国际贸易促进委员会，2020.

[19] 孟刚. 以绿色、普惠和本币金融引领"一带一路"金融创新[J]. 新金融，2017（11）：38-42.

[20] 企业对外投资国别（地区）营商环境指南——缅甸（2020）[R]. 中国国际贸易促进委员会，2020.

[21] 聂勇，彭文文. 中国-东盟金融合作研究：一个文献综述[J]. 武汉金融，2014（4）：58-61，37.

[22] 秦亚青. 东亚金融合作：机遇、挑战和对策——在第三次东亚金融合作会议上的总结发言[J]. 外交评论（外交学院学报），2007（3）：25-27.

[23] 申韬，钟碧兰. 基于国别差异视角的东盟国家金融合作需求[J]. 社会科学家，2019（08）：59-66.

[24] 企业对外投资国别（地区）营商环境指南——泰国（2020）[R]. 中国国际贸易促进委员会，2020.

[25] 企业对外投资国别（地区）营商环境指南——印度尼西亚（2020）[R]. 中国国际贸易促进委员会，2020.

[26] 尤宏兵，徐孟云，王恬恬. 中国-东盟金融合作深化发展面临的障碍与路径选择[J]. 经济研究参考，2019（5）：111-119.

[27] 袁序成. 中国-东盟自由贸易区建成后两地保险业发展与合作前景展望[J]. 区域金融研究期刊，2010（1）：30-33.

[28] 企业对外投资国别（地区）营商环境指南——越南（2020）[R]. 中国国际贸易促进委员会，2020.

[29] 张春宇，朱鹤，刘桂君."一带一路"的金融创新：现状、特点、问题及建议[J]. 国际税收，2018（4）：6-10.

[30] 赵丽君."一带一路"背景下中国与东盟区域金融合作的创新路径[J]. 对外经贸实务，2019（12）：58-61.

CPTTP 扩张的经济影响及中国的选择

摘　要： 本文构建了一个多国多部门的一般均衡模型，利用最新版全球贸易分析模型（GTAP 模型）量化模拟了 CPTPP 的经济效应、中国加入的影响以及协定成员扩容的影响。分析发现：第一，无论是 CPTPP，还是将韩国等 7 国纳入扩大的 CPTPP，在商品贸易自由化和降低技术性贸易壁垒的条件下给中国带来的冲击都十分有限；第二，中国加入 CPTPP 后，中国及 CPTPP 成员国均会获得经济增长和净福利增加的收益；第三，中国和其他 7 国共同加入 CPTPP 能够通过更大范围的贸易自由化和降低技术性壁垒获得更高的收益。

关键词： CPTPP；可计算一般均衡模型；经济效应

2015 年 10 月，美国主导的"跨太平洋伙伴关系协定"（Trans-Pacific Partnership Agreement）成功结束实质性谈判并达成贸易协定，构建了一个由 12 个国家构成、经济总量占全球近 40% 的大型自由贸易区。然而，奉行贸易保护主义的特朗普总统上台伊始就宣布美国退出 TPP，使 TPP 陷入僵局。在这种情况下，在日本主导下，剩余 11 国①在冻结 TPP 部分条款后，将 TPP 更名为"全面与进步跨太平洋伙伴关系协定"（Comprehensive and Progressive Agreement for Trans-Pacific Partnership，CPTPP），并于 2018 年 12 月 30 日正式生效。尽管美国退出后的 CPTPP 在经济规模上大幅下降，协议条款也较 TPP 有所减少，但 CPTPP 与许多现有的自由贸易协定相比，仍在知识产权、垄断、劳工和环境方面提出了较高的要求，仍是高标准的自由贸易协定。

CPTPP 在最初建立时就保留了扩充机制，既可以使成员国与更多的国家加强经贸联系，又可以使 CPTPP 所倡导的高标准贸易协定在更大范围进行推广。自 CPTPP 成立以来，印度尼西亚、菲律宾、泰国、哥伦比亚、斯里兰卡、韩国和英国分别表示有加入 CPTPP 的意向。2020 年 11 月 20 日，中国国家主席习近平在亚太经济合作组织（APEC）领导人非正

---

* 孟猛，天津师范大学经济学院副教授；郑昭阳，南开大学跨国公司研究中心副教授。
① 11 国为日本、加拿大、澳大利亚、智利、新西兰、新加坡、文莱、马来西亚、越南、墨西哥和秘鲁。

式会议上强调了中国坚持开放包容的态度，欢迎区域全面经济伙伴关系协定（RCEP）完成签署，也将积极考虑加入 CPTPP。在新冠肺炎疫情冲击，以及全球贸易保护主义和单边主义抬头的大背景下，中国坚持维护和践行多边主义，积极推进区域经济一体化，为各国提供更多的机遇，为世界经济复苏和增长提供更多的动力。

目前来看，CPTPP 中一些涉及边境后措施的条款与我国国情存在冲突。其中，在国有企业和指定垄断、知识产权、劳工以及电子商务章节中，在数据跨境流动等问题上存在较大的阻力。在"双循环"的发展格局下，中国的开放正从商品贸易开放向包括规则、标准、管理体系在内的制度型开放逐渐转变。本报告重点从经济效果方面分析中国在 CPTPP 扩张下不同策略选择带来的影响。

一、文献回顾

国内外学者针对 CPTPP 的经济影响进行了广泛研究，一方面集中在对 CPTPP 规则的讨论，另一方面集中在 CPTPP 运行和不同条件下 CPTPP 扩张可能带来的经济影响方面的论述。

刘斌等（2019）认为，CPTPP 的国际贸易规则会给中国带来明显压力，其中数据流动、国有企业、政府采购等条款，以及将许多国际贸易规则"新议题"纳入争端解决机制都会对未来国际贸易规则产生深远影响。盛斌（2021）认为，TPP/CPTPP 中的部分重要条款为中国在新时代实施制度型开放提供了有益标尺和参考，并且中国可通过积极加入 CPTPP 的赋能加快国内经济体制机制改革，破除顽疾与瓶颈，建立与国际贸易和投资新规则相适应的开放型经济新体制。王跃升等（2021）认为，在中国进一步扩大对外开放的大趋势下，在市场准入、服务贸易、知识产权等领域与外部规则相容，互利合作是大势所趋，尽管 CPTPP 的许多条款对中国而言还有接受难度，但在新一轮开放中仍可考虑积极加入 CPTPP。于淼杰、蒋海威（2021）通过比较 RCEP 和 CPTPP 的条款认为，二者在贸易规则包容性、关税要求、市场准入、协定涵盖领域等方面存在差异，中国在国有企业、知识产权、劳工规则、环境污染和数据流动方面仍存在较大的开放压力。此外，还有学者从具体议题的视角分析 CPTPP 规则的影响。例如，李墨丝（2020）认为，以 CPTPP 为代表的数字贸易规则不断深化的跨境数据自由流动和禁止数据本地化等规则，将从网络安全、数据安全、个人信息保护、政府获取数据等方面给中国带来重大挑战。张方波（2020）针对 CPTPP 的金融服务贸易条款的研究认为，中国接受国民待遇、最惠国待遇、新金融服务等传统条款的升级以及金融机构的市场准入等部分新内容的难度较小，而在数据本地化、金融投资争端机制上，仍要坚守中国的开放底线。

CPTPP 成立时间较短，关于其实际运行经济效果的文献相对较少。其中，张宇（2020）应用描述统计的方式总结了 CPTPP 运行后的经济效果，认为 CPTPP 仅在国际资本流动方面可能有促进作用，但对成员国的贸易和经济增长没有产生实质性影响，对中国经济也没有产生强烈冲击。造成这一后果的主要原因是大国缺位所带来的主导力量欠缺和内部产业链闭环能力的不足，以及经贸活动惯性导致的区域割裂等，客观上使得 CPTPP 存在较强的扩容动机。东艳、张琳（2021）认为，中国加入 CPTPP 一方面会因为投资和市场开放，有利于我国与 CPTPP 成员国之间的深度经济一体化，拉动双边贸易、投资增长等传统收益；另一方面会提高我国政策制订"干中学"的能力，以及在参与国际经贸规则重构的过程中提升我国的国际话语权，使我国逐步由规则的参与者转变为重要的影响者和制订者。

在 CPTPP 经济影响的量化分析方面的研究文献比较丰富，多采用各种可计算一般均衡模型进行研究。李春顶等（2021）利用考虑内生贸易不平衡的可计算一般均衡模型分析认为，中国可以通过中日韩自由贸易区和 RCEP 来化解 CPTPP 的负面冲击，并且中国单独加入 CPTPP 或与 CPTPP 扩容国家一起加入均可在经济增长和福利上获益，而美国重返 CPTPP 则会对中国造成明显的冲击。杜运苏等（2020）运用 GTAP 模型，从总值贸易和增加值贸易角度分析 CPTPP 对全球制造业分工格局的影响，认为中国加入 CPTPP，不仅可以提高中国在全球制造业分工格局中的地位，还可以扩大该协定的贸易创造效应，使得全球制造业出口实现一定幅度增长。孙丽、图古勒（2021）结合美墨加协定、CPTPP 和 RCEP 中原产地规则、知识产权规则、国有企业条款和劳工保护条款对汽车行业贸易的影响，并结合 GTAP 模型分析认为，中国的汽车行业在开放中会面临贸易逆差增加及国内产出下降的冲击。皮里特和普卢默（Petr and Plummer，2020）认为，尽管中国加入 CPTPP 仍在国内制度改革上存在较大难度，但一旦其能够克服困难加入 CPTPP，将会给世界的净福利带来显著的促进作用，增长额将是单纯 CPTPP 的 4 倍以上，而且比包括美国的 TPP 给世界带来的净福利高 1/4。

综上所述，现有文献从规则和宏观影响上分析了中国加入 CPTPP 的影响，但对 CPTPP 不同条件下扩容的影响分析较少，对不同条件下中国各产业面临的影响分析也有待完善。本文将结合中国与 CPTPP 相关国家的贸易现状，从 CPTPP 扩容以及中国的产业影响方面进行探索。

二、CPTPP 成员国及意向加入国的贸易现状

（一）CPTPP 成员国总体贸易状况

2020 年的全球贸易受新冠肺炎疫情的影响产生较大波动，通过比较 CPTPP 成员在 2018 年和 2019 年与相关贸易伙伴的贸易比重（见表 1）可以看出，在 CPTPP 11 国中，只有加拿大、墨西哥、智利、秘鲁和文莱 5 个国家在协议签署后的 2019 年与 CPTPP 成员国的贸易比重少量提高，而日本等 6 个国家 2019 年与 CPTPP 成员国的贸易比重出现了不同程度的下降。反观 CPTPP 国家与中国的贸易比重，在 CPTPP 11 国中，新加坡等 6 个国家

2019 年与中国的贸易比重不仅没有下降，相反还有所上升。从贸易地区结构的变化来看，中国在 CPTPP 成立后并没有发生显著的贸易转移现象。2019 年，4 个 CPTPP 成员国与其他意向国的贸易比重有所上升，有 7 个 CPTPP 成员国与其他意向国的贸易比重有所下降。从这个结果来看，CPTPP 在成立后并没有显著减少与非成员国的贸易。事实上，在 2018 年和 2019 年，包括日本在内的 6 个 CPTPP 国家与中国贸易的比重超过它们在 CPTPP 内部贸易的比重，充分显示了 CPTPP 国家对中国的贸易依赖。

表 1　CPTPP 主要成员国的贸易比重

国家	2018 年贸易比重（%）			2019 年贸易比重（%）		
	中国	CPTPP 成员国	其他意向国[①]	中国	CPTPP 成员国	其他意向国
日本	21.37	15.18	15.24	21.30	15.05	14.69
新加坡	12.79	22.26	16.95	13.43	22.16	16.76
马来西亚	16.73	27.43	15.77	17.17	26.89	15.83
越南	22.24	15.52	21.59	22.59	14.97	20.32
澳大利亚	29.83	24.44	13.31	32.84	23.29	13.60
新西兰	22.26	28.78	12.63	24.32	27.45	11.99
加拿大	9.07	8.54	4.74	8.50	8.64	4.92
墨西哥	9.93	7.82	4.59	9.82	8.00	4.58
智利	28.59	13.60	7.73	28.10	13.86	7.83
秘鲁	25.57	12.30	8.67	26.90	14.05	8.28
文莱	17.94	48.77	17.11	9.07	52.12	12.74

资料来源：根据联合国商品贸易数据库计算整理而得。

（二）中国及相关国家商品贸易的比较优势

显示性比较优势指数（Revealed Comparative Advantage，RCA），又称为出口绩效指数，是分析一个国家或地区的某种产品是否具有比较优势的测度指标。具体计算公式如下：

$$RCA_{ikt} = \frac{x_{ikt} / x_{kt}}{x_{iwt} / x_{wt}} \tag{1}$$

在公式（1）中，X_{ikt} 表示国家 k 在年份 t 出口产品 i 的金额；X_{kt} 表示国家 k 在年份 t 出口全部产品的总金额；X_{iwt} 表示世界全部国家在年份 t 出口产品 i 的金额，X_{wt} 表示世界全部国家在年份 t 出口全部产品的金额。RCA 指数是一个国家某种出口商品占其出口总值的比重与世界范围内该类商品占世界出口总值的比重之间的比率。如果某国在某种产品上的 $RCA>1$，说明该国在此种商品上具有显示性比较优势；若 $RCA<1$，说明该国在该商品上没有显示性比较优势。为了与模型分析相统一，这里按照本报告 GTAP 模型分析中使用的 14

---

① 其他意向国包括印度尼西亚、菲律宾、泰国、哥伦比亚、斯里兰卡、韩国和英国。

大类产品对各国的贸易进行汇总，并根据公式（1）计算出中国、主要 CPTPP 成员国和主要意向国 2019 年各类产品的显示性比较优势指数，结果参见表 2。

表 2　各国不同大类产品的显示性比较优势指数

国家	农产品	加工食品	能源产品	矿产品	纺织品	服装鞋帽	木材和纸张	化工产品	金属及制品	汽车及配件	其他运输设备	电子产品	机械设备	其他制成品
日本	0.07	0.18	0.18	0.46	0.57	0.04	0.36	1.02	1.07	2.63	1.53	1.10	1.89	0.44
新加坡	0.04	0.70	1.25	0.16	0.10	0.26	0.36	1.07	0.62	0.10	2.18	1.92	0.98	0.68
马来西亚	0.20	1.54	1.37	0.71	0.42	0.19	0.88	0.86	0.74	0.09	0.42	1.95	0.72	0.71
越南	1.15	1.06	0.13	0.52	1.92	5.13	0.89	0.33	0.51	0.07	0.31	1.98	0.26	1.28
澳大利亚	2.88	0.80	2.24	12.58	0.07	0.05	0.47	0.27	1.40	0.07	0.36	0.14	0.20	0.29
新西兰	8.01	8.50	0.15	0.10	0.23	0.11	2.35	0.35	0.52	0.02	0.08	0.10	0.32	0.34
加拿大	1.72	1.11	2.32	1.20	0.20	0.09	2.91	0.71	1.32	1.65	1.28	0.21	0.64	0.42
墨西哥	1.06	0.72	0.54	0.68	0.30	0.31	0.30	0.30	0.48	3.33	0.59	1.43	0.82	1.05
智利	3.09	2.86	0.08	10.59	0.16	0.15	3.67	0.41	2.64	0.10	0.01	0.03	0.09	0.04
秘鲁	2.86	2.30	0.67	13.58	0.28	0.55	0.31	0.24	2.50	0.02	0.01	0.01	0.07	0.10
文莱	0.01	0.02	8.82	0.02	0.02	0.02	0.03	0.28	0.11	0.02	0.27	0.04	0.22	0.05
中国	0.28	0.41	0.18	0.89	2.69	2.29	0.79	0.64	0.83	0.28	0.73	1.79	1.14	1.69
英国	0.41	1.07	0.84	0.35	0.44	0.69	0.81	1.14	1.35	1.36	3.33	0.54	0.93	1.45
韩国	0.06	0.26	0.74	0.26	1.04	0.15	0.29	1.10	1.05	1.38	1.27	1.55	1.35	0.19
印度尼西亚	0.56	3.30	1.95	0.89	1.45	2.00	3.05	0.82	1.19	0.45	0.52	0.32	0.21	0.82
菲律宾	1.01	1.06	0.13	0.85	0.19	0.64	0.63	0.27	0.70	0.16	0.61	2.92	0.67	0.34
泰国	1.42	1.86	0.32	0.52	1.00	0.50	0.85	1.23	0.94	1.29	0.77	1.05	0.90	0.93
哥伦比亚	3.30	1.03	5.32	0.37	0.38	0.38	0.53	0.60	0.89	0.18	0.10	0.08	0.08	0.21
斯里兰卡[①]	1.85	3.71	0.27	0.37	1.38	10.54	0.68	0.70	0.11	0.02	0.81	0.13	0.13	0.86

资料来源：根据联合国商品贸易数据库计算整理而得。

注：①为 2017 年数据。

具体来看，中国的显示性比较优势集中在纺织品、服装鞋帽、电子产品、机械设备和其他制成品五大类产品上，而在农产品、加工食品、能源产品、汽车及配件四大类产品上处于比较劣势。在 CPTPP 成员国和意向国中，只有越南、印度尼西亚和斯里兰卡三国同时在纺织品和服装鞋帽大类产品上具有显示性比较优势，其他国家并没有明显的比较优势。在电子产品中，尽管许多东亚国家具有比较优势，但由于东亚国家在电子产品上存在较强的价值链分工合作，进一步的区域经济一体化带来的竞争有限。在机械设备方面，中国与日本和韩国具有显示性比较优势。

在农产品和资源类产品上，中国的 RCA 均<1，这是因为许多国家呈现出较强的互补

性。具体而言，在农产品大类中，越南、澳大利亚、新西兰、加拿大、墨西哥、智利、秘鲁、泰国、哥伦比亚和斯里兰卡都具有明显的比较优势；尽管马来西亚和印度尼西亚在农产品大类上没有比较优势，但这两国在加工食品大类上具有很强的比较优势。由于中国油气能源类资源相对匮乏，因此在这类产品上的进口明显大于出口。澳大利亚、加拿大、文莱和哥伦比亚能源产品的 RCA> 2，具有极强的比较优势；印度尼西亚和马来西亚这类产品的 RCA> 1.25，具有较强的比较优势。

综上所述，中国不仅在 CPTPP 成员国及意向国的对外贸易中占据重要地位，而且与相当多的国家在许多大类产品上具有明显的贸易互补性，这为中国加入 CPTPP 后提升各国的经济增长与福利提供了重要的基础。

三、模型设定

（一）基础模型设定

可计算一般均衡（Computable General Equilibrium，CGE）已在经济效果分析中得到了广泛的应用，尤其是在分析预测不同政策可能对总体经济以及不同产业的冲击方面更为有效。在对贸易政策变化带来经济影响可计算一般均衡模型中，GTAP 模型是应用比较广泛的一个模型。许多其他模型尽管在设定上不完全等同于 GTAP 模型，但是多采用了 GTAP 模型的基础数据并进行了修正。下面我们使用 GTAP 模型来分析 CPTPP 扩张的经济效应。

标准的 GTAP 模型的基本假定如下：①完全竞争的市场结构；②规模报酬不变的生产技术；③生产者在生产过程中以成本最小化为目标；④消费者在消费过程中以效用最大化为目标；⑤所有产品和投入要素全部实现市场出清。

在生产过程中，每种产品的生产采用嵌套的常系数替代弹性方程。其中，生产所需要的中间投入品是由国内和国外产品通过常系数替代弹性方程复合而成，不同的国外产品按原产地进行分类（阿明顿假设），并通过常系数替代弹性方程复合为单一的进口产品。这样，如果两个国家间建立自由贸易区，一国从贸易伙伴国进口的中间投入品价格会下降，该国就会进口更多的中间品。在要素市场上存在两种投入要素——劳动力和土地。劳动力要素在国内是可以在不同部门间自由流动的，而土地要素在部门间不是完全流动的。因此，不同部门间劳动力的价格相等，而不同部门使用的土地价格可以不一致。

在收入和消费方面，每个国家有一个总账户，各种要素禀赋收入以及所有的税收收入都汇集到这个账户。在消费方面，总账户中的收入首先通过柯布-道格拉斯效用方程，以固定比例将收入分配到私人消费、储蓄和政府消费。在私人部门的消费决策中，模型假设消费分为两步：第一步是决定不同的产品种类的消费数量，在这一步中采用柯布-道格拉斯效用函数，即假定每种消费品在总支出中的比重固定；第二步是在决定如何选择同一种类商品中不同国家产品时采用等替代弹性效用函数，即消费者会增加来自相对价格下降国家的产品的消费。

在 GTAP 模型中，消费者效用最大化和生产者成本最小化的决策原则使得它们对价格变动做出反应，因此价格变化对 GTAP 模型有着极为重要的意义。在 CPTPP 建立和成员扩张的问题上，存在一些国家之间消除关税壁垒导致进口商品与国产商品的相对价格变化，从而影响各国的生产和消费以及福利变化的情况。

由于 GTAP 模型中的变量个数多于方程个数，因此无法对全部变量求解。于是，在分析中，我们需要将模型闭合（model closure），使得模型中的内生变量数目与方程的个数一致。通常情况下，生产中使用的技术、消费者在选择各种产品时的替代弹性等变量可以根据历史的生产和消费数据进行估算，故在模型中被列为外生变量。各国之间实行的关税等贸易壁垒也是由各国的政策决定的，因此也被设定为外生变量。当其他条件不变的时候，各国之间关税水平和贸易便利化程度等外生变量的变化将直接导致消费、产出、就业、进出口等内生变量的变化。GTAP 模型正是通过这一机制来分析不同政策冲击对各国经济运行的影响。

GTAP 模型不断根据各国经济贸易形式变化进行修正，目前最新版本为 2019 年发布的第 10 版，其中包括 141 个国家和地区以及 65 个行业部门。我们的主要目的是考察 CPTPP 及其扩张带来的经济影响，因此在分析中根据需要对上述国家地区和行业部门进行汇总。在国家地区的汇总层面，本文重点选择 CPTPP 成员国及意向国，而对于其他国家和地区则可以整合。具体而言，我们将 GTAP 的 141 个国家和地区合并为 22 个国家和地区，包括中国、日本、韩国、澳大利亚、新西兰、印度、印度尼西亚、马来西亚、菲律宾、越南、泰国、新加坡、美国、加拿大、墨西哥、智利、俄罗斯、哥伦比亚、斯里兰卡、英国以及世界其他国家和地区。对于模型分析中的部门，我们将 GTAP 的 65 个部门整合为 15 个部门，其中包括 14 个商品部门和 1 个服务部门。14 个商品部门分别为农业、加工食品和饮料、矿物燃料、矿产品、纺织品、服装鞋帽、木材纸和印刷品、化工产品、金属制品、汽车、其他运输设备、电子产品、机械设备、杂项制成品[①]。这样，我们就构建了一个包括 22 个国家和地区以及 15 个部门的可计算一般均衡模型进行模拟分析。

（二）模拟方案设定

由于 CPTPP 的定位是高水平的自由贸易协定，在商品贸易领域实现了较高的贸易自由化。加拿大政府网站[②]公开的资料显示，CPTPP 成员国将取消关税和降低贸易壁垒的商品比重达到 98%，并且在海关程序和贸易便利化方面做到简单、有效、透明化及可预测，这将降低通关的时间效率并节约相应的贸易成本。为此，本文参照上述标准对 CPTPP 成员

---

① 14 类产品与 GTAP 原始分类的对照表见附表 1。

② https://www.international.gc.ca/trade-commerce/trade-agreements-accords-commerciaux/agr-acc/cptpp-ptpgp/cptpp_explained-ptpgp_apercu.aspx?lang=eng. 2021-07-04.

贸易自由化、便利化的实施，以及意向国加入 CPTPP 所需达到的相应削减水平，设计如下方案。

方案 1：CPTPP 成员国取消 98%税目商品的关税壁垒。

方案 2：意向国加入 CPTPP，接受取消 98%税目商品的关税壁垒。

方案 3：中国与意向国加入 CPTPP，接受取消 98%税目商品的关税壁垒。

在商品贸易自由化方面，制约贸易的不仅是关税水平。在许多国家关税壁垒已经相对较低的条件下，以海关通关时间为代表的时间成本等也对贸易产生了显著阻碍。为此，本文进一步在上述三个方案的基础上加入贸易便利化措施的削减，在模型中通过将各国的技术性贸易壁垒削减 2%来衡量贸易便利化的影响。

方案 4：CPTPP 成员国取消 98%税目商品的关税壁垒，同时降低 2%的技术性贸易壁垒。

方案 5：意向国加入 CPTPP，接受取消 98%税目商品的关税壁垒，同时降低 2%的技术性贸易壁垒。

方案 6：中国与意向国加入 CPTPP，接受取消 98%税目商品的关税壁垒，同时降低 2%的技术性贸易壁垒。

四、模拟分析结果

（一）商品贸易自由化的模拟结果

表 3 列出了在方案 1 至方案 3 的模拟条件下各国净福利和实际 GDP 的变化。

尽管 CPTPP 在商品贸易自由化方面做出了不少承诺，削减商品贸易关税的范围也较大。然而，由于 CPTPP 整体规模较小，许多成员在 CPTPP 中的贸易比重并不高，加拿大和墨西哥与 CPTPP 成员国的贸易比重甚至低于 10%，在这种情况下，CPTPP 所能产生的经济影响十分有限。方案 1 的模拟结果显示，CPTPP 对中国整体福利水平仅造成 53.80 亿美元的负面冲击，中国的实际 GDP 增长率也仅下降 0.02%。日本作为 CPTPP 的积极推动者，在所有 CPTPP 国家中获得的净福利的绝对值最多，但也仅为 39.07 亿美元。其他的 CPTPP 国家也会获得不同程度的福利增长，尽管一些国家净福利增长的绝对值明显低于日本，但由于其经济规模低于日本，其实际 GDP 增长效果要强于日本。其中，越南在 CPTPP 中获得的实际 GDP 增长幅度最大，但也仅为 0.17%，其他 CPTPP 成员的实际 GDP 影响均小于 0.03%。在美国退出 TPP 以后，尽管 CPTPP 实施商品贸易自由化会对美国造成负面冲击，但净福利也只会下降 43.94 亿美元，实际 GDP 增长率变化接近于 0，总体来讲，其影响十分有限。

表 3 不同方案下商品贸易自由化的模拟结果

国家	方案 1～3 对各国净福利的影响（亿美元）			方案 1～3 对各国实际 GDP 的影响（%）		
	方案 1	方案 2	方案 3	方案 1	方案 2	方案 3
中国	-53.80	-202.90	186.53	-0.02	-0.06	0.21
日本	39.07	95.46	185.64	0.02	0.04	0.09
韩国	-9.87	14.90	117.45	-0.01	-0.11	0.18
新加坡	17.10	35.27	47.80	0.03	0.04	0.03
马来西亚	4.66	18.97	33.05	-0.1	-0.06	-0.03
泰国	-6.63	28.51	34.50	-0.03	0.06	0.04
菲律宾	-1.12	9.44	16.56	0.00	-0.04	-0.01
印度尼西亚	-3.52	19.04	20.23	-0.01	0.03	0.05
越南	23.49	53.77	67.56	0.17	0.52	1.02
澳大利亚	15.49	36.72	74.23	0.02	0.03	0.05
新西兰	4.50	11.65	17.94	0.03	0.06	0.08
印度	-5.89	-23.59	-46.35	-0.01	-0.03	-0.06
美国	-43.94	-118.57	-270.08	0.00	0.00	-0.01
加拿大	18.48	33.29	57.86	0.02	0.03	0.09
墨西哥	11.16	20.03	30.65	0.00	0.03	0.1
巴西	-2.15	-10.23	-28.70	0.00	-0.01	-0.04
智利	5.29	11.69	23.37	0.01	0.03	0.08
俄罗斯	-1.37	-4.55	-8.80	-0.01	-0.01	0.01
哥伦比亚	-0.15	1.75	3.26	0.00	-0.01	0.01
斯里兰卡	-0.27	4.58	2.81	-0.01	0.25	0.27
英国	-3.47	20.02	44.61	0.00	0.02	0.06
其他国家	-29.57	-140.89	-411.51	0.00	-0.01	-0.05

资料来源：作者根据 GTAP 模型计算汇总。

在 CPTPP 扩张的方案 2 中，中国受到的冲击会明显高于只有 CPTPP 的方案 1。具体而言，中国的净福利会下降 202.90 亿美元，而且实际 GDP 增长率也会下降 0.06%。造成方案 2 中中国受到负面冲击显著高于方案 1 的原因主要在于韩国、泰国、菲律宾和印度尼西亚等东亚国家加入 CPTPP 会弱化中国在东亚区域经济合作中的传统收益。对于日本而言，在方案 2 中的净福利和实际 GDP 增长效果较方案 1 有了明显增长。对于新加坡、马来西亚、越南、澳大利亚和新西兰而言，这 5 个 CPTPP 成员国与新加入的东亚国家经济贸易联系密切，这 5 个国家的净福利增长均较方案 1 多 1 倍以上。对于在 CPTPP 扩张中意向加入的 7 个国家而言，这些国家都会从贸易自由化中获得不同程度的净福利增长。在实际 GDP 变化方面，斯里兰卡加入 CPTPP 可以获得 0.25% 的增长，在所有意向国中，其增长率最高。

CPTPP 的扩张给其他国家带来的冲击会有所增长，但无论是净福利还是实际 GDP 增长相对变化都比较有限。以美国为例，在 CPTPP 扩大的情况下，其净福利会损失 118.57 亿美元，实际 GDP 变化仍然接近于 0。

在中国与 7 个意向国家都加入 CPTPP 的方案 3 中，中国不仅可以避免 CPTPP 带来的负面冲击，而且可以获得一定的福利增加和实际 GDP 增长的效果。具体而言，中国的净福利会增长 186.53 亿美元，实际 GDP 也会增长 0.21%。从其机制上来看，中国加入 CPTPP 的收益率主要来源于两个方面：一是中国和东亚国家贸易自由化水平的提高；二是 CPTPP 包括北美洲的加拿大和墨西哥，同时在 CPTPP 的扩张过程中，位于欧洲的英国也有望加入，扩大了的自由贸易协定有助于实现更多的福利。对于 CPTPP 现有成员国而言，中国的加入显著提高了这些国家的福利水平和经济增长。其中，日本的净福利增长 185.64 亿美元，实际 GDP 提高 0.09%，均超过单纯 CPTPP 的 4 倍。澳大利亚在中国不加入 CPTPP 的方案 1 中，其实际 GDP 增长率提高 0.02%，净福利增加 15.49 亿美元，如果中国加入 CPTPP，上述数值会变为 0.05% 和 74.23 亿美元，提高幅度也十分明显。对于在 CPTPP 扩张过程中加入的国家而言，中国巨大的经济体量使得这些国家比中国没有加入时获得更大的好处。例如，韩国在方案 3 中的净福利为 117.45 亿美元，显著高于方案 2 的 14.90 亿美元。对于美国而言，中国加入 CPTPP 的冲击明显大于单纯的 CPTPP 或者 CPTPP 不包括中国扩张所带来的冲击。其原因在于中国如果加入 CPTPP，不仅在亚洲地区与日本实现贸易自由化，而且会与北美洲的加拿大和墨西哥实现贸易自由化，这两个国家都是美国重要的传统贸易伙伴，中国加入 CPTPP 会加强上述国家的贸易联系，降低美国的净福利和实际 GDP 增长率。上述原因正是美国在北美自由贸易区重新谈判中加入针对中国的"毒丸"条款的重要考虑。

（二）商品贸易自由化与降低技术性贸易壁垒的模拟结果

方案 4 至方案 6 中不仅考虑单纯的商品贸易自由化，而且考虑 CPTPP 中强调的贸易便利化和降低技术性贸易壁垒的要求，模拟结果见表 4。

在方案 4 中，如果 CPTPP 在商品贸易自由化的基础上实施贸易便利化以及降低技术性贸易壁垒，对各国的影响会有所扩大。对中国而言，尽管在方案 4 中所受到的冲击大于方案 1，但净福利也只是下降 81.16 亿美元，实际 GDP 增长率下降 0.03%，总体影响仍然十分有限。因此，即使 CPTPP 商品贸易自由化和降低技术性壁垒的条款都得到落实，中国仍然不需要过分担心。在 CPTPP 的国家中，日本、新加坡、马来西亚、澳大利亚、新西兰、加拿大和墨西哥的净福利增长比方案 1 多 1 倍以上。其中日本的净福利由方案 1 的 39.07 亿美元增长到方案 4 的 93.44 亿美元。在实际 GDP 的变化方面，许多 CPTPP 国家较单纯的商品贸易自由化有了较大提升。其中，越南的实际 GDP 增长从方案 1 的 0.17% 上升到方案 4 的 0.67%，新加坡从 0.03% 上升到 0.40%。

在韩国等 7 国加入 CPTPP 并且实现商品贸易自由化和降低技术性贸易壁垒的方案 5 中,中国受到的冲击较方案 2 明显加大,净福利和实际 GDP 会分别下降 278.69 亿美元和 0.09%。对比新加入 CPTPP 国家在方案 2 和方案 5 中的结果可以看出,在降低技术性贸易壁垒的条件下,这些国家的获益显著提高。具体而言,韩国的净福利会从方案 2 的 14.90 亿美元增长到方案 5 的 75.26 亿美元,泰国、菲律宾和印度尼西亚的净福利分别从 28.51 亿美元、9.44 亿美元和 19.04 亿美元增长到 66.33 亿美元、24.66 亿美元和 51.17 亿美元,增长幅度均超过 1 倍。

表 4　不同方案下商品贸易自由化与降低技术性贸易壁垒的模拟结果

国家	方案 4~6 对各国净福利的影响（亿美元）			方案 4~6 对各国实际 GDP 的影响（%）		
	方案 4	方案 5	方案 6	方案 4	方案 5	方案 6
中国	−81.16	−278.69	497.54	−0.03	−0.09	0.49
日本	93.44	192.45	348.43	0.10	0.19	0.35
韩国	−13.78	75.26	228.26	−0.02	0.21	0.76
新加坡	37.22	70.09	94.61	0.40	0.71	0.96
马来西亚	25.16	50.05	77.42	0.25	0.54	0.90
泰国	−9.59	66.33	83.27	−0.05	0.70	0.93
菲律宾	−1.87	24.66	38.42	−0.01	0.32	0.53
印度尼西亚	−6.08	51.17	60.89	−0.01	0.29	0.41
越南	41.65	86.57	115.61	0.67	1.58	2.91
澳大利亚	39.31	72.75	135.33	0.12	0.19	0.31
新西兰	9.81	19.15	28.01	0.20	0.31	0.42
印度	−7.71	−29.85	−56.64	−0.01	−0.04	−0.08
美国	−68.08	−167.14	−371.47	0.00	−0.01	−0.02
加拿大	41.57	69.54	118.19	0.11	0.17	0.32
墨西哥	28.30	45.28	76.16	0.06	0.15	0.37
巴西	−3.19	−13.60	−36.74	0.00	−0.02	−0.05
智利	9.91	19.07	37.93	0.09	0.18	0.39
俄罗斯	−8.16	−17.61	−26.17	−0.03	−0.04	−0.01
哥伦比亚	−0.38	5.33	9.69	0.00	0.07	0.16
斯里兰卡	−0.35	7.51	6.57	−0.02	0.49	0.65
英国	−4.59	58.63	112.28	0.00	0.11	0.22
其他国家	−50.89	−212.25	−575.55	0.00	−0.02	−0.06

资料来源:作者根据 GTAP 模型计算汇总。

在方案 6 中,如果中国加入 CPTPP 并降低技术性贸易壁垒,中国的净福利和经济增长效果会显著高于方案 3。具体而言,中国在方案 6 中的净福利和实际 GDP 分别增长 497.54

亿美元和 0.49%，均比方案 3 超出 1 倍以上。实际上，在各国经过多轮贸易自由化措施以后，许多国家的关税壁垒已经降到较低的水平，取消关税壁垒带来的福利和经济增长效果相对有限。在这种条件下，贸易便利化和降低技术性贸易壁垒就成为经济一体化组织福利增长的重要来源。对于 CPTPP 成员国和意向国而言，中国加入带来的净福利和 GDP 增长效果十分明显。

（三）对中国行业产出和贸易的影响

表 5 列出了方案 1 至方案 6 条件下对中国不同行业产出和贸易差额的影响，从中可以得到以下基本结论：

首先，在仅有 CPTPP 商品贸易自由化的方案 1 中，由于美国退出后的 CPTPP 规模和影响力大大削弱，中国的行业部门仅会受到微弱的影响。其中，服装鞋帽和汽车及配件尽管是受冲击最大的行业，但行业产出下降幅度分别仅为 0.11% 和 0.13%。尽管能源制品和化工产品的产出有所增长，但增长幅度分别仅为 0.11% 和 0.12%。可以说，CPTPP 的商品贸易自由化对中国各行业部门的实际产出几乎没有影响。在 CPTPP 商品贸易自由化同时进行贸易便利化的方案 4 中，中国各行业所受到的影响与方案 1 相比并没有实质性变化，反映出 CPTPP 贸易便利化对中国各行业实际产出的影响不大。

其次，在 CPTPP 扩张的方案 2 中，中国的行业产出会发生比较明显的变化。对比方案 1 和方案 2 对中国行业部门的具体影响可以发现，中国多数行业的产出发生了明显变化。其中，纺织品和服装鞋帽这两个中国传统的出口优势行业受到了冲击，实际产出分别下降 0.12% 和 0.23%。在 CPTPP 扩张中受到冲击最大的是汽车及配件行业，其实际产出会下降 0.52%。在 CPTPP 的扩张中，电子产品、机械设备和其他制成品行业的产出会出现不同程度的增长。在 CPTPP 及不包括中国的新成员同时进行商品贸易自由化和贸易便利化的方案 5 中，中国各行业的产出与方案 2 相比变化不大。

最后，在中国与其他意向国均加入 CPTPP 的方案 3 中，中国不同行业的实际产出会发生比较明显的变化。其中，纺织品和服装鞋帽两个行业产出增长最大，分别达到 1.57% 和 2.99%。这与我们前面分析的中国在这两个行业的显示性比较优势十分明显是一致的。在中国加入 CPTPP 的条件下，其他制成品行业的产出也会实现 0.53% 的增长。在中国受到冲击的行业中，化工产品、汽车及配件和机械设备行业的产出分别下降 1.09%、1.33% 和 1.06%。同样，CPTPP 带来的行业产出变化主要来自商品贸易自由化而非贸易便利化。

综合方案 1 至方案 6 中中国各行业产出的变化可以看出，绝大多数行业的产出变化在 1% 左右，CPTPP 所倡导的高水平的商品贸易自由化对中国而言带来的产出影响都在可以接受的范围。

表 5 不同方案下中国各行业产出的影响 单位：%

分类	方案 1	方案 2	方案 3	方案 4	方案 5	方案 6
农产品	0.04	0.12	0.13	0.06	0.19	0.01
加工食品	−0.01	−0.09	0.66	0.00	−0.05	0.70
能源制品	0.11	0.36	−1.08	0.14	0.40	−1.58
矿产品	0.01	0.06	0.15	0.02	0.07	0.23
纺织品	0.05	−0.12	1.57	0.10	0.00	1.15
服装鞋帽	−0.11	−0.23	2.99	−0.06	−0.06	2.84
木材和纸张	0.09	0.39	−0.07	0.13	0.52	−0.16
化工产品	0.12	0.48	−1.09	0.16	0.61	−1.56
金属及制品	0.02	0.13	−0.62	0.02	0.12	−0.76
汽车及配件	−0.13	−0.52	−1.33	−0.14	−0.54	−1.49
其他运输设备	0.01	0.01	−0.44	0.02	0.04	−0.31
电子产品	0.06	0.23	−0.46	0.02	0.10	−0.61
机械设备	0.10	0.39	−1.06	0.12	0.44	−1.05
其他制成品	0.07	0.45	0.53	0.11	0.65	0.77

资料来源：作者根据 GTAP 模型计算汇总。

五、主要结论

综合模型 1 至模型 6 的模拟结果可以得到以下基本结论：

第一，无论是 CPTPP 还是纳入韩国等 7 国的扩大的 CPTPP，在商品贸易自由化和降低技术性贸易壁垒的条件下，给中国带来的冲击都十分有限。尽管 CPTPP 仍是较高水平的贸易协定，但在美国退出 TPP 以后，CPTPP 的整体经济规模大幅下降，大大削弱了其影响力。但同时应该看到，即使 CPTPP 带来的具体的经济影响有限，但其在未来的区域经济合作中带来的规则示范效应十分明显。

第二，中国加入 CPTPP 可以通过在更大范围内整合全球价值链以及降低商品贸易的关税和非关税壁垒获得明显的好处，也会给 CPTPP 成员国带来明显机遇，在中国加入后，这些国家的经济增长和净福利都会得到显著提高。从这个层面上讲，中国加入 CPTPP 可以在更广阔的范围内扩大开放，与世界分享中国的经济增长成果。

第三，要正视中国加入 CPTPP 的难度及制度性约束。CPTPP 继承了 TPP 的多数条款，而其中的一些条款在最初设立时就存在明显的限制中国加入的意图。即使 CPTPP 冻结了 TPP 中的一些条款，但中国在 CPTPP 目前保留的条款中仍然难以接受国有企业和指定垄断、知识产权、数据跨境流动、劳工标准的要求。如果短期内无法突破上述障碍加入 CPTPP，中国可以考虑如下对策：①打造双边和多边的开放体系。即使 CPTPP 进行扩张，其中的日韩澳新和东盟主要国家又都是 RCEP 成员，中国一方面可以在 RCEP 的发展中逐步提高开放水平，缩小与 CPTPP 要求的差距；另一方面可与 CPTPP 成员国中已有自由贸易协定的国家深化贸易协定，提高开放水平。②积极推进市场化改革。要按照"竞争中性"的原则取消国有企业的显性和隐性补贴；放松私有企业在要素获取、市场准入、经营运行的限制，实现企业待遇标准的统一；完善混合制企业的运营管理模式，引入多类型投资者，实现股权多元化。③在劳工标准、知识产权保护和数据跨境流动方面，应当认真研判具体条款，在维护我国根本利益的基础上实现与国际规则的对接。在劳工标准方面，要进一步完善《工会法》《劳动合同法》等同维护劳工权益紧密相关的法律法规，结合我国实际情况形成具有中国特色的劳工权益保障体系。在知识产权方面，要进一步加强立法和执法，强化企业和个人的知识产权保护意识，强化创新激励。在跨境数据流动方面，要积极参与全球数字经济治理体系的建设和改革，保证国家安全的同时争夺国际规则的话语权。在合作中，中国要努力将"全球数据安全倡议"作为制订数字安全国际标准的重要蓝本，在未来的 CPTPP 谈判及其他国际经济合作中维护和增加我国的利益。

参考文献

[1] 李春顶，平一帆，张杰皓. 中国应对 CPTPP 协定经济影响的政策选择及效果[J]. 财经研究，2021（4）：19-32.

[2] 盛斌. 中国、CPTPP 和国际经贸新规则[J]. 中国经济评论，2021（4）：92-96.

[3] 王跃生，边恩民，张羽飞. 中国经济对外开放的三次浪潮及其演进逻辑：兼论 RCEP、CECAI、CPTPP 的特征和影响[J]. 改革，2021（5）：76-87.

[4] 余淼杰，蒋海威. 从 RCEP 到 CPTPP：差异、挑战及对策[J]. 国际经济评论，2021（2）：129-144.

[5] 刘斌，于济民. 中国加入 CPTPP 的可行性与路径选择[J]. 亚太经济，2019（5）：5-13.

[6] 张宇. CPTPP 的成效、前景与中国的对策[J]. 国际贸易，2020（5）：52-60.

[7] 李墨丝. CPTPP+数字贸易规则、影响及对策[J]. 国际经贸探索，2020（12）：20-32.

[8] 张方波. CPTPP 金融服务条款文本与中国金融开放策略[J]. 亚太经济，2020（5）：35-42，150.

[9] 东艳，张琳. 中国考虑加入 CPTPP 的收益辨析[J]. 中国外汇，2021（2）：92-94.

[10] 杜运苏，刘艳平，金山. CPTPP 对全球制造业分工格局的影响：基于总值和增加值贸易双重视角[J]. 国际经贸探索，2020（11）：67-81.

[11] 孙丽，图古勒. 国际经贸规则重构对我国汽车产业的影响及对策：基于 USMCA、CPTPP 和 RCEP 的分析[J]. 亚太经济，2021（3）：106-114.

[12] Peter Petri, Michael Plummer. Should China Join the New Trans-Pacific Partnership[J]. China & World Economy, 2020 (2): 18-36.

附表 1 模型中使用的部门和对应的 GTAP 相应分类

序号	描述	对应的 GTAP10 分类
1	农产品	1：水稻；2：小麦；3：其他粮食作物；4：蔬菜、水果和坚果；5：油料作物；6：甘蔗、甜菜；7：植物纤维；8：其他农作物；9：牲畜、山羊、绵羊、马；10：其他活动物；11：原奶；12：羊毛和蚕丝；13：林产品；14：鱼和水产品；19：牲畜、山羊、绵羊、马等的肉制品；20：其他肉制品；23：加工的稻米
2	加工食品	21：动植物油脂；22：奶制品；24：糖；25：其他加工食品；26：饮料和烟草
3	能源制品	15：煤；16：原油；17：天然气；32：汽油和煤制品
4	矿产品	18：矿石；36：其他矿产品
5	纺织品	27：纺织品
6	服装鞋帽	28：服装；29：皮革制品
7	木材和纸张	30：木材制品；31：纸和印刷品
8	化工产品	33：化工产品；34：基础医药制品；35：橡胶和塑料制品
9	金属及制品	37：稀有金属；38：其他金属；39：金属制品
10	汽车及配件	43：汽车及零部件
11	其他运输设备	44：其他运输设备
12	电子产品	40：计算机和电子产品；41：电气设备
13	机械设备	42：机械设备
14	其他制成品	45：其他制成品
15	非贸易部门	46～65 部门

保障海外资产安全和中国国际投资协定体系建设

罗　伟[*]

摘　要："走出去"战略实施以来，中国已经逐步成为全球最大的资本输出国之一。如何保障充分有效地保护海外资产的安全是我国在经济发展新阶段遇到的新挑战，也是推进"一带一路"倡议、促进我国企业国际化水平进一步提升的关键。本文旨在探讨利用升级国际投资协定完善海外资产保障体系的可能性，为此，首先论述了国际投资协定对海外资产安全的保护效力及其决定因素，并基于对我国当前国际投资协定的分析，提出了完善我国国际投资协定体系的政策建议。

关键词：海外资产安全；国际投资协定；"一带一路"倡议；自由贸易协定

　　21 世纪初，中国企业，特别是中国民营企业，在"走出去"国家发展战略的引领下，逐渐迈出了国际化的步伐。此后，我国企业海外投资的规模迅速扩大。截至 2019 年末，中国对外直接投资存量达到 2.20 万亿美元，相当于同年中国 GDP 的 15.4%。

　　企业国际化形成的巨额海外资产正面临诸多风险。一方面，我国有较大比重的海外资产分布在高风险的国家和地区；另一方面，部分在低风险国家和地区的海外资产事实上处于高风险状态。新冠肺炎疫情暴发后，国际政治经济形势紧张，以美国为首的西方国家频频发难，出台了很多针对我国投资者和投资项目的法规和政策。[①]如何充分有效地保护海外资产的安全是我国在经济发展新阶段遇到的新挑战，也是推进"一带一路"倡议、促进我国企业国际化水平进一步提升的关键。本文旨在探讨国际投资协定在保护我国海外资产安全方面的作用，指出我国当前所签署的国际投资协定中存在的不足，并提出完善我国国际投资协定体系的建议。

---

　　* 罗伟，南开大学 APEC 研究中心副教授。

　　① 《中国海外投资国家风险评级报告（2021）》的分析指出，2020 年中国企业海外投资环境正在发生新的变化：一是全球范围内投资审查的力度大幅提升，中国企业的海外投资多次因东道国的政治经济和社会环境变化而饱受不公平对待；二是新型冠状病毒肺炎疫情等因素引发了世界经济的深度衰退。

一、国际投资协定是海外资产安全的重要保障

国际投资协定是两个或多个国家政府之间缔结的关于相互保护和促进双向投资相关规则的国际条约。提供投资保护是国际投资协定的核心支柱。

在国际投资协定出现之前，习惯国际法是一国保护其海外资产的最主要方式。然而，国际社会对于习惯法能够在多大程度上保障外国投资，使之免受东道国损害存在明显的分歧。发展水平高的资本流出国认为，习惯国际法为外国投资者确立了在东道国领土内可以享受的国际最低待遇标准。发展相对落后的资本流入国担心本国经济被强大的外国投资者操控，强调发展本国控制的企业，从而否认习惯国际法为外国投资者确立了一种国际最低待遇标准的看法。这种分歧导致习惯国际法在保护资本输出国海外资产安全方面存在明显不足。

国际投资协定在此背景下应运而生。1959 年，德国与巴基斯坦缔结了第一批双边投资保护协定。伴随着经济全球化浪潮的到来和发展中经济体对国际投资的经济促进效应的重视，国际投资协定的数量迅速增加。根据《世界投资报告 2021》的统计，截至 2020 年末，全球已经签署的国际投资协定数目达到 3360 个，其中 2646 个仍在生效（UNCTAD，2011）。

国际投资协定包含两种类别：一种是两个经济体之间签署的双边投资（保护）协定（BIT），如中国和日本签署的《中华人民共和国和日本国关于鼓励和相互保护投资协定》；另一种是涵盖投资章节的国际协定（TIP），如中国参与签署的《区域全面经济伙伴关系协定》（RCEP）。由于大部分的 TIP 和少部分 BIT（如尚处于进展中的《中欧全面投资协定》）是多个缔约国共同签署的，因此，一个国家投资协定可以规范多个双边投资关系，如由 15 个国家签署的 RCEP 可以规范 105 个双边投资关系。

从国别看，主要资本输出国都签署了众多国际投资协定。根据联合国贸易发展委员会的统计，截至 2021 年 7 月底，美国签署了 45 个 BIT 和 69 个 TIP，荷兰签署了 81 个 BIT 和 72 个 TIP，中国签署了 124 个 BIT 和 24 个 TIP，英国签署了 102 个 BIT 和 29 个 TIP，日本签署了 35 个 BIT 和 22 个 TIP（见表 1）。

表 1　投资存量前 10 位的国家和地区签署国际投资协定的情况（截至 2021 年 7 月底）

国家/地区	BIT 数目	TIP 数目
美国	45 个（39 个生效）	69 个（50 个生效）
荷兰	81 个（79 个生效）	72 个（57 个生效）
中国	124 个（107 个生效）	24 个（19 个生效）
英国	102 个（91 个生效）	29 个（1 个生效）
日本	35 个（31 个生效）	22 个（19 个生效）

国家/地区	BIT 数目	TIP 数目
中国香港	20 个（19 个生效）	7 个（7 个生效）
德国	121 个（119 个生效）	72 个（57 个生效）
加拿大	32 个（37 个生效）	21 个（17 个生效）
法国	98 个（95 个生效）	72 个（57 个生效）
瑞士	112 个（111 个生效）	37 个（35 个生效）

资料来源：联合国贸易发展委员会投资政策港. [2021-08-10]. https://investmentpolicy.unctad.org/international-investment-agreements/by-economy#footnote.

相对于单纯地依赖习惯国际法保护海外资产安全，国际投资协定具有三个方面的突出优势。

第一，国际投资协定能够相对清晰地界定投资者的权利和东道国政府的义务，从而可以规避母国和东道国对习惯国际法作用的认识分歧，降低投资者及其资产的风险，特别是那些难以预测的不确定性风险。

第二，伴随多数国际投资协定的争端解决机制能够限制东道国采取违背协定义务的措施。国际投资协定的重要特点是涵盖投资者国家争端解决机制，赋予了投资者直接通过诉诸国际仲裁庭解决争端胜诉并获得赔偿的可能性。而基于习惯国际法或其他国际贸易投资协定的争端解决机制都只能求助于母国政府，在国家双边层面解决争端问题。相对于国家间的国际仲裁，投资者和国家之间的国际仲裁的发起门槛、仲裁成本、程序时间都得以有效降低，对东道国的违约行为和举措的制约效力也更为突出。

第三，国际投资协定可以为投资者建立一个筛选机制。在权利义务清晰界定、违反义务成本不容忽视的情况下，无法为外国投资者提供安全投资环境的国家不会选择签署国际投资协定。因此，一国可以通过国际投资协定为其投资者筛选出投资环境相对安全的投资目的地，或排除投资环境恶劣的投资目的地。

二、国际投资协定涵盖特定条款的情况和标准是其海外资产保护能力的决定因素

只与东道国签署国际投资协定并不足以保护当地资产的安全。国际投资协定具有非常明显的异质性。以近年来广受关注的"准入前国民待遇条款"为例，根据联合国贸易发展委员会提供的协定文本分析库，只有约 6.5%的国际投资协定涵盖此条款。即便是投资者国家争端解决机制这一国际投资协定的常见条款，也有近 7%的协定没有涵盖。对于保护海外资产安全而言，不仅需要与东道国签署国际投资协定，而且需要签署的国际投资协定能够涵盖特定的条款，以及这些条款提供较高的保护标准。

（一）投资的定义决定了投资协定能够保护海外资产的范围

国际投资协定对投资的定义有两种模式。一种是基于"企业"的定义模式，将投资局

限在企业、企业股票、企业债券等与企业直接相关的资产上，如墨西哥双边投资协定范本对投资的定义。另一种是基于"财产"的定义模式，将投资界定为具有"投资特性"的所有财产，如"中国-澳大利亚自由贸易协定"（简称"中澳自贸协定"）认为，具有"投资特性"的财产，包括但不限于：①企业；②企业的股份；③债券和债务；④商业合同，如交钥匙工程，即一方公司受另一方业主委托，按照合同约定对工程建设项目的设计、采购、施工、试运行等实行全过程或若干阶段的承包；⑤知识产权；⑥特许经营权、许可及授权，如一方特许经营权拥有者以合同约定的形式，允许被特许经营者有偿使用其名称。

投资定义又有封闭式定义和开放式定义两种方式，前者将协定涵盖的资产限定在列出的几种模式，后者则将所有具有"投资性质"的财产均纳入协定范围。就已签署的国际投资协定实践看，基于"财产"的投资定义模式为主流，占比高达 93.3%，其中 98.3% 采取了开放或半开放定义，即未将协定的涵盖投资限定在所列举的集中资产上。总体而言，基于"财产"的以开放模式定义投资的国际投资协定能够为一国海外资产提供较大范围的保护。

国际投资协定涵盖的投资不仅包括协定生效后在另一方新设立、获得或扩大的投资，也包括在协定生效时已经在另一方领土内存在的投资。根据"中国-澳大利亚自由贸易协定"第九章第一节第一条第一款之规定，涵盖投资是指对一方而言，另一方投资者依据另一方相关法律、法规和政策已获准、于本协定生效之日起已在其领土内存在的投资，或者此后设立、获得或扩大的投资。

为了防止协定被第三方投资者通过"邮箱公司"的方式利用，近年来的国际投资协定通常包括利益的拒绝给予条款（Denial of Benefits Clause，DoB）。例如，"中国-澳大利亚自由贸易协定"的投资章节规定，如果企业的所有人和控制人是非缔约方投资者，或者协定一方是拒绝给予利益的投资者，而且企业在协定另一方领土内无实质性商业经营，那么协定另一方可以拒绝授惠给该企业。这意味着，如果第三方投资人在中国成立了某公司甲，然后通过该公司向澳大利亚投资，而甲公司在中国没有营业场所、没有雇员、没有营业额，那么澳大利亚政府可以基于 DoB 条款拒绝将协定利益给予这家被第三方投资人控制的中国公司。

DoB 条款在具体实践中存在两大模糊之处。第一，"拥有或控制"一词是国际投资法中极易引起歧义的用语之一。当控制的主体是"国民"时，是否应仅将国籍作为判断标准？如果涉及的投资者具有双重国籍身份，应如何判断其是否适格？当控制的主体涉及法人投资者时，究竟应将股权还是管理层任命抑或其他方式作为"拥有或控制"的判断标准？鉴于跨国公司往往具有多层级的控制者，控制的概念应仅及于第一层级还是应该推导至最终层级？或者说究竟应"刺破几层面纱"？这种"控制"的时间如何确定？是应该保持持续性，还是在签署投资协定时存在第三方控制权即可？在经营过程中发生的控制权转移行为对利益拒绝条款的效力有何影响？等等。从以往的司法判例来看，法院往往依据法人成立地判断而不考虑股东控制的因素。当然，服务贸易总协定（GATS）第 28 条定义条款对于判断法人的"拥有或控制"有进一步的规定：①由一成员的个人所"拥有"，如该人实际拥有的股本超过 50%；②由一成员的个人所"控制"，如此人拥有任命其大多数董事或以其他方式合法指导其活动的权力。一些投资协定借鉴了 GATS 的判断标准。[①]第二，通常协定未明确界定何为无实质商业经营。就其一般性的理解而言，实质性商业活动暗示着应超出法律所要求的最低商业活动标准，如纳税、召开股东会之类。从国际投资仲裁的案例实践来看，对"实质性的商业活动"缺乏统一的判断标准，在很多案件中，仲裁庭都只是简单而笼统地根据事实加以认定，对其后案件的借鉴作用不大。

（二）国民待遇和最惠国待遇条款能够保证海外资产在东道国获得平等对待

国民待遇和最惠国待遇条款都是相对待遇标准，是国际投资协定的基本条款，就已签署国际协定的情况看，其中约 80%涵盖国民待遇条款，92.3%涵盖最惠国待遇条款。国民待遇条款旨在保证投资者及其投资在东道国的待遇不低于类似情况下当地投资者的待遇，最惠国待遇条款旨在保证投资者及其投资的待遇不低于类似情况下第三国投资者的待遇。

无论是国民待遇还是最惠国待遇，均有准入前和准入后之别。国际投资协定往往会将投资项目的整个生命周期划分为设立、获得、扩大、管理、经营、运营、出售和其他处置等阶段。其中设立、获得和扩大属于投资的准入前阶段，管理、经营、运营、出售和其他处置属于准入后阶段。国民待遇和最惠国待遇如果覆盖投资的准入前阶段则被认为是准入前国民待遇和最惠国待遇，如果覆盖投资的准入后阶段则被认为是准入后国民待遇和最惠国待遇。

纵观已签署的所有国际投资协定，涵盖准入前国民待遇和（或）最惠国待遇的协定依旧较少，不足 10%。基于对投资自由化的追求，近几年新签署的国际投资协定多涵盖准入前国民待遇和准入后国民待遇。对于在东道国的资产而言，准入后国民待遇和准入后最惠国待遇即可提供平等的安全保障。

由于各个国家都需要通过国际协定给予第三方投资者及其投资特别待遇，这可能导致对最惠国待遇义务的违背。因此，对协定的最惠国待遇施加限制是常见做法。例如，中国和澳大利亚在投资章节保留了基于协定生效前已生效实施的其他双边或国际协定给予第三方更优惠待遇措施的权利。因此，《澳大利亚-新西兰更紧密经济关系贸易协定》早于"中澳自贸协定"生效，澳大利亚基于此协定给予新西兰投资者的优惠待遇，无须惠及中国投资者。《全面与进步跨太平洋伙伴关系协定》（CPTPP）的生效日期晚于"中澳自贸协定"，澳大利亚在 CPTPP 中承诺给予其他 CTPPP 成员投资者的优惠待遇也应给予中国投资者，包括澳大利亚在 CPTPP 投资章节中关于最低待遇标准、征收条款、转移条款、业绩要求、

---

① 漆彤. 论国际投资协定中的利益拒绝条款[EB/OL]. 中国民商法律网，http://old.civillaw.com.cn/article/default.asp?id=56697.

高层管理人员等条款中的承诺，即便"中澳自贸协定"目前并未包含相关的条款。

需要注意的是，最惠国待遇条款是国家仲裁庭司法实践中最具争议的条款之一。各个国际投资条约中关于最惠国待遇条款的措辞千差万别，国际投资争端仲裁中有关该条款适用范围所引起的争议逐渐白热化。

（三）公平和公正待遇条款能够为海外资产安全提供最基本保障

即便国民待遇和最惠国待遇条款能够使资产获得平等对待，当东道国的政府举措危及其本国投资者和所有外国投资者的资产安全时，那么在该东道国的资产安全同样没有保障。为应对此种可能性，国际投资协定通常会涵盖公平公正待遇条款。

公平和公正待遇是东道国给予外资的绝对待遇标准，是习惯国际法精神在国际投资协定中的延续。公平和公正待遇早在 1948 年的《哈瓦那宪章》中就有规定，并在 20 世纪 50 年代美国和其他国家签署的友好共商条约中开始实施，其宗旨在于要求东道国给予境内他国国民财产最持久的保护和安全，并且不得以任何不合理或歧视性的措施损害其管理、维持、使用或处置。

美国 2004 年 BIT 将公平公正待遇与习惯国际法规定的外国人最低待遇标准相联系。部分国际投资协定也会在最低待遇标准的基础上对东道国施加其他约束，如东盟所签署协定的公平公正待遇要求东道国政府不得在任何司法程序或行政程序中拒绝司法。欧盟所签署协定则倾向于拒绝列举构成违反公平公正待遇的内容，如《欧盟-加拿大全面经济贸易协定》规定，刑事、民事或行政程序中的拒绝司法规定，违反了正当程序，基于诸如性别、种族或宗教信仰等明显不当的理由而有针对性地歧视、强制、胁迫和骚扰投资者的情形构成了对公平公正待遇的违反。美国所签协定则倾向于开放式列举公平公正待遇条款的要求，如《全面与进步跨太平洋伙伴关系协定》规定公平公正待遇"包括依照世界主要法律体系中的正当程序原则，不在刑事、民事、行政司法程序中拒绝司法"（王彦志，2021）。

如同习惯国际法，公平和公正待遇条款在实践中常存在争议之处。就国际司法实践来看，当公平公正待遇条款引起争议时，具体该如何决定往往取决于国际仲裁庭的司法解释。近年来的仲裁案例在对公平公正待遇进行解释和适用时，基本上倾向于采取比传统国际最低标准更为宽泛的解释，并提出了分析公平公正待遇的几个要素，以此来衡量公平公正待遇是否被违反。其要点包括：公平公正待遇要求提供稳定和可预见的法律与商业环境；不影响投资者的基本预期；不需要有传统国际法标准所要求的专断和恶意；违反公平公正待遇条款必须给予赔偿。①

---

① 余劲松，梁丹妮. 公平公正待遇的最新发展动向及我国的对策[J]. 法学家，2007（6）：1-5.

（四）充分保护和安全条款有助于在东道国出现战争、武装冲突等极端突发事件时的财产安全保护

目前国际投资协定在充分保护和安全条款方面的主流趋势是，要求东道国承担合理的审慎义务，采取合理的必要措施确保缔约另一方国民财产的安全。

（五）征收和补偿条款有助于防范在东道国经营的政治风险

海外资产在东道国被当地政府征收是企业国际经营的最大风险之一。东道国由于担心本国经济可能受到外国投资的操控，在某些情况下可能征用外国投资。如果没有其他限制，征用可能会过度，而补偿则可能不足。

国际投资协定中规定征收条款的目的在于规范一方政府何时能够征收另一方投资者的投资，以及应该如何补偿。通常的规定是，只有出于公共目的，采取合法非歧视的方式，不违背已做出的承诺，并给予合乎规定的补偿，政府才能征收另一缔约国投资者的项目。

除规定东道国征收的条件外，征收条款也会对补偿方式进行明确的规定。目前较为主流的标准是赫尔原则，即东道国有义务以"充分、及时、有效"的方式对财产被征收的外国投资者支付全部赔偿。例如，TPP 规定，征收补偿应该"无延迟支付；与被征收投资在征收发生之前的即刻（征收之日）的公平市场价值相等；不反映任何因征收意图提前公开而引起的价值变化；完全可实现和可自由转移"。RCEP 也采取了几乎相同的规定。

另外，关于"征收"的规定，多数协定不适用于《与贸易有关的知识产权协定》（TRIPS）与知识产权相关的强制许可。TRIPS 规定，当发生国家紧急状况或"其他特别迫切情势"，任何国家都可免除自愿授权的程序，政府有权利授权政府机关或其他团体合法使用受保护的专利，而且并不需要专利拥有者的同意。TRIPS 有关强制授权的规定主要是在第 31 章，不过 TRIPS 的第 1、7、8、27、30 以及 44 章也都有提到强制授权。其中，TRIPS 第 31 章的标题是"未经权利持有人授权的其他使用"（Other Use Without Authorization of the Right Holder），主要涉及以下内容：

- 各国政府可依据其个别法律或规定，以最宽松的认定范围来使用强制授权；
- 对于第三方团体使用强制授权没有任何限制，不过必须经由一定的法律程序；
- 在强制授权之前，必须先进行自愿授权（voluntary license）的协商努力；
- 对于专利拥有者，必须给予一定的经济补偿；
- 强制授权生产的产品只能在国内使用。

（六）代位条款是海外投资保险的基础

基于代位条款，当非商业风险发生时，投资者可以请求本国代理机构事先补偿损失，并代为履行在东道国的权利和义务。投资者可以通过在本国代理机构购买保险应对东道国的非商业风险。

具体做法是，投资者就一项海外投资向本国政府机构或政府授权的专门机构提出保险申请，缴纳保险费，与政府保险机构建立保险关系，一旦其投资在东道国遇到非商业风险，投资者可以依据保险关系从本国政府机构或指定的专门机构得到补偿，也就是本国政府机构赔偿投资者在东道国因政治风险而遭受的损失。获得赔付之后，投资者应将其在东道国的权利转让给此代理机构。在海外投资保险实务中，代位条款是法律尽职调查的内容之一；在理赔追偿阶段，代位条款是启动对投资者实行预赔付的前提条件（刘艳，2019）。

（七）投资者国家争端解决机制（ISDS）是投资人维护海外资产安全的重要法律武器

作为国际投资争端解决的一个重要组成部分，ISDS 现已在国际投资协定中被广泛采纳。根据联合国贸易和发展会议（UNCTAD）的数据，约 95% 的国际投资协定具有 ISDS。ISDS 是基于仲裁的争端解决机制，具有以下突出特点：其一，投资者可以直接向东道国提出索赔；其二，争端由针对该特定争端而临时组成的仲裁庭解决；其三，争端双方，即投资者和东道国政府，均有权利参与仲裁员的提名。就国际投资协定的发展历程看，ISDS 在保护投资人财产安全方面发挥着关键作用。与诉诸母国提供的外交保护相比，ISDS 能够为投资者主张自身权益提供一种更主动、更公平的方式。

总体而言，符合主流趋势的国际投资协定是目前一国保护其海外资产的最有力的国际法措施。只要各国尊重国际法的契约精神，贯彻公平互利的原则，国际投资协定就能很好地发挥保护海外资产安全的作用。

三、中国已签署国际投资协定存在的问题

中国已经具备签署高标准外资保护国际投资协定的基础，且已经在近年来签署的国际投资协定中逐步实践。

投资定义方面，中国和澳大利亚、新西兰等国签署的自由贸易协定均采取基于"财产"的开放式投资定义模式。国民待遇和最惠国待遇方面，我国参与 RCEP 涵盖了准入前国民待遇和最惠国待遇。公平公正待遇以及充分保护和安全方面，RCEP 不仅接受了习惯国际法外国人最低待遇标准，规定了所有缔约方不得在任何司法程序或行政程序中拒绝司法，并要求各缔约方采取合理的必要措施确保涵盖投资的有形保护和安全。此外，中国在 RCEP 中也承诺了高标准的征收补偿条款和代位条款，在《中国-澳大利亚自由贸易协定》中规定了非常规范的投资者国家争端解决机制。

然而，中国生效的多数国际投资协定对海外资产的保护力度较弱。中国的绝大部分国际投资协定都是在中国对外直接投资蓬勃发展之前签署的。生效的 126 个国际投资协定中，有 80 个是在 2001 年及以前签署的，有 116 个是在 2010 年及以前签署的。

在民营企业对外直接投资兴起之前，中国的海外资产规模小，签署国际投资协定的目的在于在减少外资冲击的情况下更好地吸引外资，而非保护中国企业在海外的投资安全。加之，当时缺少执行国际法律的实践，中国在这个时期签署的国际投资协定趋于保守，存

在如下几个方面的问题。

一是投资者权利和东道国的义务的界定不严谨。例如，2001 年中国与缅甸签署的《关于鼓励促进和保护投资协定》对于投资待遇的规定——"缔约一方的投资者在缔约另一方的领土内的投资应始终享受公平与平等的待遇；在不损害其法律法规的前提下，缔约一方应给予缔约另一方投资者在其境内的投资及与投资有关活动不低于其给予本国投资者的投资及与投资有关活动的待遇；缔约一方给予缔约另一方投资者在其境内的投资及与投资有关活动的待遇，不应低于其给予任何第三国投资者的投资及与投资有关活动的待遇"——就存在诸多模糊之处。

二是对投资安全的保护力度有限。例如，1993 年中国与白俄罗斯签署的双边投资保护协定并没有涵盖公平公正待遇、充分安全和保护、代位等关于保护海外资产安全的重要条款。2006 年中国与印度签署的关于促进和保护投资协定也没有涵盖公平公正待遇、充分安全和保护等条款。

三是投资者国家争端解决机制并不全面。一方面，对于争端解决机制流程的规定不够规范。例如，中国与白俄罗斯签署的双边投资保护协定虽涵盖了投资者国家争端解决机制，但并没有就磋商机制、仲裁的流程和仲裁结果的执行做出明确的说明。另一方面，投资者国家争端解决机制的适用范围受到严格限制，中国与白俄罗斯的双边投资保护协定只允许将关于征收补偿数额的争议提交仲裁庭。中国与冰岛签署的关于促进和相互保护投资协定规定："（投资者和缔约一方之间）如涉及征收补偿款额的争议，在诉诸本条第一款的程序后六个月内仍未能解决，可应任何一方的要求，将争议提交解决投资争端国际中心或专设仲裁庭。缔约一方的投资者和缔约另一方有关其他事宜的争议，经当事人双方同意，可提交专设仲裁庭。"

四、健全国际投资协定体系的对策建议

为进一步完善我国的国际投资协定体系，我们提出如下建议：

第一，重视国际投资协定在保障海外资产安全方面的作用。对于在海外拥有大量资产的企业而言，能够用于缓释风险的方式，除了求助于外交保护外，主要有海外投资保险和国际投资协定。海外投资保险主要针对战争暴乱、汇兑限制、征收和政府违约等原因造成的损失，而国际投资协定可以提供更大范围的保障，且规定了对投资者保护的绝对待遇和相对待遇标准等。此外，高标准国际投资协定的签署有助于降低海外投资保险的成本。一方面，按照国际官方出口信用保险机构的通行做法，保险机构在承保时会考虑与东道国签署国际投资协定的情况。另一方面，投资者在遭受损失时如果希望保险机构预赔付，那么东道国与中国签署涵盖代位条款的国际投资协定是先决条件。

第二，制订专门保护海外资产安全的投资协定范本。自 2013 年我国开始在中国（上海）

自由贸易试验区试点准入前国民待遇加负面清单的外资管理模式以来，促进投资自由化成为我国新签署国际投资协定的一个隐形目标。诚然，在国际投资协定中引入准入前国民待遇和准入前最惠国待遇不仅有助于扩大双边投资开放，而且能够在更大范围内保护投资的安全，但为此也付出了相应的代价——更大的协定签署难度和更长的协定签署时间。涵盖准入前国民待遇和准入前最惠国待遇的国际投资协定，其谈判不仅有常规的文本谈判，而且额外需要一个艰难的承诺表谈判，或负面清单谈判，同时，部分国家在签署这类协定时需要更长的时间突破国内政策阻碍，特别是那些未在国内给予外资准入前国民待遇的国家。事实上，保护我国海外资产的安全其实并不必然需要投资协定涵盖投资自由化条款。为在当前紧张的国际形势中更好地保护我国海外资产的安全，以更快的方式达成涵盖高标准外资保护条款的国际投资协定是更可取的选择。制订一份专门针对外资资产安全的投资协定范本有助于推进协定的达成。

第三，加大推进双边投资（保护）协定的谈判力度。自 2015 年以来，我国陆续与韩国、澳大利亚、格鲁吉亚、马尔代夫、毛里求斯、柬埔寨签署了自由贸易协定，还签署了 RCEP 这一区域性自由贸易协定。对比而言，我国 2015 年以后仅与土耳其签署了 1 份双边投资协定，双边投资协定的推进速度远慢于自由贸易协定。虽然现代自由贸易协定多涵盖投资章节，新自由贸易协定的签署也意味着新国际投资协定的签署，但是由于自由贸易协定的覆盖面广，多数情况下，其谈判时间和生效时间都显著长于双边投资协定。过于强调自由贸易区建设是我国国际投资协定体系近年来更新缓慢的重要原因。签署双边投资协定能够更快速地在全球范围构建保护我国海外资产安全的协定网络。

第四，制订升级国际投资协定的快速机制。我国国际投资协定体系不完善的根源在于已经签署的双边投资协定过于陈旧，条款的覆盖范围不足、标准过低、表述模糊。完善国际投资协定体系在大多数情况下并非意味着签署新协定，而是升级旧协定。在制订出保护海外资产安全的投资协定范本后，可以拟定一个快速升级旧协定的行政机制。如果有必要与某国在未来签署涵盖投资自由化条款的国际投资协定，可以借鉴中澳协定中的做法，即先签署准入后国民待遇和涵盖准入前最惠国待遇的协定，同时保留在适当时候将准入后国民待遇条款升级为准入前国民待遇条款的谈判权利。

第五，推进"一带一路"投资保护原则性框架。在全球大变局背景下，保障投资安全成为影响"一带一路"倡议的关键因素。在全球多边投资框架缺位的情况下，全部或部分"一带一路"关联国家寻求建立一个区域性投资框架有利于"一带一路"倡议的建设。中国可借鉴 APEC 在 1994 年达成的《亚太经济合作组织非约束性投资原则》和二十国集团（G20）在 2016 年通过的《全球投资指导原则》，在"一带一路"国际合作高峰论坛上引领达成"一带一路"投资保护原则性框架，为中国企业的海外资产安全创造良好的区域条件。

参考文献

[1] 余劲松，梁丹妮. 公平公正待遇的最新发展动向及我国的对策[J]. 法学家，2007（6）：1-5.

[2] UNCTAD. World Investment Report 2021: Non-Equity Modes of International Production and Development[R]. New York and Geneva: United Nations, 2021.

[3] 刘艳. 海外投资政治风险管控路径研究：基于政治风险保险和国际投资协定的比较分析[J]. 海外投资与出口信贷，2019（6）：15-22.

[4] 王彦志.RCEP 投资章节：亚洲特色与全球意蕴[J]. 当代法学，2021，35（2）：44-58.

亚太数字经济和创新增长合作

APEC 数字经济和创新增长合作的进展分析

余　振　陈文涵*

摘　要：为顺应数字经济的蓬勃发展，APEC 制订了一系列战略，以推进各成员之间的数字经济合作。目前，亚太地区数字经济合作总体上呈现出合作领域扩大、合作重点转移、合作对象水平参差不齐等新趋势，APEC 在数字经济和创新增长领域的合作范围、重点议题等方面也取得了新进展。作为亚太地区规模最大的发展中经济体，中国也要基于国际政治经济环境变化、APEC 成员经济基础不统一、数字技能人才供给不足等现实问题，夯实数字经济发展的国内基础，并扮演"领头人"角色，推动 APEC 互联互通与"一带一路"相互促进，推进亚太地区数字贸易自由化便利化，为开展 APEC 数字经济合作打造良好的外部基础。

关键词：APEC；数字经济合作；中国；挑战；对策

当前，数字经济已成为驱动亚太经济增长的新引擎，在加速经济发展、提高劳动生产率、培育新市场和新增长点中发挥着重要作用①。2020 年 11 月，APEC 第 27 次领导人非正式会议通过了《2040 年亚太经合组织布特拉加亚愿景》，致力于通过"贸易和投资""创新和数字化""强劲、平衡、安全、可持续和包容性增长"三大驱动力，打造开放、活力、强韧、和平的亚太共同体，并将"改善贸易和投资""利用数字经济和技术促进经济包容性""推动创新型可持续发展"设置为合作的优先领域②。然而，国际政治经济环境的变化以及亚太地区内不同经济体数字经济发展水平和利益诉求的差异，给 APEC 数字经济和创新增长合作带来了一定程度的不确定性，亟须各成员加强数字经济合作、共同推进经济创新增长。

---

* 余振，武汉大学美国加拿大经济研究所教授；陈文涵，武汉大学经济与管理学院硕士研究生。

① G20. Digital Economy Development and Cooperation Initiative[EB/OL]. http://www.g20chn.org/English/Documents/Current/201609/P020160908736971932404.pdf.

② 2020 APEC Leaders' Declaration [EB/OL]. https://www.apec.org/Meeting-Papers/Leaders-Declarations/2020/2020_aelm.

一、APEC 数字经济和创新增长合作框架

APEC 建立了多层次、完善的合作框架来推进数字经济合作，具体包括数字经济合作的组织架构、运行机制和政策框架等。

（一）组织架构

APEC 通过领导人非正式会议、部长级会议、高管会、委员会、工作组和秘书处等多层次的交流平台，确定数字经济合作重点议题并实施数字经济合作项目。具体来讲，APEC 数字经济合作的组织架构包含以下三个层面。

第一，领导人非正式会议和部长级会议确定了数字经济合作的重要议题和政策发展方向。每年一度的 APEC 领导人非正式会议将审议 APEC 部长级会议和 APEC 工商咨询理事会提出的战略建议，并在领导人宣言中确定各成员数字经济合作的政策议程和重点领域。具体来说，在每年度的 APEC 领导人非正式会议召开之前，APEC 会召开部长级会议，审议当年活动，针对人力资源开发、区域经济合作、中小企业、电信和信息产业等领域，提出相应政策建议。此外，APEC 还成立了亚太经合组织工商咨询理事会（ABAC），通过年度会议和正式报告，提出改善亚太地区商业和投资环境的建议，并针对商业部门全年的优先事项和关注事项发表对数字经济合作方向的看法。

第二，高管会指导高级委员会执行数字经济合作活动和项目。APEC 数字经济合作相关活动和项目由 21 个成员的高级官员指导，并由贸易和投资委员会（CTI）、经济和技术合作委员会（SCE）、经济委员会（EC）以及预算及管理委员会（BMC）这 4 个高级委员会执行。具体来说，在数字经济领域，贸易和投资委员会主要协调 APEC 在数字贸易与投资自由化便利化方面的工作，以减小数字经济合作的障碍；经济和技术合作委员会主要协助高级官员协调和管理 APEC 经济和技术合作议程；经济委员会主要通过政策分析，促进数字经济时代下 APEC 内部的结构改革；预算及管理委员会主要就预算、行政和管理问题检测和评估各委员会、工作组的数字经济项目运行情况，并向高级官员会议提出效率改进和效果提升的建议。

第三，APEC 数字经济相关工作小组具体组织、协调与实施数字经济合作项目。目前，APEC 推动数字经济合作项目议程并实施行动计划的工作小组主要包括数字经济指导小组（DESG）、科技和创新政策合作工作组（PPSTI）、人力资源开发工作组（HRDWG）、中小企业工作组（SMEWG）以及通信信息工作组（TELWG）。其中，数字经济指导小组就《互联网和数字经济路线图》所关注的 11 个重点领域的实施情况定期提供全面的分析和对策建议，旨在推动亚太经济体就数字贸易、电子商务、网络安全等方面达成共识和合作；科技和创新政策合作工作组遵循 "PPSTI 2016—2025 战略计划"，旨在通过加强政府、学术界、私营部门以及 APEC 其他论坛之间的合作，推进科技和创新政策的制订；人力资源开

发工作组通过能力建设网络（CBN）、教育网络（EDNET）以及劳动和社会保障网络（LSPN），促进知识、经验和技能的共享，加强对亚太地区的人力资源开发；中小企业工作组是 APEC 内中小企业包容性发展的倡导者，为 APEC 成员交流有关亚太地区中小企业的信息、观点、最佳做法提供了平台，旨在支持数字经济时代下中小企业的发展，并培养它们具备参与国际贸易的能力；通信信息工作组旨在推动亚太地区资讯及通信科技基础设施和服务的发展，促进合作、信息共享，以及制订与通信科技相关的政策和法规。

（二）运行机制

在数字经济的框架下，APEC 采取了全面且循序渐进的运行机制，推动亚太地区数字经济和创新增长合作，具体包括以下三方面内容。

第一，遵循"APEC 方式"，增强运行弹性。"APEC 方式"是自愿与协调相结合的独具特色的合作方式。在此方式的指导下，各成员在贸易和投资自由化以及经济技术合作过程中贯彻自愿原则，可依据自身实际情况自主决定优先次序。同时，为避免成员之间行动差距过大，APEC 建立协调机制，实施评审制度，对各成员的行动计划进行可比性和经常性评审[①]。"APEC 方式"考虑了成员不同的利益与情况，以更全面的方式应对亚太地区的机遇与挑战，使所有成员都能提高自身的能力，以自主自愿、协商一致、灵活务实和循序渐进的方式参与数字经济合作，并从合作中获得更大收益。

第二，遵守"探路者方式"，提高运行效率。"探路者方式"（Pathfinder Approach）主要针对 APEC 成员在经济基础、社会制度、利益诉求上差异较大，导致合作动力不足和效率较低的问题，在"APEC 方式"的基础上鼓励部分成员先行采取行动，以推进贸易和投资自由化、便利化，待经验积累或条件成熟以后再逐步扩大到全体成员[②]。在数字经济领域，APEC 已实施了多项"探路者行动计划"，涵盖数字贸易、规则制定、隐私保护等重要领域。2007 年，澳大利亚率先提出"APEC 数据隐私探路者行动计划"，旨在通过制订和实施符合 APEC 隐私框架的跨境隐私规则（CBPR）系统来实现亚太地区内个人信息的负责任跨境流动，标志着亚太地区数据隐私保护领域的合作规则制订取得了重要进展。

第三，倡导"多方参与"，增添运行活力。APEC 积极让商界、学术界、政策和研究机构等主要利益相关者参与到亚太经济合作的进程中，旨在通过构建开放、透明和广泛的伙伴关系，加强各界对 APEC 目标的理解和支持，并汲取相关见解和专业知识，提高 APEC 工作的质量。具体来说，APEC 建立了以下参与渠道：其一，成立 APEC 工商咨询理事会，使商界从各个层面融入亚太地区数字经济合作的进程中，并邀请私营部门的代表参加工作小组和专家小组，为各个领域的工作运行提供意见；其二，建立 APEC 研究中心（ASC）联盟，促进亚太地区的文化和知识交流，从独立和长期的角度开展先进的跨学科合作和相

① 张雪容. 浅析 APEC 方式[J].上海综合经济，2001（9）：9-10.

② 于晓燕. APEC 区域经济一体化进程与探路者方式[J]. 亚太经济，2009（5）：3-6.

关政策研究，并推进亚太地区大学、研究中心和学术中心建立 APEC 学术委员会；其三，建立妇女与经济政策伙伴关系（PPWE），鼓励 APEC 内部考虑性别问题，为 APEC 官员提供性别分析培训，并为 APEC 整合性别观点提供有关的信息和建议。

（三）政策框架

随着数字经济合作的不断拓展和深化，APEC 有针对性地对数字经济合作的政策框架做了如下安排。

第一，确定数字经济合作基本原则。在亚太地区数字经济发展的初期阶段，APEC 紧抓电子商务发展机遇，推出一系列政策，使得各成员初步达成数字经济合作共识，统一了行动纲领和行动计划，率先确定了 APEC 成员推进数字经济合作的主要原则，为后续数字经济合作范围的扩大、议题的深入推进打下了良好基础。APEC 于 1998 年发布了《APEC 电子商务行动蓝图》，为各成员在电子商务立法衔接与规则统一上提供了框架体系。2001 年，APEC 提出《数字 APEC 战略》，将完善市场结构、促进基础设施投资和技术发展、加强人力资源能力建设和弘扬企业家精神作为行动计划的三大支柱，以鼓励各成员充分利用信息与通信技术革命，缩小数字鸿沟，抓住新经济带来的机遇。

第二，确定数字经济合作的优先领域。随着数字技术与经济社会的不断融合发展，APEC 根据亚太地区数字经济新形势不断拓展合作领域，推出一系列行动计划，明确数字经济合作的优先领域和具体方向。2010 年，APEC 第 18 次领导人非正式会议制订了《领导人增长战略》，将以数字经济为核心的创新增长确立为 APEC 经济增长战略的五大支柱之一，标志着数字经济合作被纳入 APEC 增长战略，且 APEC 数字经济合作由聚焦电子商务转向全面布局[①]。2017 年，APEC 通过了《APEC 互联网和数字经济路线图》，将数字基础设施发展、促进互操作性、宽带广泛接入、制订互联网和数字经济整体政策框架、促进互联网和数字经济监管方式的协调与合作、促进创新和采用有利的技术和服务、加强信息通信技术使用中的信任和安全、促进信息和数据自由流动、改善互联网和数字经济基准测量、加强互联网和数字经济包容性、推动电子商务便利化和数字贸易合作共 11 个关键领域作为数字经济合作的重点，以促进 APEC 成员之间的技术和政策交流，实现亚太经济创新、包容和可持续增长。

第三，"后 2020"的经济合作行动计划。随着 APEC "茂物目标"在 2020 年到期，APEC 进一步为亚太地区数字经济合作制订新愿景，从多层面构建普惠、共享、包容的数字经济生态系统。2020 年，APEC 吉隆坡会议制订《2040 年亚太经合组织布特拉加亚愿景》，为亚太地区数字经济合作进程确定了总体导向和主体框架。在 2021 年新西兰领导人非正式会议上，APEC 以《APEC 互联网和数字经济路线图》和《APEC 数字经济行动计划》为基

---

① 史佳颖. APEC 数字经济合作评估及中国的参与策略[J]. 亚太经济，2021（2）：8-17.

础，将推进数字包容性、基础设施和绿色技术、数字化商业和贸易、进行结构性改革并支持创新确立为数字经济合作的关键领域。

二、APEC 数字经济和创新增长合作的新进展

近年来，数字经济规模持续扩大，逐渐成为引领亚太经济创新增长的新动能。图 1 所示，亚太经济体的数字经济合作范围也不断扩展，APEC 加快推进各成员之间的数字经济和创新增长合作，在拓展和延伸合作领域、重点议题聚焦突破等方面取得了新进展。

第一，数字经济合作规模和领域持续扩大。2006 年 1 月至 2021 年 7 月，APEC 经济体推动发起的数字经济合作项目已达到 358 项之多，[①]具体分布在信息通信技术应用和数字化转型、标准一致化和规制合作、电子商务和数字贸易、中小微企业发展、数字素养和数字人力资源培育、数字基础设施建设、数据跨境流动和数据隐私，以及网络安全等 8 个重点领域。2017 年 1 月至 2020 年底，APEC 成员发起的数字经济合作项目就有 212 项，占数字经济合作项目总数的 59.2%。之所以近年来亚太经济体数字经济合作发展势头强劲，主要原因有以下三点：其一，APEC 自 2017 年起相继推出了《APEC 数字时代人力资源开发框架》《APEC 互联网和数字经济路线图》《APEC 跨境电子商务便利化框架》《APEC 数字经济行动计划》等，推动了 APEC 成员的内部合作；其二，世界贸易组织（WTO）、经济合作与发展组织（OECD）、二十国集团（G20）等全球性多边经济治理框架持续推动全球数字经济合作，使得 APEC 成员参与数字经济合作的意愿也得到极大增强[②]；其三，新冠肺炎疫情的冲击使得数字技术在经济发展中的优势更加突出，掀起了新一轮的数字化转型与应用的浪潮，亚太各经济体的数字经济合作也随之增多。

第二，高质量人力资源开发合作受到更大关注。2006 年 1 月至 2021 年 7 月，在 APEC 实施的数字经济合作项目中，涉及数字素养和数字人力资源培育领域的合作项目数为 44 项，占数字经济合作项目总数的比重为 12.3%。2017 年，APEC 制订并实施了《APEC 数字时代人力资源开发框架》，以加强各成员对人力资源的开发，确保劳动力供给符合数字时代下劳动力市场的需求，并首次针对人力资本发展问题制订了《2017 年 APEC 经济政策报告》，讨论了劳动力技能不匹配和结构性失业问题并提出相应政策。在 2021 年 1～7 月新增的 23 项数字经济合作项目中，有 9 项涉及数字素养和数字人力资源培育领域，占新增数字经济合作项目总数的比重为 39.1%。其中，中国和韩国首次主持了数字素养和数字人力资源培育领域的经济合作项目。

第三，中小微企业发展是数字经济合作关注的重点之一。中小微企业作为 APEC 经济

---

① 文中所有项目数统计均根据 APEC 项目数据库（APEC Project Database）相关资料整理。https://aimp2.apec.org/sites/PDB/default.aspx。

② 史佳颖. APEC 数字经济合作：成效与评价[J]. 国际经济合作，2018（10）：26-30.

增长和创新的引擎，占 APEC 地区企业总数的 97%。①因此，中小微企业的发展一直以来都是亚太经济体开展数字经济合作的重点。随着各行业数字化转型的快速推进，数字经济合作成为推动亚太地区中小微企业参与国际分工和全球价值链、获得资金和替代性金融解决方案、实现创新和包容性增长的重要渠道之一。2006 年 1 月至 2021 年 7 月，APEC 实施的数字经济合作项目中，涉及中小微企业发展的合作项目数为 46 项，占数字经济合作项目总数的比重为 12.9%。

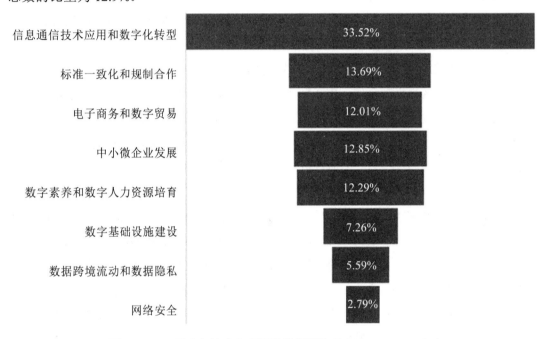

图 1　APEC 数字经济合作项目涉及领域情况（2006—2021 年）

资料来源：根据 APEC 项目数据库（APEC Project Database）整理。

注：数据截至 2021 年 7 月。

三、APEC 数字经济和创新增长合作的新趋势

由于全球信息基础设施逐渐完善，APEC 主要经济体关于数字经济合作的意愿进一步增强，纷纷出台相应政策，希望加强数字经济合作，实现经济创新增长的目标。

（一）发达经济体对数字经济合作的态度和政策

当前，APEC 发达经济体的数字经济合作政策呈现三点新趋势：第一，数据隐私保护、网络安全等数字治理领域的合作会加强；第二，新兴技术领域的数字经济合作会加强；第

---

① APEC 中小企业工作网站。https://www.apec.org/Groups/SOM-Steering-Committee-on-Economic-and-Technical-Cooperation/Working-Groups/Small-and-Medium-Enterprises。

三，合作对象多为其他发达经济体以及与之有联盟关系的经济体，在数字技术前沿核心领域，将中国、俄罗斯等国排除在合作对象之外。下面分别介绍以美国、日本和加拿大为代表的发达经济体的数字经济合作政策。

1. 美国

从合作领域来看，美国会进一步加强在网络安全、新兴技术领域的合作。美国颁布了一系列法令，以改善国家的网络安全。2021 年 5 月，美国总统拜登签署了《关于改善国家网络安全的行政令》，旨在消除政府和私营部门之间阻碍信息共享的障碍，实施更强大的网络安全标准。① 2021 年 4 月，美日首脑会谈之后，白宫表示将和日本合作开发关于安全网络和先进信息的核心技术，包括 5G，甚至今后的 "6G"。另外，美国倡议在 "五眼联盟" 范围内，科技公司应在其加密产品和服务的设计中纳入相应机制，使政府能在适当的法律授权下访问可读和可用格式的数据。② 此外，美国加强了人工智能等高科技领域的研发和合作，以维持在新兴技术领域的领先地位。2019 年 12 月，美国总统签署了 13589 号行政命令，启动了美国人工智能倡议。③ 2021 年 1 月，美国通过了《2020 年国家人工智能倡议法案》（*National Artificial Intelligence Initiative Act of 2020*），该法案提出了一项促进人工智能研究和开发的国家战略，旨在使美国成为人工智能领域的全球领导者。④ 2021 年 6 月，美国和欧盟宣布成立 "欧盟-美国贸易和技术理事会"，以推动贸易、投资和创新，同时保护新兴技术，巩固欧美在技术和工业方面的领先地位。⑤

从合作对象来看，美国积极同其他发达经济体以及与之有联盟关系的经济体展开合作。美国商务部国家电信和信息管理局（NTIA）拨款近 10 亿美元，用于扩大对墨西哥等伙伴的宽带设施的投资。2020 年，通过美国国际开发署下设的 "数字亚洲加速器"、美国-东盟商会举办的 "数字政策磋商论坛" 等渠道⑥，美国加强了与马来西亚、泰国的中小企业关于数字经济领域的沟通与合作。但是美国不断针对中国和俄罗斯出台政策，将中国、俄罗斯列为外国竞争对手。2021 年，美国通过了 13873 号行政命令，赋予商务部部长广泛的裁量权，限制中国和俄罗斯在美国的信息基础设施建设的投资项目，并加强对这些经济体的 5G 基础设施供应管制。⑦

① https://www.whitehouse.gov/briefing-room/presidential-actions/2021/05/12/executive-order-on-improving-the-nations-cybersecurity/.

② International Statement: End-To-End Encryption and Public Safety. https://www.justice.gov/opa/pr/international-statement-end-end-encryption-and-public-safety#_ftnref1.

③ https://www.federalregister.gov/documents/2019/02/14/2019-02544/maintaining-american-leadership-in-artificial-intelligence.

④ https://www.congress.gov/bill/116th-congress/house-bill/6216.

⑤ https://ec.europa.eu/commission/presscorner/detail/en/ip_21_2847.

⑥ Digital Asia Accelerator (2019-2022). https://www.usaid.gov/sites/default/files/documents/Digital_Asia_ Accelerator_Fact_Sheet.pdf.

⑦ Securing the Information and Communications Technology and Services Supply Chain. https://www.govinfo.gov/content/pkg/FR-2021-01-19/pdf/2021-01234.pdf.

2．日本

从合作领域来看，日本会加强在个人信息保护、垄断等数字治理领域的合作。2021 年3 月，日本内阁发布命令，强制执行修改后的《个人信息保护法》，该法案明确了在数据泄露通知、向第三方提供数据、跨境数据传输和公开披露等方面的要求。① 2021 年 6 月，日本个人信息保护委员会（PPC）公布了以《个人信息保护法》（APPI）修订案为基础的"拒绝提供资料指南"。此外，针对平台垄断问题，2019 年 12 月，日本公平交易委员会公布了《关于数字平台经营者在与提供个人信息等的消费者的交易中滥用相对优势地位的指南》，认为数字平台处于优势谈判地位，可能会滥用个人数据信息。② 2021 年 2 月，日本公平交易委员会发表了关于数字广告的最终报告，再次提出某些平台运营商的行为可能滥用优势谈判地位，而这是反垄断法所禁止的。③

从合作对象来看，日本多与美国、英国、欧盟等发达经济体展开数字经济合作，与发展中经济体的合作较少。日本逐步推进"数字新政"，同其他发达经济体开展"后 5G"和"6G"的研究。此外，日本与英国签订《英日全面经济伙伴关系协定》，这项协定包括数字和数据贸易条款，确保数据自由流动，保障高标准的个人信息安全。除了与美国、英国的合作之外，日本也与欧盟签订了《欧盟-日本贸易协定》，允许个人数据在经济体之间自由流动，并降低数字产品的贸易壁垒。

3．加拿大

从合作领域来看，加拿大会进一步加强在数据治理、数字税等领域的合作。2020 年 11 月，加拿大发布 2020 年秋季经济声明，宣布对数字服务征税，以确保数字经济的公平税收体系。该声明建议将商品和服务税应用于跨境数字产品和服务、数字平台通过执行仓库提供的货物以及通过数字平台提供的短期住宿。④ 2021 年 6 月，加拿大标准委员会发布了《加拿大数据治理标准化路线图》，该路线图描述了加拿大在高质量数据、数据流动法规、人工智能机器学习等 35 个领域的数据治理标准化前景。⑤

从合作对象来看，加拿大除了和印度等东南亚经济体合作，也通过七国集团、二十国集团等经济合作论坛与发达经济体展开合作。2018 年，加拿大与印度政府推动加拿大区块链研究所（BRI）和印度国家软件和服务公司协会（NASSCOM）合作，致力于实现将电子健康记录、土地记录和数字证书置于区块链的目标。2021 年，加拿大同七国集团其他成员达成一项关于数字经济税收方面的规制合作，力争减少数字产品的贸易壁垒。

---

① https://www.ppc.go.jp/personalinfo/legal/kaiseihogohou/.
② https://www.jftc.go.jp/en/pressreleases/yearly-2019/December/191217_DP.html.
③ https://www.jftc.go.jp/en/pressreleases/yearly-2021/February/210217.html.
④ https://www.budget.gc.ca/fes-eea/2020/report-rapport/toc-tdm-en.html.
⑤ https://www.scc.ca/en/about-scc/publications/general/canadian-data-governance-standardization-roadmap.

（二）发展中经济体对数字经济合作的态度和政策

相比较而言，APEC 发展中经济体的数字经济合作政策趋势略有不同，主要表现在以下几点：第一，信息基础设施建设、电子商务等传统数字经济领域仍是合作重点；第二，合作范围将扩大，数据安全、新兴技术等数字经济前沿领域合作也会进一步加强；第三，合作对象多为其他发展中经济体。下面分别介绍以中国、东盟为代表的发展中经济体的数字经济政策。

1．中国

从合作领域来看，中国会加强网络安全、新兴技术等数字经济前沿领域的合作。2021年 1 月，中国商务部发布《外商投资安全审查办法》，更新了外商投资国家安全审查框架，将关键信息技术、互联网产品和服务纳入投资审查控制范围内。[①] 2021 年 5 月，有关收集个人资料的新隐私规则《常见类型移动互联网应用程序必要个人信息范围规定》正式生效，明确了移动互联网应用程序（App）运营者不得因用户不同意收集非必要个人信息，而拒绝用户使用 App 基本功能服务。[②] 2021 年 6 月，中国发布了《数据安全法》，将数据安全和个人权利保护作为企业处理数据时的重点。[③]此外，中国凭借自身抗疫经验和互联网技术的比较优势，将数字经济合作扩展到数字抗疫、智慧城市等新领域，并将人工智能等新兴技术领域作为合作的重要主题。2020 年，中国政府鼓励中国企业与其他经济体共同搭建电子商务平台，以及时向各经济体运输防疫物资。除此之外，中国将互联网智能技术运用到新加坡、迪拜的交通系统中，以推动这些经济体的智能城市建设。[④] 2017 年，中国发布《新一代人工智能发展规划》，指出未来将以更加开放的姿态在人工智能法律法规、国际规则等方面加强与各经济体的合作，并鼓励通过项目合作、技术咨询等方式引进人工智能人才。[⑤]

从合作对象来看，中国关注与各经济体开展数字基础设施建设方面的合作，且与东盟、"一带一路"沿线经济体的合作密切。2020 年，中国发表《中国-东盟关于建立数字经济合作伙伴关系的倡议》，表示将强化中国与东盟在通信、互联网、卫星导航等各领域合作，共同致力于推进 4G 网络普及，促进 5G 网络应用，探索以可负担价格扩大高速互联网的接入和连接。[⑥]同时，中国与老挝等 16 个经济体签署了"数字丝绸之路"建设合作谅解备忘录，并与有关经济体共建了 30 多条跨境陆缆和 10 余条国际海缆。[⑦]

---

① http://wzs.mofcom.gov.cn/article/n/202012/20201203024662.shtml.

② http://www.cac.gov.cn/2021-03/22/c_1617990997054277.htm.

③ https://npcobserver.com/wp-content/uploads/2020/07/data-security-law-draft.pdf.

④ http://ciss.tsinghua.edu.cn/info/china_wzft/2955.

⑤ http://www.gov.cn/zhengce/content/2017-07/20/content_5211996.htm.

⑥ http://www.cnii.com.cn/gxyw/202011/t20201116_231318.html.

⑦ http://www.cac.gov.cn/2019-03/14/c_1124235401.htm.

2．东盟

从合作领域来看，跨境电子商务依旧是东盟合作的重点议题。2018 年，东盟签署了指导东盟电子商务发展的第一份协定——《东盟电子商务协定》，倡议成员推进无纸化贸易，实施电子认证和接受电子签名,向使用电子商务的消费者提供与线下交易水平相似的保护，并在遵守相关国法律法规的基础上，保障商业用途的信息跨境流动。此外，东盟还鼓励成员在网络安全、信息跨境流动等方面开展能力建设，交流最佳实践。

从合作对象来看，除了和东盟内部国家合作之外，东盟还与中国开展了积极合作。2020 年，在第 7 届中国-东盟技术转移与创新合作大会上，东盟签署了《共建中国-东盟互联网应用联合创新中心》的合作协议，进一步促进与中国在互联网技术领域的合作。

（三）APEC 经济体对数字经济合作的态度和政策

总的来看，APEC 经济体均对数字经济合作始终保持着积极的态度，并随着数字经济的迅猛发展，逐渐将数字经济合作作为推进亚太地区创新增长的重点领域。APEC 成员数字经济合作范围不断拓展，并且合作重点也呈现出由传统的数字基础设施建设、电子商务等数字经济合作领域转向数据隐私保护、规制合作、提高弱势群体参与度等深层次领域的趋势。

第一，数据隐私保护合作会进一步加强。APEC 以 "探路者计划" 塑造隐私保护规则，确定了 APEC 隐私探路者原则，推进亚太经济体隐私保护合作。2011 年，APEC 批准了跨境隐私规则（CBPR），目前已有包括美国、墨西哥、日本、加拿大、新加坡、韩国、澳大利亚、中国台北和菲律宾在内的 9 个成员加入。该规则在为个人信息提供有效保护的同时，平衡信息和数据的跨境流动，从而提高亚太经济体之间数据隐私制度的互操作性。由于 CBPR 适用范围有限，2015 年，APEC 认同了隐私识别处理（PRP）治理文件，旨在通过隐私识别处理系统，使得个人信息处理器协助控制器遵守相应的隐私义务，同时也帮助控制器对合格的处理器进行识别。截至 2021 年 7 月，新加坡和美国已经加入了 PRP 系统。为鼓励并发展共同有效的隐私保护并确保亚太地区的信息自由流动，APEC 推出了数据隐私个人行动计划（IAP）。随着 2019 年加拿大同意加入该计划并定期披露数据保护框架新进展，参与该计划的成员数增加至 14 个。

第二，数字经济合作的一致性会进一步加强。APEC 以 "非歧视性、综合性、透明度、可问责、有效性" 为原则，推动监管一致性，以实现不同体系规制之间的无缝对接，促进亚太地区生产要素的优化配置。2011 年，APEC 第 19 次领导人非正式会议首次正式提出规制合作，并通过了《APEC 关于加强实施良好规制实践》文件以促进成员的规制一致性。2014 年，APEC 出台《APEC 互联互通蓝图 2015—2025》，将规制合作作为机制联通合作的重点内容，倡导各成员积极分享数字贸易最佳实践和规制案例，广泛展开数字产业对话。2017 年以来，APEC 针对网络安全标准、区块链标准、APEC 在线争端解决机制（ODR）、产品标准、在线平台监管机制等发起多个规制合作项目，推动解决技术规制、标准及符合性评估程序等技术性贸易壁垒，促进亚太区域达成经济合作。

第三，提高弱势群体参与度的合作会进一步加强。APEC 以实现可持续、创新和包容性增长为目标，利用数字技术合作，努力提升中小企业、妇女、残疾人和贫困人口等弱势群体在社会和经济活动中的参与度。2020 年 10 月，第 26 届 APEC 中小企业部长会议提出将"利用数字化、创新和技术振兴中小微企业"作为未来工作的重点方向，通过扩大数字工具的使用范围、提供数字技能建设活动以及加强信息和通信技术在商业发展和跨境商务中的使用，来消除数字贸易和电子商务的障碍、努力开发中小微企业的数字潜力。2020 年 11 月，APEC 数字经济指导小组（DESG）通过了实施 APEC 互联网和数字经济路线图的工作方案，提出通过开发企业管理、营销策略以及数字媒体营销指南等工具，提升数字经济时代下女性的职场适应度，并通过有效利用信息通信技术来改善弱势群体的生活水平，鼓励妇女、中小微企业、农村居民和残疾人更多地参与数字经济。

四、APEC 数字经济和创新增长合作面临的新挑战

当今世界正经历新一轮大发展、大变革、大调整，大国战略博弈全面加剧，国际体系和国际秩序深度调整，新冠肺炎疫情全球大流行更使得世界大变局加速演变，国际经济、科技、文化、安全、政治等格局都在发生深刻调整，不确定、不稳定因素明显增多。此外，数字经济在激发新业态、新需求的同时，也对传统经济运行模式带来一定冲击，催生了"数字鸿沟"。具体来说，APEC 数字经济和创新增长合作所面对的新挑战主要涉及以下几个方面。

第一，民粹主义和贸易保护主义明显抬头。根据全球贸易预警（Global Trade Alert）数据库① 的统计显示，2009 年 1 月到 2021 年 7 月，主要经济体每年新增实施的贸易保护措施（Harmful Interventions）数量明显上升，并于 2018 年和 2020 年两度达到年均 2000 条左右。根据 APEC 2021 年发布的《APEC 区域趋势分析》报告显示，2020 年受新冠肺炎疫情影响，亚太地区 GDP 呈现负增长，总体下降了 1.9%，且成员方经济增长不平衡加剧。②由此可见，在世界经济整体低迷、失衡加剧的大背景下，民粹主义和贸易保护主义的抬头，使得 APEC 成员进行数字经济合作的环境更加复杂和恶劣，不利于亚太区域经济合作的持续推进。

第二，大国在数字技术领域的博弈日益加剧。例如，美国为了巩固和保持自身在全球

---

① 相关数据来源于英国经济政策研究中心（CEPR）2009 年 6 月创建的全球贸易预警（Global Trade Alert）数据库，该数据库详细统计了金融危机以来世界主要经济体实施的贸易保护和贸易促进措施。

② APEC. APEC Regional Trends Analysis. https://www.apec.org/Publications/2021/05/APEC-Regional-Trends-Analysis-May-2021.

产业链和价值链中的垄断性地位，继续控制高技术产业的核心技术，占据产业链和价值链中附加值最多的环节，攫取绝大部分经济全球化带来的新增福利，通过经济、政治、军事、文化等多种手段对潜在竞争对手进行遏制和打压。作为亚太乃至全球最大的两大经济体，中美两国在科技领域的竞争加剧，为亚太经济体在高技术产业上的经济合作带来极大负面影响。

第三，区域内经济体数字经济发展水平参差不齐，"数字鸿沟"依旧明显。首先，亚太地区发达经济体和发展中经济体在信息技术设施建设上存在明显差距。尽管 APEC 针对利用数字技术促进包容性增长、缩小数字鸿沟制订了一系列发展目标，但是亚太地区仍有约39.9%的人口无法使用互联网，印度尼西亚、墨西哥、秘鲁、菲律宾、越南等发展中经济体的移动支付比例远低于亚太地区的平均水平[1]。其次，亚太地区发展中经济体面临巨大的基础设施建设融资挑战。APEC 在 2018 年关于结构改革和基础设施的经济政策报告中指出，亚太经济体面临巨大的基础设施融资缺口，预计在 2030—2035 年间，亚太地区每年在基础设施方面的支出将增加到近 2.5 万亿美元[2]，部分无法应对这一融资挑战的发展中经济体的经济增长潜力远远落后于其他成员。再次，亚太经济体内部城乡居民接触和使用信息基础设施的机会不同，相比城镇，农村面临更严重的信息基础设施不足、数字技能人才缺乏等问题。最后，信息化程度不同的行业发展存在差距，相比数字化程度较低的行业，数字化程度较高行业的平均利润率增长速度要快 2～3 倍，使得"数字鸿沟"问题更加明显。

第四，数字经济人才培养跟不上产业发展的步伐。随着产业数字化的进程不断推进，人工智能的应用范围不断扩大，部分低技能职业可能被替代，全球对劳动力的需求特别是对白领和蓝领技工的需求将减少 700 万人，与此同时，人工智能预计在未来 10 年将达到13 万亿美元的经济规模[3]。此外，由于数字技能人才需求大于供给，技能缺口、不匹配问题也会变得突出。在 2016—2019 年间，亚太各经济体对数字技能人才招聘率持续上升，平均增长了 2.6 倍。新冠肺炎疫情的冲击使得企业对数字技能人才的需求进一步扩大，2020年 3 月的数字技能人才平均招聘率相比去年同期增长了 1.4 倍。中国、印度尼西亚、墨西哥等发展中经济体对数字技能人才需求的增长远远超过供给的增长。[4]

---

① APEC. APEC Economic Policy Report 2019: Structural Reform and Digital Economy (Singapore: APEC, 2019). https://www.apec.org /Publications/2019/11/2019-APEC-Economic-Policy-Report.

② APEC. APEC Economic Policy Report 2018: Structural Reform and Infrastructure (Singapore: APEC, 2018). https://www.apec.org/-/media/APEC/Publications/2018/11/2018-APEC-Economic-Policy-Report/AEPR-2018.pdf.

③ 德勤. 践行中的社会企业：在悖论中探索前行[EB/OL]. https://www2.deloitte.com/content/dam/Deloitte/cn/Documents/human-capital/deloitte-cn-hc-trend-2020-zh-200519.pdf.

④ APEC. APEC Closing the Skills Gap Report: Trends and Insights. https://www.apec.org/Publications/2020/12/ APEC-Closing-the-Digital-Skills-Gap-Report.

五、中国参与 APEC 数字经济和创新增长合作的新对策

作为全球主要的数字经济大国以及 APEC 最大的发展中经济体，中国应当做好国内数字经济建设，增强自身在全球数字经济领域的竞争力，与此同时，应当在国际社会中充分发挥带动作用，推动 APEC 互联互通与"一带一路"倡议相互促进，推进亚太地区数字贸易自由化、便利化，从而为亚太地区数字经济合作营造良好的外部环境。

第一，着力攻克关键核心技术，培育国际合作新优势。中国应致力于在"卡脖子"技术上实现创新突破，加快在 5G 网络、大数据、智能制造等新兴产业的布局，从而在国际合作中拥有更大的主动权，培育新发展动能和国际合作竞争新优势。具体措施包括：其一，在基础研究上，重点布局一批基础学科研究中心，强化各地区的研究交流和各学科之间的交叉融合；其二，在前沿研究上，建立数字经济研究智库，针对数字经济领域进行前瞻性研究，帮助科技领头企业部署重点实验室；其三，在研究成果应用上，为网络和大数据平台、科技中介服务平台等技术交流交易平台提供资金支持，营造集实体合作、虚拟研发、投资融资、资源共享等多功能于一体的动态集群综合体，以便企业、高校、科研机构相互了解研发成果信息、进行人员交流合作、组建前沿课题攻关团队，加强对面向行业共性问题的研究。

第二，全面提升数字素养，弥合国内数字鸿沟。信息化在中国的个体、企业、地区等层面的发展水平呈现较大差异，使得数字经济效益分配不均等，"强者愈强"的马太效应明显，阻碍了中国数字经济合作的推进和经济包容性增长。对此，中国可从基础设施、数字化转型和人才交流三方面入手，以消除国内数字鸿沟：其一，进一步提高互联网的覆盖率和接入质量，鼓励电信企业对贫困用户群体提供针对性优惠套餐；其二，鼓励传统企业数字化转型，举办中小企业高管数字化转型人员培训和研讨会，推广企业数字化转型最佳范例，大力支持大数据、人工智能等前沿技术手段在传统行业的应用，利用数字技术加快产业结构和产品升级；其三，组织优秀数字技能人才进行跨地区交流、访问，传授数字技术应用经验，帮助贫困落后地区打造数字教育公共服务平台，缩小人力资源技能不匹配的缺口。

第三，做好数字化人才培养顶层设计，契合劳动力市场新需求。中国应加快培养复合型数字化人才，确保劳动力适应市场对技能培训和开发的需求，具体措施包括：其一，以政府机构为人才培养规划领导者，在制订关于加强新时代高技能人才队伍建设意见、职业培训"十四五"规划、技工教育"十四五"规划等政策规划时，将加强数字技能培养作为重要内容；其二，以教育机构为人才培养具体执行者，加强技工院校对于数字技能类人才的职业技能培训，推进对数字技能类人才的评价工作；其三，以企业为人才培养辅助者，创新产学研合作模式，在深度交流合作中加快复合型高技能数字人才的培养，尝试引导高

等教育机构、职业教育机构与企业合作开发基于仿真技术的模拟试验平台、基于人工智能技术的自适应学习平台、基于虚拟现实技术（VR）的模拟环境学习平台等智能学习系统，将智能化学习技术引入人才培养之中，确保输送的人才更符合企业要求。

第四，优化数字营商环境，激发市场主体活力。中国应加快数字营商环境在市场化、法治化、便利化等方面与国际一流水平相对接，从而激发数字经济市场活力，提供良好的数字经济合作环境。具体而言，中国可从技术和制度两方面入手来优化数字营商环境：在技术上，应提升"互联网+监管"水平，通过归集共享各类相关数据，及时发现并防范苗头性和跨行业跨区域风险，为市场主体营造良好的发展环境；在制度上，应夯实数字营商环境法治基础，对新产业、新业态、新模式秉持包容且审慎的管理原则，根除地方保护、所有制歧视等不公平现象，降低制度性交易成本，努力营造开放、公平、公正、非歧视的营商环境。

第五，中国应充分发挥大国经济优势，推动和引领 APEC 数字经济合作的发展。具体而言，中国可以为数字经济发展水平较低的成员提供技术支持，促进各成员在互联网、数字技术上的合作共享，进一步推动 APEC 互联互通与"一带一路"相互促进，推动形成 21世纪的"数字丝绸之路"，推进亚太地区数字贸易自由化便利化，营造更加有利于 APEC 数字经济和创新增长合作开展的良好环境。

参考文献

[1] 史佳颖. APEC 数字经济合作评估及中国的参与策略[J]. 亚太经济，2021（2）：8-17.

[2] 张雪容. 浅析 APEC 方式[J]. 上海综合经济，2001（9）：9-10.

[3] 于晓燕. APEC 区域经济一体化进程与探路者方式[J]. 亚太经济，2009（5）：3-6.

[4] 刘晨阳，曹以伦. APEC 三十年与我国参与亚太区域经济合作的战略新思考[J]. 东北亚论坛，2020，29（2）：3-18，127.

[5] 史佳颖. APEC 数字经济合作：成效与评价[J]. 国际经济合作，2018（10）：26-30.

[6] Joseph R Biden, Jr. Why America Must Lead Again? Rescuing U.S. Foreign Policy After Trump[J]. Foreign Affairs, 2020 (22): 64-76.

推动弥合亚太地区"数字鸿沟"问题研究

谢娟娟　肖姝帆*

摘　要：当前数字技术的蓬勃发展与广泛应用，促使世界经济与贸易发展得更加高效和便利，而 APEC 各成员由于经济水平与数字基础设施建设等发展的不平衡，各成员之间及其内部面临"数字鸿沟"问题。因此，本文在对"数字鸿沟"及衡量方法等进行界定的基础上，首先从亚太地区各成员之间数字化的全球竞争力、固定和移动宽带、固定和移动电话、移动蜂窝覆盖率和 ICT 技能人员水平等角度分析"数字鸿沟"的发展现状及其形成原因；其次，探讨了亚太地区和 APEC 为弥补"数字鸿沟"而制订的发展战略和主持的经济合作项目，以及采取的"探路者行动"、创新信息技术、开展隐私保护、开发数字人力资源和促进中小微企业发展等方面的相应措施；最后，提出相应的对策建议。

关键词：数字鸿沟；数字基础设施；信息技术；探路者行动

随着数字经济时代的到来，数字技术的蓬勃发展与广泛应用，促使世界经济与贸易更加高效和便利发展。特别是 2019 年底开始的、给全球经济造成巨大冲击的新冠肺炎疫情的大流行，加速了全球数字化发展，由互联网、大数据、云计算、人工智能、区块链等一系列技术创新支撑的远程医疗、在线教育、网上购物、抗疫应用等，在应对重大公共卫生事件所面临的挑战，促进消费、维系社会和生活正常运转方面起到了至关重要的作用。世界银行早在《2016 年世界发展报告：数字红利》中就指出，数字技术正在成为推动经济和社会发展的新动力，由此带来了经济增长、就业增加和服务便利等数字红利。但是，由于亚太地区各经济体间的数字基础设施发展不平衡，互联网普及率、数字技能人才水平等差异较大，数字竞争力较强的发达国家和竞争力较弱的发展中国家之间的差距愈发明显，各经济体之间的"数字鸿沟"逐渐加剧。2019 年 6 月，联合国贸易和发展会议发布了《2019 年数字经济报告》，呼吁全球共同努力，缩小数字鸿沟，让更多人共享数字经济发展的成果。

＊谢娟娟，南开大学经济学院教授；肖姝帆，南开大学经济学院博士研究生。

因此，在此背景下，探讨亚太地区存在的"数字鸿沟"问题以及如何弥合其差距具有重要的现实意义。

一、"数字鸿沟"的界定与测度

（一）"数字鸿沟"的产生

数字鸿沟（Digital Divide）是指在那些拥有信息时代工具的人以及那些未曾拥有者之间存在的鸿沟[1]，而以互联网为代表的信息技术的快速发展是缩小数字鸿沟的根本途径[2]。2001 年，经济合作与发展组织（OECD）在《理解数字鸿沟》报告中，将数字鸿沟定义为具有不同社会经济水平的个人、家庭、企业和地区在接入互联网的机会以及利用信息数字技术进行各种活动的差距。2002 年，国际电信联盟（ITU）对数字鸿沟做如下解释：贫穷导致教育设施中缺乏现代化技术，以及由于文盲而形成的贫穷国家与富裕发达国家之间、城乡之间和代际在获取信息和通信新技术方面的不平等。2004 年，全球信息基础设施委员会（GIIC）对数字鸿沟的定义如下：影响个体、社会团体、国家和地区接入与信息经济相关的技术、实现有效应用这些技术的教育技能等一系列要素的集合体。莫娜·法里德·巴德兰（Mona Farid Badran，2014）把数字鸿沟定义为"能够永久、有效获取新信息通信技术的国家与没有获取新信息通信技术的国家之间的差距"。我国国家信息中心发布的《中国数字鸿沟报告 2013》将数字鸿沟定义为，不同社会群体之间在拥有和使用现代信息技术及其程度上存在的差距，考察变量方面，主要以互联网、计算机、固定电话和移动电话、彩色电视机的普及和应用为依据。

因此，互联网的使用在国家之间以及国家内部的分布是不平等的，归纳起来可以分为三个层次的"数字鸿沟"：接入互联网与否的差异，是第一层面的数字鸿沟；信息通信技术使用上的差异，是第二层面的数字鸿沟；因信息技术使用差异而带来的互联网收入差异，是第三层面的数字鸿沟。

1. 第一层面的数字鸿沟

第一层面的数字鸿沟是基础设施和服务的差异导致的互联网接入与否的差距，是数字鸿沟最初的表现形式。美国国家远程通信和信息管理局（NTIA，1999）指出，能够拥有社会提供的最好信息技术的人与无法获得这些服务的人之间的差距就是数字鸿沟。此外，数字鸿沟并不只是提供平等的互联网接入，更多的是解决技能和应用方面的问题（许竹青等，2013）。随着越来越多的用户连接到互联网，处于劣势的群体互联网使用率显著增加，第一层面的数字鸿沟不再是主要表现形式。

---

[1] NTIA 在 1999 年发布的《在网络中落伍：定义数字鸿沟》报告。
[2] NTIA 在 2000 年发布的《在网络中落伍：走向数字化》报告。

2．第二层面的数字鸿沟

第二层面的数字鸿沟是指信息技术使用方面的差距，是数字鸿沟较为普遍的一种定义（Dijk and Hacker，2003），也就是 OECD（2002）界定的数字鸿沟，是处于不同社会经济发展水平的个人、家庭、企业和地区之间在获得 ICT 的机会以及使用上存在的差距。这一差距同样能加剧人们在社会生活中的不平等地位。郜书锴等（2014）强调，数字鸿沟包含硬件和软件的差异。硬件差异是指互联网接入的差异，软件差异是新技术应用能力的差异。简言之，尽管越来越多的落后地区接入了互联网，但不同地区之间在互联网的使用层面又产生了差距，这就是第二层面的数字鸿沟。

3．第三层面的数字鸿沟

由于互联网接入、使用差异而产生的不平等结果是第三层面的数字鸿沟。胡延平（2002）指出，数字鸿沟是在全球数字化进程中，不同国家、地区、行业、企业、个体之间由于对信息、网络技术的应用程度不同而产生的信息落差及贫富分化问题，以及进而产生的影响和后果。彼佳等（Perya et al，2018）强调，数字鸿沟包括 ICT 使用差异以及与之相关的信息数据和社会机会差异。总的来说，由于对信息技术的使用差异而产生的一系列不平等后果，就是第三层面的数字鸿沟。

（二）"数字鸿沟"的测度

世界经济发展的不平衡性也表现为日益扩大的数字鸿沟。发达国家发达的信息技术进一步强化了其竞争优势，而大多数发展中国家则处于信息贫困中，技术的不平等把能使用电脑、互联网的人与不能使用的人分隔开来，因此，贫困和数字鸿沟之间有着密切的关系。博斯公司[①]（2012）使用 0～100 的数字化指数发现，一个经济体的数字化程度每增加 10%，人均 GDP 就会增加 0.75%。米格尔等（2021）用人类发展指数（HDI）和信息通信技术发展指数（IDI）来测度地中海沿岸国家的经济和数字鸿沟，发现信息技术的发展对人类经济社会的发展有积极的影响。

由于研究视角与研究对象的不同，学者所采用的测度方法也有一定的差异。表 1 梳理了目前文献中对数字鸿沟的测度方法，包括绝对差距法、相对差距法、时间差距法、信息智商测度法、平均差别法、相对差距综合指数法和虚拟变量法等。美国国家电信管理中心（1999）使用绝对差距法和相对差距法分析了数字鸿沟的趋势和程度，但这两种测度方法有时甚至会得出相反的结论。西切尔（Sicherl，1999）计算了两地互联网普及率达到特定水平的时间差，以此来衡量两个地区的数字鸿沟。阿奎特（Arquette，2002）提出衡量地区间数字鸿沟的信息智商测度法（Information Intelligence Quotient，IIQ），将数字鸿沟定义为一种综合性的差距，即数字鸿沟是 ICT 基础设施建设、ICT 的拥有及 ICT 的使用这三个维度

---

① 博斯公司（Booz & Company）是全球顶尖的管理咨询公司，2014 年普华永道宣布对博斯公司的合并成功，此后更名为"Strategy&"。

的综合。刘骏和薛伟贤（2012）则从信息技术意识、信息技术接入、信息技术利用、信息技术环境等多个维度构建指标体系来测度数字鸿沟。祝建华（2002）使用平均差别法，把每一阶层的网民比例与社会相应总体人口中的网民比例之差累加起来测度数字鸿沟。张新红（2008）提出了使用相对差距综合指数法测算数字鸿沟。罗廷锦和茶洪旺（2018）从宏观视角出发，对不同国家和地区之间的数字鸿沟进行测度。此外，还有文献采用虚拟变量来反映信息技术在个体使用上的差异（宋红岩，2016；张丽等，2018）。

表 1   数字鸿沟的测度方法

测度方法	原理	计算指标	代表性文献
绝对差距法	计算不同地区或群体间在信息技术水平上存在的绝对差值 $Q_i = X_i - Y_i$	电话、计算机、互联网普及率	NTIA（1999）
		信息技术意识、信息技术接入、信息技术利用、信息技术环境	刘骏和薛伟贤（2012）
相对差距法	计算不同地区或群体间在信息技术水平上存在的相对比例 $Q_i = \dfrac{X_i}{Y_i}$	电话、计算机、互联网普及率	NTIA（1999）
		信息资源开发利用、信息网络建设、信息技术普及与应用、信息产业发展、信息化人才、信息化发展政策	金兼斌（2003）
		宽带普及率	Kyriakidou 等（2011）
时间差距法	计算两地互联网普及率达到特定水平的时间差	互联网普及率	Sicherl（1999）
信息智商测度法	计算不同地区间信息智商的差距 $IIQ = I + A + U$	ICT 基础设施建设（Infrastructure）、ICT 的拥有（Accessibility）、ICT 的使用（Use）	Arquette（2002）
平均差别法	计算每一阶层的网民比例与社会相应总体人口中网民比例之差异的累加 $DDI = \sum_{i=1}^{m} A_i P_i$	网民比例	祝建华（2002）
相对差距综合指数法	①计算指标相对差距：两研究对象在主要考察指标方面相对差距的大小 $Q_i = 1 - \dfrac{X_j}{Y_j}$	互联网普及率、计算机普及率、固定电话普及率、移动电话普及率	张新红（2008）
	②计算分类数字鸿沟：某一类数字鸿沟指数 $P_i = \sum_{j=1}^{n} B_j Q_j$ ③计算数字鸿沟指数 $DDI = \sum_{i=1}^{m} A_i P_i$	信息基础设施、信息利用、信息意识、信息环境	罗廷锦和茶洪旺（2018）
虚拟变量法	将反映信息技术水平的指标用 0 或 1 表示，衡量个体之间的信息差距	接入沟、技能沟、内容沟、愿望沟	宋红岩（2016）
		信息的可接入性、信息资源利用能力、信息价值欣赏能力	张丽等（2018）

资料来源：由张正平、卢欢（2020）整理所得。

二、亚太地区"数字鸿沟"的现状

2020 年麦肯锡消费者与企业调查显示，新冠肺炎疫情加速了全球消费者和企业更快地采用数字服务和技术。亚太地区也努力借助数字应用、数字服务、生成的数据、数字基础设施等应对新冠肺炎疫情冲击，尽快实现经济恢复。例如，新冠肺炎疫情期间，韩国和新加坡政府有效利用数字技术来遏制病毒传播，但 APEC 成员中既包含处于全球数字经济和社会发展顶端的发达国家，也包含数字基础设施极度贫乏的发展中国家，不同经济体对 ICT 的使用存在很大差异，加剧了国家之间以及国家内部明显的数字不平等现象。

（一）亚太地区的全球数字竞争力地位及其内部差距

根据瑞士洛桑国际管理发展学院（International Institute for Management Development，IMD）发布的"2020 年全球数字竞争力排名"可知，全球 63 个国家 2020 年的数字竞争力排名中包含了 18 个 APEC 成员①（如表 2 所示）。通过图 1 可以直观地看出，APEC 成员之间的数字鸿沟不容小觑。

表 2　APEC 成员 2016—2020 年全球数字竞争力排名

APEC 成员	2016	2017	2018	2019	2020
美国	2	3	1	1	1
新加坡	1	1	2	2	2
中国香港	11	7	11	8	5
韩国	17	19	14	10	8
中国台北	16	12	16	13	11
加拿大	5	9	8	11	12
澳大利亚	14	15	13	14	15
中国	35	31	30	22	16
新西兰	10	14	19	18	22
马来西亚	24	24	27	26	26
日本	23	27	22	23	27
泰国	39	41	39	40	39
智利	37	40	37	42	41
俄罗斯	40	42	40	38	43
墨西哥	52	49	51	49	54
秘鲁	58	62	60	61	55
印度尼西亚	60	59	62	56	56
菲律宾	46	46	56	55	57

资料来源：根据 IMD 发布的"2020 年全球数字竞争力排名"所涵盖的全球 63 个国家中选取了 18 个 APEC 成员。

---

① 全球数字竞争力排名中没有统计文莱、巴布亚新几内亚、越南这 3 个 APEC 成员。

　　2018—2020 年，美国和新加坡在全球数字竞争力排名中稳居第一和第二，2020 年中国香港、韩国的数字竞争力排名分别位列第五和第八。而墨西哥、秘鲁、印度尼西亚、菲律宾等国家的数字竞争力排名比较靠后。受资金短缺的限制，数字竞争力排名靠后的国家对数字基础设施投入不足，导致信息化程度较低，宽带服务网络使用成本居高不下，跨境电子商务平台及完备的物流供应链基础严重短缺，与数字经济发展势头较为迅猛的美国、新加坡等发达国家形成了鲜明的对比。

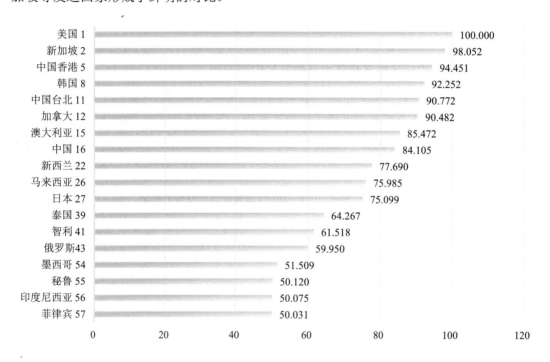

图 1　APEC 成员 2020 年全球数字竞争力排名

资料来源：根据 IMD 发布的"2020 年全球数字竞争力排名"整理而得。

　　注：图中分数是 IMD 出于构建图表和图形的目的而生成的索引（0～100）；左侧 APEC 成员后的数字表明 2020 年该成员的全球数字竞争力排名情况。

（二）固定和移动宽带市场的技术鸿沟

　　根据 ITU 的统计数据，2010—2020 年亚太地区的固定和移动宽带市场有了显著的增长（如图 2 所示），具有发展移动宽带和固定宽带的巨大潜力。活跃移动宽带用户数和增速远超过固定宽带，二者的差距日益增大。预计 2020 年固定宽带普及率为平均每百名居民中有 15.0 个签约用户，移动宽带普及率为平均每百名居民中有 76.6 个签约用户，这一水平几乎与全球平均水平相当[①]。

---

　　① ITU 最新报告于 2020 年 11 月发布，尚无 2020 年实际数据。

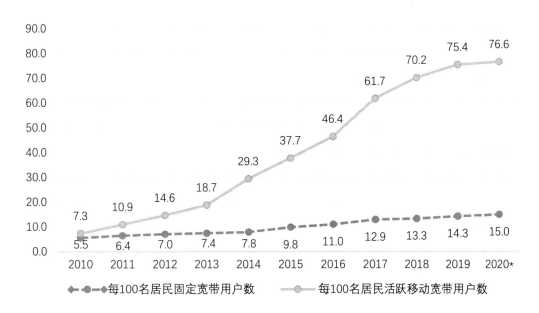

图 2　亚太地区 2010—2020 年固定和移动宽带用户数

资料来源：ITU World Telecommunication/ICT Indicators Database.

注："*"表示预测数据。

2019 年 APEC 成员中，韩国、加拿大、中国香港、澳大利亚、美国、日本、中国的每百名居民固定宽带签约用户数已超过 30 个（如图 3 所示），而泰国、文莱、马来西亚、菲律宾、印度尼西亚的每百名居民固定宽带签约用户数（14.8 个）低于世界平均水平。从移动宽带订购用户数目来看，日本、新加坡、美国、文莱、中国香港的每百名居民中有 140 个以上签约用户，尤其是日本，活跃移动宽带签约用户数高达 203 个，遥遥领先于其他各经济体。但是，越南和菲律宾的移动宽带签约用户数尚未达到世界平均水平（74.2 个）。由此可见，虽然亚太地区具备发展固定宽带和移动宽带的巨大潜力，但各经济体的发展程度差距较大，尤其是成员中的发达国家远远领先于数字技术发展较为滞后的许多发展中国家，存在着宽带数字鸿沟。

（三）固定电话和移动电话使用的差距

按照 ITU 统计的亚太地区 2005—2020 年每百名居民的固定电话和移动蜂窝电话签约用户数（如图 4 所示），2019 年亚太地区每百名居民的移动蜂窝电话签约用户数达到了 110.3 个，是 2005 年的近 5 倍。相反，固定电话用户数基本上呈下降趋势，2006 年达到固定电话签约用户的峰值，为每百名居民中有 15.5 个签约用户，此后一路下跌，2019 年仅剩 9.0 个签约用户。因此，移动智能手机凭借方便快捷、智能高效的优势，逐渐俘获了大部分用户，固定电话用户数量日趋减少。

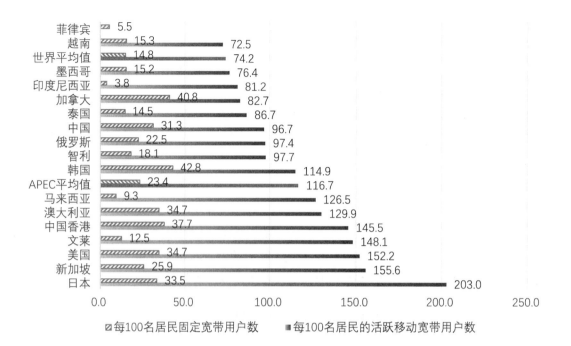

图 3 APEC 成员 2019 年固定宽带和移动宽带用户数

资料来源：ITU World Telecommunication/ICT Indicators Database.

注：APEC 成员中的新西兰、秘鲁、巴布亚新几内亚、中国台北缺乏数据，暂未统计。菲律宾缺少 2019 年每 100 名居民活跃移动宽带用户数。

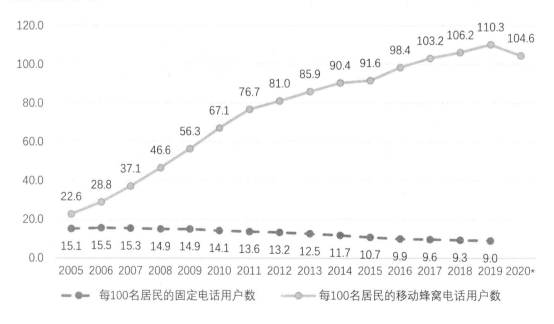

图 4 亚太地区 2005—2019 年固定电话和移动电话用户数

资料来源：ITU World Telecommunication/ICT Indicators Database.

中国香港、日本、韩国每百名居民的固定电话签约用户数超过 48 个（如图 5 所示），而泰国、菲律宾、越南、印度尼西亚低于世界平均水平，后三个国家每百名居民的固定电话签约用户数甚至低于 4 个。从移动蜂窝电话签约用户来看，中国香港、泰国、俄罗斯、新加坡、菲律宾每百名居民的签约用户数均超过 150 个，中国香港远远多于 APEC 其他成员。相反，墨西哥和加拿大的移动蜂窝电话签约用户数量低于世界平均水平。泰国、菲律宾、越南等的用户大多选用了移动蜂窝电话而非固定电话，中国香港、日本、韩国等的用户的固定电话和蜂窝移动电话签约数量都较高。电话签约与移动蜂窝电话签约用户数量在一定程度上反映出其对数字经济发展的重视程度。APEC 成员之间固定电话和移动电话签约用户数量差异较大，也反映出成员之间电话数字鸿沟的存在。

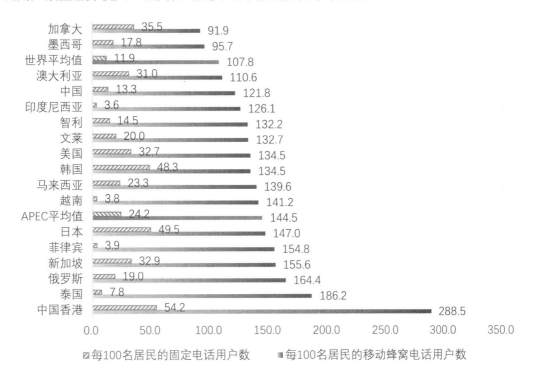

图 5　APEC 成员 2019 年固定电话和移动电话用户数

资料来源：ITU World Telecommunication/ICT Indicators Database.

注：APEC 成员中的新西兰、秘鲁、巴布亚新几内亚、中国台北缺乏数据，暂未统计。

（四）移动蜂窝覆盖率的差异

2019 年亚太地区移动蜂窝网络覆盖率达 98.6%（如表 3 所示）。亚太地区的城乡之间有一定的差距但不明显，2015 年亚太地区城镇移动蜂窝网络覆盖率已达 100%，而农村移动蜂窝网络覆盖率为 92.7%。据 ITU 预计，2020 年亚太地区农村移动蜂窝网络覆盖率将达 97.2%。3G 移动网络覆盖率从 2015 年的 79.6%扩大到 2019 年的 95.9%，预计 2020 年将达到 96.1%。从移动宽带信号可及范围内的人口来看，2019 年就已达到 93.6%，预计 2020 年将达到 94.2%。

表 3　亚太地区 2015—2020 年移动蜂窝网络覆盖率　　　　　　单位：%

指标	2015	2016	2017	2018	2019	2020*
移动蜂窝网络覆盖率	96.1	96.6	97.7	97.9	98.6	98.6
移动蜂窝网络覆盖率_城镇	100.0	100.0	100.0	100.0	100.0	100.0
移动蜂窝网络覆盖率_农村	92.7	93.5	95.5	95.9	97.2	97.2
至少有 3G 移动网络的覆盖率	79.6	86.8	90.9	93.9	95.9	96.1
至少被长期演进/全球微波互联接入技术（LTE/WiMAX）移动网络覆盖的人口率	41.6	72.5	86.9	91.4	93.6	94.2

资料来源：ITU World Telecommunication/ICT Indicators Database.

注："*"表示 2020 年是预测数据，ITU 尚未公布 2020 年的实际数据。

2019 年 APEC 成员的移动蜂窝网络覆盖率基本接近 100%（如表 4 所示），仅马来西亚（96.7%）和墨西哥（95.8%）的移动蜂窝网络覆盖率低于 98%。总体上 3G 移动网络的覆盖率要高于 4G 移动网络，大部分经济体的 3G 和 4G 移动网络覆盖率持平。其中，马来西亚和俄罗斯的 4G 移动网络覆盖率低于 90%，分别是 87.2% 和 87.7%。总的来说，APEC 成员间移动蜂窝网络覆盖的差距不明显，数字鸿沟较小。

表 4　APEC 成员 2019 年移动蜂窝网络覆盖率　　　　　　单位：%

成员	移动蜂窝网络覆盖率	至少有 3G 移动网络的覆盖率	至少有 4G 移动网络的覆盖率
美国	99.9	99.9	99.9
新加坡	100.0	100.0	100.0
中国香港	100.0	99.0	99.0
韩国	99.9	99.9	99.9
加拿大	99.7	99.5	99.5
澳大利亚	99.5	99.5	99.4
中国	99.9	99.9	99.9
马来西亚	96.7	95.5	87.2
日本	99.9	99.9	—
泰国	98.0	98.0	98.0
俄罗斯	98.9	87.7	87.7
墨西哥	95.8	94.8	90.8
印度尼西亚	98.7	96.9	97.6
文莱	99.0	96.0	95.3
越南	99.8	99.8	97.0

资料来源：ITU World Telecommunication/ICT Indicators Database.

注：APEC 成员中的新西兰、智利、秘鲁、巴布亚新几内亚、菲律宾、中国台北缺乏数据，暂未统计。

（五）个人互联网使用率水平的差异

2017—2019 年期间，几乎每个 APEC 成员的个人互联网使用率都在增长（如图 6 所示），从 2005 年的不足 10% 增加到 2019 年的 44.5%，这与近 10 年来互联网的快速普及密不可分。

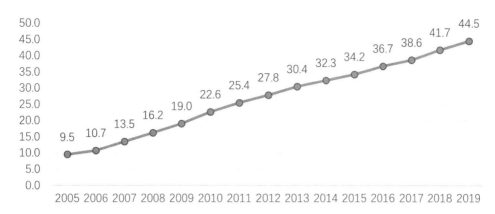

图6 亚太地区2005—2019年个人互联网使用率（单位：%）

资料来源：ITU World Telecommunication/ICT Indicators Database.

在韩国、文莱、加拿大、中国香港、日本、新西兰这6个成员中，超过90%的个人使用了互联网，而中国的个人互联网使用率仅为54.3%（如图7所示）。印度尼西亚、菲律宾、巴布亚新几内亚的个人互联网使用率不足50%，尤其是巴布亚新几内亚，2019年仅有11.2%的个人使用互联网，与APEC其他成员形成明显差距。总体而言，APEC成员在提高个人互联网使用率方面还存在巨大空间，在互联网接入、设备和需求的关键驱动因素方面还有改进的空间。

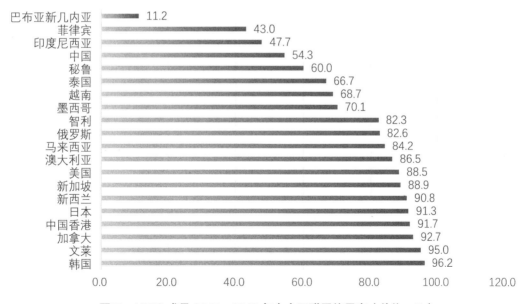

图7 APEC成员2017—2019年个人互联网使用率（单位：%）

资料来源：ITU World Telecommunication/ICT Indicators Database.

注：以下成员2019年数据缺失，使用了2017年或2018年的值：美国（2018年）、日本（2018年）、澳大利亚（2017年）、中国（2017年）、新西兰（2017年）、马来西亚（2017年）、俄罗斯（2017年）、越南（2017年）。中国台北缺乏数据，暂未统计。

（六）ICT 技能人员的技术水平差异

将 ICT 技能人员按照基本、标准、高级进行区分[①]后，从 2017—2019 的 APEC 成员可获样本可以看出，这 11 个经济体之间的差距较为明显（如图 8 所示）。韩国在基本和标准 ICT 技能方面均遥遥领先，文莱、马来西亚、日本、新加坡、中国香港地区的基本 ICT 技能人员比例均在 50% 以上，而泰国和菲律宾的基本技能水平较为落后，菲律宾仅有 6.4% 的基本 ICT 技能人员。马来西亚和日本的标准 ICT 技能人员占比约为 50%，而泰国的标准 ICT 技能水平仅为 9.5%。除文莱外，可用数据中其余成员的高级 ICT 技能人员占比均不足 10%。在 ICT 技能人员方面，各成员之间的差异较大，基本技能人员占比较高，高级技能人员占比普遍不足。

因此，ICT 技能人才是各经济体发展数字经济的基石，提升 ICT 技能人才的比例可以有效增强各成员的数字竞争力，进而弥合数字鸿沟。

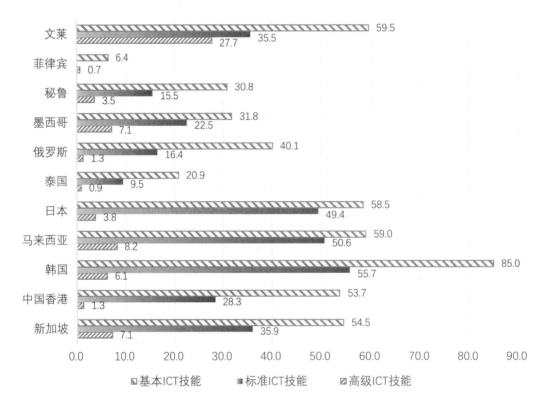

图 8   2017—2019 年 APEC 成员中具备基本、标准、高级 ICT 技能的人员比例（单位：%）

资料来源：ITU World Telecommunication/ICT Indicators Database.

注：以下成员 2019 年数据缺失，使用了 2017 年或 2018 年的值：日本（2018 年）、秘鲁（2018 年）、马来西亚（2017 年）、俄罗斯（2017 年），其他经济体的数据均来自 2019 年。APEC 其他成员缺乏相关数据。

---

① ITU 对不同 ICT 技能水平的定义，基于计算机活动分为基本技能值、标准技能值、高级技能值。

三、APEC"数字鸿沟"存在的原因

随着数字技术的迅猛发展，经济全球化呈现出向数字全球化转型的迹象。经济全球化的转型不仅是全球价值链物理分布和产业结构的重新布局，更是一种深层次的结构性变化（黄鹏等，2021）。而 APEC 各成员由于经济发展水平和产业基础的不平衡，在数字经济全球化的背景下，存在信息化发展差距较大和数字素养存在差异等，使得各国之间的数字鸿沟愈发凸显。

（一）APEC 成员间经济发展的不平衡性

经济因素是造成数字鸿沟的最重要原因。由于 APEC 中的不同经济体之间原本的经济发展水平和产业结构极不平衡，数字经济发展的速度存在较大差异，因而 APEC 各成员间呈现出较为明显的数字鸿沟。比利等（Billon et al，2010）对 142 个国家的数据进行分析发现，国内生产总值（GDP）是唯一对所有国家的数字化发展有显著影响的因素。普斯波塔·萨里和石井（Puspitasari and Ishii，2016）提出，尽管智能手机逐渐普及，但经济发展滞后地区的移动网络消费和智能手机多功能的使用明显受到经济因素的制约。黄鹏等（2021）针对数据要素跨境自由流动，分析了除极少数数字经济发达的经济体外，其余经济体普遍存在如下问题：新兴的全球数据价值链很可能会将大多数国家定位为数据流的供应方，而只有接收大部分数据的少数平台和国家才能将其转变为增值数据产品，进而实现数据流的货币化，并最终导致各经济体在全球数据价值链中利益分配的巨大鸿沟，这均源于各经济体经济发展水平的差异。例如，美国拥有充裕的数字化资本和绝对的平台优势，因而极力推动数据要素的跨境自由流动；而发展中经济体虽在数字化浪潮中发展较为快速，但出于对数字经济发展保留充分政策空间的考虑，对数据完全自由流动基本持反对态度。

（二）APEC 成员的数字基础设施水平差距较大

APEC 各成员对于数字基础设施建设的着力点和投资能力也不尽相同。而基础设施建设等公共政策的实施可以促进 ICT 的获取和使用，增强数字竞争力，缓解数字鸿沟问题（菲利普等，2017）。

在 APEC 成员中，美国和新加坡的数字化发展引领着全世界。美国是世界上数字技术发展最快的国家，其数字基础设施建设也遥遥领先。2018 年 10 月，美国财政部会同科技部门推动实施《国家先进制造业战略计划》，旨在利用新政策、新机制发展新技术、新能源，夯实制造业与国防产业基础，构建智能与数字制造新模式，打造先进工业机器人，优化人工智能基础设施，营造制造业网络安全氛围。日本为实现 ICT 基础设施高质量发展，2019 年底财务省对 ICT 基建资金监管、评价提供了系统性的操作指引，并从经济效率、社会包容性、安全性与弹性、发展的可持续性、便利程度 5 个方面对 ICT 基建质量进行评估。

而巴布亚新几内亚、秘鲁等成员的信息基础设施严重不足、互联网接入率偏低（史佳

颖，2021）。从发展结果来看，相比发展中成员，APEC 发达成员的数字产业化、产业数字化程度都更高，数字化治理更完善，数据价值化挖掘也更充分。由此，数字经济红利分配格局呈现出 APEC 发达成员多、发展中成员少的局面，这势必会进一步拉大本已存在的地区发展不平衡、不协调问题。联合国贸易和发展会议发布的研究报告《新冠肺炎疫情危机：强调弥合数字鸿沟的必要性》中指出，数字经济发达国家的市场支配地位可能会因为疫情而进一步增强（UNCTAD，2020），这会进一步拉大 APEC 发达成员与发展中成员之间的裂痕，使得 APEC 成员的不稳定因素增加。

（三）APEC 成员的数字素养水平的差异

数字素养是一个多学科概念，基本内容包括信息素养、计算机素养、媒体素养、沟通素养和技术素养（Krish Chetty et al，2018）。计算机或信息素养是指操作数字硬件和软件的能力；媒体素养涵盖多种信息流，是与文本、声音、图像、视频和社交媒体互动的能力；沟通素养是指在传统媒介和创新媒介中进行沟通的能力；技术素养是指在特定的生活环境中采用各种技术的能力。联合国教科文组织（UNESCO，2011）将数字素养描述为使用数字媒体、进行信息处理和检索所需的一套基本技能。数字素养使人们能够参与社会网络，创造和分享知识，并支持广泛的专业计算技能。

由于 APEC 成员在经济、社会、历史、文化等多方面发展程度不同，各国对于数字技术的掌握程度存在差异，即数字素养存在差异，进而造成数字鸿沟。张新红（2008）指出，数字鸿沟形成的主要原因包括：经济发展或收入水平、教育水平和知识能力、政策环境、个人习惯、年龄及体能等因素。蒙铁尔和曼纽尔（Montiel and Manuel，2016）发现，墨西哥家庭是否有互联网接入而产生的数字鸿沟可能是由硬件设备差别导致的，但如果没有关于技能普及方面的有效措施，单凭基础设施也无法解决数字鸿沟。普斯皮塔·萨里和石井（Puspitasari and Ishii，2016）指出，即使每个人都有智能手机，如果无法有效利用，深层次的数字鸿沟仍将存在，这表明提升 ICT 技能才是缩小数字鸿沟的关键。ICT 技能、教育、个人对互联网的态度、经济状况、社会资本和年龄方面的差异都会导致互联网使用上的差距（菲利普等，2017）。

此外，不同国家内部不同群体之间的数字素养也存在着不均衡，老年人、妇女、残疾人和贫困人口等群体学习和应用数字新技术存在困难。这部分人群数字经济活动参与度偏低，或因技能欠缺无法胜任数字岗位职责。农村地区更是面临"双重数字鸿沟"的压力，信息基础设施不足和人力资本、数字技能缺乏相叠加（史佳颖，2021）。以中国为例，中国社会科学院信息化研究中心发布的《乡村振兴战略背景下中国乡村数字素养调查分析报告》显示，城乡居民数字素养差距达 37.5%，农民数字素养得分显著低于其他职业类型群体。如果不能处理好这些矛盾和问题，可能造成数字鸿沟加深，弱势群体被边缘化，包容性增长失去基础和广泛支持。

四、APEC 推动弥合"数字鸿沟"的进展及效果

为弥合 APEC 成员由经济发展水平、社会制度、文化环境、数字基础设施、数字素养等方面存在差异导致的巨大的数字鸿沟，提高亚太经合组织的合作效率，APEC 从多个方面采取措施。其中，"探路者方式"（Pathfinder Approach）是 APEC 运行机制的重要创新，有力地推动了 APEC 单边行动向集体行动的过渡，也为缩小 APEC 成员间的数字鸿沟打下了基础。

（一）APEC 推动数字经济发展的相关战略

1．APEC 采取的数字经济合作行动

1998—2020 年间，随着互联网和数字技术在经济领域的广泛应用，APEC 不断深化其在数字经济方面的合作，从数字基础设施建设、电子商务等数字经济的传统领域，逐步向数字贸易、网络安全、隐私保护、标准和规则制定等高层次合作深入（如表 5 所示）。

表 5　1998—2020 年 APEC 采取的数字经济合作行动

年份	数字经济相关行动
1998	《APEC 电子商务行动蓝图》
1999	成立"电子商务指导小组"（ECSG）
2000	《新经济行动议程》 设立"文莱目标"，要求发达成员在 2005 年前、发展中成员在 2010 年前实现无纸化贸易
2001	《数字 APEC 战略》
2002	《关于实施 APEC 贸易和数字经济政策的声明》 以"探路者方式"开展数字经济合作
2004	《APEC 隐私框架》
2007	"数据隐私探路者计划" "跨境隐私规则体系"（CBPR）
2008	《APEC 数字繁荣清单》 发布"曼谷宣言"，承诺 2015 年将在亚太地区实现普遍宽带接入
2010	"APEC 跨境隐私执行安排" 发布"冲绳宣言"，设立了 2020 年实现下一代高速宽带普遍接入的目标
2014	《APEC 促进互联网经济合作倡议》 《APEC 跨境电子商务创新与发展倡议》
2015	成立"互联网经济临时指导小组"（AHSGIE）
2017	《APEC 互联网与数字经济路线图》 《APEC 跨境电子商务便利化框架》 《APEC 数字时代人力资源开发框架》
2018	《APEC 数字经济行动计划》 成立"数字经济指导小组"（DESG） 成立"数字创新工作组"（DIWG）
2019	将数字经济作为即将召开的 APEC 会议重点议题
2020	落实《APEC 互联网与数字经济路线图》，深入挖掘数字经济模式在拓展商机、增加社会参与度方面的潜力

资料来源：根据 APEC The Meeting Document Database 整理。

2．APEC 成员主持的数字经济合作项目

2006—2020 年间，APEC 的 21 个成员共发起数字经济合作项目 335 项，涵盖了信息通信技术应用和数字化转型（总计 116 项，占比 34.6%）、规制合作（总计 47 项，占比 14%）、电子商务和数字贸易（总计 43 项，占比 12.9%）、数字时代下的中小微企业发展（总计 42 项，占比 12.5%）、数字素养和数字人力资源培育（总计 35 项，占比 10.5%）、数字基础设施建设（总计 23 项，占比 6.9%）、数据跨境流动和数据隐私（总计 19 项，占比 5.7%）、网络安全（总计 10 项，占比 3%）共 8 个领域（如表 6 所示）。

表 6　2006—2020 年 APEC 成员主持的数字经济合作项目

	APEC 成员	项目数	领域及数量
发达成员	美国	40	数字化转型（7），规制合作（11），电子商务（1），中小微企业发展（5），数字人力资源培育（5），数字基础设施建设（2），数据隐私（6），网络安全（3）
	韩国	30	数字化转型（13），规制合作（4），电子商务（6），中小微企业发展（2），数字基础设施建设（2），数据隐私（2），网络安全（1）
	澳大利亚	20	数字化转型（6），规制合作（2），中小微企业发展（2），数字人力资源培育（2），数字基础设施建设（3），数据隐私（3），网络安全（2）
	日本	18	数字化转型（8），规制合作（2），电子商务（3），数字人力资源培育（3），数字基础设施建设（2）
	新加坡	9	数字化转型（2），规制合作（2），数字基础设施建设（4），数据隐私（1）
	新西兰	7	数字化转型（1），规制合作（5），数据隐私（1）
	加拿大	4	数字化转型（1），电子商务（1），数字人力资源培育（1），数据隐私（1）
发展中成员	中国	56	数字化转型（28），规制合作（3），电子商务（15），中小微企业发展（7），数字基础设施建设（3）
	越南	27	数字化转型（4），规制合作（2），电子商务（4），中小微企业发展（10），数字人力资源培育（4），数字基础设施建设（1），数据隐私（2）
	俄罗斯	26	数字化转型（14），规制合作（4），电子商务（6），数字人力资源培育（2）
	秘鲁	22	数字化转型（7），规制合作（5），电子商务（5），中小微企业发展（3），数字基础设施建设（1），数据隐私（1）
	智利	15	数字化转型（5），规制合作（3），中小微企业发展（2），数字人力资源培育（4），数字基础设施建设（1）
	马来西亚	11	数字化转型（4），中小微企业发展（1），数字人力资源培育（3），数字基础设施建设（2），网络安全（1）
	泰国	10	数字化转型（4），电子商务（1），中小微企业发展（1），数字人力资源培育（2），数字基础设施建设（1），数据隐私（1）
	中国台北	10	数字化转型（2），中小微企业发展（3），数字人力资源培育（4），数据隐私（1）

APEC 成员	项目数	领域及数量
巴布亚新几内亚	8	数字化转型（3），规制合作（1），电子商务（1），数字人力资源培育（1），网络安全（2）
墨西哥	7	数字化转型（2），规制合作（3），中小微企业发展（2）
菲律宾	7	数字化转型（2），中小微企业发展（3），数字人力资源培育（1），数字基础设施建设（1）
印度尼西亚	7	数字化转型（2），中小微企业发展（1），数字人力资源培育（3），网络安全（1）
中国香港	1	数字化转型（1）
文莱	0	—

资料来源：根据 APEC Project Database 和史佳颖（2021）整理。

（二）APEC 弥合"数字鸿沟"所采取的措施

随着数字环境的不断改变以及云计算、大数据、移动互联等 ICT 的迅速发展，弥合数字鸿沟不仅仅要解决互联网的接入问题，还要考虑用户使用 ICT 的能力、ICT 的信息传输等方面的问题。APEC 针对亚太地区已经存在的数字鸿沟，从多个方面采取了弥合措施。

1. 以"探路者行动"展开合作

APEC"探路者方式"，即允许和鼓励部分有条件的成员率先制订单边行动计划，推动前沿议题的合作，待积累足够经验或条件成熟后，再将合作逐步推广至全体成员。[1]截至2020 年 12 月，APEC 共实施探路者行动 16 项，其中涉及信息通信技术及相关技术创新、标准一致化、数字贸易和数字经济等数字经济议题的行动共计 9 项。[2]由澳大利亚发起的"数据隐私"探路者计划（2007—2012 年），推动 APEC 确立了"隐私探路者原则"，建立了"跨境隐私规则体系"（CBPR），完成了由 APEC 探路者计划向集体行动计划的过渡，标志着亚太地区在数据隐私保护方面取得了重要进展。

2. 创新信息通信技术

APEC 一向重视信息通信技术领域的合作，数字基础设施建设是推动互联网和数字经济发展的必要条件。2006—2020 年，信息通信工作组在数字基础设施建设、电子商务、数字贸易、ICT 创新、网络安全、隐私保护、规制合作等重点领域实施了 109 项合作项目。[3]亚太地区的信息通信技术合作主要集中在两个领域：一是在互联网接入的基础上，继续加强数字基础设施建设，降低接入成本，提高接入质量和速度，鼓励亚太地区 5G 网络生态系统的创新和多元化；二是推动建立安全、可信任的信息通信技术发展环境。互联网的接

---

① 2001 年 APEC 中国上海会议《领导人宣言》。

② 根据 APEC 探路者倡议指导原则（Updated Guidelines for Pathfinder Initiatives）和 APEC 项目数据库（APEC Project Database）整理。

③ 根据 APEC 项目数据库（APEC Project Database）相关资料整理。

入和使用总体呈上升趋势①，截至 2020 年 6 月，亚太地区 3G 移动网络覆盖率达 96.1%，每百位居民活跃移动宽带签约用户数达到了 76.6 个。

3．成立 APEC 数字经济指导小组

在亚太地区互联网经济蓬勃发展的背景下，APEC 先后成立了电子商务指导小组（ECSG）和互联网经济临时指导小组（AHSGIE）。随着信息通信技术及其创新渗透到生产、交换、消费各个环节，数字经济合作的范围也大大拓展，2018 年 APEC 对 ECSG 和 AHSGIE 的功能进行整合，成立了 APEC 数字经济指导小组（DESG）和数字创新工作组（DIWG），并以《APEC 数字经济行动计划》为指导，为 APEC 数字经济相关政策制订提供数据和分析，同时推动各成员就数据隐私等前沿议题展开对话与合作。

4．开展数据隐私保护

如何平衡数据资源的开发利用和隐私保护之间的关系，是全球数字治理的重要议题。"跨境隐私规则"（CBPR）是"规范 APEC 成员经济体企业个人信息跨境传输活动的、自愿的多边数据隐私保护计划"，②是 APEC 在亚太数据隐私保护领域最主要的成果。随着 2019 年 4 月澳大利亚、中国台北的正式加入，CBPR 已有包括美国、墨西哥、日本、加拿大、新加坡、韩国在内的 8 个成员。APEC 跨境隐私规则的建立，有利于保障个人信息安全，约束企业的个人数据跨境传输行为。未来 APEC 计划建立隐私识别处理系统（PRP），探索 CBPR 与欧盟通用数据保护规则（GDPR）的对接路径。

5．开发数字人力资源

人工智能、大数据、机器人、区块链和云计算等技术创新的广泛应用，造成了部分就业岗位流失，也导致了就业市场一定程度上的供需错配。2017 年，APEC 领导人呼吁各成员加强人力资源开发、提高数字素养，为适应数字时代做好准备。2006—2020 年，APEC 人力资源开发工作组以《APEC 数字时代人力资源开发框架》为指导，在数字素养、资格认定、劳动力流动、全球竞争力、青年就业、女性参与、发展在线教育等领域开展了 184 项合作项目。③ 2017—2025 年，在数字人力资源领域，APEC 计划开展合作的优先领域如下：数字时代对劳动力市场的影响研究；加强技能教育和培训，使劳动力适应数字时代劳动力市场的需求；关注女性、青年群体数字素养的提升等。④

6．促进中小微企业发展

中小微企业是亚太地区经济增长和创新的重要驱动力，占亚太企业总数的 97%，雇佣了 50%以上的劳动力，对 APEC 成员 GDP 的贡献度达 20%～50%。⑤数字及相关技术创新

---

① ITU（2020）. Measuring Digital Development: Facts and Figures.
② APEC 跨境隐私规则（CBPR）网站. http://cbprs.org/compliance-directory/cbpr-system/.
③ 根据 APEC 项目数据库（APEC Project Database）相关资料整理.
④ APEC.（2017）数字时代 APEC 人力资源发展框架.
⑤ APEC 中小企业工作组网站.

为亚太地区中小微企业融入全球供应链和价值链、开拓新市场、促进可持续增长提供了机遇。2006—2020 年，中小企业工作组共开展项目 188 项，推动各成员在中小微企业数字化转型、妇女能力建设、创新政策激励、融入全球 IT 和电子产业链等多个领域展开对话和合作。[①] 2019 年，第 25 次 APEC 中小企业部长级会议以"经济全球化背景下的中小企业融资和数字变革"为主题；APEC 中小企业数字经济论坛以"互联网和数字经济中零售型中小企业面临的机遇与挑战"为主题召开会议。

五、未来 APEC 弥合"数字鸿沟"的方向和建议

（一）以硬件设施升级为重点弥合"接入鸿沟"

首先，扩大数字基础设施覆盖范围。APEC 有责任对数字基础设施较为落后的国家给予资金和技术援助，包括数字基础设施建设的贷款和利率优惠、数字技术专利的适度共享等，持续加大落后成员和落后地区固定宽带网络和移动通信基站建设投入。同时，创新互联网接入方法，加快全球低轨宽带互联网星座系统部署，为一些不发达成员提供稳定的互联网接入方式。其次，提高互联网接入质量和传输能力。鼓励宽带技术、5G 通信技术的创新与应用，提高数据传输速率，减少延迟，节省能源，提高系统容量，为在线学习、视频会议、智能制造、远程医疗等领域提供关键的支撑。最后，降低宽带和移动流量套餐资费。有序开放电信市场，以市场化竞争倒逼电信企业提高运营效率，降低服务资费。鼓励电信企业面向贫困学生等用户群体提供定向流量优惠套餐，面向中小企业降低互联网专线资费。

（二）以软件服务优化为抓手弥合"使用鸿沟"

首先，培育专业化的数字人才队伍。APEC 应鼓励各成员开展联合技术培训。通过组织优秀人才留学访问、跨地区交流等方式，将专业人才作为数字技术传播的桥梁和纽带，吸收 APEC 发达地区的先进数字技术应用经验，不断提升落后地区群众的数字技能。其次，优化数字教育资源公共品供给。当前 APEC 某些成员信息资源的供给远远不能满足社会对信息的需求，而且大量的信息资源没有网络化，不利于实现信息资源的共享。APEC 各成员应以"使用者受益"为基本原则，打造全国性和全球性的数字教育资源公共服务平台，使广大群众能从使用现代信息通信技术上得到好处（王小龙，2003）。最后，助推传统企业数字化转型升级。APEC 要推动各成员政府和行业组织鼓励传统企业学习数字化领军企业的成功转型经验，为企业运用工业互联网平台、建设智能工厂、打造智慧供应链提供专业技术指导。鉴于目前包括中国在内的某些成员的企业网络化程度还很低，APEC 成员应一方面积极推进"企业上网工程"，鼓励企业加大信息化建设投资，提高其网络化程度；另一方面，应积极引导企业关心、支持并从事缩小数字鸿沟的活动。

---

① 根据 APEC 项目数据库（APEC Project Database）相关资料整理。

（三）以数字素养培育为特色弥合"能力鸿沟"

APEC 需致力于对数字观念的普及与推广。明确角色定位，推动形成以政府机构为规划领导者，教育机构为具体执行者，社会力量为辅助者的多主体数字素养培育体系。在这个体系下，包括学生、工人、老年人、妇女、残疾人和贫困人口在内的全体社会公民都是数字素养培育的对象。制订培育目标，构建集数字资源收集和鉴别能力、数字知识利用和交流能力、数字内容创造和输出能力、数字安全维护能力为一体的多元化培育框架。倡导有教无类，面对不同家庭背景、不同学历层次、不同工作岗位的群体，将数字素养培育融入家庭教育、学校教育、职业教育、社会教育中，打造全方位的数字素养培育模式。

总之，APEC 成员面对经济发展状况和技术发展水平的较大差距，已探索出"自主自愿、协商一致、灵活务实、循序渐进"的独特 APEC 运行方式，未来需要进一步提升运行效率、加强合作实效、完善数字经济合作机制，在实践中探索、在总结中进步，在各成员的经验基础上完善"探路者方式"，保持合作机制的多元化和灵活性，从而实现 APEC 框架下的数字经济合作，弥合"数字鸿沟"。

参考文献

[1] Andrea Karpati (UNESCO). Digital Literacy in Education[R]. UNESCO Institute for Information Technologies in Education (Policy Brief), 2011.

[2] APEC Secretariat. Bridge the Digital Divide Through Asia-Pacific Partnership[R]. Chinese Taipei ADOC Secretariat, October 2014.

[3] Arquette T J. Social Discourse, Scientific Method and the Digital Divide: Using the Information Intelligence Quotient（IIQ）to Generate a Multi-layered Empirical Analysis of Digital Division[M]. Northwestern University, 2002.

[4] Billon M, Lera-Lopez F, Marco R. Differences in Digitalization Levels：A Multivariate Analysis Studying the Global Digital Divide[J]. Review of World Economics, 2010, 146(1): 39-73.

[5] International Institute for Management Development (IMD). World Digital Competitiveness Ranking 2020[R]. IMD World Competitiveness Center, 2020.

[6] International Telecommunication Union (ITU). Digital Trends in Asia and the Pacific 2021-Information and Communication Technology Trends and Developments in the Asia-Pacific Region, 2017-2020[R]. ITU Publication, 2021.

[7] Krish Chetty, et al. Bridging the Digital Divide: Measuring Digital Literacy[J]. Economics, 2018, 23(12): 1-20.

[8] Miguel Angel Perez-Castro, et al. The Digital Divide and its Impact on the Development

of Mediterranean Countries[J]. Technology in Society, 2021, 64(101452):1-10.

[9] Mona Farid Badran. Young People and the Digital Divide in Egypt: an Empirical Study[J]. Eurasian Econ Rev, 2014, (4):223-250.

[10] Montiel M, Manuel J. The Digital Divide in Mexico: A Mirror of Poverty[J]. Mexican Law Review, 2016, 9(1):93-102.

[11] National Telecommunications and Information Administration. Falling Through the Net: Defining the Digital Divide[R]. Washington D.C., U.S.A.: NTIA, 1999.

[12] National Telecommunications and Information Administration. Falling Through the Net: Toward Digital Inclusion[R]. Washington D.C., U.S.A.: NTIA, 2000.

[13] Philip L, Cottrill C, Farrington J, et al. The Digital Divide: Patterns, Policy and Scenarios for Connecting the "Final Few" in Rural Communities across Great Britain[J]. Journal of Rural Studies, 2017, 54:386-398.

[14] Puspitasari L, Ishii K. Digital Divides and Mobile Internet in Indonesia: Impact of Smartphones[J]. Telematics and Informatics, 2016, 33(2):472-483.

[15] Scheerder A, Van Deursen A, Van Dijk J. Determinants of Internet Skills, Uses and Outcomes. A Systematic Review of the Second and Third Level Digital Divide[J]. Telematics and Informatics, 2017, 34(8):1607-1624.

[16] Sicherl P A. New Perspective in Comparative Analysis of Information Society Indicators[J]. Informatic, 1999, 23:455-460.

[17] United Nations Conference on Trade and Development (UNCTAD). Digital Economy Report 2019: United Nations Conference on Trade and Development[R]. UNCTAD, 2019, 47-121.

[18] United Nations Conference on Trade and Development (UNCTAD). The COVID-19 Crisis: Accentuating the Need to Bridge Digital Divides[R]. UNCTAD, 2020.

[19] Van Dijk J, Hacker K. The Digital Divide as a Complex and Dynamic Phenomenon[J]. The Information Society, 2003, 19(4):315-326.

[20] 董君, 洪兴建. 数字鸿沟的内涵、影响因素与测度[J]. 中国统计, 2019（12）：71-73.

[21] 何宗樾. 互联网的减贫效应研究：基于 CFPS 2016 数据的机制分析[J]. 调研世界, 2019（6）：8-13.

[22] 黄鹏, 陈靓. 数字经济全球化下的世界经济运行机制与规则构建：基于要素流动理论的视角[J]. 世界经济研究, 2021（3）：3-13, 134.

[23] 姜志达, 王睿. 中国-东盟数字"一带一路"合作的进展及挑战[J]. 太平洋学报,

2020，28（9）：80-91.

[24] 刘骏，薛伟贤. 城乡数字鸿沟测度指标体系及其实证研究[J]. 预测，2012（5）：68-73.

[25] 罗廷锦，茶洪旺."数字鸿沟"与反贫困研究：基于全国 31 个省市面板数据的实证分析[J]. 经济问题探索，2018（2）：11-18，74.

[26] 史佳颖.APEC 数字经济合作的最新进展及展望[J]. 国际经济合作，2020（1）：37-44.

[27] 史佳颖.APEC 数字经济合作评估及中国的参与策略[J]. 亚太经济，2021（2）：8-17.

[28] 世界银行.2016 年世界发展报告：数字红利[M]. 胡光宇，等译. 北京：清华大学出版社，2017.

[29] 宋红岩."数字鸿沟"抑或"信息赋权"？——基于长三角农民工手机使用的调研研究[J]. 新媒体研究，2016（6）：132-137.

[30] 王小龙. 缩小数字鸿沟：APEC 框架下的区域合作[J]. 国际经济合作，2003（7）：28-30.

[31] 谢康，廖雪华，肖静华. 效率与公平不完全相悖：信息化与工业化融合视角[J]. 经济研究，2021，56（2）：190-205.

[32] 张丽，黄腾，刘天军. 互联网能弥合农产品销售市场的数字鸿沟吗？——基于陕西省苹果种植户的微观数据分析[J]. 农林经济管理学报，2018（6）：660-668，737.

[33] 张新红. 数字鸿沟测算方法比较[J]. 电子政务，2008（11）：16-23.

[34] 张正平，卢欢. 数字鸿沟研究进展[J]. 武汉金融，2020（3）：64-71，84.

[35] 祝建华. 数码沟指数之操作定义和初步检验[M]. 汕头：汕头大学出版社，2002.

APEC 数字贸易合作问题分析

许家云　杨晓冬*

摘　要： 数字贸易包括互联网渠道中交易的最终产品和服务、实现智能制造的服务和其他相关的平台和应用，以及交易中涉及的实现全球价值链分工的数据流和信息流。随着经济全球化和数字经济的发展，数字贸易在国际贸易和国际合作中扮演着越来越重要的角色。本文着眼于 APEC 成员经济体的数字贸易合作问题，在明确数字贸易的定义及维度的基础上，界定了数字贸易行业，并以此为标准，利用联合国贸易数据整理了 APEC 各经济体数字商品贸易和数字服务贸易的相关数据进行分析，发现数字贸易在 APEC 各经济体的贸易中均占据重要地位，但是各经济体之间的数字贸易发展水平差异比较大。本文还基于不同指数分析了 APEC 数字贸易合作中面临的贸易壁垒和相关挑战。最后分析了未来 APEC 数字贸易合作中面临的机遇，并提出了相应的政策建议。

关键词： APEC 数字贸易；数字经济

一、APEC 数字贸易合作的进展

（一）数字贸易的定义及维度

截至目前，国际上对数字贸易尚无权威和统一的定义。数字贸易起源于电子商务，世界贸易组织（WTO）将电子商务（Electronic Commerce）定义为通过电子平台和网络渠道进行产品或服务销售与交付的商务活动。从 WTO 的定义可以看出，电子商务更加强调的是电子平台，网络技术构建了产品和服务的交易渠道，是一种更为具象化的表达。2018 年 4 月，美国在向世界贸易组织提交的关于电子商务谈判的探索性文件中指出，目前电子商务的定义过于狭窄，已经不适合当今数字贸易的交易范围和发展趋势，因此美国决定采用"数字贸易"这一术语。

---

* 许家云，南开大学 APEC 研究中心副研究员；杨晓冬，南开大学经济学院硕士研究生。

美国国际贸易委员会（USITC）在 2013 年的《美国与全球经济中的数字贸易》中明确了数字贸易四个方面的内涵：一是以数字形式交付的产品和服务，如电影、电视剧、游戏、音乐、电子书籍等；二是社交网络、用户点评等社交媒体；三是万用搜索引擎、垂直搜索引擎等搜索引擎服务；四是软件服务、通信服务、在云端交付的计算服务和数据服务等其他数字化产品和服务。

根据 USITC 的定义，WTO 所定义的电子商务的全部内涵均包含在"数字贸易"这一术语中，除此之外，还提及了数字贸易的辅助手段和其中包含的数据流和信息流。辅助手段主要指网络平台、软件应用及相关的设备设施，货物和服务都是数字贸易的交易客体。综上所述，数字贸易除了包括互联网渠道中交易的最终产品和服务、实现智能制造的服务以及其他相关的平台和应用，还包括交易中涉及的实现全球价值链分工的数据流、信息流。USITC 对数字贸易的定义较为全面准确，充分考虑了当前数字贸易的交易范围和发展趋势等种种因素，基于此，本文在后续分析中采用该定义。

（二）APEC 数字贸易合作的进展

1. 金融危机前

1997 年，APEC 温哥华会议就开始聚焦电子商务领域发展合作的重要意义。1998 年APEC 高官会制订《APEC 电子商务行动蓝图》，成为 APEC 加强数字经济领域合作力度的开端，该文件主要从企业、政府、市场三个方面提出合作框架原则，指出企业是电子商务发展的主体；政府应主要从立法和司法等方面为电子商务提供优良的发展环境；通过完善市场机制，保证技术中立性和竞争。《APEC 电子商务行动蓝图》还具体地提出了 APEC 经济体电子商务领域发展和进行合作的一些初步举措。

2000 年，APEC 文莱会议第一次提出"新经济"的概念，把互联网和包含电子商务在内的数字经济纳入新经济的范畴。会议还通过了《新经济行动议程》，并从推动通信行业和IT 服务贸易自由化；加强政府与商业部门合作，提供高质量的电信和因特网服务；学习信息技术，开展远程和网络教育；设立 APEC 青年因特网志愿项目，为数字技术相对落后的国家提供培训指导；鼓励开展电子商务有关问题的商业对话，鼓励通过个人和机构合作等促进数字经济和互联网发展与合作。

2001 年 APEC 上海会议讨论并制订了《数字 APEC 战略》，主要内容是提倡各经济体加快网络基础设施建设，广泛运用信息和通信技术来实现增加就业、改善公共服务的目标，尽快在 APEC 地区建立数字化社会。此外，《数字 APEC 战略》还在完善在线交易相关法规、加强数字安全等方面提出了相应措施。2001 年 APEC 上海会议提出"探路者方式"（pathfinder approach），鼓励部分成员率先采取行动，等到条件成熟后，再逐步扩大到全体成员。

2002 年，APEC 墨西哥会议提出把数字经济确立为"探路者方式"的优先模块，并通过了"关于实施 APEC 贸易和数字经济政策的声明",提出了加快数字经济发展和促进贸易的总目标,具体内容包括:在开放条件下发展数字经济,推动电子商务发展建设,进一步加速经济增长,在更多的部门推行市场准入和国民待遇制度,以促进基于电子网络的商品贸易和服务贸易。制订限制性贸易政策时,必须注意透明性并且避免歧视,同时提出了促进数字经济和贸易发展的具体举措。

2. 金融危机后

2010 年横滨会议首次将数字经济纳入 APEC 的经济增长战略中。2008 年全球金融危机爆发后,APEC 各经济体一直在积极寻求经济增长方式转型,希望通过创新增长方式来推动经济复苏。在此背景下,2010 年 11 月横滨会议通过了《APEC 领导人增长战略》,将平衡增长、包容性增长、可持续增长、创新增长和安全增长确立为 APEC 经济增长战略五大支柱。其中,创新增长的目标就是构建有助于创新和新兴经济部门发展的经济环境,具体包括推动信息基础设施建设和信息通信技术应用、推动建立数字领域通行的国际规则和标准、加强隐私保护和消除信息流动壁垒、提高数字素养和促进数字人力资源开发、加强创新政策的对话与交流。"创新增长"的提出标志着数字经济合作被纳入 APEC 增长战略,并从聚焦电子商务走向了统筹布局。

2014 年,APEC 北京会议把互联网经济确定为"新经济"支柱下 APEC 的重点合作领域,并批准了《APEC 促进互联网经济合作倡议》,在已有的 APEC 互联网和数字经济发展指导原则的基础上进一步提出了具体的计划措施。

2015 年,APEC 马尼拉会议特别强调了互联网和数字经济为实现创新、可持续、包容性和安全增长带来的机会,以期改善各经济体之间的互联互通,利用互联网和数字经济为中小微企业通过新的商业模式参与全球价值链,创造真正的全球服务、资本市场提供帮助。会议还指出,互联网和数字经济有利于实现地区包容性增长,为偏远地区的消费者和企业、中小微企业和企业界等利益相关者带来巨大机遇,有利于其从全球市场受益。会议成立互联网经济临时指导组,旨在促进合作、推动技术及政策交流,以消除数字鸿沟。

2016 年,APEC 利马会议强调创新是高质量增长的源泉,APEC 成员应努力寻找新的增长引擎,强调要抓住互联网和数字经济带来的机遇。APEC 推进数字贸易工作和互联网经济合作取得进展,执行《亚太经合组织跨境隐私规则》系统,落实 APEC 跨境隐私规则体系,这一体系建立在自愿的基础上,参与各方积极寻求更多的经济体、企业和问责代理机构参与其中。

2017 年 APEC 岘港会议注重合力挖掘数字经济潜力,倡导大力发展易接入的、开放的、可交互操作的、可靠而安全的信息通信技术使用环境,作为经济增长和繁荣的必要基础。改进政策环境和监管环境,通过发展灵活且可交互操作的体系,保障信息通信技术的安全,注重数据和隐私保护。强调通过采取综合有效的措施,如平衡的知识产权体系和能力建设活动来增加竞争、强调鼓励创业和促进创新的重要性。会议通过了《亚太经合组织互联网和数字经济路线图》，涉及数字基础设施、互操作性、实现宽带通用接入等内容；制订互联网和数字经济的整体政府政策框架；在互联网和数字经济的监督管理方法上，促进一致性建设并加强合作；促进支持技术和服务的创新和采用等 11 个重点领域。上述文件成为指导未来 APEC 各经济体在互联网和数字经济方面进行合作的重要规划文件。

2018 年，APEC 巴新会议主题是"抓住包容机遇，拥抱数字未来"，会议发布了《AEPC 数字经济行动议程》，提出在 2019 年底前三方面的主要工作，包括制订未来实现路线图的具体行动方案；为路线图中的工作提供技术支持，围绕结构改革和数字经济主题编写 2019 年亚太经合组织经济政策报告；确立了关于互联网和数字经济的进一步工作领域。

3. "后 2020"的 APEC 数字经济合作规划

APEC "茂物目标"于 2020 年到期。2020 年 11 月，APEC 吉隆坡会议通过了《2040 年亚太经合组织布特拉加亚愿景》，倡导通过加强亚太地区数字基础设施建设、数字转型、个人信息保护以及促进数据流动，来实现 2040 年亚太地区共同繁荣。这是亚太区域经济一体化由"茂物时代"正式过渡到"后 2020 时代"的重要标志。在这一目标之下，APEC 将"利用数字经济和技术促进经济包容性"设置为优先议题，确定了三个具体的合作领域：利用数字经济和技术赋能女性、青年群体；支持数字时代初创企业和中小企业的发展；推动信息通信技术应用和数字化转型。下一步计划开展的工作包括以下内容：建立 APEC 数字经济虚拟研究所；制订《拉塞雷纳妇女与包容性增长路线图（2019—2030）》的具体实施方案；修订并完善 2017 年通过的《APEC 数字时代人力资源开发框架》；为《APEC 互联网和数字经济路线图》制订具体的工作规划。

具体实践方面，2006 年至今，APEC 21 个成员共发起数字经济合作项目 335 项，涵盖信息通信技术应用和数字化转型（总计 116 项，占比 34.6%）、标准一致化和规制合作（总计 47 项，占比 14%）、电子商务和数字贸易（总计 43 项，占比 12.9%）、数字时代下的中小企业发展（总计 42 项，占比 12.5%）、数字素养和数字人力资源培育（总计 35 项，占比 10.5%）、数字基础设施建设（总计 23 项，占比 6.9%）、数据跨境流动和数据隐私（总计 19 项，占比 5.7%）、网络安全（总计 10 项，占比 3%）共 8 个领域。合作项目大多以信息收集分享或培训的形式展开。信息分享上，采取举办研讨会、论坛、发布研究报告、建设网站和数据库等形式。信息收集方面，采取开展问卷调查、访谈和其他形式的调研活动等形式。培训的形式则包括教育培训项目及课程、技术协助等。资金来源方面，主要有发起成员自筹资金和 APEC 共同资助、全额自筹以及 APEC 全额资助三种形式。其中，APEC 资助主要来自 APEC 支持基金（ASF）下设的"数字创新""女性和经济""中小微企业"三个子基金。

二、APEC 数字贸易的发展现状

（一）数字贸易行业划分与界定

在对数字贸易进行尝试性测度之前，首先要对数字经济产业进行筛选和界定。关于分类方法，本文在数据可得性的基础上，借鉴许宪春和张美慧（2020）的研究，认为数字经济产业主要包括三部分，即数字化基础设施产业、数字化媒体产业和数字化交易产业。根据数字贸易所包含的行业特点，进一步将其划分为数字商品贸易和数字服务贸易两类。

本文中数字商品贸易是指数字化基础设施产业中计算机硬件相关的行业，对应国民经济行业下的 C-39，即计算机、通信和其他电子设备制造业（见表 1）。结合 HS 与 GB2 对应表，通过联合国的国际贸易数据库①得到数字商品贸易数据。

表 1　数字经济行业分类与数字商品贸易对应表

产业类别	涵盖内容	GB/T 4754-2017	对应的 HS 代码
数字化基础设施产业	计算机硬件	C-制造业	630110 732111
		C-39 计算机、通信和其他电子设备制造业	940599

资料来源：UN Comtrade 数据库，《国民经济行业分类》。

本文中的数字服务贸易包括三类：第一类是数字化基础设施产业中与电信设备与服务及计算机软件相关的行业；第二类是数字化媒体产业中与互联网出版与发行及互联网传播相关的行业；第三类是数字化交易产业中与批发和零售业、金融服务业以及其他相关辅助服务业相关的行业，其对应的"国际收支服务分类"（EBOPS）如表 2 所示。本文数字服务贸易的数据也是通过联合国的国际贸易数据库②查找得到。

表 2　数字经济行业分类与数字服务贸易对应表

产业类别	涵盖内容	对应的"国际收支服务分类"（EBOPS）	行业名称
数字化基础设施产业	电信设备与服务	3.2 Telecommunications service	电信服务业
	计算机软件		计算机程序设计、软件服务业
		7 Computer and information services	
数字化媒体产业	互联网出版与发行		出版业
		10.1 Audiovisual and related services	
	互联网传播		电影、视频和电视节目制作及录音制作业
数字化交易产业	批发和零售业	9.1 Merchanting and other trade-related services	批发业

---

① https://comtrade.un.org/data/.

② https://comtrade.un.org/data/.

产业类别	涵盖内容	对应的"国际收支服务分类"（EBOPS）	行业名称
	金融服务业	6 Financial services	金融服务业
	其他相关辅助服务业	3.1 Postal and courier services	邮政和快递服务业
		9.3.1 Legal, accounting, management consulting, and public relations	法律和会计等相关咨询服务业
		9.3.3 Research and development	研发服务业

资料来源：联合国国际贸易数据库。

（二）APEC 数字贸易现状

1．数字商品贸易

图 1 为根据联合国国际贸易数据库查找数字商品贸易数据得到的 APEC 各经济体商品贸易规模概况，图 2 为相应的数字商品贸易进出口规模占本国总进出口的比重，除了各经济体的情况，图中还展示了 APEC 总体的数字商品贸易进出口规模和占比情况。由于数据可得性方面的限制，数字商品贸易的数据截至 2019 年。

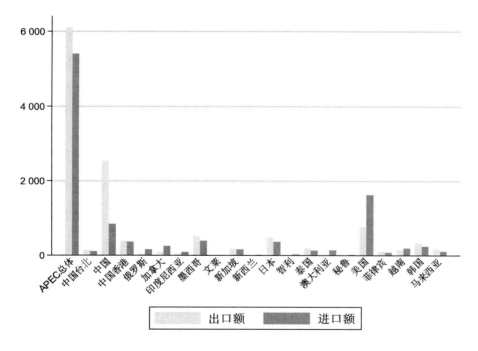

图 1　APEC 各经济体数字商品贸易规模（单位：亿美元）

资料来源：联合国国际贸易数据库。

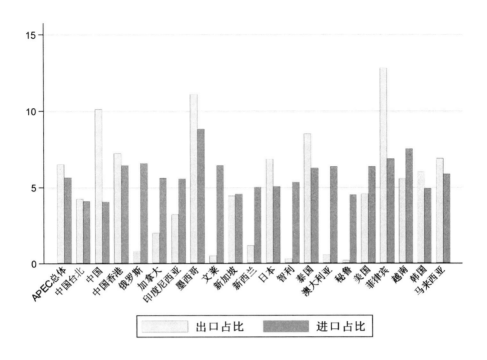

图 2　APEC 各经济体数字商品贸易规模占比（单位：%）

资料来源：联合国国际贸易数据库。

就 APEC 总体情况而言，2019 年数字商品贸易存在顺差，数字商品贸易出口额约为 6101.71 亿美元，进口额约为 5400.68 亿美元。占比方面，数字商品出口占 APEC 各经济体总出口的 6.50%，数字商品进口占各经济体总进口的 5.64%，数字商品贸易已然成为 APEC 经济体的重要出口组成之一。

各经济体的具体情况则有所差别，中国数字商品出口、进口贸易额分别达到 2530 亿美元和 840 亿美元，为 APEC 数字商品第一出口大国。美国则是数字商品第一进口大国，数字商品出口和进口贸易额分别为 749 亿美元和 1630 亿美元。中国的数字商品贸易为顺差，美国则为逆差，其余经济体数字商品贸易额相对较小。

占比方面，各经济体数字商品进口占本国总进口的比重均在 5% 左右；数字商品的出口占本国总出口规模的比重则差异较大，中国、墨西哥、菲律宾数字商品的出口占比均超过 10%，说明数字商品出口在上述国家已经占有举足轻重的地位，菲律宾占比最高，数字商品出口占比为 12.82%，数字商品的出口规模最大的国家是中国，其出口占比也相对较高，达 10.12%；澳大利亚、文莱、智利、秘鲁、俄罗斯的占比均不足 1%，占比最小的为秘鲁，其数字商品出口占比只有 0.21%。

2. 数字服务贸易

图 3 为 APEC 各经济体数字服务贸易规模概况，图 4 为相应的数字服务贸易进出口规

模占本国/地区总进出口的比重。图中展示了各经济体数字服务贸易出口和进口的相应数据，除了各经济体的情况，图中还展示了 APEC 总体的数字服务贸易进出口规模和占比情况。由于数据可得性方面的限制，数字商品贸易的数据截至 2018 年，中国台湾和文莱的数据缺失。

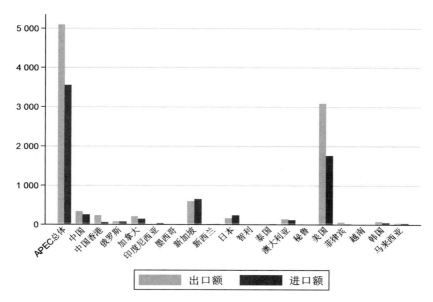

图 3　APEC 各经济体数字服务贸易规模（单位：亿美元）

资料来源：联合国国际贸易数据库。

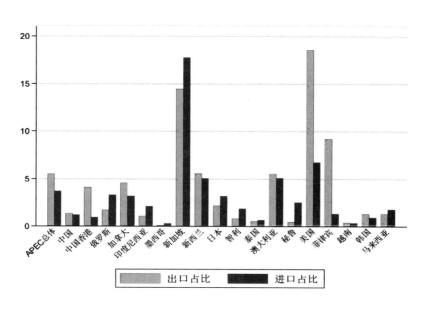

图 4　APEC 各经济体数字服务贸易规模占比（单位：%）

资料来源：联合国国际贸易数据库。

就 APEC 总体情况而言，2018 年数字服务贸易同样存在顺差，数字服务贸易出口额约为 5090.5 亿美元，进口额约为 3550 亿美元。占比方面，数字服务贸易出口占 APEC 各经济体总出口的 5.51%，数字服务贸易进口占各经济体总进口的 3.70%，总体上，数字服务贸易在 APEC 经济体的地位略逊于数字商品贸易，但同样已经占有一定的地位。

各经济体的具体情况差异也比较大。美国数字服务贸易出口额、进口额分别达到 3090 亿美元和 1760 亿美元，在 APEC 各经济体中均居于第一位，且与其他经济体差距显著，新加坡居于第二位，分别为 595 亿美元和 657 亿美元。中国的数字服务贸易出口额、进口额分别为 334 亿美元和 256 亿美元，居于 APEC 所有经济体的前列。

数字服务贸易占比方面，出口额最高和排名第二的美国、新加坡的数字服务贸易出口占本国出口的比重也比较高，分别达 18.56% 和 14.45%；菲律宾以 9.22% 的数字服务贸易出口占比位居第三；中国香港、澳大利亚、新西兰、加拿大的数字服务贸易出口占比在 5% 左右，接近 APEC 国家均值；其余经济体的数字服务贸易出口占比都较低，其中中国的数字服务贸易出口占比为 1.34%。数字服务贸易进口占比最高的是新加坡，其次是美国，占比分别高达 17.73% 和 6.74%。澳大利亚和新西兰的数字服务贸易进口占比也较高，分别为 5.10% 和 5.08%。其余经济体数字服务贸易进口占比均低于 5%，其中中国为 1.20%。

由以上数据可知，APEC 整体数字贸易水平较高，数字商品贸易、数字服务贸易均在各经济体贸易中占据一定的地位，但是各经济体之间的数字贸易发展水平差异也比较大，智利、秘鲁等经济体数字商品、服务贸易规模、占比都比较低；作为 APEC 中的实力较强的经济体，美国的数字商品、服务贸易水平都较高，中国是数字商品贸易大国，数字服务贸易的发展则相对滞后。

从数字服务贸易的具体行业来看，APEC 区域的数字服务贸易主要集中在金融服务、计算机和信息服务等行业。图 5 统计了 APEC 总体的数字服务贸易行业规模情况，最高的为分类 6 的金融服务，贸易额高达 2630 亿美元；其次为分类 7 的计算机及信息服务，贸易额为 2340 亿美元；分类 9.3.1 的法律、会计、管理咨询和公共关系，以及分类为 9.3.3 的研究与开发贸易额也超过 1000 亿美元，其余数字服务贸易行业贸易额相对较小。

选取 APEC 经济体中的中国、美国和日本数字服务贸易细分行业的贸易规模情况，如图 6 所示，2019 年中国分类为 7 的计算机和信息服务贸易额最高，为 536 亿美元，其次为分类 6 的金融服务，贸易额为 54.3 亿美元，其他细分行业未发生贸易；日本也仅有分类 6 的金融服务和分类 7 的计算机及信息服务发生了贸易，贸易额分别为 197 亿美元和 204 亿美元；美国在各个数字贸易细分行业均发生了贸易，贸易额最高的是分类 6 的金融服务，贸易额达 1460 亿美元，贸易额最低的是分类 3.1 的邮政及快递服务，贸易额仅有 12.9 亿美元。

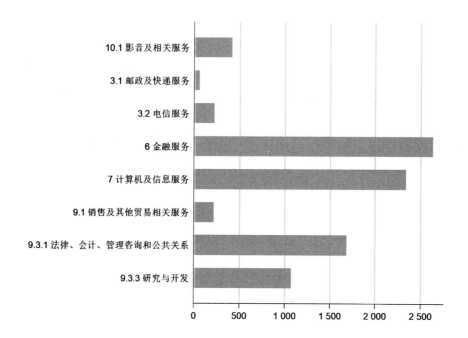

图 5 APEC 不同数字服务贸易行业贸易额（单位：亿美元）

资料来源：联合国国际贸易数据库。

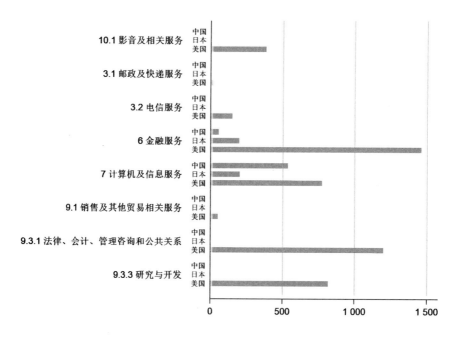

图 6 APEC 三大经济体不同数字服务贸易行业贸易额（单位：亿美元）

资料来源：联合国国际贸易数据库。

三、APEC 数字贸易合作中存在的问题

（一）APEC 数字贸易壁垒

随着网络合作和数字贸易在亚太地区的战略意义与日俱增，政府和消费者对数据和个人信息安全问题已经产生一系列担忧，导致 APEC 各经济体（包括世界其他发达经济体和发展中经济体）纷纷提出传统和新型数字产品贸易壁垒，而且在数量、规模、形式和使用领域方面日益增多。各经济体政府对数字贸易保护意识的不断加强，将在很大程度上给消费者和经营者带来不必要的营业、消费、创业和进入其他经济体的风险和市场障碍。

本文使用欧洲国际政治经济研究中心（European Centre for International Political Economy，ECIPE）于 2018 年 4 月 25 日在"数字贸易限制指数"（Digital Trade Restrictiveness Index，DTRI）中构建的评估不同国家数字贸易和数字传输限制政策的方法和指标体系进行分析。该体系的一级指标为 DTRI 指数，还包括 4 个二级指标，分别为财政限制和市场准入指数、设立限制指数、数据限制指数以及贸易限制指数。其中每个二级指标均包含自己内部的指标体系及赋予各指标的权重。各个层次的权重反映出的是每项指标的相对重要性，权重总和严格等于 1（或 100%）。每个子指标评估与 DTRI 综合指标评分法一样，分类指数的值在 0（即完全开放）和 1（完全受限制）之间变化。本文将根据上述指数对 APEC 主要经济体的数字贸易保护水平进行动态评估、对比分析和总结。

图 7 为 APEC 各经济体的数字贸易限制指数，APEC 各经济体的均值为 0.2875，在图中用水平实线表示，欧洲国际政治经济研究中心构造该指数所选取的所有国家总体均值为 0.24，在图中用水平虚线表示。

APEC 经济体的数字贸易限制指数均值高于世界均值，表明 APEC 经济体总体上数字贸易自由化程度处于较低水平，具体来看，各经济体差异化程度较大，拉高总体 DTRI 的主要是中国、俄罗斯、泰国、越南等发展中经济体，其中，中国的 DTRI 高达 0.70，居于第一位，俄罗斯（0.46）紧随其后。发达经济体的限制指数较低，表明其数字贸易自由化程度较高，这与其较高的经济自由化程度相一致，APEC 中 DTRI 最低的经济体为新西兰，低至 0.09。

中国的数字贸易自由化程度低的确是事实，但是在欧洲国际政治经济研究中心构建的 DTRI 指标体系中，中国的限制指数高达 0.70，远远高于均值及其他经济体的普遍取值，与第二名的俄罗斯也存在明显差距，这样的结果有诸多不合理之处。

中国在 ECIPE 的评价体系下成为"异类"，贸易开放度在所研究的经济体中最低，数值上，贸易限制度得分高达 0.7 分，第二名的俄罗斯只有 0.46 分，差异明显。ECIPE 认为，极端高的贸易限制指数反映出在数字贸易全部领域，中国均实施了"彻底、严格"的管制措施。事实上，在 ECIPE 的评价结果中，对于数字经济，发展中国家限制度高，发达国家

限制度低；受到欧盟庇护的欧洲小国限制度基本都位于较低水平。这一结果深刻体现出当前网络空间国家间的博弈态势和阵营划分。关于网络空间治理模式，当前存在两大阵营，中国、俄罗斯等新兴国家倡导网络空间主权的维护，强调自主发展数字经济的必要性，对外坚持合作而不依附的原则，始终警惕着国外的渗透和控制，态度较为审慎；以美国为代表的西方传统强国则单纯强调信息的自由流动和市场开放程度，否认网络空间主权。ECIPE站在西方发达经济体的立场，把各国维护国家网络空间主权与安全的合理举措全部认定为贸易限制政策。ECIPE 的工作有一定的特色，但是指标体系的设计和研究方法存在明显的不足。

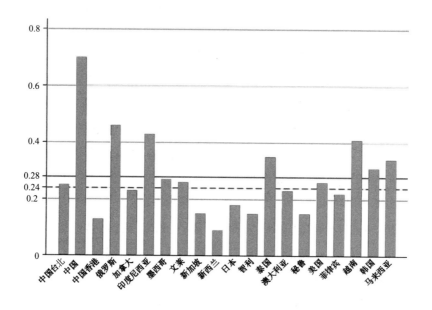

图 7　APEC 各经济体数字贸易限制指数

资料来源：欧洲国际政治经济研究中心"数字贸易限制指数"。

　　中国之所以被 ECIPE 列为数字贸易限制度最高的国家，除了治网理念的不同，还有意识形态的对立，以及西方对中国快速发展的警惕，ECIPE 的评价体系未能做到中立、客观，数字贸易限制指数具有一定的参考意义，但是也存在很大的局限性。

　　反映数字贸易自由化程度的指标不应该是单一的，也不应该迷信权威，个别结论可能存在一定偏差，在数字贸易限制指数指标体系下，中国的数值极端高，但在另一个反映数字贸易自由化程度的指标——服务贸易限制指数（DSTRI）中，结果却与 DTRI 有所不同。

　　DSTRI 旨在通过制订一套指标体系，对影响数字化服务贸易的监管壁垒进行识别、分类和量化工作，为决策者提供一个以证据为基础的工具，有助于发现监管瓶颈，制订政策，促进数字贸易市场的竞争和多样化，同时分析政策改革带来的影响。DSTRI 具有两个重要特点：一是将研究分析对象聚焦于数字化的服务贸易，而不是货物贸易；二是将研究重心放在监管政策层面，而不是数字服务贸易的发展环境上。将服务贸易限制指数中涵盖的 APEC 经济体筛选出来，其指数情况如图 8 所示，可见中国的数值仍以 0.487 77 位居第一，但是并没有成为离群点，第二位的印度尼西亚数值也高达 0.407 93。

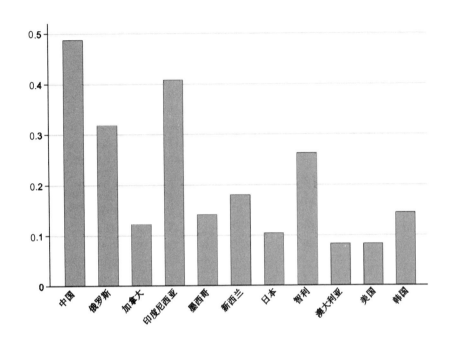

图 8　APEC 经济体服务贸易限制指数

资料来源：OECD 数据库。

（二）APEC 不同经济体数字贸易自由化差异巨大

全球数字贸易促进指数的指标体系从如何创造有助于数字贸易发展的综合环境出发，具体进行了市场准入、基础设施、法律政策环境和商业环境 4 个方面的综合评估，目的在于合理反映一经济体根据所处的不同发展阶段，如何扬长避短地进行建设发展，从而为企业提供更优质的经营环境，使其更好地进行数字贸易。具体地，全球数字贸易促进指数测量的维度包括全球经济体在市场准入、基础设施、法律政策环境和商业环境几个方面，测量的具体内容是提升数字产品跨国界流动和到达最终目的地的过程当中自由化和便利化的程度。全球数字贸易促进指数分析（2020）中给出了各国数字贸易促进指数排名，其中包含的几个 APEC 经济体排名如表 3 所示。

表 3　APEC 各经济体数字贸易促进指数排名

经济体	发展指数排名
日本	1
新加坡	2
加拿大	3
新西兰	4
澳大利亚	5
美国	6
韩国	11
马来西亚	14
智利	22
越南	31
墨西哥	34
秘鲁	41
中国	43
泰国	47
俄罗斯	51
印度尼西亚	53
菲律宾	55

资料来源：沈玉良，彭羽，高疆，等. 数字贸易发展新动力：RTA 数字贸易规则方兴未艾——全球数字贸易促进指数分析报告（2020）[J]. 世界经济研究，2021（1）：6-7.

各经济体的数字贸易发展水平差异巨大，美国、日本、加拿大等发达经济体的数字贸易水平名列前茅，众多发展中经济体的排名整体靠后，其中，中国的排名为 43。数字贸易发展水平上的鸿沟给 APEC 经济体在数字贸易上的合作和协同带来了客观困难，要想推进区域经济建设和数字贸易的总体发展，发展中经济体在数字经济统筹协调、数字贸易推进上任重道远。

（三）数字贸易规则构建面临困境

首先，数字贸易规则制订过程中出现了美国国内法国际化的潜在风险。"美国-墨西哥-加拿大协定"（USMCA）是当前电子商务议题下覆盖度最广的贸易协定，也是当前电子商务规则的"最高标准"。在 USMCA 中，美国引入的"交互式计算机服务"条款源于美国《通信规范法》（*Communications Decency Act*，CDA）第 230 节的"网络中介责任豁免"条款，该条款禁止政府要求互联网平台对第三方内容负责，从而保护了互联网平台，以促进数字平台开放和信息自由流动。协定通过引入"交互式计算机服务"条款，成功实现了美国国内法的国际化，豁免了美国互联网中介平台企业在非知识产权侵权中所承担的连带责任。

其次，不同经济体在例外条款的设置上分歧较大。一方面，《美国-日本数字贸易协定》通过设置例外条款大大降低了协定的覆盖范围和执行效力。例如，在数字产品的非歧视性待遇条款中，《美国-日本数字贸易协定》增加了对知识产权保护和对广播服务的例外条款。此外，《美国-日本数字贸易协定》专门新增"一般例外规定""安全例外规定""审慎例外规定""货币及汇率政策的例外规定"条款，规定不得因电子商务章节的任何条款而要求当事方提供与其基本安全利益相抵触的任何信息，不得阻止缔约方采取其所认为的必要的措施以履行其维持世界和平或安全或者保护本国安全利益的义务，不得阻止缔约方因审慎原因而采取或维持保护相关实体、维持金融系统完整和稳定的相关措施，不得阻止任何公共实体为执行货币和相关信贷政策或汇率政策而采取的普遍适用的非歧视性措施。另一方面，USMCA 通过剔除大量 CPTPP 中的例外条款，成为目前美国所签订的数字贸易和电子商务规则的"最高标准"。例如，USMCA 删除了各方在信息跨境转移中各自监管需求的例外规定，剔除了各方在计算设施的位置条款中的"缔约方监管例外"条款和"合法公共政策目标例外"条款，剔除了源代码条款中关键的基础设施例外条款。

最后，发展中经济体在规则制订中普遍缺乏话语权。尽管目前发展中经济体在 WTO "电子商务工作项目"中的提案数已超过发达经济体，由发展中经济体参与的包含电子商务条款的自由贸易协定区域贸易协定（FTA/RTA）占总数的 76%，但是针对电子商务和数字贸易相关的技术性讨论由发达经济体所主导。由于缺乏相应国内规制框架，发展中经济体始终难以参与、开启、主导针对电子商务和数字经济议题的技术性讨论，更无法识别、评估所需要的能力援助和技术支持，从而保障国内政策充分执行。

2020 年 6 月 12 日，智利、新西兰和新加坡等经济体通过网络签署《数字经济伙伴关系协定》（DEPA），并先后启动国内法律程序，DEPA 的全面实施指日可待。DEPA 是第一个通过网络签署的重要国际条约，由新西兰发起。新西兰太平洋经济合作全国委员会会长林奇表示，这是新西兰对多边机制新的、有创新的回应。具体来讲，新西兰有三重考虑：近期目标是作为应对新冠肺炎疫情战略的一部分，在新冠肺炎疫情导致企业家流动和物流受限的情况下，提高企业利用"数字手段"来应对危机的能力；长期来看，DEPA 将推动新西兰出口多元化，减轻今后新西兰经济面对类似危机所受的冲击；从战略上看，它是对保护主义的一种回击，希望有助于增强多边主义，减少单边主义和双边主义。

DEPA 由商业和贸易便利化、处理数字产品及相关问题、更广阔的信任环境、新兴趋势和技术、创新和数字经济、中小企业合作、透明度和争端解决等 16 个主题板块组成，涵盖了数字时代支持数字经济和贸易的各方面内容，也涉及市民和社会关注的诸多问题。该协定也是一个"活"的文件，可以随着贸易政策和电子商务样式的发展而不断修改。与 TPP/CPTPP 中的"数字经济"一章相比，DEPA 内容更全面，规定也更细致，是 TPP/CPTPP 中数字经济条款的升级换代，反映了在数字经济快速发展的当下，国际数字贸易规则的与时俱进。

四、APEC 数字贸易合作面临的机遇

（一）数字技术推进数字贸易发展

从推进数字贸易发展的技术层面来看，当前数字价值链各环节在技术层面得以全面提升，可以通过专利数据的变化看到数字技术发展对数字贸易的促进作用。全球数字通信排名前 20 的企业和计算机技术排名前 18 的企业的专利合作条约（PCT）专利分别从 2005 年的 3002 个和 2504 个增加到 2019 年的 15 023 个和 10 693 个，占全球非居民 PCT 专利的比重分别由 2005 年的 0.1%和 0.1%增加至 2018 年的 0.5%和 0.3%。2005—2019 年间，这两大行业的专利总数分别高达 167 707 个和 113 424 个。这些技术的发展形成了以云计算为核心，从数据收集、储存、处理到使用的全新的数据价值链和数据服务供应链体系，这一体系不是数字服务本身的内循环，而是为农业、制造业和服务业提供专业的数字服务，形成产业和贸易数字化背景下数字经济的主要内容，数字专业化的分工越来越细致。数字贸易是通过数字平台推进的，全球最大的前 70 家数字平台 PCT 专利从 2005 年的 863 个增加到 2019 年的 7022 个，2005—2019 年间的专利总数达 51 263 个。

就 APEC 各经济体的情况而言，各经济体在数字和网络建设方面也取得了一定的成效，不同经济体之间的数字鸿沟正在逐渐缩小，为数字贸易合作奠定了较好的技术基础。基础设施建设、互联网用户数、固定宽带用户数和安全互联网服务器等是开展各层次的互联网和数字经济合作所依赖的重要基础。自文莱会议开始，APEC 就重视通过数字技术提升包容性、缩小数字鸿沟，并针对亚太地区的数字基础设施建设制订了一系列的发展目标。经过努力，在基础设施建设相关的硬件领域，APEC 经济体在数字经济合作上成效显著。当前，将 APEC 成员互联网接入量提高两倍的"文莱目标"和 2010 年实现普遍互联网接入的目标已经实现，亚太地区互联网及宽带用户都显著增加。

（二）APEC 着力建设数字贸易合作机制

APEC 成员已经就数字经济合作的重要性达成了共识，合作项目数量持续增长。2006年至 2018 年 9 月，APEC 各成员推动了共计 133 项数字经济合作项目，其中已完成 105 项，正在进行中的有 28 项。2010 年起，APEC 相继通过了《APEC 促进互联网经济合作倡议》《APEC 数字时代人力资源开发框架》《APEC 互联网和数字经济路线图》和《APEC 跨境电子商务便利化框架》等一系列框架协议，明确了数字经济合作的重点领域及和具体举措，把数据和隐私保护、电子商务和数字贸易、数字经济相关法律框架、创业和创新、人力资源开发、互联网金融、中小微企业发展等作为优先合作领域。随着合作的不断深化，APEC现已就亚太地区数字经济合作确立了完善的框架和明确的机制，为各经济体之间的数字贸易合作创造了良好的制度环境。未来，数字经济将会成为 APEC 长期关注的合作议题及推

进创新增长的关键领域。

（三）APEC 积极拓展外部平台合作

除了同 APEC 内其他有着共同诉求的优势经济体合作，各经济体同时也在积极探索与 APEC 以外的平台进行合作。以二十国集团为例，APEC 21 个成员中有 9 个同属二十国集团成员，而二十国集团自 2016 年起先后通过了《二十国集团数字经济发展与合作倡议》《二十国集团数字普惠金融高级原则》，推进深层次的数字经济合作，为 APEC 成员进行高层次的数字经济合作提供了重要平台。一方面，随着数字经济的进一步发展和相关领域国际合作的继续深化，在未来，二十国集团、经济合作与发展组织、欧盟以及"一带一路"沿线国家在数字经济领域的合作举措和进展将对 APEC 框架下数字经济的合作产生越来越重大的影响；另一方面，APEC 成员在外部平台展开合作的举动是否会挤出 APEC 框架下的合作，从而对亚太成员的集体行动进一步构成障碍，这些问题都值得关注。

五、推进 APEC 数字贸易合作的政策建议

（一）进一步推进 APEC 数字贸易合作的建议

1. 数字产业化和产业数字化合作推动经济结构改革

大国引领，进一步推动数字产业化和产业数字化，加强 APEC 数字经济基础设施互联互通和数字方面的经济政策协调，共同推进经济结构性改革。APEC 各成员在数字经济方面发展的程度和侧重点各不相同，通过构建合适的数字经济合作机制，充分借鉴各成员数字经济发展经验，进行充分的信息交流和政策借鉴，进行经济结构改革，推动 APEC 整体的数字经济发展水平。APEC 成员中，中美两个经济体的数字经济发展水平较高，但中国数字经济发展的经验主要集中在产业数字化方面，而美国则在数字产业化方面，通过中美之间的数字经济合作，不仅能取长补短，强化两国数字经济的发展优势，还可以为 APEC 各成员数字经济发展提供更加全面系统的解决方案。

以数字产业化和产业数字化为主要内容的数字经济发展，具有一些与传统工业经济发展截然不同的特征，需要专门进行政策研究。APEC 应结合成员数字经济发展情况，认真总结各国数字经济发展经验，指导成员经济体进行与数字经济有关的政策创新。落实《亚太经合组织互联网和数字经济路线图》，在制订政府数字经济政策框架的基础上进一步加强各成员政府之间的政策协调，促进互联网和数字经济监管方法上的一致性和合作。

2. 加强成员间合作，推动数字经济包容性发展

经济增长的包容性指的是力求使得社会各阶层都能享受经济增长带来的好处和经济全球化的成果。由于各经济体经济技术发展水平不同，APEC 成员之间在数字经济发展上存在较大的差异，各成员经济体内部也存在较大的"数字鸿沟"。美国、日本等发达成员经济体的信息和通信技术较为成熟、发展速度快，更加注重数字经济发展规则和标准的制订。

相比之下，很多发展中成员数字经济仍处于起步阶段，重点关注的是数字基础设施的建设和完善、互联网的普及和应用。由于这些差异的存在，APEC 合作应该主要关注缩小成员之间的数字鸿沟。

3. 加强各经济体之间的政策协调，完善合作机制

APEC 还需要从以下几个方面进一步推进政策建设：一是加强项目的成果导向，提高项目运行效率，具体可以建立适当的制度激励机制，对多年期项目阶段性地进行绩效评估；二是完善探路者项目的审核评估机制，在"上海共识"的基础上，进一步明确指导原则、优先领域、行动方式，建立健全筛查评估的机制，定期总结"探路者行动"运行实践中的经验教训，并根据技术发展的最新动态，定期更新指导原则。

数字经济是一种新兴经济形态，其涵盖内容广泛，对数字经济的研究和探索一直在持续，但对其认识尚不充分；在相关技术及其应用方面，数字经济发展迅猛，但是相关理论研究和监管较为滞后；APEC 发达成员和发展中成员的利益诉求、立场观点存在较大差异。在上述各种因素的制约之下，当前 APEC 难以就数字经济合作确立具体、统一的规则，亟待解决的问题是化解机制安排中的固有矛盾，提高成员参与合作的凝聚力。应加强事前的讨论与可行性评估，强调事后的回顾与评价，及时更新指导原则；先实践、后总结，在实践中探索、在总结中进步，在各成员经验的基础上分享"最佳实践"，保持合作机制的多元化和灵活性将是今后一段时间 APEC 推动数字经济合作所应当遵循的模式。

（二）中国的政策选择

第一，将数字贸易作为抓手，着力构建国内价值链乃至新的全球价值链。从国内看，长久以来，我国接入全球价值链的主要渠道是加工制造环节，我国在价值链两端的生产性服务业上发展相对滞后，全球价值链的参与程度较低。因此，要以数字贸易为抓手，疏通国内循环的堵点，进一步推进稳健的国内价值链构建，从而畅通国内大循环。从国际看，除了继续加强原有全球价值链的合作之外，应在开放、共享、包容的原则下加快与 APEC 的合作，特别是大力发展跨境电商，通过跨境电商促进与 APEC 沿线国家之间的商品贸易和服务贸易，推动相关国家积极融入我国主导的全球价值链，开拓国际分工的新局面。应精准把握当前我国生产要素的整体结构，我国的生产要素结构正在不断完善，应用互联网技术、基础设施建设技术、科研人才等多类型、高流动性生产要素正在不断涌现，但是短期之内中国参与区域要素流动的主要是相对廉价和更为优质的中低流动性生产要素。对外上，要基于目前中国国内高端生产要素供给不足仍旧是制约产业转型升级的重要因素之一的现状，通过加强融入亚太经合组织成员系统等方式，谋求区域高流动性生产要素以直接或间接的方式实现中国产业转型升级高端生产要素的外部供给。

第二，积极推进数字技术创新。其一，大力推进新型基础设施建设。"新基建"是数字贸易的发展基础，无论是构建国内价值链还是向全球价值链高端迈进，都必须有数字存储

和传输的物质基础，因此需要着力加快新型基础设施建设。在发展过程中，市场和政府需要发挥好作用。一方面，政府的作用在于加强"新基建"的规划指导，重点在于明确发展标准、统筹规划、监管监督、风险防范和营造良好发展环境，降低社会资本参与"新基建"的各种门槛；另一方面要坚持市场投入作为主线，支持多元主体参与具体建设，调动民间资本的积极性，通过市场机制带动"新基建"投资。此外，着眼于国际市场，加强和 APEC 在传统基建和"新基建"方面的合作，更多地从基建、产业和金融等方面入手，综合考虑创新"新基建"的投资融资模式。其二，要加快我国各类产业和企业的数字化转型。近年来，我国数字经济高速发展，但总体上仍然有大量企业尚未完全实现数字化转型。为了改善这样的局面，政府相关部门以及行业协会要加强培训中小微企业经营管理者的数字技能和数字意识；数字化过程中特别是发展初期，政府在税收和财政方面要给予中小微企业一定程度的优惠和支持。其三，鼓励各类互联网企业在拓展自身业务的同时带动相关联的企业进行数字化转型。

中国是亚太地区最大的发展中国家和数字大国，有能力也有责任发挥数字经济具体领域的优势，推动并参与数字经济方面的合作，谋求互利共赢。协助亚太地区发展中国家进行数字基础设施建设。通过资金和技术方面的援助、人员培训等方式，促进互联网和数字技术合作共享，尽快达到普遍程度的互联网接入，普及互联网技术，充分开展远程教育和远程医疗，积极发展电子商务，跨越数字鸿沟，使更多的发展中国家能够抓住数字经济发展机遇。

第三，大力发展专业化、高端化的生产性服务业，推进传统产业与数字经济融合。数字技术通过渗透和带动其他行业发展打通上下游产业链，推动传统产业的优化升级，促进数字产业和传统产业的融合，催生新兴产业和新经济形态，对中国提升在全球价值链中的地位意义重大。目前制约我国生产性服务业发展的主要因素在于体制机制，所以要进一步深化我国生产性服务体制改革，扩大开放，努力建设开放统一、有序竞争的生产性服务市场，为数字贸易条件下我国不断向全球价值链高端迈进提供优良的制度环境。作为一体化趋势日益加深的亚太经合组织一员，中国同样也要面临区域经济的新形态与新趋势带来的机遇与挑战，中国推进产业转型升级的最终目标，即"战略性新兴产业"，也须符合区域经济发展的大趋势。在国家层面，要坚持以发展绿色产业、海洋产业、互联网产业等为目标的产业转型升级路径，着力提升国家战略性新兴产业发展规划制订的前瞻性与科学性，切实保障传统产业沿着既有路径有序实现转型升级的目标。

参考文献

[1] 白丽芳，左晓栋. 欧洲"数字贸易限制指数"分析[J]. 网络空间安全，2019，10（2）：41-48.

[2] 戴龙. 数字经济产业与数字贸易壁垒规制：现状、挑战及中国因应[J]. 财经问题研究，2020（8）：40-47.

[3] 吕延方，方若楠，王冬. 中国服务贸易融入数字全球价值链的测度构建及特征研究[J]. 数量经济技术经济研究，2020，37（12）：25-44.

[4] 裘韵. 论数字经济影响下贸易壁垒新形态的法律规制困境[D]. 苏州：苏州大学，2019.

[5] 沈玉良，彭羽，高疆，等. 数字贸易发展新动力：RTA 数字贸易规则方兴未艾——全球数字贸易促进指数分析报告（2020）[J]. 世界经济研究，2021（1）：3-16，134.

[6] 谭洪波，夏杰长. 数字贸易：重塑全球价值链的关键力量[N]. 经济日报，2020-12-16（11）.

[7] 杨泽瑞. DEPA 对亚太合作意味着什么[J]. 世界知识，2020（23）：68-69.

[8] 赵晓斐. 数字贸易壁垒与全球价值链分工[D]. 北京：对外经济贸易大学，2020.

[9] Ruofei Yan. Innovation and Exploration of Digital Trade Business Environment—Based on RCEP Background[J]. Scientific Journal of Economics and Management Research, 2021, 3(2).

[10] Malkawi Bashar. Digital Trade Issues in WTO Jurisprudence and the USMCA[J]. The International Trade Journal, 2021, 35(1).

APEC 创业孵化器合作的进展

张　雪*

摘　要： 进入 21 世纪之后，新一代科技革命正在全球范围内掀起高潮。以信息技术、生物技术、新能源、新材料为代表的高新科技产业持续涌现革命性创新，逐渐成为推动世界各国经济可持续增长的核心动力。由此，亚太地区各经济体也普遍进入了经济结构转变、产业结构升级和重化工阶段向信息经济阶段过渡的关键转型期。创业孵化器作为培育新创企业、加快高新技术转化和技术商品化的重要途径日益受到重视，其快速发展为提高全球生产力水平做出了重要贡献。借助在技术、资源、市场等领域的极强互补性，APEC 成员正在平等互利、开放包容、共建共享的原则指导下，不断加强信息交流和政策协调，采取实际措施共同推动 APEC 创业孵化器发展领域的广泛合作。

关键词： APEC；创业孵化器；信息技术；初创企业

一、APEC 创业孵化器合作进展

自 1959 年世界上第一个现代意义上的创业孵化器成立至今，这种创新性组织机构发挥其独特的运作优势，协助一大批高新技术型中小企业获得了巨大商业成功，也为推动世界各国经济快速增长、维持高水平就业和加快科技成果市场化做出了突出贡献，引起了官、产、学各利益攸关方的密切关注与重视。始终致力于推动区域经济技术合作的亚洲太平洋经济合作组织（Asia Pacific Economic Cooperation，APEC）也开展了内容广泛的创业孵化器国际合作。

APEC 创业孵化器领域合作主要是在 APEC 产业科技工作组（Industrial Science and Technology Working Group Meeting，ISTWG）及其改制成立的科技创新政策伙伴合作机制（Policy Partnership on Science, Technology and Innovation，PPSTI）框架下开展的。目前，已

---

* 张雪，南开大学 APEC 研究中心助理研究员。

经完成和正在推进的主要合作项目如下。

1. "APEC 共同孵化网络"项目

由中国西安高新区创业园发展中心牵头主持、美国和泰国作为共提方的"APEC 共同孵化网络"（APEC Co-Incubation Network）项目是 APEC 产业科技工作组（ISTWG）批准实施的第一个创业孵化器相关合作项目。该项目致力于在亚太地区主要的创业孵化器之间，积极开展信息交流、资源分享、企业互动、技术合作与市场开拓等活动，通过多边合作整合本地区的优质孵化资源，以"APEC 共同孵化网络"为平台助力亚太科技型中小企业快速融入区域和全球市场。

2011 年 9 月，"APEC 共同孵化网络"论坛在中国西安举行。来自 15 个 APEC 成员经济体的约 70 个创业孵化器派代表参会，围绕"企业加速器的全球供应链""被孵企业的商业资源网络"和"被孵企业的软性服务需求"等议题进行了深入交流，正式筹建了"APEC 共同孵化网络"。[①] 2013 年 9 月和 2014 年 10 月，项目牵头方又连续召集了两次"APEC 共同孵化网络高级培训班"活动，培训主题涵盖"助力被孵企业融资""被孵企业市场准入""高新技术商业化""提供虚拟孵化服务"等内容。培训班采用实地调研、项目考察和风投对接等多种灵活方式，对于亚太创业孵化器分享孵化经验、改进孵化器管理者的服务质量、提高"APEC 共同孵化网络"服务水平都产生了良好效果。[②]

"APEC 共同孵化网络"项目的成功实施为开展 APEC 创业孵化器领域的更广泛合作奠定了坚实基础。

2. "基于信息技术的 APEC 创新服务链"项目

自 2013 年成立，科技创新政策伙伴合作机制（PPSTI）始终支持各成员经济体在创业孵化器领域开展广泛且深入的合作。中国生产力促进中心联盟（Chinese Association of Productivity Promotion Center）响应号召，于 2013 年正式实施了"基于信息技术的 APEC 创新服务链"项目。该项目强调，一站式创新服务链是由附加值服务体系和创新服务体系共同构成的，因此必须不断拓展新的商业信息服务模式，开发多种从产权信息中提取价值的方法，最终使创新服务链高效整合。该项目的核心内容包括召开 2 次国际研讨会、组织 6 次实地培训活动和筹建"APEC 创新服务链网络服务平台"等。[③]

"基于信息技术的 APEC 创新服务链"项目有效整合了 APEC 创业孵化资源，搭建起区域化的创新服务链平台，有助于提升科技型中小企业的创新竞争力，实现亚太经济的可持续发展。

[①] China. Forum on Co-Incubation Network Among APEC Business Incubators. 2011/SOM3/ISTWG/025, http://mddb.apec.org.

[②] China. Advanced Training Workshops of APEC Co-Incubation Network. 2013/SOM2/PPSTI/040 & 2014/PPSTI1/010, http://mddb.apec.org.

[③] China. Workshop on Innovation Service Chain Based on Information Technology- Overview of the Innovation Service Chain Building. 2013/SOM3/PPSTI/004, http://mddb.apec.org.

3."APEC 面向数字化社会的创业孵化器能力建设"项目

2019 年，中国北京国际交流协会（Beijing International Exchange Association of China）在 APEC 基金资助下，牵头实施了"APEC 面向数字化社会的创业孵化器能力建设"项目（APEC Startups Incubator Capacity Building Symposium towards Digital Society），澳大利亚、智利、中国香港、韩国、马来西亚、墨西哥、巴布亚新几内亚、俄罗斯和泰国将以项目共提方的身份对其实施给予支持。该项目旨在回顾和评估 APEC 经济体有关科技型中小企业孵化政策的最佳范例，从而在亚太创业孵化器能力建设方面提出可行的政策建议。

2021 年 9 月，项目牵头方拟于中国北京举办"APEC 孵化器能力建设研讨会"。届时将邀请 APEC 各成员经济体政策制订者、学术研究专家以及创业孵化器一线从业人员与会，共同围绕"创业孵化器的政策激励""孵化器能力建设与创业生态""孵化器协助中小企业适应数字化转型"和"通过孵化器推进女性企业家和管理者能力建设"等话题展开讨论，研究如何在未来的 PPSTI 议程中更好地融入提升亚太创业孵化器能力的行动方案与倡议。①

该项目的实施初衷和发展方向与 PPSTI 制订的 2016—2025 年战略规划高度契合，因此获得了各利益攸关方的广泛重视与关注。

通过总结与评估上述合作项目可以发现，APEC 推进创业孵化器合作是逐步开展和完善的，并已成为亚太科技创新合作及中小企业发展合作的重要内容之一。这种渐进性不仅体现在合作领域的拓宽和深化上，也体现在合作目标及路径的不断升级中。

未来一段时间,开展亚太创业孵化器合作的重要性和必要性必将受到越来越多的重视。这一方面是因为 APEC 各成员经济体，尤其是发展中成员经济体，普遍将筹建高效率的创业孵化器视为推动高新科技成果转化、提升中小企业生存率和保持高水平就业的重要途径。各经济体政府将不断提高对创业孵化器的政策、知识、技术、资金和人才支持，希望尽可能完善相关行业标准、法律法规和激励机制。这些因素会吸引更多的 APEC 成员积极参与该领域合作，相互借鉴彼此的成熟经验与政策方案。另一方面，随着亚太区域经济一体化的不断加深，各经济体的中小企业和创业孵化器都面临着无法回避的国际化发展的挑战。APEC 成员普遍认识到，无论是在资源配置上强行采取闭门造车的模式，抑或是在管理制度上拒绝推进"规制融合"改革，都可能导致自身无法充分利用外部效应显著的国际孵化资源，并由此更加主动地融入创业孵化器的区域多边合作项目、研讨与经验交流之中。

二、亚太创业孵化器发展现状及最佳范例

当前，新一轮科技与产业革命正在推动世界各国进入转变生产方式、调整产业结构的经济发展新周期。新技术、新产品、新业态和新商业模式层出不穷，国家的繁荣进步越来

---

① China. APEC Incubator Capacity Building Symposium. 2020/SOM1/PPSTI/017, http://mddb.apec.org.

越依赖于其人民创新创业的活力与能力。在此背景下，亚太创业孵化器也进入了深化发展的新阶段。一方面，创业孵化器的数量和规模迅速扩大，以适应创业者对各种创业资源的巨量需求。另一方面，创业者对孵化服务质量的要求又驱动创业孵化器不断向市场化、专业化、链条化、立体化、国际化的方向自我完善。创业孵化正由"器"之形转向"业"之态。

本部分将从政府功能、运作模式、盈利来源、主导力量和国际发展等 5 个角度，观察和总结亚太创业孵化器的最新发展趋势及成功范例。

（一）政府功能转向全方位完善创业孵化生态

毋庸置疑，政府支持是创业孵化器发展的必要条件。从世界各国的创业孵化器发展历程来看，无论是在发达经济体还是在发展中经济体，政府都发挥了不容忽视的积极作用。政府提供的直接投资、资金补助、税收优惠政策对于引导资金流入起步阶段的孵化器行业至关重要。

但值得注意的是，早期的政府支持举措通常是以直接筹建"政府主导型创业孵化器"的形式出现。但由于该类创业孵化器投资主体单一，由政府官员转任的行政运营人员缺乏管理经验，再加上其直接或间接地依靠政府资助维持生存，容易导致其自身价值创造和服务创新的动力不足，无法适应初创企业对高质量孵化服务的需求，从长期来看，不具有发展可持续性。

据此，亚太各经济体意识到不能再成为承担创业风险的主体，政府功能应逐渐转向发挥自身在政策导向、法律制订、资源配备、中介服务、信用授予和形象提升等方面的独特优势，创建和完善本国良好的创业孵化生态体系。

本部分研究的国别政策范例致力于为 APEC 各经济体提升政府功能、完善国家创业孵化生态体系提供经验。

1．中国

中国的创业孵化器起步较晚，但发展迅速。截至 2019 年底，中国创业孵化器数量达到 13 206 家，在孵企业和团队达到 65.8 万家，拥有的有效知识产权数共计 90.6 万件，吸纳就业 450.3 万人。仅 2019 年，中国创业孵化器总运营收入为 653.6 亿元人民币，从业人员达到 16.8 万人。

中国政府为创业孵化器发展提供的全方位支持包括如下几方面。

（1）制订完善的创业孵化器发展战略和管理办法

为推动创业孵化器持续健康发展，并逐步完善创业孵化生态系统，中国政府连续颁布了《国家中长期科学和技术发展规划纲要（2006—2020 年）》《国家创新驱动发展战略纲要》《"十三五"国家科技创新规划》《中华人民共和国中小企业促进法》，以及《国家科技企业孵化器"十三五"发展规划》，对创业孵化器发展的指导思想、发展原则、目标、重点任务和保障措施都做出了战略性安排。此外，中国政府还制订并颁布了《科技企业孵化器评价指标体系（试行）》（2017 年）和《科技企业孵化器管理办法》（2018 年），鼓励并引导创业孵化器更好地实现其功能定位。

（2）推进投资与孵化融合发展

中国政府积极构建由孵化器自有资金和外部资本共同构成的多层次创业孵化投融资服务体系，满足不同阶段的创业企业对资金的需求。同时，逐步建立健全由孵化器、创业企业、担保机构、投融资机构、政府机构等组成的多元投资风险分担机制。

（3）推进孵化器区域协调发展

中国政府为加强国内各地区创业孵化器的交流合作，正在实施京津冀、长江经济带、珠三角、成渝等区域孵化器网络建设工程。同时，还鼓励成立区域孵化器联盟、协会等行业组织，促进区域内部孵化器之间的经验交流和资源共享，实现互补合作、联动发展。

2．日本

日本创业孵化器发展起步较早。受美国硅谷的启发，日本自 20 世纪 60 年代起就开始从"贸易立国"转向"技术立国"，从政策、计划、财政、金融等方面全方位大力引导和支持高科技创新创业。日本最具代表性的创业孵化器——筑波科学城于 1968 年开始动工，前后耗资超过 50 亿美元。

日本政府为创业孵化器发展提供的全方位支持包括如下几方面。

（1）直接兴建创业孵化基地

日本很多创业孵化器都是由中央政府或地方政府主导兴建并运作的。以筑波科学城为例，其规划、审批、选址到兴建的整个过程完全依靠政府指令，连科研机构和科研人员也都是政府从东京迁移而来。[①]此外，筑波科学城的基础设施和科研设备都需经行政审批配备，各类研究机构、教育设施以及创业孵化行动，均接受东京相应主管部门的垂直领导和指挥。

（2）提供健全的法律保障

日本政府为创业孵化器发展提供了健全的立法保障和大量优惠政策，大体可以分为两类：一是专门针对创业孵化器和孵化区制订的法律；二是与创业孵化器相关的社会、科技、经济法律法规。其中，第一类法律更集中有力。例如，"筑波科学城园区都市建设法"对筑波科学城建设计划、周围土地开发整备及物业设施都做了明确说明；"研究交流促进法"允许私人企业使用国家科研院所的设施设备；"实施令"对创业孵化器的公共基础设施使用做了具体规定。

（3）搭建科研院所与创业者之间的技术交流平台

在科研院所与创业者之间搭建顺畅的技术交流平台，对于初创企业的产品攻关和产业

---

① 1974 年，日本政府开始将所属 9 个部厅的 43 个研究机构，共计 6 万余人迁到筑波科学城，形成以国家实验研究机构和筑波大学为核心的综合性学术研究和高水平创业孵化中心。

化至关重要。但这类平台也很难实现自负盈亏的良性循环。因此，日本政府往往在其启动初期给予大力支持，如全资建设了"筑波研究支援中心"，促进了科技成果转化和技术持续创新。

3. 韩国

1993 年，韩国商工资源部（现更名为韩国产业通商资源部）首次提出了"创业孵化器计划"。该计划的核心内容是由韩国科学技术研究院（KIST）配合 4 所大学创建孵化器，并逐步向全国推广经验。1995 年开始，韩国各地方政府启动建立区域性的创业孵化器。

韩国政府为创业孵化器发展提供的全方位支持包括如下几点。

（1）制订鼓励性政策法规

为兴建以 4 年制大学、2 年制学院和其他科研机构为中心的"产学合作研究园区"和"地区合作开发支援团"，韩国政府先后颁布实施了《培育风险企业特别法》《支持高新技术和知识密集型企业发展的特别措施》《关于政府资助研究机构设立、运行及育成法律》等。

（2）直接给予资金补助

韩国政府为每一个"被认定的孵化中心"提供一定额度的额外运营经费补助，以提高创业孵化器的服务能力和水平。这对于运营初期的创业孵化器实现自收自支、吸引高素质管理人才、提升孵化服务质量极为重要。因此，韩国孵化器的物业租金往往远低于市场价格，且创业者更容易接触到最新的科研成果和丰富的人力资源。

（3）积极调整孵化器行业结构

目前，韩国创业孵化器行业存在一些明显的结构不平衡问题，如入孵企业仅有 10～19 家的小型孵化器，占全部创业孵化器的 63.5%，且 80% 以上的孵化器是由大学发起的。针对这些问题，韩国政府采取了倾斜的税收政策和财政补贴政策，支持小型孵化器并购重组为规模效应更显著的中型和大型孵化器，同时保持与入孵企业沟通顺畅、服务针对性强的特征；鼓励大学孵化器积极进行企业化改制，脱离原有的大学行政管理体系；向私营创业孵化器提供统一的专业技能、信息、金融资源等支持，以提升其运营绩效。

（二）采用更高效的市场化运作模式

为了摆脱政府主导模式在运营效率方面的天然劣势，创业孵化器必须走市场化转型之路，采取自负盈亏的企业化运作模式，在细分行业提供精准的、全方位的孵化服务。只有这样，才能真正发挥创业孵化器的经济性特征，实现可持续发展。

创业孵化器的中心任务是帮助创业者应对日新月异的外部环境挑战，开创和推进商业盈利活动。缺乏企业家创新精神和调整变革能力的创业孵化器，根本无法向初创企业提供任何真正有价值的支持。因此，创业孵化器采取企业化运作模式的核心就是完全剥离政府的管理职能，建立产权清晰、权责明确、政企分开、管理科学的现代企业制度，其日常经营任务改由管理经验丰富的职业经理人承担，使之成为真正的市场主体。

随着新兴产业不断向高精尖方向发展，只有专业化的创业孵化器才能为特定产业的创业者提供量身定做的个性化服务，帮助其强化核心竞争力。与此同时，专业化发展并不意味着创业孵化器只能单一性地为新兴行业服务，也要密切关注其他传统行业的高科技转型发展。

本部分研究的示范案例致力于为 APEC 创业孵化器向更高效的市场化经营模式发展提供经验。

1. 韩国全南大学创业孵化中心

（1）简介

韩国全南大学创业孵化中心（Chonnam National University Business Incubation Center，CNUBIC）于 1999 年开始运行，是由韩国政府发起的、依附于国立全南大学的非营利性、技术型创业孵化器，具有公共实体的法律地位。在 20 多年的运行过程中，它积累了具有韩国特色的管理运营模式及经验，获得了巨大成功。2015 年，CNUBIC 荣获亚洲孵化器协会（Asian Association of Business Incubation，AABI）评选的"年度最佳创业孵化器"称号。[①]据相关数据显示，CNUBIC 仅在 2012—2014 年就孵化出 104 家初创企业，总销售额达到了4680 万美元，产生了 52 项新的发明专利，共计投入 400 多万美元用于投资与研发。[②]CNUBIC 不仅带动了当地经济的快速增长，更推动了新兴科技行业的发展。

（2）孵化模式

CNUBIC 已经将高校、政府部门和初创企业有机地联结成一个高效合作系统。在该系统中，全南大学的创业专家负责组织 CNUBIC 的日常培训活动；全南大学控股公司董事会及首席执行官负责执行针对入孵企业的投资及孵化服务；而政府部门的人员则负责解析与创业相关的政策文件等。

此外，为了提高每个创业项目孵化的成功率，CNUBIC 还构建了"创业保育系统"，从基础设施支持、技术直接援助和服务网络支持等方面提供全方位的保育服务，这不仅包括孵化之前的市场可行性分析和商业计划准备，也包括孵化期内的技术研发、资金、市场开拓等方面的服务支持。

（3）经验分享

CNUBIC 自身没有足够的资金来全额资助入孵企业，但它与韩国中小企业管理局、风险投资机构以及商业银行有着紧密的合作联系，并借此作为一个纽带为初创企业提供间接的经济援助。

与此同时，CNUBIC 依靠丰富的学术和研究资源，在创业教育方面为初创企业提供了全方位的培训支持。此外，CNUBIC 还建立了"创业保育系统"，为创业者提供试错机会，

① AABI Incubator Award. http://www.aabi.info/incubato-award.html.

② Chonnam National University Business Incubation Center. https://global.jnu.ac.kr/Academics/Special/Sp_Industry.

最大限度减少其失败带来的损失，以便使其能尽快恢复再次挑战的能力。

最后，CNUBIC 为提升入孵企业的创业成功率，通过全南大学控股公司和技术认证组织中心的协作，联合创业教育中心、创新政策中心和微观装配实验室，构建了从产业政策到样品设计的全方位孵化服务体系。

2．加拿大魁北克生物技术创新中心

（1）简介

加拿大魁北克生物技术创新中心（Quebec Biotechnology Innovation Center，QBIC）是一家为澳大利亚拉瓦尔生物技术发展中心（Laval Biotechnology Development Centre，LBDC）入孵企业提供实验室、办公室和高端设备的生命科学创业孵化器。作为澳大利亚新兴生命科学和健康技术领域最优秀的创业孵化器，QBIC 经过 25 年的运营，已成为本领域创业孵化器的示范样本。迄今为止，被经验丰富的团队和有利于业务发展的环境所吸引，已有 50 多家初创企业选择 QBIC 作为创业的孵化基地。[①]

（2）孵化模式

QBIC 为孵化前的创业者和孵化中的初创企业提供广泛的业务指导服务。任何新客户都可以立即获得本领域专家团队对于技术方案和商业计划的验证支持，在最小化风险的同时加速其创业过程。虽然入孵企业需要通过严格的筛选以确保其具有足够的生存能力，但这也使得创业者更容易获得风险资金的支持。

QBIC 提供的孵化服务包括：

● 场地租赁

入孵企业可以使用配备齐全的二级生物安全实验室。这些实验室配备了通风柜、2 型反渗透纯水系统、天然气、氮气、中央真空系统、应急电源和完整通风系统。此外，还包括安全的生物医学、化学和放射性废物管理服务。

● 设备和仪器共享

入孵企业可以免费共享多种科学仪器，如测序、寡核苷酸合成、质谱、流式细胞仪、电子显微镜、动物测试等仪器设备。

● 生命科学技术咨询

QBIC 与拉瓦尔市经济发展局合作实施的"企业指导计划"，可以协助创业企业获得最佳人力资源和资金支持。与此同时，QBIC 的技术团队则可以帮助入孵企业设计、建造和运行高等级实验室，使其能迅速组织和开展研发活动。

（3）经验分享

QBIC 最重要的成功之处在于其始终专注于新兴生命科学和健康技术领域的初创企

---

① Quebec Biotechnology Innovation Center. Innovations in Comfort, Efficiency, and Safety Solutions, http://www.automatedbuildings.com/news/jul06/articles/distech/060628041404distech.htm.

业，为其提供在其他地方难以得到的生物安全实验室、先进科学仪器等专业化服务，大大降低了入孵企业的研发成本和创业风险。独具特色的业务指导服务也成为 QBIC 的核心优势所在。

3．印度尼西亚茂物农业大学农业综合企业和农业产业孵化器

（1）简介

印度尼西亚茂物农业大学的农业综合企业和农业产业孵化器（The Incubator for Agribusiness and Agroindustry at Bogor Agricultural University，IAA-IPB）最早起源于 1994 年茂物农业大学（IPB）与其他四家机构共同建立的专注于农业初创企业和农业技术孵化的试点机构，后来发展为 IPB 研究与发展研究所管辖的正式的创业孵化器。印尼国家教育部（MNE）在 20 世纪 90 年代曾积极推动在各地的大学中设立创业孵化器。IAA-IPB 被提名为评审协调员，评估新孵化器提案并监督其实施。2011 年，IAA-IPB 新址迁至茂物附近的达尔马加校区，包括可共享的食品加工厂、试验车间和产品实验室，以及大量政府资助的新设备，能够容纳 14 家创业企业进行孵化。[①]

（2）孵化模式

IAA-IPB 在孵化的不同阶段提供有针对性的差异服务。在早期孵化阶段，主要提供创意指导、市场前景评估、技术外包联络等服务；在正式孵化阶段，主要提供与生产相关的孵化服务；在孵化毕业阶段，主要提供商业计划书修改咨询、新产品和新技术的再融资、销售市场开发与巩固等孵化服务。

IAA-IPB 向入孵企业提供的具体服务包括：以适中的租金为创业企业提供办公空间和公用设施；免费提供会议室、培训室等其他办公设施；免费提供技术开发、管理提升、营销拓展等咨询服务；免费提供人力资源培训、商务会议和研讨会承接服务；免费提供加工厂和实验室的对接服务（使用服务费由工厂和实验室收取）；免费提供商业计划书（通常在申请授信时需要提交）修改咨询服务；免费提供授信申请便利化服务，如协助初创企业获取政府提供的低息信贷（该信贷的额度因企业类型而异，但大多数初创企业至少能获得 11 000 美元贷款）；根据入孵企业需要，提供国际实习和国际展会服务。

IAA-IPB 在农业综合性企业的发展初期，一直采取谨慎收取服务费的原则，仅对物理空间和公用设施收取标准费用，咨询服务采取低收费或免费，设备使用、商务会议和实验室分析费用则按实际服务项目收费。

IAA-IPB 现在已经将孵化服务扩展到农业领域之外，也吸引了从事手工艺、皮革业和信息技术（IT）产业的中小企业加入，并强调贯彻利用绿色能源技术发展中小企业的理念。

---

① Goletti, Francesco 2011 Background Case Study for Incubator for Agribusiness and Agroindustry at the Bogor Agricultural University (IAA-IPB, 2011), a study conducted by Agrifood Consulting International(ACI) and Economic Transformation Group (ETG) for infoDev, Bethesda, MD 2011.

（3）经验分享

考察 IAA-IPB 的成功经验可以得到如下启示：

第一，在预孵化和正式孵化过程中，必须高度重视创业企业的实际诉求和发展条件，协助其迅速成长。创业企业的成功是孵化器可持续发展的前提。因此，与入孵企业的一对一互动是理解其特殊需要并为其提供解决办法的必要条件。

第二，创业孵化服务需要引入额外的、来自战略合作伙伴的资源支持。就 IAA-IPB 而言，通过与茂物大学的合作，其获得了基础设施、通信设备和技术咨询层面的支撑；通过执行支持中小企业发展的全国优惠政策，入孵企业获得了信贷层面的支持；通过开发国际合作伙伴网络，初创企业具有了国际接触经验；通过与私营部门、商会和金融机构共同搭建风险投资平台，满足了初创企业和孵化器自身的资金需求。

（三）多渠道引入创业孵化资本，实现可持续发展

能否得到充足的发展资金往往是中小企业在创业阶段所面临的最严峻挑战，也是其最渴望从创业孵化器得到的服务支撑。与此同时，创业孵化器自身的可持续发展也取决于能否找到稳定可靠的盈利来源。因此，亚太创业孵化器逐渐放弃了仅依靠有限政府财政资金输血的生存方式，转而从多渠道引入创业孵化资本，借助良性的资金循环体系，促进入孵企业和孵化器的协同发展。

第一种模式是由创业孵化器自主筹建种子基金入股创业企业，并在其成功上市或被高价并购时盈利退出。这种模式将创业孵化器和初创企业结合成高度互信、互利共赢的利益协同体。第二种模式是由创业孵化器与外部风险投资机构合作，搭建创业企业与风险投资人高效对接的平台。第三种模式是由创业孵化器积极协助初创企业获取社会资本支持，通过建立专门的担保机制（联合担保公司、社会信用评价机构等），开辟初创企业贷款的绿色通道。

本部分研究的示范案例致力于为 APEC 创业孵化器引入多渠道创业孵化资本实现可持续发展提供经验。

1. Y Combinator（美国）

（1）简介

Y Combinator（YC）于 2005 年由保罗·格雷厄姆（Paul Graham）在硅谷发起成立。作为一家"创造公司"，YC 基于强大的创业辅导能力和不断出现的成功案例，构建起强有力的品牌影响力，成为全球孵化器的标杆。在 2012 年《福布斯》网络版"十大美国创业孵化器与加速器"的排行榜中，YC 位居榜首。根据 YC 官方网站发布的最新数据，迄今它已经累计孵化企业超过 2000 家，总估值超过 3000 亿美元，创造了 6 万多个就业机会。其中，市场估值超过 1.5 亿美元的毕业公司超过了 125 家，包含条纹支付（Stripe）、爱彼迎

（Airbnb）、比特币基地（Coinbase）等多家独角兽公司。①

（2）孵化模式

YC 的孵化模式非常具有典型性——为只是初具想法的创业团队提供天使投资以及训练营等孵化服务，并由此换取初创企业的股份，当初创企业上市或被其他企业并购时则退出获利。

YC 会通过网络申请和面试审核的方式，选拔创业团队参加训练营（每年两期），并对入选企业投入种子基金。通常，YC 以 12.5 万美元资金换取创业团队 7%左右的股份并分两批给付，创业者只有拿到下一轮融资后才能获得第二批 8 万美金的兑价投资。

在随后 3 个月的训练营期间，YC 会为初创企业提供创业培训、投资推介、市场推广等全方位的孵化服务。由"办公时间"和"晚餐会"两部分构成的"演示日"是其中最具特色的部分。

在"办公时间"里，创业公司可以向 YC 顾问团队咨询经营和发展问题。而且，谈话中有约 10%的时间被保证用来讨论初创公司的大愿景，而不是眼前的细节问题。这种做法导致了部分初创公司在沟通后调整甚至完全改变了原有发展思路。

YC 还鼓励初创企业将每周的"晚餐会"当作一个小型演示日，展示一周的进展和成果。YC 则在"晚餐会"邀请对初创公司某些棘手问题比较了解的专家发言，包括创业者、风险投资家、律师、会计师、记者、投资银行家和大型科技公司的高管。这个巨大的"校友"网络可以给予初创公司很好的发展建议，甚至进行直接投资。

但"演示日"并不是 YC 孵化服务的终结点。此后，YC 还将与红杉资本（Sequoia Capital）、安德烈·霍洛维茨（Andreessen Horowitz）、知初资本（SV Angel）、硅谷天使（Initialed Capital）等国际知名投资人合作，为有进一步发展机会的初创团队进行更多风险投资。

（3）经验分享

YC 在运作模式以及搭建融资平台方面的成功经验被全球创业孵化器学习和运用。其一，YC 只关注最早期的创业团队，并通过"批处理"的模式向每个创业者提供金额较小的种子资金。在当今科技创新充满不确定性和不可预测性的条件下，这种"全面撒网、重点培育"的模式既可以让 YC 更稳妥地分散投资风险，又能使其更有可能与掌握未来突破性技术的初创企业建立合作关系。

其二，YC 通过定期训练营的演示日（Demo Day）分享机制，为初创公司和投资人之间搭建了沟通桥梁和网络，一方面使天使投资人可以获得丰富、优质的创业项目资源，另一方面也为创业尽早获得融资支持提供了平台。

---

① YC Top Companies. https://www.ycombinator.com/topcompanies.

2．红点风险投资公司（新加坡）

（1）简介

红点风险投资公司（Red Dot Ventures，RDV）是新加坡一家专门为种子期和预备种子期的科技创业者迅速发展提供支持的创业孵化器。借助 RDV 提供的风险资本投资和专业导师培训，已经有超过 500 家初创公司成功孵化毕业，预估总市值超过 4.5 亿新加坡元，其中，43%的公司获得了风险投资机构的持续融资。①

（2）孵化模式

RDV 为不同发展阶段的初创公司提供了差别化的孵化服务。

针对种子期的初创公司，RDV 努力确保其可以享受到全面的创业导师培训、技术专家咨询、潜在商业伙伴开发和最重要的风险资本融资支持，甚至还可以为其提供在亚洲创业者新闻频道（Channel News Asia Startup）等媒体上的宣传曝光服务，从而提高创业成功率。RDV 重点关注和投资的行业包括 ICT、物联网、大数据、人工智能、清洁技术和替代能源解决方案、医疗技术和先进医疗解决方案、金融技术、教育技术、先进工业材料和制造业等。

针对预备种子期的初创公司，RDV 通过"强化创业者培训计划"（Intensive Startup Builder Program）为新兴市场的技术创业公司提供物业租赁、网络基础设施、业务代理、现金投资、企业经营指导等基础性孵化服务。该计划完全是实操性的。初创公司能够接触到 RDV 创业服务网中的所有合作资源，享受来自天使投资和专业并购资本、法律顾问委员会、会计师事务所、公司秘书事务所、数字营销专家、软件开发公司和云服务合作伙伴的一对一服务。

（3）经验分享

RDV 获得成功的首要因素是它不仅仅是一家风险投资公司，其本身就是一家孵化初创公司的"创业公司"。RDV 的核心团队成员基本上都是雄心勃勃且高效的创业者。

RDV 为初创公司提供的融资服务模式非常灵活。RDV 既可以作为唯一的出资方拥有初创公司一定比例的股权，也可以与政府机构合作进行风险投资，甚至可以领投其他风投机构入股合建"种子基金"，共同开展孵化服务和创业投资。这种灵活的融资服务机制更容易产生合作共赢的效果，发挥不同资金渠道的互补作用。

3．互联网创业发展基金（俄罗斯）

（1）简介

互联网创业发展基金（Internet Initiatives Development Fund，IIDF）成立于 2013 年，是目前俄罗斯最活跃的创业孵化器和风险投资基金。它的使命是通过建立最广泛的初创企业、投资者和行业领军企业合作网络，帮助讲俄语的企业家创建新兴科技公司，进而为全

---

① What is Red Dot Ventures. http://www.reddotventures.com.

世界人民的生活水平提升创造财富。

至今，IIDF 已经成为俄罗斯最大的科技创业家社区，拥有 400 多家入孵企业和 800 多家毕业校友，同时与超过 250 家大型公司及 200 多位市场营销、法律问题、团队生产力等方面的顶尖专家合作，每年受理的创业风险投资和孵化申请高达 2000 家以上。[①]

（2）孵化模式

IIDF 通常在初创企业的预备种子期、种子期和 A 轮融资阶段，对其予以 10 万～300 万美元的资本支持。优先扶植的行业包括人工智能与大数据、零售、教育/教育技术、企业管理软件（SAAS）、虚拟现实/增强现实、物联网/硬件、金融科技、网络安全、数字医疗、新型农业技术、互联网、通信和移动解决方案等。具体的融资模式如下：对于已完成产品创新且锁定了第一批客户的初创企业，IIDF 可以提供不高于 10 万美元的风险投资，并提供免费的基础孵化服务；对于已建立系统性销售网络的初创企业，IIDF 可以提供不高于 100 万美元的风险投资，并帮助它们拓展国内市场；对于已建立成熟商业模式且年收入达到 150 万美元的初创企业，IIDF 可以提供 100 万～300 万美元的风险投资，协助其建立一家全球性公司。

（3）经验分享

IIDF 不仅仅是一个风险投资者，其更倾向于与初创企业建立互利合作关系，帮助它们建立内部创新发展体系，利用其他公司或创业导师已经成功实践的方式和措施，对创业者及其优秀员工进行知识和能力发展培训。

另一方面，IIDF 还拥有强大的合作伙伴网络，包括俄罗斯联邦储蓄银行（Sberbank）、俄罗斯铁路公司（Russian Railways）等行业领先者。这些外部资源为创业公司提供了广阔的营销市场，以及更多融入产业创新链的机遇。

（四）领军企业借助创业孵化集团完善行业创新链

伴随着对创业孵化服务精准化和互利性要求的不断提升，一些高科技行业的领军企业围绕自身产业链，从内部项目孵化起步，联合创业孵化专业机构、政府部门、风险投资基金、非营利性研究机构和大学、中介服务公司共同组建创业孵化集团。创业孵化集团能够充分发挥和协调各方资源，具备了较为完善的孵化功能，不仅可以大大加快初创公司的商业化进程，还可以进一步完善本行业的创新链体系。

作为一种革命性的创业孵化模式，创业孵化集团对于实现行业领军企业与初创公司的协同发展、互利共赢至关重要。对于行业领军企业来说，虽然开放式的创业孵化有可能将某些初创公司扶植成为潜在的竞争对手，但经验丰富的高管们越来越认识到，两者的良性互动似乎更有利于他们快速识别市场上已经出现或即将出现的突破性技术和创意，并采取

---

① The Russian Internet Initiatives Development Fund has Become One of the Most Successful Accelerators in the World. http://www.russia-ic.com/business_law/internet/5080.

适当行动将其转换为新产品、新服务、新业态，源源不断地为企业可持续发展带来活力。与此同时，通过与研究领域更为广泛的大学研究人员和初创公司合作，领军企业无须维持费用高昂的大型研发团队和内部创新实验室，只专注于其最具优势的技术领域，分散了颠覆式或基础科学研究的成本与风险。

对于初创公司来说，参与创业孵化集团则可以更好地利用行业领军企业所提供的产业先进技术、顶级研发平台、全球价值链接入、品牌影响力、客户渠道、同行业技术互动等稀缺资源，同时从已构建伙伴关系的巨头企业高管及员工身上获得技术指导，从而有机会享受顶尖的人才智力支撑。这将大大降低行业的准入门槛，提高创业成功的可能性。

本部分研究的示范案例致力于为 APEC 创业孵化器向更系统化的方向发展提供经验。

1. 美国电话电报公司创业孵化集团

（1）简介

美国电话电报公司（America Telephone & Telegram，AT&T）是美国最大的固网电话及移动电话电信服务供应商。2011 年，为鼓励通信行业的中小企业积极开展前瞻性技术创新，AT&T 及其核心技术厂商成立了创业孵化集团 AT&T Foundry，并分别在美国的加利福尼亚州、得克萨斯州、佐治亚州和以色列的特拉维夫设立了 5 个创新中心。AT&T Foundry 致力于创造一个快节奏的协作环境，让所有参与者发挥各自优势，以全开放的姿态助推通信产业链的整体发展。

（2）孵化模式

在 AT&T Foundry 的创新中心，新技术开发者不仅能够享受基础性的办公场地和网络环境，还有幸与 AT&T 资深专家团队并肩工作，享受世界其他地方都无法提供的技术支持和全职导师服务。这使得他们可以以更快的速度向市场提供创新性的应用程序、产品和服务。

然而，对于众多该领域新技术和新硬件的发明人来说，该孵化计划最吸引人的地方是 AT&T 将凭借自身在通信产业链上的主导地位，为初创企业获取产业链上下游资源创造便利条件。与其他主流创业孵化器不同，AT&T Foundry 不提供启动资金和融资服务，也不寻求占有初创企业的股权。在入孵企业成功毕业后，可以成为 AT&T 的合作伙伴独立运作，也可以由 AT&T 收购整合进自身业务体系，甚至可以选择为其他运营商（包括 AT&T 的竞争对手）提供服务。

（3）经验分享

在某种意义上，AT&T Foundry 是 AT&T 未来技术合作伙伴的培育基地。该孵化器以单纯的"非盈利模式"运作，免费为初创企业提供办公空间、网络、专家级导师服务及产业链资源，不追求任何财务利润，也不通过股权投资方式寻求对新技术发明的垄断。但 AT&T Foundry 主要的孵化对象是那些能够帮助 AT&T 解决技术创新、业务实现、用户体验提升等关键问题的未来合作伙伴。其负责人直接向 AT&T 首席技术官汇报工作，与 AT&T 实验室、"开发者计划"一样，从战略上服务 AT&T 整体技术创新体系。

2. 海创汇（中国）

（1）简介

成立于 2014 年 5 月的海创汇是中国海尔集团由家电产品制造商向孵化创客转型的成功案例。它聚焦于物联网、电信/媒体/科技（Telecommunications，Media，Technology）、大健康等核心产业，已在中国 12 个城市以及全球 11 个国家建立了 28 个孵化基地，累计孵化 4000 余个创业项目，总估值已达 800 亿元人民币。迄今，海创汇已成功孵化了 2 个上市公司、5 个独角兽企业和 22 个瞪羚项目。①

（2）孵化模式

海创汇有机融合了海尔生态圈的产业资源和全球公共社会资源，为初创企业提供全方位孵化服务。

● 基础孵化服务

海创汇提供的基础孵化服务主要包括如下内容：加速营——为创业者提供运营空间、创业课程、导师辅导、校友服务；跨境孵化——为创业项目开展国际化合作对接海外产业资源；风险投资顾问（Financial Advisor，FA）——一对一为创业者制订有针对性的融资策略。

● 投融资服务

海创汇提供的投融资服务主要包括如下内容：自有种子基金投资——"海创汇基金""海星种子基金"；外部融资撮合——为风险投资机构和创业者提供融资撮合服务。

● 产业链接入服务

海创汇提供的产业链接入服务主要包括技术研发——接入海尔集团的 HOPE 研发平台，提供全球技术资源对接；工业设计——联合中国科学院、深圳市创新设计研究院等工业设计机构，提供关键工业设计支持；生产制造——借助海尔集团的 COSMOPlat（工业互联网平台），提供大规模定制解决方案；市场销售——联合"海尔社区店""海尔专卖店""海尔顺逛微店"，提供产品销售渠道；物流运输——联合"海尔日日顺物流"，提供物流配送、仓储等服务；售后服务——联合"海尔日日顺乐信"，提供全渠道呼叫中心建设服务。

● 公共资源共享服务

海创汇提供的公共资源共享服务主要包括与"海服汇"和"海企通"联合提供企业咨询服务；与"金蝶"联合提供财税服务；与"万链指数"合作提供企业信用数据服务；与华为技术有限公司和"百度云"联合提供云计算服务。

● 社群拓展服务

---

① 全球创业者的加速器平台，海创汇，http://www.ihaier.com.

"海创汇"提供的社群拓展服务主要包括发起"榕树计划",开放海尔产业资源赋能其他孵化器;组织创业大赛、圆桌论坛、项目路演等多种活动,提升初创企业品牌影响力。

(3)经验分享

海创汇是中国行业领军企业组建创业孵化集团最为成功的案例之一,其核心价值就是与入孵项目共同成长,搭建共创共赢的生态圈。通过充分调动投资主体——海尔集团近 40 年所积累的丰富产业资源,依托集团旗下已建成的 HOPE 研发平台和 COSMOPlat 工业互联网平台,并与中国领先的工业设计机构展开深度合作,海创汇为入孵企业提供了从基础设施服务到社群拓展服务的全方位资源对接,真正实现了产业创新生态系统的协同效应。

(五)创业孵化器加快国际融合步伐

伴随着亚太区域经济一体化的快速推进,本地区的中小科技型企业正日益融入全球和亚太价值链体系,国际技术转移、海外市场开拓、跨境资本融通的需求日益旺盛。但由于在信息资源、资金支持、抗风险能力和管理经验等方面都存在严重制约,初创企业很难凭借自身能力实现国际化。

具有高度国际资源整合能力的国际创业孵化器则为它们提供了新的机遇和平台。例如,国际孵化器可凭借长期积累的国际政府关系,协助初创企业更清晰地理解和运用当地的创业优惠政策和支持性资源;可凭借与海外孵化器建立的战略合作伙伴关系,帮助初创企业了解当地的行业集群优势;可凭借自身的国际人才储备和培训导师资源,为初创企业提供海外法律法规和社会人文环境培训;可凭借逐步完善的孵化社区信息交流平台,在初创企业与毕业企业之间共享国际市场信息。

本部分研究的示范案例致力于为 APEC 创业孵化器向更深层次的国际化方向发展提供经验。

1. 500 Startups(美国)

(1)简介

500 Startups 成立于 2010 年,是美国加利福尼亚州硅谷地区的一家顶级加速器。其创始人戴夫·麦克卢尔(Dave McClure)在硅谷已经有 20 多年的工作经验,曾就职于微软、英特尔等知名公司。

(2)孵化模式

正如在经营使命中所陈述的,500 Startups 致力于通过发扬创业精神而提振全球经济和促进人类发展。

500 Startups 是一家全球化战略非常突出的创业孵化器,其 1/3 以上的孵化项目来自美国以外的国家和地区,这在整个行业中并不多见。它每年都在全球范围内挑选备选项目,并分批次在硅谷进行为期 3~4 个月的集中孵化。除此之外,500 Startups 还提供具有不同文化和知识背景的创业导师、特色沙龙和推广活动等,支持来自不同国家的初创公司顺利成长。截至 2020 年底，500 Startups 已经为来自 75 个国家的 2400 多家公司，共计约 5000 名企业家提供了孵化服务支持。这些公司创造了数千个就业机会，并为全球数以百万计的客户提供了产品和服务。

此外，500 Startups 的孵化投资模式还有三个特点——批量小额投资、给予专门孵化培训、分轮次追加投资。也就是说，它通常先采用"小规模、大基数"的模式投资一批初创公司，然后进行专门性的市场和技术培训，再有选择地针对市场优胜劣汰出的优胜者进行追加投资。500 Startups 提供的第一轮风险投资金额限制在 2.5 万～10 万美元，依据公司估值不同而获得创业团队 5%的股份，第二轮则可能增加到 10 万～50 万美元。如果初创企业发展顺利，500 Startups 甚至可能会参与其他 VC 领投的第三轮和第四轮融资。

这种精益投资的先进理念，把互联网时代"快速迭代、快速进化"的企业发展模式与"风险可控、模式可复制"的保守投资原则相结合，使其获得稳健回报的概率大大提高。

（3）经验分享

500 Startups 能够在全球创业生态系统中处于领先地位，主要依靠的是独具特色的全球网络、国际化人才和专门知识。其最珍贵的孵化资源就是 2000 名遍布世界各地的投资人和创业导师，尤其是 200 多名在贝宝（PayPal）、谷歌（Google）、推特（Twitter）、领英（LinkedIn）等著名公司工作过的导师，可以为初创公司在硅谷找到合适的投资人或合伙人提供极大助益。

500 Startups 还构筑了强大的全球孵化项目筛选网络。与其他孵化器开放式地接受创业团队申请不同，所有来到硅谷接受 500 Startups 孵化服务的团队，都是由其遍布全球的合作伙伴直接推荐并满足门槛条件才被接纳的。在孵化培训结束后，所有创业团队必须搬离 500 Startups，为下一批受训团队腾出孵化空间。这种精选模式既可以提高入孵企业的成功率，又可以巩固 500 Startups 孵化社区成员之间的紧密关系。

2．全球市场加速器项目（澳大利亚）

（1）简介

全球市场加速器项目（Global Markets Accelerator Program，GMAP）是由澳大利亚工业部（Department of Industry）资助、拉特罗布大学（Latrobe University）管理运作的一个非常成功的国际创业孵化器。它致力于搭建入孵企业、潜在客户、合作伙伴和风险投资机构之间的沟通网络，由此帮助初创企业找到国际市场上的第一批客户，奠定国际化发展的良好基础。[①]

（2）孵化模式

GMAP 提供的国际孵化服务通常包括两个组成部分。

---

① Global Markets Accelerator Program. https://www.latrobe.edu.au/industry-and-community/industry-partner-of-choice/accelerator/global-markets-accelerator-program.

第一部分是一个为期 8 周的在线可行性研究阶段。在这一阶段，初创企业先锁定一个预期开展业务的目标国家，然后由该国某大学和拉特罗布大学的学生们共同组建专门服务团队，为其提供市场需求、消费文化、商业模式等领域的调研服务。借助对学生们全方位的了解，初创公司可以为其产品和服务选择最恰当的媒体宣传渠道。

第二部分是一个为期 6 个月的真实孵化阶段。在这一阶段，初创企业将选择全球战略合作伙伴平台，接受实质性的孵化服务。

（3）经验分享

GMAP 的成功主要是因为充分发挥了知名大学的智力资源和坚定不移地坚持国际化发展导向。拉特罗布大学调动自身的科研和人才优势，为 GMAP 入孵企业提供了完备的工商管理专业知识、高素质的实习生人才，以及国际友好大学的社会服务支持，形成了独具特色的国际大学生市场调研服务团队，创新性地解决了国际市场信息不对称的重要障碍。

而且，GMAP 在全球范围内锁定了一系列顶级战略合作伙伴。它们不仅全面覆盖了当今世界的几个重要经济增长极，而且在各自擅长的孵化行业和领域极具影响力。通过国际合作，GMAP 也大大提高了自身孵化服务能力的专业性、国际开发经验的丰富性和培训师资网络的完备性。

3.“智利创业”孵化器（智利）

（1）简介

总部设在智利圣地亚哥市中心的“智利创业”孵化器（Start-Up Chile，SUP）成立于 2010 年，是一家由智利政府下设的发展机构 CORFO 运营、引导全球最具有发展潜力的创新者来智利创业的公共孵化器。短短 10 年间，它已经发展成为世界上最具多元化的创业孵化平台之一。

SUP 创设的最初目标是改变智利传统的经济结构，摆脱对矿产资源出口的过度依赖，逐步转变为通过积极创新创业实现经济可持续发展。2015 年之后，该孵化器设定了新的发展目标——推动智利成为技术创新的世界枢纽，打造世界上最具活力的创业生态系统。为此，它只招募那些科技含量高、具备国际视野和有益于智利创业生态完善的企业予以孵化支持。

如今，上述目标已经转变为现实。SUP 已孵化了估值超过 21 亿美元的 1960 家初创公司，企业留存率[①]高达 56.4%。其 46% 的总投资额在全球范围内新增了约 5000 个岗位，超过 25 万人间接受益。[②]

（2）孵化模式

鲜明的国际化发展导向是 SUP 最大的孵化特色。从 SUP 设立之初，其定位就是立足

---

① 留存率是指得到 SUP 孵化项目资助的所有初创企业至今仍在智利运营或拥有销售团队的公司比例。

② Start-Up Chile. https://www.startupchile.org/about-us.

智利、面向世界，致力于将世界各地的优秀人才和优秀企业吸引过来，最终形成创新创业的"智利智造"品牌。目前，SUP 已打造出一张全球资源网络，其中包括 100 多家全球签约合作伙伴（包括加速器、高校、地区政府机构等）、60 多家全球私人投资者和风投基金、260 多名全球创业导师和遍布世界的 4500 多名毕业生，共同为入孵企业提供创业培训和创新者交流平台。此外，SUP 还联合智利内政部、外交部等政府部门为外国创业者提供 1 年期的工作签证，并将办理签证的时间从过去的 1～2 个月缩短到 15 天。

在各种优惠政策的推动下，参与 SUP 孵化的海外公司比智利本土公司多出约 3 倍，分别来自美国、阿根廷、印度等 80 多个国家和地区，在所有创业者群体中的比例高达 70%。SUP 的多元化定位使得参与其项目的公司也拥有了国际视野。所有孵化项目均采用全英文交流，在关注智利市场的同时，也把眼光延伸至拉美地区以外的全球市场。

（3）经验分享

SUP 始终致力于为智利的国内外初创企业提供资源支持平台，从而为全国的创业生态注入新活力。其成功经验主要包括以下三个方面：

首先，紧密结合国家经济发展方向，构建由国家级政府部门主导的孵化平台，为初创企业解决资金、技术、市场等问题。

其次，充分利用全球合作伙伴网络，实施"SUP 探测"策略，多层面增加国内初创企业与国外市场、国外创业者与国内市场之间的联系与黏性，从而助力它们在全球范围内成长。

最后，采用灵活的组织架构和运作模式，建立有别于纯粹政府部门官僚行政体系的新型工作环境，同时加强与政府其他部门的密切合作，推动初创企业的兴建和发展。

参考文献

[1] Goletti. Francesco 2011 Background Case Study for Incubator for Agribusiness and Agroindustry at the Bogor Agricultural University (IAA-IPB, 2011), a Study Conducted by Agrifood Consulting International (ACI) and Economic Transformation Group (ETG) for infoDev, Bethesda, MD 2011.

[2] 李婧，余音. 创业孵化器的投融资模式浅析[J]. 财务与会计，2015（1）：43-44.

[3] 李婧. 创业孵化器如何帮助创业企业成长[J]. 清华金融评论，2014，12（11）：45-47.

[4] 许鸿. 中国-金砖国家科技创新合作现状与对策建议[J]. 科技中国，2021（3）：43-47.

APEC 金融科技创新与国际监管合作的进展

涂 红 高 飞*

摘 要： 科技与金融的深度融合正在深刻地改变着金融业。金融科技的快速发展在扩大金融服务边界、提升金融包容性的同时，也带了难以预知的新型风险，给现代金融监管带来了新的挑战。如何在鼓励金融科技创新的基础上进行审慎监管，使金融科技创新与监管齐头并进，防控系统性金融风险，是全球金融监管当局面临的共同挑战。本文梳理了全球金融科技领域的主要市场主体、关键技术发展趋势及其在金融领域的应用场景，以及亚太地区金融科技的发展现状；分析了金融科技发展对金融监管提出的新挑战以及目前金融科技监管的主要内容；重点总结了 APEC 通过监管沙盒方式进行的金融科技监管探索经验与教训。最后，本文在介绍当前金融科技监管国际合作进展现状的基础上，提出了加强 APEC 金融科技监管合作的政策建议。

关键词： 金融科技；金融监管；监管沙盒；国际监管合作

随着近 10 年来兴起的以大数据、云计算、人工智能、区块链、物联网、生物识别、知识图谱、边缘算法等为技术内核的数字技术不断突破，科技与金融深度融合，数字技术正在重塑支付、贷款、保险、财富管理等领域，金融业正在经历一场深刻的变革。金融科技（FinTech）的快速发展扩大了金融服务边界，使新的金融产品、金融服务和参与者能够进入市场。金融科技能够减少金融交易信息不对称、降低金融交易成本、提高金融服务效率，从而能够深化金融发展水平、提升金融的可及性与包容性，有利于经济高质量发展。但是与此同时，金融科技公司及金融科技的广泛应用改变了金融业的运营生态与风险状况，带来了难以预知的新型风险，给现代金融监管带来了新的挑战，尤其是关于数据隐私、消费者保护和运营风险监管。因此，加强对金融科技的监管也刻不容缓。

鉴于金融科技创新同时具有"光明"和"黑暗"两面性，如何在鼓励金融科技创新的

---

* 涂红，南开大学 APEC 研究中心教授；高飞，南开大学经济学院博士研究生。

基础上进行审慎监管，使金融科技创新与监管齐头并进，防控系统性金融风险，是全球金融监管当局面临的共同挑战。当前，各监管当局都在寻找合适的策略和工具，以便将金融科技更加平衡和审慎地纳入法律和实践领域。特别是，为了确保金融科技得以持续创新和发展，许多国家的监管当局建立了核心的金融科技工作组和专家网络，同时还建立了金融科技监管沙盒，以及诸如金融科技加速器、孵化器和创新中心（Innovation Hub）等类型的"金融科技创新促进器"（Innovation Facilitators）来平衡金融科技创新发展与监管需求。APEC 经济体是制订和实施此类框架的主要推动者。许多 APEC 成员在金融科技监管领域的领先实践为其他成员乃至全球各经济体的金融科技监管能力建设提供了宝贵的经验。

一、亚太地区金融科技发展及趋势

（一）金融科技发展现状及趋势

1. 金融科技领域的市场主体

从主导者及规模角度，目前将金融科技公司分为 4 个类型。

（1）"颠覆者"金融科技公司，即试图使用全新方法和创新科技进入金融服务领域的新入市者、初创公司和颠覆者。

（2）"大象起舞"金融科技公司，即正在通过重大技术投资改进服务、应对竞争威胁和捕捉投资合作机会的传统金融机构。

（3）"互联网巨头"金融科技公司，即由通过金融服务巩固客户关系的技术公司所构成的大型生态圈。它们的公司规模优势可以规避获客成本挑战，因此可以直接进入金融服务领域（如蚂蚁金服），也可以与老牌企业合作（如苹果支付）。

（4）"技术供应商"金融科技公司，即向金融机构销售基础设施、为其赋能的新技术公司，它们帮助金融机构变革技术堆栈，实现数字化和现代化，改进风险管理和客户体验。

2. 金融科技领域的关键技术趋势

科技进步及应用创新，是金融科技发展的驱动要素。麦肯锡认为，在未来 10 年，如下 7 项关键技术将持续影响金融科技总体发展趋势，驱动金融行业业务模式重构，并左右金融业竞争格局。

（1）人工智能（AI）

根据安德烈亚斯·卡普兰（Andreas Kaplan）和迈克尔·海恩莱因（Michael Haenlein）的定义，人工智能是系统正确解释外部数据，从这些数据中学习，并利用这些知识通过灵活适应实现特定目标和任务的能力。人工智能技术的进步，给包括金融行业在内的诸多行业带来了深远的变革。

从技术趋势看，自动因子发现、知识图谱和图计算，以及基于隐私保护的增强分析在未来将发挥更大价值。它们在金融领域的应用，将覆盖金融业的前、中、后台，从产品及服务、个性化的用户体验与分析、智能客服或对话界面、市场测算及自动化交易、机器人投顾，到利用非财务数据的另类信用评分、利用人脸辨识的身份验证，再到智能流程、以知识图谱为代表的知识表示和自然语言解析，这些技术被用于检测欺诈行为，也越来越多地被金融行业用于构建产业图谱和客户关联关系，提升客户洞察能力。

值得一提的是，算法只是人工智能的一部分，人工智能的竞争优势最终在于数据，这将推动金融业与非金融业的联盟。

（2）区块链

分布式账本技术（Distributed Ledger Technologies，DLT）是另一种重要技术，其中的关键技术，如智能合约、零知识证明、分布式数据存储和交换成就了数字钱包、数字资产、去中心化金融（Decentralized Finance，DeFi）、非同质化代币（Non Fungible Token，NFT）等应用。跨链技术则致力于解决部署了不同区块链的企业之间基于链的交互问题。

分布式账本技术最广泛的应用是数字货币。据国际清算银行在 2021 年初的调查发现，大约 86% 的国家或经济体已开展数字货币研究，正在进行试验或概念验证的中央银行从 2019 年的 42% 增加到 2020 年的 60%，14% 的中央银行正在部署相关试点项目。

区块链技术的其他应用场景还包括：

1）实现基于区块链的即时交易结算。银行纷纷通过智能合约，同时使用数字货币结算交易的抵押品和现金部分，来实现基于区块链的即时交易结算。

2）通过分布式账本技术促进交易处理、证券借贷和股权结算。测试真实情况下区块链上的基金交易，包括利用区块链提高跨境销售的效率和可扩展性；借助区块链平台上的数字抵押品记录交易证券，更高效、透明和安全地管理资本；进行交易后股权结算。

3）建设数字资产交易所，为机构投资者提供分布式账本技术能力，包括代币化（如未上市公司、私募股权基金）、数字货币兑换（如法币和加密货币之间的即期兑换）和托管服务（如代表客户托管加密密钥）。

4）搭建零知识证明的身份确认生态体系。简化确立身份所需的各项步骤，并帮助消费者利用他们同意共享的、来自合作机构的信息，通过在线、面对面或电话方式验证自己的身份，高效获取健康记录、政府服务等。

5）去中心化金融。作为金融机构的"替代品"，为去中心化的非托管应用生态系统，通过自动生成的确定性协议取代中介，不依赖受集中管理的金融实体，即可获得贷款、投资或交易金融产品。

（3）云计算

云计算持续影响着金融行业和金融科技。从技术趋势来看，一是边缘计算和边缘云进阶为独立门类；从边缘端到数据中心到云端，这样的区隔与发展逻辑，已经逐渐在多个行业中被认同。二是容器云激发云端创新。公有云厂商大力推进容器技术云上落地，促进了

PaaS 层（平台服务）云交付模式的敏捷创新，容器即服务（CaaS）的云平台构建，也成为一个云原生发展焦点。三是 AI 与云的深度结合。

从应用角度来看，云计算不但让金融业从 IT 基础建设和数据中心等非核心业务中释放出来，以更低的成本和更灵活的方式获取存储、计算和服务资源，更专注于客户、金融产品和服务，同时为开放银行和银行即服务（BaaS）等新业态赋能。伴随着对金融机构敏捷化能力的诉求，市场、客户响应对灰度发布的要求极高，需要更大弹性扩展的创新性业务和能力组件，因此将逐渐进行云端迁移。同时，伴随着大数据分析的规模化应用，对弹性算力的要求越来越高，这一类应用的部署也将逐渐依靠云完成。

（4）物联网

物联网将通过万物互联构建全新诚信体系，联网设备在其中扮演重要角色。从技术架构来看，物联网体系由智能感知和传感系统、无线通信网络、应用与运营支撑三个层次构成。从技术趋势看，一是传感技术不断发展；二是物联网通信方案日益丰富，有线和无线网络、近场通信方案、低功耗广域网、窄带物联网、末端设备的互联和集控管理等提供了通信网络保障；三是嵌入式系统技术和智能技术的发展，通过在物体中植入智能系统，使得物体具备一定的智能性，能够实现主动或被动沟通。物联网与银行、保险、投资等金融各领域的场景融合具有无限潜力。

（5）开源、软件即服务和无服务架构

开源（Open source）是一种通过技术社区开发，源代码可以任意使用的软件，企业可以在开源软件的基础上开发企业软件。软件即服务（SaaS）让企业依据自身发展和需求应用有关的软件而不需要维护和拥有软件。无服务架构（Serverless Architecture）允许企业专注于客户体验和业务逻辑的相关开发，同时不需要对计算和存储之类的服务预留用量，如果代码没有执行就不产生费用，通过弹性扩缩，既没有闲置损耗，亦可提高团队的开发效率。在竞争激烈和赢者通吃的数字化经济时代，速度和可扩展性对新业务和金融创新的成功极为关键，上述三项技术成为创新科技企业或传统金融业打造互联网金融等新业态的"三宝"。

（6）无代码开发平台

无代码开发平台（No-code Development Platform，NCDP）是可以让程序设计者及一般用户不用传统程序设计语言即可以开发应用程序的开发平台，使用的是图形用户界面以及组件。

企业使用无代码开发平台常常是为了开发以云端为基础的应用程序，让开发流程加速，也让团队的商业策略可以和快速开发流程同步。由于在无代码平台或低代码平台上可以进行自动化审计跟踪和文档生成，还可以增强合规性。这对需要以敏捷模式快速响应市场的金融机构和金融科技企业有较大助力。

（7）超自动化

超自动化（Hyper Automation）是指在企业业务和 IT 流程进行自动化改造的过程中，引入人工智能、深度学习、事件驱动的软件，流程机器人（RPA）及任何有助于提升决策效率和工作自动化能力的技术或数字化工具。流程机器人在金融行业的应用日渐广泛，尤其是在金融机构的中后台运营效率提升领域，主要用于财务流程自动化和对账自动化等。

3．金融科技的主要应用领域

未来最有前景的金融科技应用领域主要集中在以下 7 个方面。

（1）支付

支付领域的金融科技创新主要聚焦于消费者、企业和政府公共部门之间的支付业务，通常涵盖付款、收款、转账三大环节。在支付领域，当前较具代表性的金融科技应用主要有移动支付、跨境汇款、B2B（企业对企业）汇款、POS（销售终端）及支付网关、支付处理和基础设施。其中，无卡交易、跨境支付以及全渠道支付整合将成为未来三大核心潜力赛道。

（2）零售金融

在零售借贷环节，金融科技主要用于账户管理、平台借贷、新型数字贷款以及金融比价平台。此外，数字银行的发展将大量的传统银行服务转为线上服务，包括付款和转账、支票账户、储蓄账户、预付卡和借记卡等。

（3）资产管理

金融科技将协助投资者通过智能化手段更好地管理其投资组合。其中，在线投资交易平台及智能投资顾问发展潜力较大。

（4）普惠金融及公司金融

金融科技在数字化企业借贷、贸易融资和保理、数字现金管理、外汇对冲解决方案、商业智能服务等方面具有广泛应用前景。

（5）运营及基础设施

金融科技在中后台的运营和基础设施领域有着广泛的应用，其中有代表性的包括开放银行基础设施、AML/KYC（反洗钱/了解你的客户）、BPaaS（业务流程即服务）、大数据及高级分析、风险及合规、核心银行系统以及内部流程自动化。

（6）风险

金融科技在反洗钱、KYC 审查、催收机器人、身份认证等领域的应用场景已经较为成熟。

（7）保险

金融科技为保险领域带来了革新式的重大机遇，助力保险行业获取更全面的信息，开发与科技相关的新产品和新渠道，降低风险等，包括物联网应用、数字化核保、欺诈风险预防等，将重塑保险数字生态系统。

（二）亚太地区金融科技发展概况

全球金融科技领域的投资增长是衡量其颠覆规模和速度的重要指标。近年来，金融科技领域的投资在全球范围内一直保持强势增长。麦肯锡数据显示，全球风险投资机构在 2015—2019 年的金融科技投资总额复合增长率达到近 20%。虽然受到新冠肺炎疫情的影响，全球金融科技投资规模在 2020 年出现下滑，但是在 2020 年底逐渐恢复。2020 年，全球金融科技风险投资总额高达 362 亿美元，较 2015 年增加了 167 亿美元。

根据大型统计软件 Statistica 的统计，2019—2024 年，全球金融科技收入预计将稳步增长。其中，亚太地区的收入占比最高。亚太地区在 2020 年对金融科技领域的投资总额达到 116 亿美元，金融科技领域的风险资本投资总额达到 103 亿美元，风险资本投资交易数量达到 510 笔，并购交易总额达到 12 亿美元，并购交易数量达成 41 宗，私募股权投资总额超过 10 亿美元，共发生 16 笔私募股权投资交易。

根据 2019 年的一项调查，转账和支付服务是消费者最广泛采用的金融科技类别。中国是亚太地区最大的数字支付市场。2020 年中国的数字支付交易额达到 2309 万亿美元。相比之下，2020 年越南的数字支付交易额为 86 亿美元。2020 年，数字钱包或移动钱包占据了亚太地区电子商务支付方式和销售点支付方式的最大份额，占比分别超过 60% 和 40%。数字支付在所有金融科技领域也拥有最多的用户，其在亚洲的用户总计超过 31 亿人，其中大部分来自 21 亿数字商务用户，其次是 100 万移动服务点（POS）支付用户。

截至 2021 年 2 月，美国有 10 605 家金融科技初创公司，是全球金融科技初创公司最多的地区。蚂蚁集团则是 2021 年亚太地区最大的金融科技公司，运营着全球最大的移动和在线支付平台——支付宝。

（三）金融科技发展对金融监管的挑战

金融科技公司及新技术的应用改变了金融业的运营生态与风险状况，也带来了难以预知的新型风险。金融科技企业与传统金融机构的合作、竞争等都改变了金融市场的格局，给市场带来了新挑战。各国或地区在金融科技监管方面的差异在一定程度上也会引发更多的金融风险。

首先，金融科技的应用虽然提高了金融机构的服务效率，促进了社会经济发展，但同时也带来了交易、网络、信息、数据等多方面风险。在科技发展的背景下，出现了越来越多的金融犯罪，如蓝精灵、庞氏骗局、抽水和倾倒、黑市比索交易等，包括涉及社会工程（如网络钓鱼）、恶意软件的使用、使用僵尸网的分布式拒绝服务攻击的网络犯罪等。

其次，在金融科技主体多元化、去中心化的背景下，部分互联网金融企业打着金融创新的旗号，实质上则是进行监管套利、甚至触犯法律。传统的金融机构监管难以全面管控金融风险，给金融监管带来了一定挑战。展望未来，金融科技相关监管将大幅提速，引导行业稳健发展。

再次，金融科技企业的客户、数据、风控模式等存在新型金融风险。金融科技企业客户群体多为长尾客户，对存款、理财业务的流动性需求较高，具有更强的顺周期特性，且违约率更高、偿还能力更低。金融科技企业的客户群体特征，决定了其在极端风险事件发生时更易受到流动性冲击，短时间内面临流动性枯竭问题，引致系统性金融风险。广泛下沉的客户群体也决定了金融风险具有较强的外溢性与社会性。若无法妥善处理，金融风险的爆发或将引发社会问题。

最后，全球金融市场是高度相互依赖的，因此进行跨境监管显得尤为重要。云应用程序、分布式分类账技术和其他基于互联网的解决方案等新技术并不局限于国家边界，它们本质上是跨国界的。这也意味着，在大多数情况下，金融科技公司业务分散在全球各地，这反过来又要求制订跨国界的、更通用普适的金融监管规则。

二、APEC 金融科技监管进展

（一）金融科技监管的内容

金融科技监管的内容主要包括 4 个方面：①审慎监管。审慎监管包括宏观审慎监管和微观审慎监管。宏观审慎监管针对整个市场的风险问题，通过收集和分析数据以实现市场整体的稳定运行。微观审慎监管主要针对单一机构有动机承担过度风险的问题，监管机构确保单个机构运行良好。②市场结构监管。市场结构监管是为了尽可能确保市场的高效运行而进行的监管，如一些金融科技巨头公司因拥有海量的数据、庞大的用户群体在整个金融市场上处于优势地位，很容易出现寡头垄断，阻碍小型金融科技公司发展。③行为监管。行为监管是指监管部门对金融机构的经营行为实施监督管理，主要包括禁止误导销售及欺诈行为、充分信息披露、个人金融信息数据保护等。行为监管的目的是保护金融消费者权益。④公共利益监管。公共利益监管是针对金融科技可用于非法目的的问题进行监管，涵盖的领域主要包括反洗钱（AML）、打击恐怖主义金融（CTF）、反贿赂腐败（ABC），其中包括政治公众人物（PEP）流程等。

数字科技与金融行业的深层次融合也为改进监管手段、降低合规成本带来了新机遇。监管金融科技机构活动的新技术解决方案被称为监管科技（RegTech）。监管科技是一种解决监管挑战和促进合规要求交付的技术，它的目标是标准化监管过程，创建法规明确的解释和自动化合规过程。目前，人工智能、深度学习、程序编程接口（API）、模式识别和生物识别、云计算、分布式账本技术、5G 等技术正如火如荼地被应用到金融科技监管中。英国金融行为监管局（FCA）认为，监管科技是金融科技的组成部分，可以使监管目的在现有基础上更有效地实现。监管科技发展的肥沃领域包括应用大数据方法、加强网络安全和促进宏观审慎政策。监管科技的不断发展，展示了自动化消费者保护、市场监管和审慎监管的潜力。

（二）APEC 金融科技监管的试验区——监管沙盒建设

金融科技监管沙盒（Regulation Sandbox）是一种创新的监管机制，旨在为金融科技和金融创新提供真实的测试环境，为新兴金融科技创新提供空间。监管沙盒允许金融服务商提供新的商业模式、产品和服务，并测试其有效性，不断确保遵守监管规定。所以，监管沙盒为金融科技提供"监管试验区"，以试验的方式创造了一个"安全区"，一方面保护新兴的金融科技各种形态，在一定程度上放松监管约束，激发创新活力；另一方面为建立完善的监管框架积累经验，以便进一步推广。

监管沙盒由英国于 2015 年率先推出。新加坡、澳大利亚等国紧随其后，此后美国、加拿大、日本、韩国、印度等国家和地区也积极探索监管沙盒的设计和应用。2019 年中国人民银行正式启动金融科技监管创新试点，探索建立中国版的监管沙盒。此外，APEC 经济体中的中国香港、印度尼西亚、韩国、马来西亚、俄罗斯、中国台北和泰国均存在功能齐全的监管沙盒。菲律宾采用的"测试和学习"监管方法在运作原则上也与监管沙盒没有明显区别。墨西哥的监管沙盒于 2019 年启动。智利正在起草一项关于金融科技行业监管的法案，其中将包括建立金融科技监管沙盒的想法。

（三）APEC 成员金融科技监管沙盒的特征

尽管存在法律和制度上的差异，但 APEC 经济体总体上使用类似的原则形成了本地的金融科技监管沙盒。具体表现如下所述。

1．进入监管沙盒试验的基本要求

监管沙盒通常要求申请进入的测试产品能够确认其具有创新性，并且能够提供商业计划和（或）预期的试点技术细节。除这些最低要求外，可能还包括要求遵守网络安全、反洗钱、消费者保护准则或许可证条件等。

2．在监管沙盒内的测试时长

申请、测试和评估过程的时长可能短至 1 个月（俄罗斯为 29～42 天），长至 6～24 个月（比如韩国、印度尼西亚、日本、马来西亚、墨西哥、菲律宾、中国台北）。其中，在印度尼西亚、日本、韩国、马来西亚、墨西哥、菲律宾、中国台北等地区，测试和评估的时间可以延长。此外，在中国香港、新加坡和泰国等地区，对在监管沙盒内的试验时长没有进行硬性规定。

3．进入监管沙盒测试的主体真实性要求

APEC 绝大多数经济体（印度尼西亚和俄罗斯除外）的监管沙盒都允许真实的客户参与测试项目，并且对参与者数量没有明确限制，由监管机构和参与者视具体情况商定。

4．进入监管沙盒的测试项目类型

进入监管沙盒的测试项目往往具有跨行业特征，因此要求负责监管沙盒管理的机构与

其他相关主管机构进行协调，在监管沙盒内共同监督测试项目。例如，进入监管沙盒的金融项目中，居于前几位的细分领域项目是银行、数字支付系统、电子货币、保险产品、信用评级机构。进入监管沙盒的其他项目通常还包括云平台、众筹、跨境资金转移、投资管理、财务规划、财务咨询、大数据、分布式账本、机器学习等。除金融项目外，监管沙盒内还可能包括其他类型项目。比如在日本监管沙盒内测试项目中，除数量最多的金融科技项目外，还有医疗保健和交通类项目。

实施监管沙盒的 APEC 成员普遍认为，金融科技监管沙盒改善了金融消费者的便利性，进而推动了经济发展。尤其是，监管沙盒机制在促进金融科技创新试验的同时，使监管当局能够搜集市场数据和用户反馈信息、识别所测试项目风险，进而可以利用这些信息改善监管水平，即在不阻碍技术创新发展的同时，能够加强消费者保护和市场竞争，提升金融包容性。

（四）APEC 成员构建金融科技监管沙盒的共同经验

1. 建设金融科技监管沙盒的收益

问卷调查表明，APEC 经济体试验的金融科技监管沙盒框架整体上获得了比较高的市场满意度。市场普遍认为，参与金融科技监管沙盒测试可以带来诸多好处，主要包括：①有助于促进金融科技创新和商业模式创新；②有助于促进企业与监管机构的对话和直接接触，帮助监管部门更好地了解金融科技企业的经营环境和顾虑，企业从监管部门获得的必要帮助、支持、指引和指导也将帮助企业更好地应对潜在风险和挑战；③有助于监管机构更好地了解金融科技创新的风险和障碍等；④监管沙盒的受控环境排除了耗时和昂贵的注册与监督程序，有助于企业以更低的成本更快地进行业务开发；⑤进入监管沙盒测试将有助于提高测试公司的知名度，并且能够证明公司业务模式的稳定性与可靠性，从而帮助公司吸引更多的投资，实现业务扩张；⑥从监管沙盒中成功试点的企业，由于可以获得监管部门的业务资质许可或者监管法规的有利修订，能够成功实现市场进入；⑦监管沙盒可以帮助建立和改善本地区的金融法律和监管框架，从而促进潜在的金融科技创业企业进入市场，并帮助在监管沙盒中进行测试的企业更快地成长和发展。

此外，进入监管沙盒的门槛标准设立以及评估审核过程也将有助于市场了解监管政策导向，对企业未来发展战略制订与调整提供前瞻性引导。

2. 构建金融科技监管沙盒的基准框架

根据 APEC 成员实施金融科技监管沙盒计划的实践经验，构建一个功能齐备的金融科技监管沙盒通常需要包含三个阶段。

（1）研究和准备

①对现有的金融科技监管法律法规进行梳理和总结；②总结在现行司法框架下，金融科技创业公司可利用的具体条件；③总结可供金融科技创业公司与监管部门互动沟通，以

及帮助金融科技创业公司发展的现行工具；④确定对监管沙盒测试最感兴趣的金融部门子领域；⑤指定管理监管沙盒的机构或者团队。

（2）设计监管沙盒框架

①确定监管者与测试参与者的沟通渠道；②明确公司或项目进入监管沙盒测试需要满足的基本条件，通常包括待测产品创新性证明，商业计划书，预期的测试技术细节，在网络安全、反洗钱和反恐融资、消费者保护方面的合规性；③明确应用、测试、评审的时限，包括明确每一环节的时限，以及是否可以延长测试期和相关程序；④明确测试的限制内容，包括明确保护网络安全、反洗钱和反恐融资、消费者保护的受控环境，以及明确是否允许真实客户参与项目测试；⑤确定评估测试结果的方式，包括明确测试成功的标准，以及测试成功带给公司的好处是什么（比如获得业务许可资质、修订现有监管法规等）；⑥明晰协调监管的条款，对于跨行业项目测试而言，需要明确监管沙盒管理机构与其他监管机构协作的相关条件。

（3）启动

①公开发布监管沙盒的监管框架（值得一提的是，菲律宾的实践表明，即使没有对外公布监管框架，也完全有可能进行"测试和学习"）；②吸引测试项目进入监管沙盒。

以上步骤为构建金融科技监管沙盒提供了一个基准框架，各经济体在实施过程中可以根据各自的经济、金融、制度和监管环境进行灵活调整与扩充。

（五）APEC 成员金融科技监管沙盒建设面临的挑战

从 APEC 金融科技监管沙盒运行经验来看，各经济体也面临着一些共同的挑战。

1．市场对监管法规理解不足

在某些情况下，企业家对计划创新的金融活动或产品所适用的法律框架缺乏足够的认知，因此市场对金融法规缺乏良好理解将迫使监管当局在解答咨询和沟通上花费更多的时间和资源。

2．金融科技创新带来的新型风险给监管带来巨大挑战

金融科技创新引发了在数据隐私、网络风险和金融稳定等方面的担忧。虽然监管沙盒提供了一个完全安全的测试环境，但是如果测试项目在监管沙盒中不能遵循约定的测试要求，将会损害参与者权益，降低金融消费者对新商业模式和市场的信任度，导致市场秩序混乱。

3．缺乏有效的跨机构协作

大多数金融科技创新均具有跨行业或跨领域的特质。因此，监管沙箱测试项目可能隶属于不同的政府机构管辖范围。如果希望金融科技创新成功推进，并且进行合理监管，有必要加强政府不同部门间的跨机构合作，构建新的监管思路。

应对这些挑战，需要更加深入的研究、健全的沟通政策、适当的风险评估和风险管理，

监管层与市场参与者的积极互动沟通，政府不同部门的跨机构合作，以及加强国际合作。

三、金融科技监管国际合作的进展

全球金融市场是高度相互依赖的，基于数字互联网的金融科技解决方案在本质上是跨国界的。各国或地区在金融科技监管方面的差异，在一定程度上会引发全球系统性金融风险，金融科技的跨境发展为全球金融监管体系的构建带来新挑战。在各个国家出台相关金融科技监管政策及措施的同时，国际组织和一些区域也在积极建立金融科技监管的合作机制。

（一）国际组织推出的金融科技创新监管国际合作机制

创新中心（Innovation Hub）由国际清算银行于 2019 年成立，旨在构建一个促进中央银行内金融技术创新的国际合作社区，是金融科技公司与金融监管机构之间、各个中央银行之间的沟通桥梁。创新中心有 3 个作用：①识别并深入洞察与金融科技相关的关键趋势；②探索中央银行公共产品的发展，以加强全球金融体系的运作；③作为中央银行创新专家网络的联络点。创新中心开设在多个国家和地区，随着市场、服务、产品和技术的飞速发展，监管机构的监管政策及监管措施经常是滞后的，监管机构对事件进行事后处理往往会导致巨额成本。创新中心的职能是指派专业的团队帮助金融科技公司了解相关监管要求，在企业开发创新产品或商业模式的早期阶段，为潜在的监管影响提供非正式指导，解答金融科技企业提出的问题，促进中央银行之间、国际组织、学术界、金融服务提供商和更广泛的私营部门协同合作。

2020 年 1 月，世界多个国家和地区的中央银行与国家清算银行专门组建货币研发小组，共享经验。国际证监会组织（IOSCO）在 2020 年 3 月发布全球稳定币分析报告，报告指出证券法可能会监管全球稳定币计划。金融稳定理事会（FSB）在 2020 年 4 月针对全球稳定币提出了 10 项高级别监管建议，来应对监管和监督挑战。此外，二十国集团（G20）轮值主席国沙特与国际清算银行创新中心共同开启了 G20 黑客马拉松竞赛计划，运用新技术来解决金融科技合规与监管范围的多重挑战。

（二）欧洲地区

2018 年 12 月，欧盟委员会在其"人工智能协调计划"的附件中提及，该计划中的试验措施包括在特定领域且法律允许的框架内进行监管沙盒的尝试。

2020 年 9 月，欧盟委员会通过了数字金融一揽子计划，该计划包括数字金融战略、零售支付战略、欧盟加密资产监管框架立法提案、欧盟数字运营韧性监管框架提案 4 项内容。其目的在于增强欧盟在金融服务领域的创新力和竞争力，促使其成为全球数字金融标准制订者。其中，数字金融战略的重点任务包括：①减少欧盟数字市场的碎片化，促进金融科技初创企业的发展；②确保欧盟金融服务规则顺应数字化时代要求，适合人工智能和区块链等技术应用；③促进数据共享和开放金融，同时确保隐私保护和数据安全欧盟标准的落实；④为金融机构和科技公司提供"相同活动、相同风险、相同规则"的竞争环境。

（三）拉丁美洲地区

FintechLAC 是拉丁美洲和加勒比地区第一个公私合营的金融科技集团，由美洲开发银行（IDB）创立。它由来自 15 个经济体的金融监管机构和金融科技协会组成，目标是通过促进政策和监管，以及加强生态系统制度建设来支持该地区金融科技生态系统的发展、巩固和整合。

（四）亚太地区

1. 东盟金融创新网络（AFIN）

东盟金融创新网络（ASEAN Financial Innovation Network，AFIN）是 2018 年创建的一个非营利组织，旨在促进东盟地区的金融科技公司与金融机构合作，以及促进金融包容性。AFIN 推出的 API Exchange（APIX）是世界上第一个跨境、开放架构的 API 市场和沙盒平台。它采用基于云的架构，帮助银行或其他金融机构发现其所在地区的创新金融科技，并迅速将这些新技术纳入产品中，从而创造商业价值。

APIX 平台的范围超过了传统监管沙盒。APIX 支持包括发现、设计和实施阶段的整个创新生命周期。APIX 平台提前设定好参与条款和实验环境，从而使 APIX 的参与者能够专注于寻找解决方案，而不需要在谈判条款和建立测试基础设施上花费太多时间。

APIX 由两个主要部分——市场和监管沙盒组成。参与者在市场中可以发现金融机构发布的待解决问题，并且分享解决这些问题的想法，同时探索不同的金融科技解决方案和 API。而监管沙盒则为用户提供了一个 API 目录，用户可以购买并利用这些 API 来实施不同的解决方案。目前，APIX 已经联合了 64 家金融机构和 357 家金融科技公司。金融科技公司通过参与 APIX，可以提高自己的品牌信誉、拓展合格客户、最大限度地减少开发原型和概念证明（Proof of Concepts，PoCs）的时间和成本、向领先的投资公司推广解决方案。金融机构也可以从 APIX 中获得快速、安全、可靠的通道来接触经过审查的国际金融科技公司与知识交流渠道。

2. 全球金融创新网络（GFIN）

全球金融创新网络（Global Financial Innovation Network，GFIN）于 2019 年 1 月启动，是一个由金融监管机构及金融科技相关创新机构组成的国际网络。它由全球 50 个组织组成，包括新加坡金融管理局（MAS）、墨西哥国家银行和证券委员会（NBSC）、中国台北金融监管委员会（FSC）和中国香港保险业监管局（IA）。

创建 GFIN 的主要目的是为创新企业提供一种更有效的方式与监管机构进行互动，并帮助创新企业在拟拓展业务的地区进行业务测试。此外，它为不同金融监管机构之间的合作与经验分享创建了一种新的方式。GFIN 还支持不同监管机构的监管沙盒发展跨境测试，能够使企业在多个司法管辖区同时试用和扩展新技术，并且实时了解产品或服务在不同地区市场的运行情况。至今已有 17 个监管机构参与了跨境测试工作。

GFIN 推动的全球监管沙盒旨在维护市场的完整性和高标准的消费者保护，愿意参与跨境试验的企业必须满足所有测试地区监管沙盒的申请要求。同时，相关监管机构只负责在自己的管辖区进行测试，并应考虑与其他地区的协同风险。因此，GFIN 机制有助于创新企业进一步推进跨境创新，并且有利于加强多国监管合作与沟通。

（五）跨区域合作

2021 年 1 月，欧盟联合加拿大、英国、日本、瑞典和瑞士共 6 家中央银行宣布，将合作进行数字货币研究。同时，6 家中央银行与国际清算银行（BIS）成立了一个小组共同研究央行数字货币，它们将研究央行数字货币在各自辖区内潜在的应用场景，共享关于中央银行数字货币技术性课题的知识和经验。

2021 年 2 月，中国人民银行披露，中国香港金融管理局、泰国中央银行、阿拉伯联合酋长国中央银行及中国人民银行数字货币研究所宣布联合发起多边央行数字货币桥研究项目（m-CBDC Bridge），将进一步研究分布式账本技术，构建有利环境，让更多亚洲及其他地区的央行共同研究提升金融基础设施的跨境支付能力，实现央行数字货币对跨境交易全天候本外币结算。

四、加强 APEC 金融科技监管合作的建议

APEC 高度重视数字经济发展。《2040 年亚太经合组织布特拉加亚愿景》把"创新和数字化"列为 APEC 区域在未来 20 年的三大经济驱动力之一。金融科技的发展不仅是数字技术在金融领域的具体应用，金融业的数字化发展也将在支持其他行业及整体经济的数字化转型方面发挥重要的支撑作用。尤其是新冠肺炎疫情后的经济复苏也亟待金融科技提供更多解决方案。APEC 经济体一致认为，国际合作将在金融科技创新和监管沙盒的进一步发展中发挥重要作用。

（一）加快落实推进 APEC 关于数字金融发展的战略和行动计划

自 1998 年以来，APEC 围绕着区域内的数字经济合作形成了一系列关于鼓励亚太地区数字经济发展的重要战略、蓝图、倡议和行动议程。APEC 在数字经济合作领域已经逐步形成了完整的合作框架和明确的合作机制。数字金融是数字经济的重要内容之一。加快落实 2014 年通过的《亚太经合组织互联互通蓝图（2015—2025）》、2015 年的《宿务行动计划》（CAP）、2017 年 APEC 岘港会议制订的《亚太经合组织互联网和数字经济路线图》等，都要求 APEC 区域在金融基础设施领域通过金融合作加强互联互通。数字金融的发展将有利于实现一个更加包容的亚太经济，建议加快推进提出《亚太经合组织数字金融普惠路线图》。

（二）增设专门的常设机构——"数字金融创新与监管工作组"

金融和科技的深度融合促使一个崭新的行业产生，金融科技在数字支付、信贷发放与管理方面的迅速发展，将会对不同行业和领域产生广泛的影响。对金融科技创新的理解与监管需要跨领域的协作与合作。

从 2019 年起，关于促进数字金融发展事项开始进入 APEC 财长会议联合声明中。如何利用数字技术促进 APEC 金融一体化和包容性发展，开始成为 APEC 金融领域很重要的议题之一。目前 APEC 框架下与数字金融有关的工作机构主要包括 APEC 数字经济指导小组（AIDER）、贸易投资委员会（CTI）下的数字经济指导小组、经济委员会（EC）下的财政部长议程（FMP），以及 APEC 工商咨询理事会（ABAC）下的亚太金融论坛（APFF）等。虽然这些机构已经做了大量工作，但是关于金融科技创新与监管的事项尚未成为这些机构关注的主要议题。

鉴于金融科技创新与监管跨领域交叉性的特点，有必要在 APEC 组织框架下成立专门的数字金融创新与监管工作组，作为常设协调机制和具体工作机构，负责金融科技创新与监管动态的信息分享及跨部门协作。其成员可以是各个国家和地区的金融监管高级代表，以及来自 AIDER、CTI、FMP、APFF 等机构的专家和代表。这个机构可以作为促进 APEC 数字金融创新发展与监管合作政策经验交流的平台，丰富 APEC 区域内关于数字金融发展与监管的对话与磋商，就数字金融领域的热点及现实性议题进行深度探讨，提出改善监管合作规则与实践的建议，分享 APEC 成员经济体在金融科技创新与监管领域的最佳实践案例与经验等。

（三）研究并发布《APEC 金融科技监管沙盒能力建设指南》

APEC 部分经济体在金融科技监管沙盒能力建设方面拥有丰富经验，它们关于金融创新和市场趋势的实践经验和教训可以在 APEC 区域内广泛分享，为其他成员建设监管沙盒提供重要参考。建议对目前 APEC 的监管沙盒实践经验教训进行总结，形成《APEC 金融科技监管沙盒能力建设指南》，探索确定 APEC 区域性监管沙盒建设标准。

比如，在《APEC 金融科技监管沙盒能力建设指南》中可以涵盖如下内容：

（1）根据监管沙盒内被测试项目的不同风险水平给出更加灵活和多样化的监管沙盒申请、测试、评估时长指引建议。

（2）针对监管沙盒进入申请以及评估审核环节所要求的文书和报告的数量、内容、长度等给出基准要求指引建议。

（3）针对相同类型的金融科技创新项目的风险分类识别、风险监测重点环节、风险监控重点指标和关键指标等给出指引建议。

（4）针对相同类型的被测试项目是否成功进行评估的标准和关键指标给出指引建议，从而实现最有效的结果和风险治理。

（5）针对跨行业的测试项目如何开发供不同利益相关者可互操作的基础设施或通用标准给出指引建议。

（6）针对监管沙盒向公众公开被测试项目技术细节的标准给出指引建议，将有助于树立公众信心、提升被测试项目的用户体验。

（四）探索 APEC 区域内监管沙盒的互认性，积极研究 APEC 区域性金融科技监管沙盒的可行性

许多金融科技公司在全球跨境经营，APEC 经济体需要进行密切的国际合作来平衡新形势的全球资金流动效率和风险效应，以避免国际交易中不必要的摩擦。

首先，APEC 经济体为符合监管沙盒基本进入条件的境外金融科技公司或其本地子公司提供申请便利性，促进 APEC 区域内金融科技公司更加方便地进入其他成员经济体的监管沙盒，从而为区域内更广泛群体带来益处。

其次，探索 APEC 区域内监管沙盒测试结果的互认性。对于通过 APEC 区域内运行稳健的监管沙盒测试成功的金融科技公司或者项目，在风险明确、安全可控的前提下，探索其在一个经济体内获得的监管沙盒资质许可被 APEC 区域内其他成员认可的可行性。

最后，加快研究建立 APEC 区域性金融科技监管沙盒的可行性。一个成本最低、最有效的解决方案可能是建立区域性监管沙盒。在区域性监管沙盒内，各经济体监管当局可以更好地分享自己对金融科技公司监管的信息和经验。更重要的是，各监管当局可以在区域性监管沙盒内共同探索金融科技创新项目，特别是跨境层面的金融科技创新项目，并且可以共同探索区域内的金融科技管理与数字金融治理标准、框架、内容等。因此，建立区域性或全球性的监管沙盒对于促进 APEC 区域内金融科技创新的进一步发展，促进 APEC 区域包容性经济发展，以及探索 APEC 区域内数字金融治理具有重要意义，而且可能迫在眉睫。鉴于每个经济体在法律制度、环境、监管沙盒的功能方面存在差异，有必要加快研究建立区域性监管沙盒的可行性。

（五）建立 APEC 金融科技区域监测机制

APEC 成员的经济与金融科技发展水平各不相同，不同经济体之间在信息交流和数据安全保护方面存在诸多障碍。而区域内深化监管合作的基础是安全的信息披露，建议探索建立一个区域性金融科技监测机制，收集和分享金融部门相关信息，运用区块链等加密技术提高数据保护。在保护数据安全的前提下，共享数据和信息，共同监测金融科技风险。

建立 APEC 金融科技区域监测机制，还可以使 APEC 区域内金融科技水平发展相对落后的经济体也能共享监管科技发展的好处，克服不同成员经济体面对金融数字化转型时在准备和能力水平方面存在的差距，消除不同经济体的数字金融鸿沟，提高共同应对金融创新、防范金融风险的监管质效。

此外，建立 APEC 金融科技区域监测机制，并将其作为 APEC 经济体之间在反垄断、

数据管理、交易管理和消费者保护方面进行更紧密国际合作的一个实体载体，有助于防止区域内跨境监管套利和跨境风险转移，确保对金融技术进行有效和适当的监管。

（六）推进关于数字货币改善 APEC 跨境支付的研究

跨境支付涉及货币主权、外汇管理政策、汇兑制度安排和监管合规要求等众多复杂问题，是国际社会共同推动解决的难题。APEC 应响应国际社会倡议，充分利用自身"开放、渐进、自愿、协商"的特色，积极探索研究运用数字货币改善跨境支付的适用性。

需要重视的是，数字货币的意义不仅仅在于数字货币化，更意味着全球金融货币体系的改革与机遇。APEC 应积极推进法定数字货币的国际交流，以开放包容的方式探讨法定数字货币标准和规则标准的制订，共同构建国际标准体系。APEC 成员可以在充分尊重双方货币主权、依法合规的前提下探索运用数字货币的跨境支付试点项目，并遵循"无损""合规""互通"三项要求，在区域内探索建立央行数字货币汇兑安排及监管合作机制，满足各经济体监管及合规要求。

此外，APEC 成员应加强数字货币相关重大问题研究的国际合作，深化法定数字货币对货币政策、金融体系、金融稳定深层影响的研究评估。

参考文献

[1] APEC Economic Committee. Fintech Regulatory Sandboxes Capacity Building Summary Report, 2021.

[2] Butler T, O'Brien L. Understanding RegTech for Digital Regulatory Compliance, 2019.

[3] Kavassalis P, Stieber H, Breymann W, et al. An Innovative RegTech Approach to Financial Risk Monitoring and Supervisory reporting. The Journal of Risk Finance, 2018.

[4] Loesch S. Guide to Financial Regulation for Fintech Entrepreneurs, 2018.

[5] Roy B S. How RegTech Could Help Determine the Future of Financial Services. John Wiley & Sons, Ltd, 2019.

[6] 麦肯锡公司. Fintech 2030：全球金融科技生态扫描[J]. 麦肯锡中国金融业 CEO 季刊，2021 年夏季刊，2021.

[7] 彭庆超. 疫情下的中央银行：监管政策，金融稳定与经验借鉴——来自主要发达国家和国际组织的政策比较[J]. 国际金融，2020（9）：10.

[8] 肖兰华. FinTech 发展视角下的金融监管[J]. 上海金融，2018, 000（004）：79-81.

[9] 王宏杰，吴帆，郭雁，等. 金融科技监管的国际经验借鉴及政策建议[J]. 金融发展研究，2019（11）：46-52.

"后疫情"时代的 APEC 合作进程

"后疫情"时代的亚太区域合作

张蕴岭*

摘　要：新冠肺炎疫情在世界范围内肆意传播，其持续时间之长、影响之大，前所未有。与此同时，亚太地区的经济合作出现新的形势，面临诸多新的挑战。亚太地区对世界经济的发展起着至关重要的作用，在新形势下，需要各成员做出新的努力，凝聚新的共识，继续维护地区开放与合作的大局；继续维护以 APEC 为主渠道的地区合作框架符合各方的利益，为此，APEC 在强化抗疫合作的同时，应将深化经济合作视为重中之重，有效应对单边主义、保护主义和地缘政治博弈的不利影响。

关键词：新冠肺炎疫情；"后疫情"时代；亚太区域合作；新形势

新冠肺炎疫情的暴发破坏了世界经济正常的运行轨道。疫情前，世界发展的主要特征是全球化、国际分工、产业链在市场开放的大环境下深化，以智能化、数据化为主要特征的新科技革命向更广的范围拓展，国际贸易、投资规模扩大，世界经济增长呈现加速的趋势。然而，疫情扭转了这些趋势，不仅如此，还带来其他一些方面的重要转变，如国际关系、政治走向等。目前，相比疫情肆虐最严重的时候，情况似乎大有好转，特别是随着疫苗的推出，疫情大规模传播的趋势基本得到遏制。但是，疫情防控的形势依然严峻，难言何时终结。

在此情况下，各国需要做的是在继续应对疫情的同时，大力恢复经济，恢复被中断的交往与合作。不过，在"后疫情"时期，需要应对变化的环境。特别是亚太地区，作为中美共处的地区，由于美国对华政策发生大的转变，无论是中美关系的处理，还是亚太区域的合作，都需要做出新的努力，首要的是竭力维护亚太地区合作导向的大局，防止发生颠覆性逆转。

---

* 张蕴岭，山东大学国际问题研究院教授。

一、重视疫情的综合影响

新冠肺炎疫情在世界范围内肆意传播，其持续时间之长、影响之大，前所未有。疫情对经济发展的重要影响大体可以归纳为两个方面。

（一）疫情期间采取诸多限制措施，有些会延续到"后疫情"时期

由于疫情是突发性、传播性的，且没有现成医药可治疗，因此，应对疫情最简单和最有效的方法是政府采取强制性措施进行隔离和阻断。与应对其他疾病的传播不同，针对新冠肺炎疫情的隔离和阻断不仅仅是针对发病者，而是针对所有可能的扩散渠道。因此，隔离和阻断措施，一则是在国内范围，二则是在对外交往通道。这两个方面的措施，使得正常的经济活动减弱甚至中断，涉及国内的生产、服务、消费，也涉及国际的经贸联系，特别是基于国际分工的供应链。在此情况下，疫情对经济的第一轮影响是经济增长大幅度下降，国际贸易和投资大幅度萎缩。

值得关注的是，鉴于疫情扩散和消退在世界各地区、各国不同步，使得隔离和阻断的措施会拖得很长。一些疫情期间实行的控制措施可能会延续，或者在"后疫情"时期呈常态化。从这个角度来分析，如何建立"后疫情"时期的开放交流，是一个现实的问题，需要认真研究。

（二）强调经济安全，把安全问题泛政治化

疫情期间，由于供应链断裂，诸多正常供应中断，社会和政府突然意识到，全球化下的国际分工所构建的供应链非常脆弱，一旦供应链断裂，就会危及社会，甚至整个国家的安全。同时，在疫情期间，政府高度关注那些对国计民生具有重要意义的商品过度依赖海外供应的问题。许多国家都从社会和国家安全的角度考虑进行了调整，旨在减少关键商品对外部的依赖，努力大幅度提高国内的供给能力，为此采取措施支持，甚至迫使企业回归国内生产。这种"新政"对现行的国际分工和供应链体系产生很大的影响，使得原有的分工链、供应链发生转变。同时，企业出于经营安全的考虑，也力图缩短供应链，在更小的范围和规模构建关键部分的新供给圈。特别是一些国家的政府把安全问题泛政治化，提出构建所谓"可靠的供应链圈"，依赖"值得信赖的伙伴"。

总的来看，疫情成为一个重要的转折点：一是保护主义、单边主义的限制增多，表现出很强的"随意性"，即不考虑通行的国际规则，这对基于规则的国际交往造成极大的破坏；二是经济关系的政治化，以国家安全为借口，对竞争对手进行限制、制裁，这对开放、公平和平等参与竞争，开展经济合作造成很大的破坏。鉴于此，全球化、区域化进入一个新的发展时期，亚太地区的合作面临诸多新的挑战。[①]

---

① 张蕴岭. 世界大势：把握新时代变化的脉搏[M]. 北京：中央党校出版社，2021：25-48.

二、亚太地区合作面临的新挑战

亚太区域合作走过了 30 多年，以 APEC 为基本合作框架，基本形成了一套成形的运行规则，主要特点如下：

其一，开放导向，通过会议、议程，推动区域市场的开放。APEC 在成立之初即制订了旨在推动和实现区域市场开放与开展经济合作的"茂物目标"，此后为此制订了多个落实议程。基于开放导向议程的推动，亚太地区的贸易和投资障碍（主要是关税与非关税障碍）大幅度降低，这大大推动了地区经贸交往的规模和地区经济一体化的发展。开放是维护亚太地区经济联系、提升地区经济增长活力的基本保证，没有地区的开放，特别是普遍性的开放，市场被分割，就会失去活力。

其二，合作导向，推动市场开放与经济技术合作两个驱动。经济技术合作的基本精神是促进亚太地区成员之间的经济技术交流，深化区域技术扩散与创新，帮助发展中经济体提升能力建设，培育技术应用与创新能力，从而缩小成员之间经济和技术发展水平的差距，实现地区共同发展的目标。技术合作至关重要，因为技术的发展，特别是新技术是建立在规模投资和规模市场应用的基础上的。亚太地区经济规模大，有世界前三大经济体，坚持合作导向的区域构建，最大限度激发各成员经济体的参与，对于地区经济保持活力至关重要。

其三，开放的区域主义。APEC 不建立封闭的区域集团，支持成员在参与和推动亚太区域开放与合作的同时，积极参与和推动与其他地区的合作，支持成员根据自身的能力推动"先行先试"的领先者计划，即实行更高程度的开放，目的是让亚太地区成为一个推动本地区开放和多边开放的区域。亚太地区内部有着多个层次的开放安排，如美加墨协定、东盟自贸区、澳新自贸区等，同时各成员对外有着多样性的参与。按照 APEC "茂物目标"的设计，这些分散的安排、协定，通过 APEC 的协调一致的进程推动，能向统一区域开放市场构建的方向发展。

APEC 进程在推进过程中并不顺畅，"茂物目标"在推进过程中遇到许多问题。由于缺乏硬性的实施措施，主要靠 APEC 成员自主行动，使得目标与推进进程脱节，目标落空，为发达经济体成员设定的 2010 年目标和为发展中经济体成员设定的 2020 年目标都没有完成。不过，现在回过头来分析，也许当年制订的 2020 年实现自由开放的亚太地区这个目标，有些太激进了。在实际发展中，也遇到了一些突发事件，如 1997 年发生的亚洲金融危机就始于东盟。危机发生后，东盟成员的主要努力放在应对危机和恢复经济上，而 APEC 没有发挥有效应对危机的作用，这也降低了 APEC 的合作凝聚力。2008 年发生了始于美国的金融危机，危机对亚太地区造成严重的冲击，美国的政策重点转向国内经济的调整和应对新的竞争者，从而发起了只有部分 APEC 成员参加的 TPP。

当然，APEC 在推动亚太区域合作方面也做了许多努力，比如，在 1997 年亚洲金融危机、2008 年美国次贷危机以后，开展金融治理方面的合作；在应对气候变化、实现绿色增长方面制订了合作计划；就推动亚太互联互通建设制订了蓝图；就提高发展中经济体成员能力建设开设能力培训、提供支持；等等。但是，在实施进程中，也遇到了不少问题。以推动互联互通为例，制订蓝图后，并没有相应的实施计划，因此只是停留在计划层面。目前，美国为了与中国进行战略竞争，提出了技术脱钩论，并且采取单边措施对中国公司的技术链接和参与技术合作进行限制，这不仅对亚太地区的经济技术合作造成了障碍，也背离了 APEC 的合作导向基本原则。

"茂物目标"没有按计划完成，后来推进的"亚太自贸区"（FTAAP）也没有突破性进展，代之而行的是分散的自贸区构建。目前，亚太地区较有影响的有美墨加协定、东盟自贸区和经济共同体、多个"东盟+1"自贸区、美国退出后的 CPTPP、已经生效的 RCEP 等，呈现相互交叉、多层结构的态势。从未来发展看，CPTPP 有望扩员，美国可能回归，中国表示有兴趣加入，还有几个国家，如韩国、菲律宾、泰国等也准备加入，甚至要吸纳英国加入，如果英国加入，其就成为跨区域的自贸协定。

由此观之，亚太地区市场的开放将沿袭多层次、多框架的方向继续发展，要打通由 APEC 推动构建统一亚太自贸区建设的路径难度还是很大的。其实，APEC 作为一个合作论坛，其进程主要依靠两个因素驱动：一是成员的协调行动，即共同实施所制订的议程；二是成员的自主行动，即根据自身能力，落实所制定的目标。二者都是朝着市场开放的方向行进，包括降低关税和非关税壁垒，推动贸易投资的便利化等。APEC 愿景的落实，应该主要依靠成员的凝聚共识和自觉行动。

美国曾是 APEC 合作进程的积极推动者，领衔制订了"茂物目标"。但是，美国领衔推动 TPP 改变了 APEC 的合作初衷，因为 TPP 的目的是构建与中国竞争的小圈子。美国在特朗普执政期时退出了 TPP，而后日本领衔推进没有美国参加的 CPTPP。如今，中国表示了参加 CPTPP 的意向。如果 CPTPP 扩容，吸收东盟其他成员参加，也向中国敞开大门，就有可能成为推动亚太地区开放大市场的主要机制。在亚太地区，一个不包括中国在内的 CPTPP 难以体现地区的开放与合作效能。

显然，在新冠肺炎疫情和美国政策的双重影响下，亚太地区的经济合作出现新的形势，面临诸多新的挑战，不进则退，如果继续推动亚太地区的经济合作，就需要凝聚新的共识。

三、新形势下的亚太区域合作

亚太地区是世界上最为重要的地区，对世界经济的发展起着至关重要的作用，在新形势下，需要继续维护地区开放与合作的大局，不仅是为了本地区，也是为了全世界。

（一）继续维护以 APEC 为主渠道的地区合作框架符合各方的利益

APEC 作为亚太地区合作的主渠道，其主要功能是聚拢成员经济体的共享利益，形成推动地区合作的共识。已经形成的 APEC 领导人非正式会议机制，在推动区域合作上起着至关重要的作用。每年召开的领导人会议是各成员开展协商对话、提出合作议程、凝聚合作共识的机会，会议发表的领导人声明，体现了各成员推动亚太地区开放、合作与发展的意向与需要重点推进的议程。

由于受新冠肺炎疫情的影响，2020 年的 APEC 领导人非正式会议以视频的方式召开，通过了吉隆坡宣言，发表了 2040 年"布特拉加亚愿景"，提出"到 2040 年建成一个开放、活力、强韧、和平的亚太共同体"，责成部长会议在 2021 年完成制订全面实施计划并提交审议。APEC"布特拉加亚愿景"为亚太地区合作规划了新的 20 年奋斗目标，提升了"茂物目标"的水平，提出要建设亚太共同体。APEC 成立之初，曾就是否把亚太共同体作为目标，展现了有关英文共同体是大写"C"（意味着实体性），还是小写"c"（意味着非实体性）的讨论。由于缺乏共识，当时 APEC 没有把共同体建设作为目标，如今把它作为目标，应该说是一个大的进展。

"布特拉加亚愿景"强调，在经贸领域，在支持多边机制的同时，大力推进亚太地区经济一体化和 FTAAP 建设，加强互联互通、地区供应链领域的合作；推进亚太地区的创新和数字经济发展，加强数字基础设施建设，加速数据传播，缩小数字鸿沟；在经济发展方面，提出平衡、包容、有质量、可持续的新经济范式，并且与应对环境变化、气候变化，实现碳中和紧密联系起来。

显然，APEC 新的愿景目标充分考虑到新的环境、新的变化、新的议题。一个重要的差别是，以往地区合作的重点是聚焦市场开放，而 2040 年"布特拉加亚愿景"考虑得更为全面。实现新愿景的关键是要制订出切实可行的分步实施计划，特别重要的是，APEC 成员能够凝聚共识，合力推进。在当前形势下，重要的是如何阻止分裂，特别是美国对中国的敌视性"全面战略竞争"思维与行为。[①]

（二）加强 APEC 应对新冠肺炎疫情的合作

新冠肺炎疫情挥之不去，病毒变异扩散，增加了"后疫情"时期加强合作、推动地区经济发展的难度。APEC 作为亚太合作的主渠道，应该在应对疫情方面发挥更好的作用。着眼于当下和未来，APEC 应该着力推动以下三个方面的合作。

其一，加强合作，增加疫苗供给。当前，疫苗的生产和供给很不均衡，能够研发和生产疫苗的公司数量很少，因此，APEC 应该通过领导人会议，特别是部长会议机制，制订疫苗供给计划。就疫苗生产和供给而言，目前存在的主要问题是缺乏合作计划，疫苗原料

---

① Putrajaya Vision 2040. https://www.apec.org/Meeting-Papers/Leaders-Declarations/2020/2020_aelm/Annex-A.

关税高，疫苗供给被政治化。疫苗既是商品，也是公共产品，关系到人类的健康，因此，打通生产环节的障碍（原料限制政策、高关税），分享生产专利（通过合作授权）非常重要。正如新西兰贸易部长达明·奥康纳所言，现在存在疫苗保护主义和对供应链的限制，APEC 应该在促进与疫苗有关的贸易、便利疫苗供给和使用上发挥关键的作用。[①]

其二，建立亚太共同体，构建卫生安全的亚太地区。近年来，影响人类健康的传染病频发，如鼠疫、重症急性呼吸综合征（SARS）、H7N9 禽流感、埃博拉，以及目前仍在肆虐的新冠肺炎等。在全球化时代，疫情传播速度快，波及范围广，为此，需要加强 APEC 公共卫生合作机制的建设，如建立连接 APEC 成员公共卫生机构的合作网络、制订 APEC 公共卫生合作指导原则、推动建立疫情防控合作项目、为 APEC 成员提供疫情能力培训等。当前，工作重点是应对新冠病毒及其变种的传播与治理。从未来看，APEC 框架下需要有常设的公共卫生合作机制，加强卫生部长合作议程的导向，推动合作项目的实施。

其三，把应对疫情与恢复经济紧密结合起来。疫情对亚太地区经济发展产生严重影响。目前，经济正在恢复，但由于疫情处于不明朗状态，许多正常的交流仍无法恢复。因此，在推进疫苗供给方面合作的同时，需要进一步推进疫情下的贸易便利化和人员流动的便利化。为此，需要加强在疫情管理方面的协调合作，实现货物检疫、人员健康检查标准认证制度，大幅度减少管理方面的复杂程序障碍。由于检疫程序复杂，大批货物在港口、关口积压，许多航班被取消等，这些对地区贸易和投资的影响很大。

（三）将经济合作视为 APEC 框架下的重中之重

目前，亚太经济面临双重压力：一是由单边主义、保护主义、政治化分割等造成的不利环境；二是新冠肺炎疫情导致的阻断与限制措施。2020 年，APEC 作为一个整体，经济增长率为负数，这是 APEC 成立以来前所未有的。要激发亚太地区的经济活力，需要建立真诚的合作伙伴关系，成员经济体应采取相向而行的合作步骤。

在新的形势下，需要特别强调均衡发展、包容发展与可持续发展。由于长期积累的问题，加上疫情的影响，亚太地区存在严重的社会经济失衡，因此需要大力推动结构调整，创造就业，改善民生。2021 年，APEC 制订了新的结构性改革议程（EAASR），重点是通过经济结构调整，推进创新，走绿色发展道路，以实现可持续和包容性经济发展目标。深化 APEC 合作，应该把落实结构改革议程作为抓手，推进具体可行的实施规划和行动议程。

为了恢复亚太地区的经济活力，需要加强基于市场机制的供应链建设。在国际分工深化的情况下，大多数企业都深度参与基于分工的产业链。疫情导致许多产业链断裂，有些还没有恢复，APEC 成员政府应该采取有效措施，推动供应链恢复。

中国是亚太地区经济增长的重要引擎，供应链的连接中心。2020 年，受新冠肺炎疫情

---

① https://www.apec.org/Press/News-Releases/2021/0603_Minister_OConnor.

的影响，国际直接投资大幅度下降，而中国吸引的外来直接投资增长，大部分投入与新技术有关的产业，这些投资都与国际供应链有着密切的联系。外资投入中国市场的重要原因是经济增长稳定，投资者对中国经济的前景看好，同时，也与中国加大开放力度、颁布新的投资法有关。新的投资法取消了许多以前对外资投入领域的限制，对外资实行与本国企业同等的国民待遇。因此，促进投资均衡流动，阻止投资保护主义，反对政治化的"零和游戏"，以开放来加强亚太地区供应链恢复和建设，特别是新技术供应链构建，是新形势下APEC合作的重要内容。

2021年的APEC非正式领导人会议的议程聚焦疫情应对和经济增长两大问题，最为关键的是重振APEC的合作精神，重建APEC的合作基础。合作是APEC的灵魂，特别是中美两个大国，应重建合作的基础，与其他成员一道，朝着合作共赢的方向行进。①

参考文献

[1] 张蕴岭，等. 世界大势：把握新时代变化的脉搏[M]. 北京：中央党校出版社，2021：25-48.

[2] 张蕴岭. 对全球化的思考[J]. 东亚评论，2021（2）：1-6.

[3] 张蕴岭. 新形势下的亚太区域经济合作[J]. 当代世界，2020（11）：11-16.

① 2021 APEC to Work on Issues of Trade, Vaccine Cooperation. https://www.globaltimes.cn/page/202103/1218127.shtml.

从"茂物目标"看 APEC "亚太共同体"建设的前景

杨泽瑞*

摘　要：自 1994 年提出"茂物目标"之后，APEC 为实现"茂物目标"做过多种探索，并最终在实现"茂物目标"方面取得巨大成绩。2020 年"茂物目标"到期之际，APEC 领导人将"亚太共同体"设定为 2040 年愿景（"布城愿景"）。APEC 领导人声明和当前的合作领域，界定了"亚太共同体"建设应遵循的原则及包含的主要内容，包括"自由贸易""数字一体""互联互通""包容发展"等领域。为"布城愿景"制订路线图并尽快启动实现"亚太共同体"建设步骤将是今后一段时间 APEC 的主要工作。但当前空前复杂的全球与地区环境，让"布城愿景"蒙上了阴影，APEC "亚太共同体"建设注定是一条曲折复杂之路。

关键词：APEC；茂物目标；布城愿景；亚太共同体；亚太合作

在 1994 年提出的"茂物目标"——发达成员于 2010 年、发展中成员于 2020 年实现贸易投资自由化到期之际，APEC 领导人于 2020 年 11 月 20 日提出了《2040 年 APEC 布特拉加亚愿景》（简称"布城愿景"）："我们展望到 2040 年建成一个开放、活力、强韧、和平的亚太共同体，实现亚太人民和子孙后代的共同繁荣。""布城愿景"设定的"亚太共同体"建设已成为 APEC 新目标，是继"茂物目标"之后指引 APEC 和地区合作进程的第二座灯塔，将指引 APEC 今后 20 年的合作之路。

本文通过回顾 APEC 对"茂物目标"的探索，评估"茂物目标"的成就与不足，研究 APEC 需要什么样的"后 2020 年"议程，分析"亚太共同体"建设面临的全球与地区环境，讨论 APEC "亚太共同体"建设应该遵循的原则和包含的内容，提出对"亚太共同体"建设前景的初步考虑。

---

* 杨泽瑞，博士，中国太平洋经济合作全国委员会研究室主任。

一、"茂物目标"的探索与功绩

"茂物目标"的提出是 APEC 历史上最重要的里程碑，是指引 APEC 合作的灯塔。虽然从硬杠杠"零关税"来看，"茂物目标"似乎没有实现，但其历史功绩却不可磨灭——推动 APEC 成员降低关税、便利贸易、专注经贸问题的合作等。

成立于 1989 年的 APEC，在 1989—1993 年间一直忙于机制建设。1992 年前，APEC 还强调不追求成立一个贸易集团，而是一个协商性的机构。但是从 1993 年首届经济领导人会议（AELM）召开后，APEC 便开始了在贸易投资自由化便利化领域的"大跃进"。1994 年通过的"茂物目标"成为 APEC 进程的方向。

1994—1996 年间，对于如何实现"茂物目标"，当年 APEC 内有一系列讨论，可以归纳为以下几种观点：

● 领导人的声明本身就具有约束性（因此各成员会按计划实现）；

● APEC 本身将会变为半约束性、部分约束性的机制（寄希望于 APEC 性质的改变）；

● 通过成员的"单边行动计划"（IAP）和全体成员的"集体行动计划"（CAP）（寄希望于成员的自愿行动和集体行动的压力来实现目标）。

但在 1995 年通过的"大阪行动议程"（OAA）的 9 项原则中，"自愿性""灵活性"的原则使"茂物目标"的约束性从一开始就令人充满疑问，其对 APEC 进程影响巨大。

1996 年苏比克领导人声明中第一次提到了"部门先行自愿自由化"（EVSL），强调其对地区的贸易投资及经济发展具有重要意义。[①]1997 年，加拿大 APEC 会议的主题之一就是 EVSL 问题，同年 5 月举行的 APEC 贸易部长会议上更提出 EVSL 需要加速。会议决定将遵循自愿的原则，在 1997 年由各成员根据自身的实际情况，提出各自的提前自由化部门及行动计划。此后，各成员共选择了 41 个部门作为提前自由化的考虑目标，并公布了各自的方案。

1997 年 11 月，在加拿大温哥华召开的第九届 APEC 双部长会议上，各成员对所提出的部门进行了进一步磋商，41 个部门中的 15 个部门的支持率较高，包括环境保护、渔业、玩具、林产品、珠宝、油籽及其制品、化工、能源、食品、橡胶、化肥、汽车、医疗设备、民用航空、电讯相互承认安排（MRA）。这 15 个领域的自由化分为两步，其中 9 个领域，即环境保护、渔业、林产品、医疗设备、能源、玩具、珠宝、化工和电讯相互承认安排，将先行实施自由化计划。

APEC 原本计划通过这 9 个部门的提前自由化，来确保 EVSL 计划的成功；同时，通

---

① APEC 第四届领导人会议声明："to identify sectors where early voluntary liberalization would have a positive impact on trade, investment, and economic growth in the individual APEC economies as well as in the region, and submit recommendations to us on how this can be achieved". www.apec.org.

过 EVSL 计划的成功，再逐步扩大自由化的领域，来完成"茂物宣言"设定的 2010/2020 年分别完成贸易投资自由化的目标。当时 APEC 计划 1998 年上半年完成准备，1999 年开始实施 EVSL。

但是，1997 年 7 月开始的亚洲金融风暴，打乱了 APEC 在 EVSL 方面的设想，并将 APEC 长期以来试图用模糊的方式达到明确的目标这一弊端暴露于众。同时，EVSL 在实施的具体步骤和方式上存在较多的问题，特别是 EVSL 在一定程度上突破了"茂物宣言"的两个时间表。虽然基本上都是各成员的优势部门在提前自由化，但这种突破行动本身就是对"茂物宣言"的一种挑战。出于对自身利益的维护，各成员对敏感行业自由化的态度仍然非常谨慎，并不因 EVSL 方案的提出而有丝毫的松动，如日本对农林业产品问题态度坚决，中国和日本在反对 EVSL 方面成为最坚定的盟军。[①]

EVSL 在一定程度上将 APEC 自由化的自愿模式变成了灵活性较小的一揽子交易以及信息和通信产品自由贸易协定（ITA）式的谈判机制。为了增加约束性，APEC 甚至在设计一种新的决策机制——"关键性多数"（critical mass）来决定行动。

1998 年的 APEC 领导人会议没有通过这一方案。在不得已的情况下，1999 年的 APEC 部长会议决定将 EVSL 方案提交世界贸易组织讨论。2000 年的领导人声明中还提及 EVSL，但从 2001 年开始，EVSL 彻底从 APEC 进程中消失。这样，EVSL 实际上就失败了。

EVSL 为什么会失败呢？APEC 贸易投资自由化的"刚性路径"探索为什么不成功？原因可以归纳为以下几点：国际的、地区的需求不强（乌拉圭回合刚刚结束及 WTO 刚刚成立）；地区经济一体化程度不够；发达经济体与发展中经济体的分歧巨大；APEC 的制度性缺陷——非约束性、一致性原则，限制了 APEC 的谈判功能；美国及发达成员的强硬及冒进；亚洲金融危机的冲击；等等。

日本 APEC 研究中心的山泽逸平认为，1993—1997 年间，APEC 领导人不顾地区的状况，急于推动 APEC 的贸易投资自由化进程，其原因有两个：一是表明对 APEC 坚强的政治承诺；二是基于对当时全球范围内自由化进程发展缓慢的不满，期望通过 APEC 的团结来促动自由化进程延缓的欧盟。[②]

现在看来，EVSL 的失败是必然的。失败的原因和教训已经深深地影响了推进本地区贸易投资自由化的决策者和研究者。EVSL 失败后，新加坡、新西兰、智利等积极支持贸易投资自由化的 APEC 成员开始探讨成立新的地区贸易安排，探索新的实现"茂物目标"的道路，这正是后来的跨太平洋战略经济伙伴协定（P4）、跨太平洋伙伴关系协定（TPP）和全面与进步跨太平洋伙伴关系协定（CPTPP）的由来。

但 EVSL 的失败并不是 APEC"茂物目标"的失败，只是表明 APEC 在实现"茂物目

① 王嵎生. 亲历 APEC：一个中国高官的体察[M]. 北京：世界知识出版社，2000：138-139.
② 山泽逸平. 亚洲太平洋经济论[M]. 上海：上海人民出版社，2001：77.

标"方面依靠"谈判性的""约束性的"机制的探索失败了。APEC 在贸易投资自由化便利化方面的成绩是实实在在的。根据 2020 年 11 月出版的《APEC"茂物目标"进展最终评估报告》，①"茂物目标"制订 26 年来，APEC 在实行"茂物目标"方面的成绩与不足包括如下几个方面：

一是"茂物目标"制订以来，APEC 成员经济体的贸易和投资都有了巨大的增长。1994—2019 年间，APEC 成员经济体的商品贸易几乎增长了 5 倍，从 1994 年的 4.1 万亿美元增长到 2019 年的 19 万亿美元，平均每年增长 6.7%。服务贸易也几乎增长了 5 倍，从 1994 年的 9175 亿美元增长到 2019 年的 4.7 万亿美元。像商品贸易一样，服务贸易的平均年增长率也是 6.7%。海外直接投资（FDI）存量增长更快，成员内部投资存量每年增长 10.8%，从 1994 年的 1.5 万亿美元增长到 2019 年的 19.6 万亿美元；成员对外投资存量每年增长 10%，从 1994 年的 1.7 万亿美元增长到 2019 年的 18.7 万亿美元。

二是 APEC 地区的关税税率有了大幅度下降，但在一些领域，高关税的状况依旧。APEC 成员经济体的关税大幅降低，简单平均关税从 1994 年的 13.9%下降到 2019 年的 5.2%，其中发达经济体平均关税为 3.2%，发展中经济体平均关税为 5.9%。但 APEC 成员的农产品关税依然很高，平均达到 11.6%，而非农产品的平均关税只有 4.2%。甚至还有一些经济体在 1994—2019 年间大幅度增加了农产品的关税。

三是当前 APEC 成员使用"非关税措施"（NTM）更普遍。根据递交给 WTO 的通报，APEC 成员正在实施的贸易救济数量一直在增加，与卫生检疫问题相关的、未解决的特别贸易关切数量也一直在增长。

四是服务贸易更开放，但在服务业的一些领域，限制依然很多。近年来，对数字经济的限制在增长。在服务业自由化方面，APEC 成员经济体一直在进步。过去几年来，在 APEC 成员签署和实施的 RTA/FTA 中，对服务业市场开放或国民待遇的承诺，超过 WTO 的《服务贸易总协定》（GATS）中的规定。

五是在 APEC 地区努力改善投资环境的结果喜忧参半。1997—2010 年间，APEC 成员经济体逐步放松了 FDI 的限制。发展中经济体在 2010—2018 年间继续取消 FDI 的限制。虽然 APEC 发达经济体在 2010—2018 年间略微收紧了 FDI 规制，但总体来说这些经济体的规制限制还是要少些。

六是在贸易便利化方面，APEC 成员取得了积极进展，营商手续得到了简化，物流的质量得到了改善。

七是在 APEC 地区营商更容易，也更节省成本，但仍有可改进的地方。当前，APEC 成员的工商规制更简单，创业、登记产权和缴税的手续、时间在减少。然而，APEC 发展中经

---

① 本报告由 APEC 政策支持小组撰写，杨泽瑞翻译。转引自《太平洋经济合作研究》（2020 年合刊）。

济体要达到发达经济体的水平，还需要进一步简化手续。

八是新冠肺炎疫情暴发以来，APEC 成员实施了更多的贸易便利化措施，而不是贸易限制措施。

九是 APEC 成员经历了经济高速增长，也取得了良好的社会效果，贫困率大幅度下降。但 APEC 成员需要统筹考虑经济增长与环境可持续性。1994—2019 年间，APEC 成员的 GDP 实际年均增长率达到了 3.9%，比世界其他地区的经济增长率更高。同一时期，APEC 成员的人均 GDP 增长率达到 3.1%。

因此，可以说 APEC 的"茂物目标"基本实现，而且比预料得要好，对亚太地区和全球经济的发展做出了巨大贡献，促进了区域经济一体化，提高了地区人民的福利。"茂物目标"作为长期的奋斗目标，引领着 APEC"向前看"，赋予 APEC 组织持续的生命力，维持了 APEC 的长久发展。围绕"茂物目标"的实施，APEC 创立了一整套符合 APEC 特性的有效的执行机制，每年 200 个相关会议，成功维持了 APEC 自身的生存和发展，使之成为当今世界上独一无二的组织系统完善发达的大型区域性政府间组织。

二、从"后 2020"议程到"布城愿景"

2020 年"茂物目标"到期之后，APEC 该向何处去？近年来，2020 年以后的亚太经济合作议程成为 APEC 及地区各界热议的话题。各方积极探索亚太中长期合作架构，研究亚太自贸区、数字经济、互联互通、创新改革等前沿议题，力争在地区和全球格局新一轮演变中把握主动权，为 APEC 制订"后 2020"议程做贡献。各方积极讨论 APEC 向何处去、亚太合作如何进行等问题，为 APEC 进程确定新任务、规划新目标、制订新方向，有助于保持亚太地区贸易投资自由化的势头，维护亚太区域的合作氛围，最终推动 APEC 领导人通过"布城愿景"并将其作为 APEC 的新目标。

作为 APEC 最重要的利益攸关方，太平洋经济合作理事会（PECC）最早成立了自己的课题组，试图在 APEC 制订"后茂物目标"进程中贡献一分力量。PECC 课题组的成立更多地反映了本地区的智库和学术界对 2020 年以后 APEC 的期待。

PECC 设立的 APEC"后 2020"议程课题组成立于 2016 年，是 PECC 的旗舰项目。在 2017—2018 年间，PECC 发挥官、商、学三方共商合作平台的优势，在各成员的支持下，在亚太地区展开了大规模的调查，试图摸清本地区的利益攸关方在 2020 年以后需要一个什么样的 APEC。

APEC"后 2020"议程调查问卷包括 20 个相关的问题，可以归纳为 3 类：一是 APEC 当时和 2020 年以后的目标；二是对 APEC 角色和政策对话的评估；三是 APEC 机制因素和外部的联系。

关于 APEC 的优先领域，几乎所有的受访者（99%）认为，亚太地区的经济合作和增加亚太地区的经济一体化程度是 APEC 的核心政策目标。94%的受访者认为，APEC 应该维持其跨太平洋两岸的经济一体化的现状。关于亚太自由贸易区（FTAAP）问题，大约 93%的受访者认为，APEC 应该朝一个正式的、包含本地区所有成员的贸易投资协定的方向前进。其中的 55%的受访者认为，这个议题"非常重要"，而一些受访者进一步认为 FTAAP 应该是 APEC"后 2020"议程的主要目标。大多数受访者同意 FTAAP 应该是一个全面的自由贸易协定。然而，约有 40%的受访者不同意将投资争端解决、政府采购、劳工、国有企业、行政及机制条款纳入其中。大多数受访者强调 FTAAP 与 WTO 的一致性，认为 FTAAP 应该对 WTO 的多边贸易体系起促进作用，是对 APEC"开放的地区主义"的支持，是为了更进一步的贸易投资自由化，而不是阻止多边的贸易投资自由化。

大多数受访者认为，FTAAP 是实现 APEC 地区经济一体化议程重要的、顺理成章的下一个步骤。很多受访者强调，需要谨慎处理 FTAAP 与亚太地区现存的 FTA/RTA 的关系。受访者也提出了实现 FTAAP 的步骤，包括首先比较 APEC 经济体间现存的地区经济一体化倡议，如区域全面经济伙伴关系协定（RCEP）、CPTPP、太平洋联盟、澳新更紧密经贸安排（ANZCERTA）等，其次确定这些贸易协定内容间的异同，最后制订可操作的整合这些协定的步骤。

受访者也强调了包容性、互联互通和可持续性等问题在"后 2020"议程中的重要性。关于 APEC"后 2020"议程目标中的包容性问题，更多的受访者强调了获得公众对地区一体化的支持和最大限度减少感到被边缘化的大众数量的重要性。大约 90%的受访者认为，APEC 能在推动包容性增长方面做出贡献。大约 90%的受访者赞同 APEC 在推动人与人之间的联通方面发挥了积极作用。大约 83%的受访者赞同 APEC 在推动社会的和经济的包容性方面能发挥积极作用。大约 95%的受访者支持 APEC 在供应链方面的联通，92%的受访者支持 APEC 规制合作方面的联通，86%的受访者支持 APEC 基础设施方面的联通。大约 92%的受访者赞同 APEC 在推动可持续增长方面发挥积极作用，超过 80%的受访者赞同 APEC 应该更直接地参与到联合国的"2030 可持续发展目标"（SDG），发现并建立 APEC 经济一体化议程与 SDG 之间的潜在的联系。大约 70%的受访者认为，到目前为止，APEC 对气候变化的应对是有效的，APEC 在气候变化和全球变暖方面能发挥积极作用。然而，反对者也不少，高达 25%~30%。大多数受访者认为，APEC 应该继续完成"茂物目标"未完成的任务。超过 90%的受访者认为，这些任务中最重要的是服务贸易、非关税措施、投资和农产品贸易障碍。大约 90%的受访者认为，非关税措施严重地影响了他们经济体的出口，因为非关税措施相对关税来说更不透明、更难量化和更难比较。①

应该说，"布城愿景"很好地回答了 APEC"后 2020"议程调查问卷中的核心问题，反

---

① 《太平洋经济合作研究》（2018 年合刊）。

映了地区各界对 APEC 在"后 2020"年代议程的关切。"布城愿景"设定"亚太共同体"建设成为 APEC 今后 20 年的新目标，强调 APEC 的使命及其自愿的、非约束性的、以共识为基础的原则不变，APEC 将通过"贸易和投资""创新和数字化""强劲的、平衡的、安全的、可持续的和包容的增长"三条路径来实现这个愿景。

"布城愿景"是亚太地区对 APEC"后 2020"议程的新共识。相比"茂物目标"，"布城愿景"缺少数量化指标，但更强调发展与合作。实现愿景的三条路径中，"贸易和投资"是 APEC 的"看家本领"，"创新和数字化"反映了时代发展的需要，而"强劲的、平衡的、安全的、可持续的和包容的增长"则是 2008—2009 年全球金融危机之后，APEC 一直致力推动的"新发展观"。[①]

当前新冠肺炎疫情全球蔓延，世界经济下行压力增大，亚太区域合作举步维艰，APEC 的"亚太共同体"建设展现出推动经济全球化、一体化和区域开放、包容发展的积极姿态，将为亚太地区未来 20 年的经济发展、区域合作、新产业革命、创新增长带来新动力。

三、"布城愿景"面临的全球与地区环境

当今的世界正面临百年未有之大变局，全球与地区发展面临挑战，贸易保护主义与逆全球化思潮泛滥，国际经济治理没有进展，多边贸易体系面临崩溃，地区一体化与地区合作困难重重，美国试图用单边主义和印太合作来组建"经济北约"。在"科技爆炸"和"第四次工业革命"的大背景下，APEC 的"亚太共同体"建设面临空前复杂的全球与地区形势与巨大挑战。

（一）逆全球化和逆区域化、单边主义趋势

2008 年的全球金融危机标志着国际贸易高速增长时代暂时结束。2016 年特朗普当选美国总统及英国脱欧，标志着高速发展的全球化与区域化时代的暂时结束。逆全球化与逆区域化趋势虽然由美国带头，但这不仅仅是美国一个国家的事，而是世界性的趋势，是对 1990 年以来高速发展的经济全球化的反对，是经济全球化负面效应长期积累导致的从量变到质变的结果。当前的逆全球化思潮和美国带头的单边主义仍会持续一段时间。但新一轮的科技革命和新一代贸易体系的建立，必将推动新一轮全球化与区域化，这可能需要 10 年以上的时间。[②]

当前的逆全球化趋势对亚太地区影响很大，原因在于本地区传统价值链，即亚太国际生产网络长期由美国主导，缺乏最终市场。新一轮大国重塑亚太经济合作的进程已经开始，美国以《美墨加自由贸易协定》（USMCA）为样板，在亚太强推从关税导向转变为规则导向的经济合作，并且处处体现美国第一和制造业合规的原则，将极大冲击亚太地区传统价

---

① 杨泽瑞. APEC 2020：新冠肺炎疫情下的合作[J]. 世界知识，2020（24）.
② 苏格. 世界大变局与新时代中国特色大国外交[M]. 北京：世界知识出版社，2020：124-125.

值链。日本在 CPTPP 上的积极进取也给相关国家带来一定压力；印度最近还将扩展环孟加拉湾合作，并推进印太和东南亚战略；韩国的"新南方""新北方"政策致力于实现半岛统一并在亚太一体化中占据有利地位。①

（二）亚太区域合作中，以贸易投资自由化为中心的时代暂时结束

一方面因为全球化、地区化进程在放缓，另一方面因为贸易投资自由化取得了实质性进步，APEC 成员的关税水平大幅度降低，非关税壁垒取代关税成为阻碍贸易的主要手段。因此，各成员影响贸易的结构改革日益成为经贸合作领域的焦点。②

当前，APEC 贸易投资自由化方面的工作越来越强调支持以 WTO 为核心的多边贸易体系，以及促进亚太地区的经济一体化。从长远看，只有以建设 FTAAP 为目标，才能再次让 APEC 的贸易投资自由化进程活跃起来。

（三）中美博弈与脱钩仍在继续

中美关系是全球性大事，对亚太地区的合作冲击巨大。2018 年在巴新 APEC 领导人会议上，仅仅是因为中美两国对 WTO 改革问题的措辞意见不一，领导人声明最终"流产"，这是 APEC 历史上的第一次。巴新会议充分表明中美博弈对地区合作的消极影响。在美国推出印太战略试图对冲亚太合作后，本地区的大部分成员只能持观望的态度，等待中美关系明朗，无法专注到新的、有挑战性的 APEC 合作进程中。

美国对华政策的转变始于奥巴马政府后期，具有一定的延续性。中美两国斗争的焦点已从贸易不平衡转向结构性问题和全面的博弈。自 2017 年 11 月，时任美国总统特朗普在东亚之行中首次提及"印太"概念以来，美国及其主要盟国逐渐将"印太合作"从概念变为现实。如何整合印度进入区域合作进程，化解"印太合作"对"亚太合作"的冲击，是当前 APEC 和地区各界面临的紧迫问题。

虽然拜登政府上台后，美国对华态度有了一些调整，但近期来看，两国间的竞争与博弈势头仍将继续，可能是今后一段时间世界性的大问题，对 APEC 合作必将造成长期的不利影响。

（四）科技革命和第四次工业革命的挑战

近年来，数字经济和技术快速发展，大数据、万物互联、人工智能、机器人、区块链和云计算等技术，使 20 世纪 90 年代以来以信息通信技术为主体的信息时代，从深度和广度上面临突破，新一代科技革命和第四次工业革命呼之欲出。数字经济正在开辟新的商机，为 APEC 经济体提供广泛的机遇来促进创新和繁荣。

科技革命和第四次工业革命需要全球性的科技合作和产业合作，需要全球性的供应链，呼唤全球合作、地区合作和主要大国的合作。但当前逆全球化、逆区域化和中美博弈的局

---

① 薛力. 韩国"新北方政策""新南方政策"与我国"一带一路"对接分析[J]. 东北亚论坛，2018（5）.
② 转引自《太平洋经济合作研究》（2018 年合刊）。

面为科技革命和第四次工业革命蒙上了阴影，世界面临"两套标准、两套产品、两套市场"的风险。在此情况下，亚太地区需要 APEC 合作，需要 APEC 像推动信息通信产品、环境产品一样，推动亚太地区和世界范围内的"数字经济"的合作。

对于 APEC 的"亚太共同体"建设来说，上述四大时代性趋势既有有利的一面，也有不利的一面。如何在上述背景下趋利避害，顺利推进"亚太共同体"建设，是对 APEC 及其全体成员的考验。

四、为"布城愿景"制订路线图——APEC"亚太共同体"建设的原则与内容

根据欧盟的实践和东盟的理想，地区合作中的"共同体建设"应该包括三个方面的内容：政治安全共同体、经济共同体和社会文化共同体。但从 APEC 领导人宣言和 APEC 过去合作的领域来看，APEC 的共同体建设等同于"经济共同体"建设，几乎不涉及"政治安全共同体"方面的内容，也很少涉及"社会文化共同体"方面的内容。虽然如此，APEC 将"亚太共同体"作为理想和合作终极目标的价值依然存在，对地区成员仍有巨大的吸引力，也符合我国建设"亚太命运共同体"的倡议。

回顾 APEC"茂物目标"的历史就会发现，"茂物目标"制订之初，APEC 所有成员都积极参与实现"茂物目标"的方式方法的讨论，实行过"部门先行自愿自由化""单边行动计划和集体行动计划"等各种路径，讨论过采用"关键性多数"等手段来克服"协商一致"原则的束缚，试图突破 APEC 机制性的缺陷，达到实现"茂物目标"的目的，可以说是一个"尝试、试错与纠错"的过程。只是在 1998 年亚洲金融危机爆发后，APEC 才最终放弃了硬性的路径探索。

APEC 2040 年"亚太共同体"愿景该如何实现？可以肯定的是，"亚太共同体"不可能一蹴而就，而是要通过 APEC 所有成员今后 20 年的共同努力。因此，为"布城愿景"设计路线图，是当下 APEC 最紧要的工作。

作为 2021 年 APEC 东道主，新西兰在 2020 年 12 月举行的 APEC 非正式高官会议上表示，未来 1 年里，APEC 不仅将规划应对当前经济危机的路径，还将就落实新愿景的详细行动计划达成一致，这将是 APEC 最重要的任务，也是新西兰作为东道主的重中之重。[①]

从指导思想来看，"'布城愿景'路线图"应该以开放的地区主义为宗旨，以更自由的贸易、投资为核心，推动地区的经济一体化和地区的经济发展；"'布城愿景'路线图"应该是"以人为本的 APEC"，包容的、可持续的、创新的发展，使更多人获益，为弱势群体，特别是妇女、中小企业等提供更多的发展机会。因此，制订 APEC"'布城愿景'路线图"，既要考虑宏观的目标，也要考虑微观的目标；既要考虑数量化的、具体的指标，也要考虑

---

　　① 《太平洋经济合作研究》（2020 年合刊）。

抽象的指标。

地区合作的进程表明,"亚太共同体"是太平洋地区合作的终极目标,是百年来传承的"太平洋合作"精神的继续和升华。APEC 将"亚太共同体"建设作为 2040 年愿景,必将指引今后 20 年 APEC 合作的内容和方向。

APEC"亚太共同体"建设不可能一蹴而就,需要从现在开始制订"'布城愿景'路线图",需要规划内容的主次、分清虚实、设计步骤,并尽快启动实施过程。

从 APEC 的性质和过去 30 年的合作历程来看,APEC"亚太共同体"建设需要秉承一些原则,包括充分围绕"亚太共同体"及"贸易和投资""创新和数字化""强劲的、平衡的、安全的、可持续的和包容的增长"这三条路径本身;坚持 APEC 的自主自愿、协商一致和非约束性原则;将近期目标与远期目标结合起来,既包括 2025 年之前的近期目标,也包括 2040 年的远期目标;"'布城愿景'路线图"设计的内容应该尽快同时启动,但应该有不同的时间表,合作领域应该是"虚与实"的结合。

从 APEC 过往的合作领域来看,APEC"亚太共同体"建设至少应该包含自由贸易、互联互通、数字经济、包容发展及其他领域 5 个方面的内容。自由贸易领域的"亚太自由贸易区"、互联互通领域的"无缝的亚太"、数字经济领域的"亚太数字共同市场"、包容发展领域的"亚太碳市场"等硬性目标的设定,将极大地丰富 APEC 的合作内容,推动 APEC 的共同体建设,提振 APEC 在地区合作中的中心地位与作用。

五、对 APEC"亚太共同体"建设前景的初步思考

2040 年 APEC"亚太共同体"建设能否完成、能否真正建成一个开放、活力、强韧、和平的"亚太共同体",只能靠 APEC 成员今后 20 年的共同努力。但重要的是,APEC 走向"亚太共同体"目标本身,就是为了实现亚太人民和子孙后代的共同繁荣。

(一)APEC"亚太共同体"建设将曲折复杂,前景难料

回顾 APEC 合作的历史、基于 APEC 的性质,就会发现 APEC 的"亚太共同体"建设注定是一条曲折复杂之路。

这种复杂性、曲折性是多方面的。首先是对"共同体"这个目标的理解。如果 APEC 的"亚太共同体"仅仅只是一个"亚太大家庭","共同体建设"等同于"大家庭建设",那这个目标很低,当然容易达到。但是如果希望这个"共同体"有一些具体的内容,特别是像"茂物目标"那样有些数量化的指标与评估,那 APEC 成员对这个目标的讨论,将会充满争论。其次是实现"亚太共同体"的路径。当前,APEC 的各个二级、三级委员会/工作组都在忙于制订自己的工作计划,试图为"'布城愿景'路线图"填充内容。但无论是从战略高度来看,还是从实际操作层面来看,这些工作计划只是近期的工作,远远达不到"布城愿景"实施方案的程度,更不是"亚太共同体"建设的路径。最后是实现"亚太共同体"

的时间与步骤安排，这绝不是最近一两年就能决定的，更不是 2021 年就能决定的，应该是一个长期的过程。

（二）APEC"亚太共同体"建设的内容与路径充满变数，各方博弈将长期化

"布城愿景"设定的"亚太共同体"建设，将指引 APEC 今后 20 年的合作历程，不可能一蹴而就，需要从现在开始制订"'布城愿景'路线图"，需要规划内容的主次、分清虚实、设计步骤，并尽快启动实施过程。

考虑到"亚太共同体"建设的复杂性，"'布城愿景'路线图"的制订应该是一个长期的过程，而不会只是 2021 年一年的工作。这个进程将会是不断地调整原则与内容、成员间不断地讨价还价的过程。

对我国来说，一个更自由的地区贸易框架符合我国经济发展的下一步目标。因此，我们需要重视 APEC 的性质，精心研究"亚太共同体"建设的原则与内容。

（三）既要理性，又要现实地看待 APEC 的"亚太共同体"建设

从理想方面来看，APEC"亚太共同体"愿景是地区合作的终极目标，需要我们坚持和倡导。作为亚太地区最重要的合作组织，APEC 在推动区域经济一体化、贸易投资自由化便利化及经济技术合作方面具有举足轻重的作用。APEC 成员理应秉持亚太命运共同体理念，延续合作势头，深化合作，携手应对共同挑战，努力实现 2040 年"亚太共同体"的目标，从而造福本地区人民。

从现实方面来看，当今世界正经历百年未有之大变局，APEC"亚太共同体"建设面临空前复杂的全球与地区环境。虽然 APEC 领导人已将"亚太共同体"建设作为 APEC 的"2040 愿景"，但考虑到亚太地区的现状、多样性及中美两国博弈的长期性，我们对 APEC 的"亚太共同体"应有一个清醒的认识。可以肯定的是，APEC 的"亚太共同体"不同于"欧洲共同体"，无论是经济、贸易的一体化程度，还是政治、文化方面的交流，其与"欧洲共同体"的差距将是巨大的。

但 APEC"亚太共同体"建设将有利于我国"人类命运共同体"理念在亚太地区的落地，极大地促进亚太地区的经济一体化进程，推动亚太地区经济的发展和人民生活水平的提高，完全可以作为我国参与地区合作的抓手和推手。

（四）我国应积极参与 APEC"亚太共同体"建设

APEC 是我国最早参加的区域合作组织，也是我国参加的唯一的跨太平洋合作机制，一直是我国亚太战略的基石。当前复杂的全球与区域环境，迫使我们需要一个积极的区域合作战略，一个清晰的、前瞻性的亚太战略，来抓住 APEC"亚太共同体"建设带来的机遇，应对所面临的挑战。

中国的亚太战略应有长期性、战略性和规划性，以作为我国外交战略的重要组成部分，作为我国区域合作战略的支柱。这个战略重视区域合作内部领导机制和工作机制的整合，

将 APEC、东亚峰会、中国-东盟合作、中日韩合作、上海合作组织等主线合作和支线合作当作一盘棋，在领导人参与机制、部委协调机制和部委的内部分工机制等方面通盘考虑，从决策、执行和评议三条线建立健全机制，定期评估和调整。在区域合作机制的路径方面，分清主次和虚实，以主为主，以次为辅，以实为主，以虚为辅。

作为亚太地区最重要的合作组织，APEC 成员 GDP 总量占全球的 60%以上，贸易总量约占全球的 50%，人口总量接近全球的 40%，在推动区域经济一体化、贸易投资自由化便利化及经济技术合作方面具有举足轻重的作用。地区有识之士一直呼吁 APEC 发挥主渠道作用，在 2020 年以后的合作议程中，以建设"亚太共同体"为核心，推动亚太地区经济一体化，维护全球产业链的完整，为太平洋两岸的合作提供舞台，避免太平洋中间划线的分裂局面。

参考文献

[1] APEC Policy Support Unit. APEC Bogor Goals Progress Report, https://www.apec.org/Publications/2018/11/APEC-Bogor-Goals-Progress-Report, 2021.

[2] 山泽逸平. 亚洲太平洋经济论[M]. 上海：上海人民出版社，2001.

[3] 苏格. 世界大变局与新时代中国特色大国外交[M]. 北京：世界知识出版社，2020.

[4] 王嵎生. 亲历 APEC：一个中国高官的体察[M]. 北京：世界知识出版社，2000.

[5] 杨泽瑞. APEC 2020：新冠肺炎疫情下的合作[J]. 世界知识，2020（24）.

[6] 中国太平洋合作全国委员会. 太平洋经济合作研究（2018 年合刊、2019 年合刊、2020 年合刊）.

APEC 包容性发展合作的进展和趋势分析

盛 斌 靳晨鑫*

摘 要： 改善本地区人民的福祉、实现包容性发展始终是 APEC 展开合作的重要理念与目标。本文首先从经济、金融和社会包容性三个层面梳理了 APEC 框架下促进包容性发展的政策体系和所取得的阶段性成果。随后，我们从"发展成果平等分享""发展过程平等参与""未来发展基础公平"三个视角设立了一套全新的包容性发展指标体系，并基于此对 APEC 各成员经济体的包容性发展水平进行了详细评估。测算结果表明，APEC 经济体整体的包容性发展指数在过去 20 年中整体呈现上升趋势，并且在"发展成果平等分享"这一分项中得分最高，而在"发展过程平等参与"分项中取得的进步幅度最大。最后，本文就未来如何从贸易与投资的角度进一步促进 APEC 区域内的包容性发展提出了相应的政策建议。

关键词： APEC；包容性发展；贸易与投资政策

APEC 将包容性发展作为其合作发展的重要理念与目标，通过一系列积极的贸易与投资政策多维度地促进了亚太地区的包容性与可持续性发展，提高了基础设施建设和互联互通水平，切实改善了本地区人民的福祉，为新一代贸易与投资政策改革积累了丰富而宝贵的经验。本文首先从经济、金融和社会包容性三个层面梳理了 APEC 框架下促进包容性发展的政策体系和取得的阶段性成果，随后从"发展成果平等分享""发展过程平等参与""未来发展基础公平"三个视角设立了一套全新的包容性发展指标体系，并基于这一体系对 APEC 各成员经济体的包容性发展水平进行了详细评估，在发现问题的基础上从以上三个视角提出了相应的政策建议。

---

* 盛斌，南开大学经济学院教授；靳晨鑫，南开大学 APEC 研究中心博士后。

一、APEC "包容性发展" 理念的演变

"包容性发展" 最早是由亚洲开发银行（ADB）于 2007 年提出的理念，其核心内容是倡导社会公平正义，打破垄断，缩小收入差距，寻求区域、经济、社会、生态的平衡、协调、可持续增长。它提出的目的在于使普通民众能更多地分享经济发展的成果，确保机会的平等性，特别是为弱势群体提供必要的社会安全网络。

APEC 早在 2009 年峰会的《新加坡宣言》中就曾指出，APEC 决心确保未来经济增长更具包容性，拓展增长带来的机遇。包容性发展需要两个关键推动力：一是结构调整，扩大社会各行业从增长中获益的机会；二是提高社会成员应对突发灾难的能力，帮助个人克服短期困难并为其长远发展提供动力，尤其重点关注弱势群体。2015 年 11 月 APEC 第 23 次领导人峰会在菲律宾首都马尼拉举行，会议围绕"打造包容性经济、建设更美好世界"主题，商讨包括区域经济一体化、中小企业、人力资源开发和可持续增长等多项议题。2017 年 APEC 越南峰会在《岘港宣言》中明确指出，认识到全球化和数字转型带来的机遇和挑战，决心按照 2030 年可持续发展议程，推进经济、金融和社会包容，在 2030 年前打造包容、人人享有、可持续、健康、坚韧的 APEC 大家庭。

2020 年 11 月，APEC 第 27 次领导人峰会在《吉隆坡宣言》中明确提出，"APEC 将推行包容性经济政策，以支持弱势群体通过高效、平等地参与经济活动，实现自身复苏和增长，为经济复苏做出贡献"[1]。同时，宣言还倡导利用数字经济和技术促进经济包容性，指出应通过创新和数字化为政府、企业和人民开展活动提供便利，并促进"所有人的包容性经济参与"，特别是提出 APEC 将为数字经济发展创造有利环境，包括为中小微企业创造新机会，力争促进技术创新，营造可靠、相互匹配、开放、可及和安全的信息通信技术环境，缩小数字、技能和监管鸿沟，鼓励数字基础设施发展和数字转型。此次领导人峰会还审议通过了《2040 年亚太经合组织布特拉加亚愿景》，其宗旨是到 2040 年建成一个开放、活力、强劲、和平的亚太共同体，实现亚太人民和子孙后代的共同繁荣。该愿景对 APEC 结构改革议程进行了更新，针对未来 5 年的发展目标提出了"强化的 APEC 结构改革议程"（Enhanced APEC Agenda for Structural Reform，EAASR）。该议程计划从 4 个方面打造强韧、可持续和包容的经济增长模式，包括：第一，创造开放、透明和具有竞争力的市场环境；第二，提高商业活动未来应对冲击的复原力和韧性；第三，保障社会中的各个群体均能拥有平等的机会，实现包容、可持续的增长和更好的福祉；第四，融合创新、新技术和能力发展项目提高生产率，实现数字化。[2] 该愿景提出包容与高质量增长的重要性，鼓励通过

---

① 2020 年亚太经合组织领导人《吉隆坡宣言》. http://www.xinhuanet.com/2020-11/21/c_1126767776.htm.
② Enhanced APEC Agenda for Structural Reform (EAASR). https://www.apec.org/Meeting-Papers/Sectoral-Ministerial-Meetings/Structural-Reform/2021_structural/Annex-1.

结构改革支持中小企业、妇女等弱势群体发展，并强调了拉塞雷昂路线图[①]的重要性，促使通过完善法规与政策减少壁垒，加强政策保护，提高妇女在经济活动中的参与度、领导力和效率。

2021 年 6 月，APEC 第 27 届贸易部长会议重点讨论了贸易在应对疫情、促进经济复苏上的作用。一方面，会议强调贸易在疫情应对和经济复苏中应发挥更加重要的作用，应加强贸易投资政策的包容性，为中小微企业、初创企业、妇女等群体提供技能培训、技术和资金等支持。另一方面，会议提出将推动贸易在应对环境问题、气候变化、粮食安全等方面发挥积极作用，倡议区域内中小微企业、初创企业、妇女等群体应得到更多关注，进一步提升这类群体从经济增长中获益的能力，促进社会各群体公平发展。[②]

总的来说，APEC 在倡导实现经济包容性发展的过程中主要关注的是弱势群体的利益和经济机会，其政策着力点集中于贫困人群、妇女和中小企业 3 个群体。从促进包容性发展的途径上看，APEC 所关注的重点在于促进贸易投资便利化、实施结构性改革、推广数字化、改善教育和就业培训、普及金融服务 5 个方面。

二、APEC 促进包容性发展的政策体系与成果

2017 年 APEC 越南岘港领导人峰会宣言指出，全球化和数字转型带来了众多的机遇和挑战，APEC 决心依照联合国的 2030 年可持续发展（SDG）议程，推进经济、金融和社会包容，在 2030 年前打造"包容、共享、可持续、健康、坚韧的 APEC 大家庭"。APEC 于 2017 年 11 月发布了《APEC 促进经济、金融和社会包容行动议程》，提出了 3 个包容性发展目标：①经济包容性，使全体人民能够公平地了解并参与到经济增长过程中；②金融包容性，无论个人还是企业都能够获得有用并且可负担的金融产品与服务；③社会包容性，提高贫困或者受排斥群体的社会参与度，强化公平性。近年来，APEC 在促进区域内经济、金融与社会包容性发展这 3 个方面分别采取了诸多战略规划、项目与行动。

（一）经济包容性

在经济包容性方面，《APEC 促进经济、金融和社会包容行动议程》提出了 5 个方面的要求与规划。第一，APEC 将致力于通过在竞争政策、营商环境、监管体系与合作以及公共部门和公司治理等关键领域进行结构改革，实现就业与机遇的平等，加强体制机制建设，提高透明度，深入开展反腐工作，激发创新和创造力，提高服务业竞争力。第二，APEC 希望通过采取必要的措施消除培训和就业障碍，实施积极的劳动力市场政策，努力将教育培

---

① The La Serena Roadmap for Women and Inclusive Growth (2019-2030). https://www.apec.org/Meeting-Papers/Annual-Ministerial-Meetings/2019/2019_AMM/Annex-A.

② 商务部国际司负责人就亚太经合组织（APEC）第 27 届贸易部长会议情况答记者问. http://www.gov.cn/xinwen/2021-06/08/content_5616130.htm.

养与劳动力市场需求连接起来，实现机会平等和劳动力的广泛参与，尤其是要帮助弱势群体实现就业，如青年、妇女、老年人、残疾人和农村贫困人口等。第三，APEC 应深入推进区域一体化，促进贸易与投资，包括提高贸易便利化水平、改善市场准入和推动中小企业国际化。第四，加快基础设施投资的"量"与"质"，改善能源的可获得性；从制度层面和硬件设施层面增强人与人之间的联系，尤其是与欠发达、边远和农村地区的联系。第五，大力发展互联网和数字经济，鼓励创业，抓住机遇，应对第四次工业革命带来的挑战。

在贸易投资便利化方面，据 WTO 提供的最新数据统计，APEC 在 2019 年 10 月至 2020 年 10 月期间，共推动 68 项贸易便利化措施落地，其中包括终止反倾销调查/征税项目 27 项，终止反补贴调查/征税项目 7 项，终止安全性审查/关税 5 项，减免或取消进出口关税 23 项，关税返还新增 1 项，其他贸易便利化措施 5 项。[①]APEC "茂物目标"最终评估报告（以下简称"报告"）对 APEC 成员经济体在实施茂物目标方面所取得的成绩和不足做了详细研究，并指出自茂物目标制订以来，APEC 在贸易投资自由化便利化方面取得了巨大的成绩。"报告"显示，1994—2019 年间，APEC 成员经济体的商品贸易增长近 5 倍，从 4.1 万亿美元增长到 19 万亿美元；投资增长更快，投资存量从 1.5 万亿美元增长到 19.6 万亿美元。[②]APEC 成员经济体的平均关税率大幅降低，从 1994 年的 13.9%下降到 2019 年的 5.2%，其中发达经济体 2019 年平均关税率为 3.2%，发展中经济体为 5.9%。

在中小企业发展方面，APEC 地区内 97%的商业实体为中小企业，50%的劳动力受雇于中小企业，中小企业的直接出口占比为 35%。因此，通过各种能力建设和支持政策推动中小企业发展和参与全球化，对于促进区域内包容性发展具有重要意义。2006 年 APEC 越南领导人峰会《河内宣言》提出，为了更好地实现"茂物目标"，APEC 应强化区域内中小企业参与国际贸易与投资的竞争力。2015 年 APEC 贸易部长会议批准了《中小企业全球化长滩行动纲领》，倡议通过简化海关程序等贸易便利化措施，扩大中小企业通过电子商务和信息通信技术等渠道在全球贸易中的收益。2015 年发布的《亚太经合组织怡朗倡议：不断增长的全球中小微企业的包容性发展》强调应给予区域内中小企业更大的话语权与更多的机遇，通过制订政策框架帮助中小企业参与全球价值链贸易，包括通过信息共享的方式搭建商业网络，促进中小企业业务对接；强化中小企业的贸易规则意识，注重其对规则的反馈与意见；改善知识共享机制，为区域内中小企业提供更多贸易便利化、业务支持与伙伴关系的相关信息。2019 年，APEC 中小企业部长级会议宣言指出，未来 APEC 将着重通过推动中小企业开展数字化转型、提供信用贷款等贸易融资方式帮助其参与国际贸易。在战略规划方面，中小企业工作组曾提出一系列战略和行动计划，包括"中小企业发展框架"

---

① WTO. Overview of Developments in the International Trading Environment, Annual Report by the Director General, 30 November 2020.

② 杨泽瑞. APEC 2020：新冠疫情下的合作[J]. 世界知识，2020（24）：62-63.

（1997 年）、"中小企业发展一体化行动计划"（1998—2002 年）以及三个阶段的"中小企业工作组战略计划"（2009—2012 年，2013—2016 年，2017—2020 年）。其中，最新一期的战略计划聚焦区域内中小企业发展的 4 个重点领域，即发展创业、创新、互联网与数字经济，为中小企业的商业扩张和能力发展提供金融支持，建设包容性的商业生态环境，提高中小企业的市场进入能力。为了进一步促进区域内的包容性发展，该计划在具体行动内容中强调应在青年人和女性等群体中营造创业氛围；建设透明的营商环境，为中小企业提供公平的进入市场的机会；鼓励各成员推动营商制度的简化与融合，减少不必要的行政规制；促进中小企业融入全球价值链；强化中小企业的出口能力和国际化水平；通过推动中小企业与大型公司的合作帮助前者进入国际市场。

在基础设施建设和互联互通方面，APEC 在高质量的基础设施建设方面取得了一定成果，如编制了"APEC 高质量的基础设施发展与投资指南"（2014 年）和"APEC 高质量的电力基础设施建设指南"（2016 年）。自 2016 年起，菲律宾和越南分别开始实施"APEC 基础设施建设与投资的同行评价与能力建设"项目，随后印度尼西亚也于 2018 年加入这项工作。此外，APEC 于 2017 年举办了"高质量基础设施建设的高级别对话"论坛。2018 年，APEC 贸易与投资委员会还更新完善了 2014 版本的"APEC 高质量的基础设施发展与投资指南"，新加入了与污水处理相关的条款，以响应"APEC 水利设施质量指南"的倡议。在互联互通方面，2014 年 11 月，APEC 北京领导人非正式会议发布了《亚太经合组织互联互通蓝图（2015—2025 年）》，对未来 10 年 APEC 互联互通合作的目标、内容、方式等做出了全面规划，提出"要在 2025 年前完成各方共同确立的倡议和指标，加强硬件、软件和人员交往互联互通，实现无缝、全面联接和融合亚太的远景目标"。2020 年 11 月，APEC 秘书处下设的研究机构——政策支持小组（PSU）利用世界银行物流绩效指数（Logistics Performance Index，LPI）数据库，以及世界银行和国际金融公司发布的《2020 年营商环境报告》（*Doing Business 2020*）中的相关指标，对 APEC 供应链互联互通的总体状况及主要阻塞点的改进情况进行了量化评估。[1]LPI 数据显示，2015—2017 年 APEC 地区的出口前置时间由平均 2.4 天下降为 2.3 天，低于 OECD 国家的 2.4 天；进口前置时间由平均 3.5 天下降为 3.4 天，明显高于 OECD 国家的 2.7 天。[2]这意味着在 APEC 各项议程的推动下各成员经济体的互联互通程度均获得了显著改善。[3]

在数字经济方面，APEC 领导人于 2014 年在北京批准了《亚太经合组织经济创新发展、改革与增长共识》，通过了《亚太经合组织促进互联网经济合作倡议》，首次将互联网经济

---

① APEC Connectivity Blueprint: The 2020 Mid-Term Review. https://www.apec.org/Publications/2020/11/APEC-Connectivity-Blueprint---The-2020-Mid-Term-Review.

② World Bank. Doing Business 2020[R]. Washington, D.C, 2019.

③ 刘晨阳，曹以伦，景国文. APEC 机制互联互通合作进展评估及前景展望[J]. 亚太经济，2021（3）：10-16.

引入 APEC 合作框架。2017 年，《互联网和数字经济路线图》获得通过，以促进成员经济体间的技术和政策交流，促进创新、包容和可持续的增长，并弥合 APEC 地区的数字鸿沟。2020 年 11 月，《2040 年亚太经合组织布特拉加亚愿景》获得通过，开启了 APEC 在 2020 年后的合作愿景，其中在数字经济方面，APEC 成员一致表示，将推动数字经济新业态、新模式发展，推动亚太人民和工商界更好地参与和引领数字时代的全球经济发展。目前，APEC 已成立贸易和投资委员会数字经济指导组，开展"数字经济背景下促进包容与负责任商业行为研讨会"，利用该平台不断创造成员经济体间技术和政策交流的机会。2021 年 6 月召开的 APEC 第 27 届贸易部长会议强调，加快亚太自贸区建设，进一步促进区域经济深度融合；各方应更加重视发展数字经济，鼓励技术创新，培育新业态。

（二）金融包容性

《APEC 促进经济、金融和社会包容行动议程》明确 APEC 将致力于推动实现充分、高效、高质量就业和同工同酬，确保各类民众均能够获得银行、保险和其他金融服务，提高民众金融素养和融资能力，促进社会所有成员，特别是妇女、青年、残疾人和其他弱势群体的收入持续稳步增长，使其能够分享全球机遇。

APEC 主要依靠财长会议推动其金融政策目标的实现，主要目标是通过为社会弱势群体提供金融服务来促进包容性发展，如帮助女性更好地使用金融服务、引导贫困人群学习金融知识和提高金融意识、提高中小企业参与金融活动的能力。APEC 财长会议于 2015 年审议通过了《宿务行动计划》，其内容包括：第一，深化 APEC 成员经济体之间的金融一体化程度，通过建立有效的制度，强化对中小微企业的金融支持，帮助其更好地融入全球经济，各成员经济体之间分享促进金融包容性发展的经验，强化金融系统应对冲击的能力；第二，营造足够的财政政策空间，深化金融市场发展，帮助各经济体提高应对经济冲击的能力，通过建立新型的灾害与风险金融保险机制，帮助 APEC 成员经济体在面对重大自然灾害时避免陷入经济困境；第三，提高金融对基础设施建设的支持力度，通过各种金融手段和融资渠道为贫困地区的基础设施建设提供资金，从而促进区域间的相互联系与共同发展。

2018 年 APEC 财长会议进一步提出了 4 个工作重点：加速对基础设施建设的金融支持；推进金融包容性发展；促进国际税收的合作与透明性；继续推进《宿务行动计划》。其中，在促进金融包容性发展方面，主要关注金融知识的普及、金融技术所带来的新机遇以及促进金融包容性发展的经验共享，具体包括以下 3 个领域的主要工作：第一，就金融能力、金融教育和金融技术等问题组织召开政策研讨会，涉及金融教育战略分析与测度、最大化发挥电子金融服务的作用、促进金融创新等内容；第二，推动金融包容性发展的一系列能力建设项目，尤其是金融创新、消费者保护等问题；第三，举办电子金融发展主题的工作组会议，致力于帮助消费者更加深入地了解电子金融的特征、优势和风险。

截至目前，绝大多数 APEC 经济体都实施了金融扫盲计划，帮助消费者了解金融工具，从而更加理性地做出投资选择。同时，还有 18 个 APEC 经济体已经颁布了金融包容性发展战略，明确了发展的目标和行动计划。此外，一些 APEC 经济体就本地区的金融包容性程度开展调查，并且公布了下一步促进金融包容性发展的行动计划。例如，菲律宾发布了《金融包容性调查报告》，并且建立了国家零售支付系统来适应电子金融的发展趋势。

（三）社会包容性

《APEC 促进经济、金融和社会包容行动议程》提出将最大化利用数字化的好处，完善生态系统，更加深入地理解技术创新的影响，包括增加教育、培训的机会等；加强数字时代和未来的人力资源开发政策，包括实现技能再培训、加强终身学习机制、帮助因社会结构变革而流离失去竞争力的就业人群；加强妇女、青年、老年人、残疾人、农村社区等弱势群体的社会赋权，为其提供数字平台和优质的社会服务；加强社会安全网建设，通过基础设施建设保障劳动者能够享有安全健康的工作场所。

在教育方面，APEC 在 2016 年第六次教育部长会议中颁布了《APEC 教育战略》，并于 2017 年 11 月进一步颁布了《APEC 教育战略实施方案》。该方案明确了未来 APEC 各成员经济体在教育领域将努力实现的三个主要目标：一是提高人力资本的竞争力，使得个人需求、社会需求和经济发展需求相一致；二是加速创新，推动新技术在教学中的应用，促进科学、技术、工程学和数学的推广教育，促进政府、产业与学术界在研发和创新中的合作；三是提高就业能力，弥合教育和技能供给与劳动力市场需求之间的差异，促进学习与就业的平稳过渡。在具体实施项目方面，APEC 开展了一系列资格认证、数字经济、国际化人才培养和青年人就业等主题的项目活动。例如，美国于 2015 年提议并实施"培养具有国际化竞争力的人才与经济一体化"项目；日本于 2016 年提议并实施"强化 APEC 区域内技能与就业资格认证的多边共识和区域合作"项目；韩国于 2017 年提议并实施"APEC 青年就业提升"项目；越南于 2018 年提议并实施"在第四次工业革命背景下提高女性数字经济能力和促进包容性发展"项目；智利于 2019 年提议并实施"理解和弥合 APEC 数字扫盲的性别差距"项目。

在弱势群体赋权方面，APEC 一些经济体内的偏远地区人口较多，在经济发展过程中面临着许多挑战。由于地理位置偏僻和基础设施薄弱，这些地区普遍缺乏获取基本的医疗健康、教育和其他公共服务的机会，居民生存与生活环境恶劣，工作机会较少。据 2018 年 11 月发布的《APEC 偏远地区发展与一体化报告》（*APEC Policy Support Unit*，2018），在 2010—2017 年间，APEC 成员共实行了 16 项有利于偏远地区发展的政策，其中包括与能源问题相关的 7 项，与信息通信技术、中小企业和卫生健康有关的各 2 项，与农业、交通和应急准备相关的各 1 项。以上各项政策主要从两种渠道带动了偏远地区的经济发展。一方面，APEC 帮助偏远地区将外部资源"引进来"，提高其经济发展的能力，主要包括基础设施投资和信息技术能力培训等。例如，2004 年成立的"APEC 数字机会中心"始终坚持为落后地区提供计算机能力培训和信息技术培训，帮助其通过"软设施"联通与外部世界建立起联系，为参与经济全球化打下基础。另一方面，帮助贫困地区将区域内的各类资源"走出去"，促使其以"普惠贸易"方式参与到全球供应链发展中。例如，《亚太经合组织互联互通蓝图（2015—2025 年）》《互联网和数字经济路线图》和《APEC 促进全球价值链发展与合作战略蓝图》等都曾提出应利用数字经济手段发展普惠贸易，通过电子商务促进扶贫减贫。此外，APEC 还举办了一系列"最佳实践"的分享活动。例如，在第七届 APEC 电子商务工商联盟论坛上，形成了《APEC 区域普惠贸易最佳实践》报告，将中国的成功经验向 APEC 经济体进行推介。这种线上与线下相结合的贸易渠道的搭建直接将偏远地区与多方贸易伙伴相互联结，促进货物与人员的流动，对改善经济增长的包容性产生积极的影响。

在促进就业方面，APEC 早在 1990 年就成立了人力资源发展工作组。它通过引导开展一系列促进教育、提升劳动力技能和加强能力建设等相关主题活动，实现了经济体之间知识、经验与技能共享，在提高区域内人力资源水平方面扮演了重要的角色。工作组的主要工作是服务于以下三个网络的建设：第一是能力建设网络，即通过促进 APEC 各经济体之间的合作推进区域内的技术发展、人力资源管理和职业技能培训等工作，提高劳动力的受雇能力与就业质量；第二是教育网络，即在 APEC 各经济体之间建立充满活力的学习系统，通过提供高质量与公平的教育资源提高就业竞争力、加速创新、帮助各个年龄段的人群适应社会快速发展带来的挑战；第三是劳动与社会保障网络，即通过推动 APEC 各经济体之间的跨境技术合作以及对劳动力市场进行干预等措施，提高就业市场的灵活性，完善社会保障体系，推动人力资本的可持续发展。2016 年 11 月，APEC 发布了《APEC 服务业竞争力路线图》，提出要提高高技能劳动力和专业人员的跨国流动性，保障区域内劳动力的技能水平，以满足当地供应链生产的需求。2017 年 5 月，APEC 在越南举办了"数字经济时代下人力资本发展的高水平政策对话"论坛，会议制订了《APEC 数字经济时代人力资源开发框架》。这一框架有利于实现 APEC 区域内人力资本的发展，有助于帮助雇员更好地适应数字经济时代的工作岗位需求，同时引导各经济体的劳动力市场政策更好地满足需求。此外，APEC 于 2017 年 11 月发布了以"结构性改革与人力资本发展"为主题的 2017 年 APEC 经济政策报告，这是 APEC 第一次将人力资本发展作为经济政策系列报告的主题。

在妇女问题方面，继 2019 年 APEC 部长会议通过了《拉塞雷纳妇女和包容性增长路线图》后，妇女与经济政策伙伴关系组（PPWE）于 2020 年底制订了拉塞雷纳路线图实施计划。该计划为 APEC 各层级当前和未来工作指明了方向，明确了实现《拉塞雷纳妇女和包容性增长路线图》的关键行动领域和目标。具体而言，它提出了在 APEC 框架下推动妇女工作的 5 个关键领域和目标：第一，通过资本和市场赋予妇女权利；第二，提高妇女劳动力参与率；第三，提高妇女在各级决策中担任领导职务的机会；第四，增加妇女接受教育、技能培训和获得工作的机会；第五，通过数据收集和分析增强妇女的经济参与能力。此外，它还制订了一个监督、报告和审查进展的流程，帮助 PPWE 与 APEC 各层级合作助力《拉塞雷纳妇女和包容性增长路线图》的实现。[①]

三、APEC 经济体包容性发展水平的测度

包容性发展是一个持续积累、动态发展的过程，因此需要从更为长远的时空角度看待发展的包容程度，既要着眼于当下，又要评价过去、展望未来。此外，包容性发展也是一个不同群体间利益平衡的过程，因此在具体指标选择的过程中应重点考量社会弱势群体的福利变化情况，如低收入群体、妇女、中小企业与私人部门等。最后，包容性发展不仅是"人"的发展，更是人与自然和谐共处的可持续发展过程，因此除了衡量人的福利，还要加入测度自然环境的"福利"，加入可持续性的指标。基于以上理由，本文提出从"发展成果平等共享""发展过程平等参与"和"未来发展基础平等"三个视角全面度量 APEC 各经济体的包容性发展水平。

（一）包容性发展指标体系

客观地评价一个国家在包容性发展领域所取得的进展将有利于国际社会和各国政府更好地认识到经济发展过程中的短板与不足，从而制订有针对性的引导政策。为此，联合国（UN）[②]、世界银行（WB）[③]、亚洲开发银行（ADB）[④]、世界经济论坛（WEF）[⑤]等国际组织和机构先后出台针对各国包容性发展水平的评价标准以及政策评估框架。本文依据对包容性发展概念的界定，综合参考国际组织与机构对包容性发展的评价标准与指标，分三个维度设定测度包容性发展的指标体系，如图 1 所示。

[①] https://www.apec.org/Meeting-Papers/Annual-Ministerial-Meetings/2019/2019_AMM/Annex-A.

[②] 联合国组织制订了"可持续发展目标（SDGs）全球指标框架"，并从 2016 年开始，每年发布全球可持续发展目标报告，用指标数据反映可持续发展目标落实进展以及存在的问题。SDGs 全球指标框架以可持续发展议程确定的 17 项目标、169 项具体目标作为基本框架，在具体目标下设置更加具体的监测指标。

[③] 世界银行分别从"贫困"和"共享繁荣"两个方面对各经济体发展的包容性水平进行评估。一方面，在测度"贫困"方面，《2018 贫困与共享繁荣：拼出贫困的拼图》报告中提出了度量贫困的"多维衡量标准"；另一方面，世界银行构建了全球共享繁荣数据库（Global Database of Shared Prosperity，GDSP），用于度量各国在促进共同繁荣方面所取得的成果。

[④] 亚洲开发银行于 2018 年 10 月发布了《包容性绿色发展指数：发展质量的新标准》，并据此测算了包容性绿色发展指数（the Inclusive Green Growth Index，IGGI）。该指数将促进包容性发展的评价指标分为 3 个重点领域和 26 个细分指标。3 个重点领域分别为经济增长、社会公平和环境的可持续发展。

[⑤] 世界经济论坛公布的包容性发展指数由经济增长水平、包容程度和代际公平 3 个一级指标构成。每一个分项指标都由 4 个二级指标构成，它们度量了各国在包容性发展方面所取得成果的国家绩效指标。

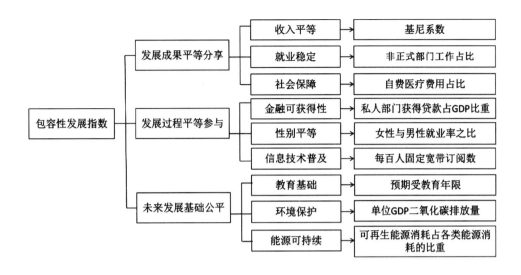

图 1 包容性发展指数框架图

第一，"发展成果平等分享"。一个国家发展的包容性水平在很大程度上取决于在过去的发展历程中这个国家所积累的财富是否在不同收入群体间得到了公平的分配，社会经济的增长是否带动了社会福利水平整体的改善，以及过去的经济发展是否创造了足够的就业机会，使更多人获得正式、稳定的工作。为此，本文在"发展成果平等分享"这个一级指标下设立了 3 个二级指标，分别为刻画收入平等程度的"基尼系数"、刻画就业稳定情况的"非正式部门工作占比"与刻画社会保障水平的"自费医疗费用占比"。

第二，"发展过程平等参与"。具体而言，随着数字经济迅猛发展，信息技术在经济发展过程中的地位愈发关键，甚至成为某些行业的基本准入门槛，因此以通信网络为代表的新型基础设施对于参与经济活动至关重要。此外，融资能力会对企业扩大经营规模、拓展业务范围产生直接影响，但私人企业尤其是中小企业始终面临着融资难、融资成本高等困境。因此，私人部门获得金融贷款的程度也变相体现了社会融资制度对中小企业和个人等弱势群体参与经济活动的支持程度。女性的生活质量与工作机会一直是包容性发展下的重要议题，公平的就业机会是提高女性在社会和家庭决策中话语权的重要经济基础。总而言之，不同区域、不同性别、不同发展程度的各类群体能否公平地获取金融、信息技术、就业等资源，从而更好地参与到经济发展过程中，是一国经济发展包容性的重要体现。为此，本文在"发展过程公平参与"这个一级指标下设立了 3 个二级指标，分别为刻画金融可获得性的"私人部门获得贷款占 GDP 比重"、刻画性别平等的"女性与男性就业率之比"和刻画信息技术普及程度的"每百人固定宽带订阅数"。

第三，"未来发展基础公平"。包容性发展是一个动态变化的过程，除了要考量过去和当前发展成果的公平性，更应将一个国家未来实现包容性发展的前景和基础纳入考虑范围，将"代际间公平"的理念引入包容性发展理念。社会整体教育水平的不断提高能够为落后地区和贫困人群的下一代子女在未来参与经济活动中扫清障碍，打下基础；环境和能源的可持续性在一定程度上也决定了经济发展的可持续性，保护环境、使用清洁可再生的能源、控制碳排放总量等问题已经成为各国政府首要关注的可持续发展目标。因此，本文在"未来发展基础公平"这个一级指标下设立了 3 个二级指标，分别为刻画整体教育水平的"预计受教育年限"、刻画环境保护成果的"每单位制造业增加值造成的温室气体排放量"、刻画能源可持续性的"可再生能源消耗占全部能源消耗的比重"。

（二）指标含义与数据来源

1. 基尼系数

基尼系数是赫斯曼（Hirschman）根据洛伦茨曲线提出的衡量分配平等程度的指标。假设实际收入分配曲线（洛伦兹曲线）和收入分配绝对平等直线之间的面积为 A，实际收入分配曲线右下方的面积为 B（见图 2）。A 与 A+B 的比值被称为基尼系数，表示社会的不平等程度。如果 A 为零，基尼系数为零，即收入分配完全平等；如果 B 为零，则基尼系数为 1，即收入分配绝对不平等。收入分配越是趋向平等，洛伦茨曲线的弧度越小，基尼系数也越小；反之，收入分配越是不平等，洛伦茨曲线的弧度越大，那么基尼系数也越大。本文所使用的基尼系数数据来源于世界不平等（SWIID）数据库。

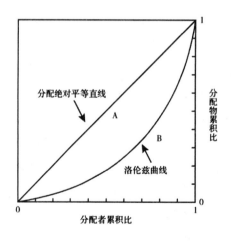

图 2　洛伦兹曲线图示

2. 非正式部门工作占比

"非正式部门工作占比"指无固定雇主的"自由职业者"和没有固定收入的"家庭职业者"人数之和占全部就业人口的比重。按就业状况分类的就业统计为描述工人的生活状态、工作条件以及界定工人的社会经济地位提供了有力的依据。在一个国家，更高比例的"带薪就业者"代表该国经济发展情况较好，居民就业较为稳定。如果"自由职业者"占比较高，则认为该国农业部门占比可能较大，工业、服务业等正式经济部门发展较为落后。如果没有固定收入的"家庭职业者"占比较高，则意味着整个国家的发展势头较弱，工作机会稀缺。"家庭职业者"的收入主要来自其他家庭成员的补偿，因此其收入水平很不稳定。后两类就业群体面临着极大的脆弱性，也最容易因为突发意外情况陷入贫困状态。因此，"非正式部门就业"人群是评价一国社会包容性发展水平的重点关注对象。"非正式部门工作占比"的数据来源于世界银行数据库。

3. 自费医疗费用占比

社会和商业保险等金融渠道为家庭提供医疗资金支持，能够提高家庭在面对重大突发情况时的应对能力，是人们在经济可承受范围内接受优质医疗服务的重要保障，是社会整体包容性发展程度的衡量指标之一。自费医疗费用是除保险覆盖范围之外，家庭用于医疗目的的直接开销。"自费医疗费用占比"指家庭自费医疗费用占当期全部医疗费用的比重，这个指标在一定程度上反映出了社会保险的覆盖程度，数据来源于世界健康组织（WHO）基于修订后的 SHA（2011）标准下的各国统计调查数据。

4. 私人部门获得贷款占 GDP 比重

私人部门获得贷款指金融公司为私人部门提供的融资额，如贷款、非股权债券、贸易贷款等。获得贷款的私人部门能够进一步进行投资活动，而利用私人部门的投资助力社会发展的关键部门对于减贫亦至关重要。在公共部门发挥重要作用的同时，私人投资在竞争激烈的市场中具有促进经济增长的巨大潜力，也是私人部门分享经济增长红利的主要渠道。私人投资是促进生产力增长的引擎，将创造更多的就业机会和更高的收入。此外，私人投资可以通过提升卫生、教育和基础设施水平改善贫困人口的生活条件与质量。本文所使用的信用贷款数据来源于国际货币基金组织（IMF）的国际金融统计数据库，GDP 数据使用的是世界银行的估测值。

5. 女性与男性就业率之比

一般来说，女性的就业率普遍低于男性，二者之比反映出一个国家的人口、社会、法律和文化背景对女性参与经济活动的支持程度。在许多低收入国家，女性经常在农场劳作或从事居家劳动等无薪工作，工作性质不稳定并且收入较低。在许多高收入经济体中，女性更容易接受高等教育，并更容易获得具有较高报酬的稳定职业，而非低技能的短期工作。普遍而言，在世界许多国家和许多行业，女性在求职与就业过程中有可能会受到歧视，并且男性和女性的就业率存在显著差异，因此用女性与男性的就业率之比能够较好地刻画出一国社会在性别平等中的包容水平。本文所使用的测算指标为"女性与男性就业率之比"，该比例越高代表社会越具有包容性。就业率的数据来源于国际劳工组织（ILO）数据库。

6. 每百人固定宽带订阅数

一国信息与通信（ICT）基础设施的质量是国内外投资者选择投资目标地的重要考量因素。因此，易获得的、高质量的、可负担的 ICT 基础设施能够吸引投资，有利于产业发展和经济增长。而宽带网络正是 ICT 服务的基础，基于它，用户才可以实现通话、信息传送、上网等基本功能。在无线技术和通信市场自由化的背景下，全球的信息通信技术及其应用在过去 20 年间飞速发展，基础的数据服务已经覆盖了大多数国家。移动通信对于农村地区尤其重要，农村居民能够通过电话和网络等方式与外面的世界建立愈发紧密的联系，从而获取信息、参与经贸活动。因此，宽带订阅范围的不断扩大，尤其是农村和偏远地区覆盖率的不断提高是一国实现包容性发展的重要途径。基于此，本文使用"每百人固定宽带订阅数"作为一国信息技术普及度的代理变量，数据来源于国际电信联盟数据库。

7. 预期受教育年限

教育水平代表了一国经济未来发展的潜力与基础。联合国教科文组织（UNESCO）在其发布的《2020 年全球教育监测报告》中阐述了推进包容性教育的重要性，并指出当前教育机会分配依然不平等，对很多人来说，接受有质量的教育的门槛依然很高。现实中，身份、社会背景和能力决定了人们能否公平地享有受教育的机会。据此，本文选取了各国年轻人预期受教育年限这一指标来衡量各国的教育发展水平，数据来源于联合国教科文组织数据库。

8. 单位 GDP 二氧化碳排放量

包容性发展还应体现在对地球环境的保护上。2019 年，大气中的二氧化碳和其他温室气体含量达到新高。近年来，地球海平面不断上升，天气变得更加极端，气候变化正影响着世界上的每个国家。2015 年发布的《巴黎协定》提出要加强全球应对气候变化威胁的能力，将 21 世纪全球气温的升幅控制在工业化前水平的 2℃以内。为此，本文选择单位 GDP 二氧化碳排放量来考量各国是否在经济发展的过程中充分考虑了环境的可持续性，从而为经济长期的包容性发展打下良好基础。数据来源于世界能源署数据库。

9. 可再生能源消耗占各类能源消耗的比重

可再生能源是指风能、太阳能、水能、生物质能、地热能和海洋能等非化石能源，是取之不尽、用之不竭的能源。可再生能源消耗占比高意味着一国在生活生产中对原油、煤炭和天然气等不可再生能源的依赖程度低，能源资源承压小。因此，本文选取了可再生能源消耗占各类能源消耗的比重来度量一国是否努力为下一代的社会发展留下充足的能源储备，从而改善包容性发展中的代际公平。数据来源于世界能源署数据库。

（三）测度方法

为了计算国别的包容性发展综合指标，本文借鉴世界经济论坛（WEF）的"最优制度距离法"对上述 9 个二级指标的数据进行标准化处理。"最优制度距离法"是用一个经济体某个分项的绝对值减去组内这一指标的最小值后，再除以组内这一指标最大值与最小值之差。具体步骤如下：第一步是补齐缺失数据。由于有些国家可能存在少量数据缺失问题，在对数据进行标准化之前先根据现有数据算出"国别-指数"的年均增长率，并按照增长率一致的假设对少量空缺值进行补齐。第二步是计算"最优制度距离比例"。当分项指标与包容性发展程度呈正向关系的时候，计算公式为（绝对值-最差值）/（最优值-最差值）；当分项指标与包容性发展程度呈负向关系的时候，计算公式为（最优值-绝对值）/（最优值-最差值）。第三步是标准化处理。此处参考世界经济论坛（WEF）对包容性发展指数进行标准化的方法，各国在分项指数中的得分等于"最优制度距离比例"乘以 7。经过以上三个步骤，最终得出一个覆盖 125 个国家或地区、共计 18 年（2000—2017 年）的"包容性发展指数"面板数据。

（四）测算结果

1. 所有样本经济体的测算结果

从包容性发展综合性指标得分看（见表 1），世界包容性发展水平在过去近 20 年中不断提升。样本国的包容性指数平均得分从 2000 年的 3.35 逐步提高至 2017 年的 3.71。其中，高收入国家的平均得分最高，从 2000 年的 3.95 稳步上升至 2017 年的 4.61。中高收入国家的包容性水平波动上升，2017 年得分为 3.39。而中低收入、低收入国家的包容性水平没有得到明显改善，始终在 3 分左右的低位徘徊。

表 1　按收入分组的样本国家的包容性发展综合性指标得分

年份	全部国家	高收入国家	中高收入国家	中低收入国家	低收入国家
2000	3.35	3.95	3.07	2.92	2.96
2001	3.40	4.01	3.10	2.96	2.96
2002	3.40	4.06	3.09	2.93	2.91
2003	3.46	4.18	3.13	2.96	2.95
2004	3.50	4.28	3.14	2.95	2.93
2005	3.49	4.28	3.11	2.94	2.98
2006	3.52	4.32	3.13	2.94	2.95
2007	3.58	4.43	3.20	2.96	2.94
2008	3.66	4.55	3.26	3.00	2.98
2009	3.61	4.49	3.23	2.96	2.91
2010	3.63	4.52	3.27	2.96	2.92
2011	3.62	4.51	3.27	2.94	2.92
2012	3.63	4.51	3.28	2.95	2.93
2013	3.67	4.54	3.34	3.01	2.98
2014	3.73	4.60	3.39	3.08	3.02
2015	3.64	4.49	3.30	2.97	2.96
2016	3.67	4.54	3.36	2.98	2.89
2017	3.71	4.61	3.39	3.02	2.91

资料来源：作者计算。

2. APEC 经济体的总体测算结果

如表 2 所示，APEC 经济体整体的包容性发展指数在 2000—2017 年间整体呈现上升趋势，从 2000 年的 3.56 提高至 2017 年的 4.08，这一数值远超上文所述中高收入国家的包容性发展指数（3.39），但距离高收入国家 2017 年的包容性发展指数（4.61）仍有差距。

表 2 APEC 成员经济体包容性发展指数及分项平均得分

年份	包容性发展指数	发展成果平等分享	发展过程平等参与	未来发展基础公平
2000	3.56	4.58	2.38	3.65
2001	3.63	4.61	2.52	3.68
2002	3.64	4.53	2.66	3.66
2003	3.73	4.62	2.89	3.60
2004	3.78	4.56	3.11	3.62
2005	3.66	4.57	2.96	3.58
2006	3.73	4.57	2.87	3.71
2007	3.81	4.64	3.14	3.64
2008	3.90	4.68	3.39	3.64
2009	3.86	4.64	3.47	3.44
2010	3.88	4.64	3.49	3.47
2011	3.87	4.64	3.54	3.41
2012	3.89	4.66	3.59	3.40
2013	3.92	4.72	3.62	3.41
2014	4.00	4.86	3.70	3.42
2015	3.91	4.87	3.81	3.07
2016	3.98	4.86	4.00	3.06
2017	4.08	4.90	4.20	3.10
备注比较（2017 年）				
全部样本国家	3.71	4.61	3.14	3.39
高收入国家	4.61	5.75	4.47	3.61
中高收入国家	3.39	4.50	2.69	2.98
中低收入国家	3.02	3.56	2.16	3.35
低收入国家	2.91	3.03	1.76	3.94

资料来源：作者计算。

从三个一级分项指标看，APEC 经济体在"发展成果平等分享"这一分项中得分最高，2017 年为 4.90 分。从全球整体看，这一数值仅低于"高收入国家"组别 2017 年的得分（5.75），显著高于全球所有国家的平均得分（4.61）和中高收入国家的平均得分（4.50）。

APEC 经济体"发展过程平等参与"分项的得分上升幅度最大，从 2000 年的 2.38 稳步提高至 2017 年的 4.20。虽然该数值仍略低于高收入国家的平均得分（4.47），但已远远超过中高收入国家的平均得分（2.69）以及全部样本国家的平均得分（3.14）。这一分项主要考量了金融可获得性、性别平等和信息技术普及三个方面的包容水平。回顾历史可知，APEC 在推广普惠金融服务、支持妇女发展、促进性别平等、推广数字基础设施和信息技术普及方面都曾做出重要部署或规划方案，并以项目为依托，为促进 APEC 经济体在公平参与发展过程方面做出了实质性的贡献。

APEC 经济体整体在"未来发展基础公平"分项得分最低，2000—2017 年间呈现得分先上升后下降的趋势，2006 年达到峰值 3.71 后下降。2017 年 APEC 成员经济体在这一分项的平均得分仅为 3.1。与前两个分项指标得分水平不同的是，APEC 成员经济体在这一分项下的得分低于世界全部样本国家的平均水平（3.39），与中高收入国家的平均得分（2.98）相近。这一分项主要考察了各经济体的教育普及程度、二氧化碳排放情况和清洁能源占比三个维度。从具体的二级指标看，APEC 经济体整体在教育普及方面得分普遍较高，但在减少碳排放和清洁能源占比方面得分较低。因此，推广清洁能源、促进经济绿色转型、应对气候变化将成为未来 APEC 实现区域内包容性发展的重要着力点之一。

3. APEC 主要经济体的测算结果

如表 3 所示，2000—2017 年，APEC 各主要经济体中包容性发展总体水平涨幅最大的前 5 位经济体为新加坡（+0.86）、中国（+0.85）、新西兰（+0.85）、澳大利亚（+0.84）和泰国（+0.81）。发达经济体的包容性水平亦稳步上升，如美国（+0.60）、日本（+0.57）与加拿大（+0.54）。只有菲律宾的包容性水平呈现不升反降的情况，从 2000 年的 3.12 下降至 2017 年的 3.01。由此可见，APEC 区域的各经济体在促进社会繁荣、推动包容发展的进程中普遍取得了显著的成果。

从分项指标来看，2000—2017 年，大多数 APEC 各成员经济体的"发展成果平等分享"指标得分有所提升，只有加拿大（-0.11）、美国（-0.07）、新西兰（-0.04）和菲律宾（-0.11）4 个国家小幅下降，在一定程度上反映了这些经济体所面临的收入分配不平等问题。APEC 各成员经济体的"发展过程平等参与"指标得分均有所上升，其中中国（+2.45）、澳大利亚（+2.87）、新西兰（+2.93）等 8 个成员经济体得分增幅超过 2 分，表明它们在促进经济参与机会公平化的过程中取得了显著成果。在"未来发展基础公平"方面，除了新加坡（+0.13）的得分实现了正增长，其他经济体的得分均有不同幅度的下降，这反映出多数 APEC 经济体在能源结构和碳排放等问题上面临挑战。

表 3　APEC 主要经济体的包容性发展指数及分项得分

经济体	年份	包容性发展指数	发展成果平等分享	发展过程平等参与	未来发展基础公平
中国	2000	2.94	3.17	2.69	2.96
	2017	3.79	4.15	5.14	2.09

经济体	年份	包容性发展指数	发展成果平等分享	发展过程平等参与	未来发展基础公平
美国	2000	4.36	5.96	3.67	3.45
	2017	4.96	5.89	5.94	3.04
加拿大	2000	4.55	6.11	3.62	3.91
	2017	5.09	6.00	6.29	2.97
日本	2000	4.28	6.10	3.15	3.58
	2017	4.85	6.29	5.30	2.98
韩国	2000	4.15	4.80	4.24	3.41
	2017	4.40	5.08	5.39	2.73
俄罗斯	2000	3.24	5.37	1.79	2.55
	2017	3.61	5.38	3.47	1.97
澳大利亚	2000	4.12	5.80	2.41	4.16
	2017	4.96	5.93	5.28	3.65
新西兰	2000	4.36	5.88	2.62	4.58
	2017	5.21	5.84	5.55	4.23
马来西亚	2000	3.34	4.61	2.18	3.21
	2017	3.59	4.78	3.33	2.67
印度尼西亚	2000	2.94	3.29	1.38	4.17
	2017	3.08	3.65	1.97	3.63
菲律宾	2000	3.12	3.82	1.51	4.02
	2017	3.01	3.71	2.04	3.29
新加坡	2000	3.55	4.70	2.57	3.38
	2017	4.41	5.15	4.58	3.51
泰国	2000	3.27	3.79	2.41	3.60
	2017	4.08	4.77	4.14	3.33
越南	2000	3.39	3.54	2.18	3.19
	2017	3.70	4.03	4.24	2.27
墨西哥	2000	2.71	3.68	0.98	3.46
	2017	3.20	4.33	2.29	2.99
智利	2000	3.23	4.02	1.53	4.15
	2017	3.94	4.48	3.75	3.58
秘鲁	2000	3.06	3.28	1.60	4.30
	2017	3.48	3.92	2.75	3.78

资料来源：作者计算。

注：中国香港、中国台北、文莱、巴布亚新几内亚 4 个经济体的数据空缺。

四、政策建议

APEC 作为亚太地区成员最多、级别最高、规模和影响力最大的区域经济合作组织，未来应在促进包容性发展的过程中发挥引领作用。为此，本文从发展成果平等分享、发展过程平等参与、未来发展基础公平三个视角为 APEC 未来的区域经济包容性发展提出如下建议：

第一，促进发展成果公平分享，进一步推动经济与社会政策结构改革，消除影响弱势群体公平参与经济发展的障碍。逆全球化思潮表明，尽管近几十年来全球经济取得了巨大的发展，但这种繁荣的成果并没有得到足够广泛的分享。贫困与非正式经济往往紧密相关，非正式经济部门的劳工和小微企业往往面临严峻的挑战，并且极易受到经济冲击的影响。日益恶化的收入不平等问题抑制了经济增长，损害了各经济体在市场开放与改革方面达成的共识。因此，今后应更加关注改善经济、金融和社会发展的包容性，帮助更多曾被忽视的群体全面参与到经济发展的过程中来。APEC 应继续通过最佳实践分享，帮助各经济体寻找最适合的用于实现特定目标的贸易与投资政策，特别是在经济发展中减少绝对贫困、改善机会的公平性、为女性赋能。此外，APEC 还应通过改善教育、增强技能培训和倡导终身学习理念等“投资于人”的政策，帮助人们更快地适应数字时代下的社会变化，从而提高社会整体的生产力。为此，APEC 应继续深入推进实施全面的结构改革，破除影响弱势群体公平享有经济发展成果的各种壁垒与瓶颈。

第二，保障经济增长过程的公平参与，以推广数字经济为着力点，提高区域内互联互通水平。数字经济和智能技术的应用能够提高中小企业与劳动者在国内商业活动和国际贸易中的参与度，是促进 APEC 区域内包容性发展的重要动力。但当前各经济体，特别是发展中经济体在数字经济发展方面还面临着许多问题。一是数字贸易的测量问题。准确的测量方法与定期的数据跟踪能够为政策制订与评估提供依据，因此，APEC 应进一步促进各经济体间的技术合作，构建数字贸易与经济的核算体系与方法，为后续的政策分析打下坚实基础。二是发展数字经济需要在数字基础设施、人才储备、教育培训、知识经验和关键技术等方面得到足够的支撑，一些发展中经济体在这些领域基础薄弱，因此，APEC 各成员经济体应加强数字基础设施建设合作，提高数字经济的包容性、普惠性与共享性，弥合数字鸿沟，避免数字难民，让各方基于数字经济模式更加公平、顺畅地参与经济发展进程。

第三，打造公平的未来发展基础，促进节能减排，将绿色发展理念融入 APEC 合作倡议。伴随经济全球化和贸易投资自由化的发展，环境污染与气候变化问题日益成为世界各国普遍关注的问题之一。繁荣的经济活动需要大量的原材料和能源投入，并会伴随着产生废料与污染等负面影响。对自然资源的过度汲取、废物的不断积累以及污染的持续聚集不断挑战着全球生态系统的承载能力，使得环境质量下降。良好的生态环境是最“公平”的公共产品，是最普惠的民生福祉，也是实现包容性发展中“未来发展基础”这一目标的先决条件。目前，APEC 各成员经济体在包容性发展评估指数中的短板主要集中于清洁能源占比较低和二氧化碳排放量过高两个方面。因此，APEC 未来应加大结构性改革力度，加速推进经济绿色复苏，提高发展的包容性，提升经济社会发展韧性，加快实现绿色发展。

参考文献

[1] World Bank. Doing Business 2020[R]. Washington, D.C, 2019.

[2] WTO. Overview of Developments in the International Trading Environment[R]. Annual Report by the Director General, 30 November 2020.

[3] 刘晨阳，曹以伦，景国文. APEC 机制互联互通合作进展评估及前景展望[J]. 亚太经济，2021（3）：10-16.

[4] 杨泽瑞. APEC 2020：新冠疫情下的合作[J]. 世界知识，2020（24）：62-63.

APEC 机制互联互通合作进展评估及前景展望

刘晨阳　景国文*

摘　要： APEC 机制互联互通对完善亚太地区的贸易投资环境、促进亚太区域经济一体化进程具有重要意义。2014 年制订的《APEC 互联互通蓝图（2015—2025）》自实施以来，在机制互联互通的主要领域均取得了不同程度的进展。随着 APEC "后 2020" 愿景的达成，亚太地区的机制互联互通合作将迎来新的机遇，但同时也面临着一系列政治经济因素和技术层面的挑战。展望未来，APEC 将通过加强顶层设计和推进亚太自贸区建设，为机制互联互通合作提供更加有力的制度保障。

关键词： APEC；机制互联互通；蓝图；评估

近年来，全方位互联互通在亚太经济合作组织（APEC）议题中的重要性不断提升，吸引了越来越多成员的关注和参与。2014 年 11 月，在北京举行的第二十二次 APEC 领导人非正式会议通过了《APEC 互联互通蓝图（2015—2025）》。该蓝图为完善亚太地区的硬件基础设施建设、加强机制协调和便利人员交往明确了合作目标和实施路径，具有里程碑式的意义。

在 APEC 全方位互联互通合作的整体框架中，机制互联互通的核心目标是加强各成员边界上、跨边界和边界后贸易投资管理措施和政策的协调，从而降低制度性交易成本，简化程序，提升市场运行和贸易投资活动的效率，为企业改善营商环境。与基础设施和人员互联互通相比，机制互联互通涉及领域更为广泛，一些"边界后"措施的实施复杂度和敏感度相对更高，各成员参与合作的利益诉求更加多元化。因此，APEC 机制互联互通合作的实施效果和前景如何，将对亚太区域经济一体化的广度和深度产生重要影响，值得高度关注。

---

*刘晨阳，南开大学 APEC 研究中心教授，博士生导师；景国文，南开大学经济学院博士研究生。

一、APEC 机制互联互通合作的意义和主要内容

APEC 涵盖的地域广阔，成员众多，而且各成员的经济发展和市场开放水平具有显著的差异性。机制互联互通合作有助于加强经济管理规制的区域协调，提升 APEC 各成员在市场规制上的一致性和融合程度，缩小区域内的发展差距，促进发达经济体与发展中经济体的利益共享和均衡发展。与此同时，推进该领域的合作将有助于不断完善亚太区域的价值链体系和营商环境，创造更多的贸易投资机遇，从而进一步强化亚太地区在世界经济格局中的竞争力。

事实上，自 APEC 于 1989 年成立以来，尤其是 1994 年设立旨在实现亚太贸易投资自由化的"茂物目标"之后，该组织框架下开展的多个领域的合作都对亚太机制互联互通起到了直接或间接的推动作用。例如，APEC 在 2001—2010 年分两个阶段实施了《APEC 贸易便利化行动计划》，并在 2009 年实施了《APEC 营商便利化行动计划》，取得了引人注目的成果，为降低亚太地区的平均交易成本、改善地区营商环境做出了积极的贡献。此外，APEC 多年以来在海关措施、电子商务、标准和一致化等领域的合作实践也为全面开展机制互联互通合作奠定了良好的基础。就此而言，《APEC 互联互通蓝图（2015—2025）》中关于机制联通合作的内容，如贸易便利化、结构改革、规制合作、供应链等，充分反映了 APEC 各成员当前和今后一段时期在该领域的关注重点和利益诉求。

在贸易便利化合作方面，APEC 长期致力于推进海关和边境管理机构的现代化，鼓励各成员到 2020 年全部建成"单一窗口"系统，并促进各成员系统之间的相互适用，为全面推行无纸化贸易创造基础条件。同时，APEC 还倡导各成员主管贸易、标准制订和市场监管的政府机构之间加强沟通和政策协调，不断完善贸易便利化合作的制度环境。

针对供应链合作，APEC 各成员的优先目标是加强物流环节的安全性和便捷性，为不同类型和规模的企业充分参与亚太区域的贸易活动提供便利和保障。从前景来看，深化供应链联通合作将是提升亚太区域经济一体化质量与实效的重要路径之一。有鉴于此，《APEC 互联互通蓝图（2015—2025）》鼓励各成员开展多种形式的能力建设，克服供应链体系中的阻塞点，系统性地提升亚太供应链的绩效。

在经济结构改革领域，APEC 鼓励各成员因地制宜开展能力建设，推动自身政策与现有国际条约的一致化，努力改善营商环境，培育透明、可靠、公平竞争和运作良好的亚太大市场。同时，APEC 倡导各成员通过参与区域合作、提高自身的竞争力和生产力水平，有效应对"中等收入陷阱"，实现经济的长期可持续增长。

在规制衔接领域，APEC 倡导各成员积极分享最佳实践和案例，广泛开展产业对话，不断深化规制合作。同时，APEC 鼓励各成员将互联网作为实施良好规制实践的有效工具，在开展内部工作协调、社会评估和公共咨询等方面加以广泛应用。

二、APEC 机制互联互通合作的主要进展评估

在 2014 年《APEC 互联互通蓝图（2015—2025）》出台之后，APEC 各成员对其产生足够重视，并分别采取了相应的实施措施。为了对互联互通蓝图的实施效果进行动态跟踪，APEC 秘书处设立了一套年度进展报告体系，并配合开展了问卷调查，由 APEC 下设的相关工作组和各成员分别提交年度总结、统计数据和具体实施案例。实践表明，在互联互通蓝图的引领下，APEC 框架下的机制互联互通合作在海关和边境管理措施、供应链联通、结构改革、贸易便利化、规制合作和监管一致性等重点领域均取得了不同程度的进展和成效。

（一）海关和边境管理措施

海关和边境管理措施领域的主要合作目标是通过简化手续和推广应用新科技，实现海关和边境管理机构的现代化，提高通关效率，最具代表性的措施包括海关单一窗口系统和"经认证经营者"（AEO）制度等。电子单一窗口系统的信息平台可以为贸易商提交各种单证或电子数据提供极大的便利，有效降低国际贸易行为的时间成本。根据联合国亚太经社会（UNESCAP）公布的数据，截至 2019 年底，共有 10 个 APEC 成员完全实现了海关电子单一窗口，与 2015 年相比增加了 3 个成员；另有 7 个 APEC 成员部分采用了海关电子单一窗口系统，与 2015 年相比增加了 2 个成员。[①]更为值得关注的是，越来越多的 APEC 成员的海关电子单一窗口系统实现了相互连接，从而为亚太地区的机制互联互通提供了良好范例。例如，秘鲁、智利和墨西哥在太平洋联盟（PA）框架下实现了海关电子单一窗口的统一操作；东盟建立了统一的单一窗口系统，其中包括 7 个 APEC 成员；中国与韩国和新加坡，以及韩国与印度尼西亚等 APEC 成员在双边自由贸易区框架下实施了海关单一窗口系统的对接。AEO 制度对于提升贸易便利化水平同样具有积极的促进作用。获得 AEO 认证的企业可以享受降低进出口查验率、检疫抽批率和原产地核查率，以及免缴保证金等多种优惠待遇。截至 2019 年，共有 20 个 APEC 成员实施了 AEO 制度。自《APEC 互联互通蓝图（2015—2025）》实施以来，亚太地区获得 AEO 认证的企业数量不断增长，2018—2019 年增长了 4.5%[②]，中小企业在其中占有较高比例。

同时，现代信息通信技术的不断发展和应用使 APEC 各成员的海关和边境管理措施实现了越来越多的自动化服务，如自动清关、风险管理，以及海关查验和放行等，从而带动了亚太地区海关便利化水平的显著提升。根据世界银行的统计，2015—2017 年间，亚太地区有实物检查手续和没有实物检查手续的货物清关平均时间分别从 2.8 天和 1.6 天降至

---

① UNESCAP. UN Global Survey on Trade Facilitation and Paperless Trade Implementation[R]. 2020.
② APEC Policy Support Unit. APEC Connectivity Blueprint: The 2020 Mid-Term Review [R]. 2020.

2.6 天和 1.3 天。①

（二）供应链联通

供应链联通是 APEC 开展机制互联互通合作的又一传统领域。早在 2009 年，APEC 就讨论并制订了《供应链互联互通框架行动计划》，明确指出了 APEC 供应链体系中存在的主要问题和障碍（见表 1），并提出了有针对性的改进措施。2010 年和 2017 年，APEC 贸易投资委员会分别通过了两个阶段的 APEC《供应链互联互通框架行动计划》（SCFAP），为消除亚太区域内货物与服务的流通障碍，从时间、成本和不确定性等方面改善供应链的绩效，并制订了更为全面、具体的行动指南。

表 1　APEC 供应链互联互通存在的主要阻塞点

阻 塞 点	主 要 问 题
透明度	物流监管法规缺乏透明度，政府机构间对影响物流政策的沟通和协调不足
基础设施	交通基础设施效率低下或数量不足，缺少公路、桥梁等跨境实体连接
物流能力	本地或地区的物流次级供应商能力不足
通关	货物通关缺乏效率，边界机构缺乏协调
文件	通关文件及其他程序烦琐复杂
运输链接	多式联运能力发展不足，空运、陆运及多式联运链接缺乏效率
法规与标准	有关货物、服务及商务旅行者跨境流动的相关标准及法规存在差异
过境安排	缺乏地区性跨境通关安排

资料来源：根据 APEC《供应链互联互通框架行动计划》整理。

2020 年 11 月，APEC 秘书处下设的研究机构利用世界银行物流绩效指数（Logistics Performance Index，LPI）数据库，以及世界银行和国际金融公司发布的《2020 年营商环境报告》（*Doing Business 2020*）中的相关指标，对 APEC 供应链互联互通的总体状况及主要阻塞点的改进情况进行了量化评估。LPI 数据显示，2015—2017 年 APEC 地区的出口前置时间由平均 2.4 天降至 2.3 天，低于经济合作与发展组织（OECD）国家的 2.4 天；进口前置时间由平均 3.5 天降至 3.4 天，明显高于 OECD 国家的 2.7 天，仍有较大的改进空间。《2020 年营商环境报告》中的相关指标也可以客观反映在亚太地区从事贸易活动所需时间和成本的变化上，从而体现供应链绩效的总体改善情况。2015 年，贸易商在 APEC 地区完成进口单证和边境合规程序所需的平均时间为 89 小时，出口所需的平均时间为 69 小时。2019 年，上述两个数据分别下降为 75 小时和 59 小时。从平均交易成本的变化来看，2015—2019 年 APEC 区域内的平均进口成本由 499 美元降至 476 美元，平均出口成本由 442 美元降至 422 美元。

---

① World Bank. Logistics Performance Index Dataset. https://lpi.worldbank.org/.

（三）结构改革

作为 APEC 近年来持续推进的重点合作领域之一，结构改革与机制互联互通有着密切的内在联系，其目标是促进亚太市场的透明度、安全性、竞争性和良好运行。营商环境指数通常被用来衡量一个地区或经济体的市场监管绩效水平。根据世界银行《2020 年营商环境报告》公布的数据，APEC 地区的营商环境指数由 2015 年的 73.2 分上升至 2019 年的 76.6 分，增幅约为 4.64%。同期，OECD 国家的营商环境指数由 2015 年的 77.2 分上升至 78.1 分，增幅约为 1.17%。但是，在政府效率、抑制腐败等指标方面，APEC 地区的改进速度和整体水平与 OECD 国家有较大差距。上述数据的对比说明，APEC 近年来推进机制互联互通合作对改善亚太地区的整体营商环境起到了积极的促进作用，但与传统发达地区相比仍有进一步提升的空间。

近年来，积极推广安全可靠的信息通信技术和完善电子商务环境也被视为结构改革新的热点领域。世界银行公布的数据显示，2014—2017 年间，APEC 地区实际操作或接受数字支付的人口（15 岁以上）由 11 亿人增加到 15 亿人，人口所占比例由 50.7% 提高到 65.9%。此外，为支持数字支付和电子商务，APEC 成员的安全服务器数量（每 100 万人）呈指数级增长，从 2014 年的 754 台增至 2019 年的 17 000 台以上，占全球的 65% 以上。[1]使用数字支付人数的增加不仅表明亚太地区金融包容性的提高以及电子商务的迅速普及，同时也可以直接或间接带来以下多方面的积极作用：提高支付速度，降低支付和接收成本，从而提升效率；加强支付安全性，减少相关犯罪；提高透明度，减少腐败；提高居民的储蓄率。

（四）贸易便利化

在 APEC 茂物目标框架下，贸易便利化是支柱合作领域之一，涉及的内容相当广泛，除了降低关税以外，一切以减少跨境交易障碍为目标的措施均被视为贸易便利化合作的范畴。贸易便利化所产生的福利效应惠及了 APEC 区域的广大企业，使其从事进出口贸易的效率得到了有效提升。例如，2009—2018 年间，APEC 地区的初创企业办理登记审核手续的平均时间由 28.5 天减少到 10.8 天，开办企业的平均成本下降了约 2.7%。[2]与此同时，贸易便利化合作也使亚太地区广大消费者的福利水平得到了很大改进，为亚太地区经济的增长注入了市场活力。

在《APEC 互联互通蓝图（2015—2025）》框架下，标准和一致化成为 APEC 推进贸易便利化合作的重点领域。截至 2019 年，APEC 所有成员均加入了一个或多个国际认可组织，如亚太认可合作机构、国际认可论坛、国际计量局等（见表 2）。加强 APEC 各成员的技术标准与国际标准的接轨不仅可以促进技术合作、证明产品和服务的质量，同时有助于降低

---

① World Bank. The Global Findex Database 2017[R]. https://globalfindex.worldbank.org/.

② APEC. Trade Facilitation in APEC: Progress and Impact [EB/OL]. APEC Secretariat, https://www.apec.org/Publications/2019/01/Trade-Facilitation-in-APEC--Progress-and-Impact, 2019.

市场和交易成本、鼓励创新和产品改进。

表 2   APEC 成员参与国际认证认可组织的情况统计

成员/组织	APAC-MRA	IAF-MLA	ILAC	IAAC-MLA	BIPM-MRA	OIML	EEMRA	APMP
澳大利亚	√	√	√		√	√	√	√
文莱							√	√
加拿大	√	√	√	√	√	√		
智利		√	√	√	√			
中国	√	√	√		√		√	√
中国香港	√	√	√		√			
印度尼西亚	√	√	√		√	√	√	√
日本	√	√	√		√	√	√	√
韩国	√	√	√		√		√	√
马来西亚	√	√	√		√		√	√
墨西哥	√	√	√	√	√			
新西兰	√	√	√		√		√	√
巴布亚新几内亚		√					√	√
秘鲁		√	√	√	√			
菲律宾	√		√					√
俄罗斯	√		√		√	√	√	√
新加坡	√	√	√		√		√	√
中国台北	√	√	√		√		√	√
泰国	√	√	√		√	√	√	√
美国	√	√	√		√	√		
越南	√	√	√		√	√	√	√
APEC	17	18	20	5	19	10	18	16

资料来源:《APEC 互联互通蓝图:2020 中期评估报告》,2019 年 11 月。

注:APAC-MRA 为亚太认可合作机构-相互认可协议;IAF-MLA 为国际认可论坛-多边互认协议;ILAC 为国际实验室认可合作组织;IAAC- MLA 为泛美认可合作组织-多边互认协议;BIPM- MRA 为国际计量局-相互认可协议;OIML 为国际法制计量组织;EEMRA 为电子电器产品互认协议;APMP 为亚太计量合作组织。

(五) 规制合作和监管一致性

规制合作和监管一致性是机制互联互通框架下协调难度相对较高的领域,该领域的合作目标是通过推广良好法规监管规范(Good Regulatory Practices, GRPs),使政府部门能够在政策法规的制订和实施过程中发挥高效的协调作用,提高监管透明度。世界银行发布的全球治理指数(Worldwide Governance Indicators, WGI)是在衡量一国政府公共治理成效方面比较有影响力的指标体系,主要指标包括政府效率、监管质量、法治水平、抑制腐败等。2010—2018 年,APEC 成员的 WGI 总体平均得分由 0.71 分上升到 0.82 分。此外,各国对外国直接投资（FDI）的开放度也是评估其市场监管水平的重要指标。根据 OECD 公布的数据，2010—2018 年，APEC 地区的外资限制指数（FDI Regulatory Restrictiveness Index）由 0.21 下降到 0.18。①尤其是自 2014 年以来，该指数的下降速度明显加快，表明 APEC 近年来加强规制合作对提升外资市场准入水平和透明度起到了积极的促进作用。

三、"后 2020"时代 APEC 机制互联互通合作的机遇和挑战

随着 2020 年"茂物目标"时间表的到期，APEC 框架下的亚太区域合作进程进入了"后 2020"时代。与此同时，新冠肺炎疫情的蔓延给亚太地区经济带来了巨大的冲击，地缘政治博弈的加剧也使亚太区域合作的地区环境日趋复杂。如何有效克服现实困难和规避亚太合作碎片化的风险，本着继往开来的精神，全面提升亚太区域合作的质量和实效性，使亚太经济尽快走上健康复苏之路，实现均衡、包容和可持续增长目标，成为 APEC 成员共同面对的重大现实问题。基于这一背景，深入推进 APEC 机制互联互通合作，不仅有利于为亚太经济的复苏和增长打造更加良好的制度软环境，也有助于各成员弥合分歧，在求同存异的基础上实现互利共赢，从而体现出更加重要的现实意义和更为突出的迫切性。

（一）APEC"后 2020"愿景给机制互联互通合作带来的机遇

2020 年 11 月，由马来西亚主办的 APEC 第 27 次领导人非正式会议发布了《2040 年亚太经合组织布特拉加亚愿景》，该愿景承接"茂物目标"，为未来 20 年的 APEC 合作确立了总体导向和主体框架，也为亚太区域经济合作进程注入了新活力和新动能。同时，该愿景体现出 APEC 与时俱进的决心和能力，有助于增强各成员同舟共济、共享繁荣的信心和凝聚力。

在 APEC 制订的"后 2020"愿景中，多方面的内容和机制互联互通有着密切的内在联系。首先，面对逆全球化和贸易保护主义的抬头，绝大多数成员希望 APEC 能够继续高举贸易投资自由化的旗帜，为打造开放型世界经济发挥表率作用。因此，"后 2020"愿景从大局和 APEC 各成员的共同利益出发，明确提出将致力于在亚太地区打造自由、开放、公平、非歧视、透明和可预测的贸易投资环境，这与机制互联互通合作的核心目标具有高度的一致性。

其次，随着近年来全球价值链的深度发展，各国在价值链分工中的相互依赖程度不断加强，"利益共享、风险共担"的特征也加剧了国际贸易与经济的波动。APEC 地区集中了除欧盟之外最主要的制造业和贸易大国，是全球价值链分布最为密集的地区。因此，APEC "后 2020"愿景提出，为了确保亚太地区继续成为全球最具活力的区域经济，将推进区域无缝互联互通、增强价值链和供应链的韧性。这充分说明，在"后 2020"时代全面系统加

---

① OECD. OECD Stat Online Database. https://stats.oecd.org/Index.aspx?DatasetCode=FDI.

强机制互联互通合作是 APEC 深化亚太区域经济一体化的必然选择和有效路径之一，有利于维护亚太经济的开放格局和全球价值链体系的稳定。

最后，在"后 2020"时代，APEC 成员的多样性和经济发展水平的差异性仍将长期存在。有鉴于此，APEC 在新愿景中强调，将更加注重经济增长与包容和可持续增长目标之间的协调与并重，鼓励各成员加强政策沟通、深化结构改革，促进高质量增长，努力提升不同群体，尤其是中小企业、妇女、残疾人和贫困人口等弱势群体在社会和经济活动中的参与度，更好地分享区域经济合作的成果。由此可见，在"后 2020"时代，亚太机制互联互通的内涵将进一步拓展和深化，并孕育出更多的合作机遇。

（二）APEC 深化机制互联互通合作面临的挑战

从长期来看，APEC 机制互联互通具有广阔的合作空间。但是，当前和今后一段时期，亚太地区政治经济环境的变化将给 APEC 成员深化机制互联互通合作带来一系列不确定性因素和挑战。同时，由于机制互联互通自身的复杂性和敏感性，一些技术性难题也将长期存在。

近年来，随着亚太地区在全球政治经济格局中的地位不断上升，各国在该地区的战略投入不断增加，大国博弈加剧，地缘政治因素对亚太区域合作进程的扰动愈演愈烈。在这一趋势影响下，一些中小经济体不得不对其既定的区域合作策略做出改变或调整，甚至将谋求政治收益的目标置于获取经贸利益之上，从而对亚太区域经济一体化的总体进程构成了一定程度的离心力。如果这一趋势得不到有效抑制和扭转，无疑将极大地侵蚀亚太机制互联互通合作的土壤，加大实施相关合作规划的难度。同时，在"后 2020"时代，如何在保持 APEC 性质不变的前提下提升亚太机制互联互通合作的水平和效率也是一个重要的现实问题。作为一种具有创新性的运行模式，"APEC 方式"所倡导的自主自愿、协商一致和灵活渐进等核心原则较好地顺应了亚太区域经济合作的现实条件，为 APEC 各成员平等参与合作营造出了必要的制度空间和舒适度。但是，从发展的角度看，如何有效处理"APEC 方式"与集体行动的长期效率和公平约束目标之间的关系，是 APEC 在深化机制互联互通合作进程中难以回避的问题。在"后 2020"时代，继续坚持 APEC 合作的灵活性、包容性和渐进性是绝大多数 APEC 成员的基本共识。从内在逻辑关系来分析，灵活性和渐进性主要是指其倡导亚太区域经济合作模式和实施路径的多样化，以及允许各成员根据自身能力选择实施进度，但同时也要防止少数成员因标准过低的单边行动引发的"木桶效应"，从而延迟或阻碍 APEC 机制互联互通合作总体水平的提升。包容性则重点突出合作领域的全面性和参与主体的广泛性，核心目标是促进 APEC 机制互联互通合作的共建、共治和共享，并不断扩大合作成果的经济效应和社会效应。

此外，从技术层面而言，如何对 APEC 机制互联互通的成效进行更为客观、全面的量化评估，以准确反映相关倡议和行动计划实施的总体进展和各成员之间的差异情况，是深入推进 APEC 机制互联互通合作所面临的另一个挑战。目前，虽然《APEC 互联互通蓝图（2015—2025）》明确了机制互联互通的几个优先领域，APEC 针对蓝图实施情况所做的评估也采用了一些量化指标，但评估体系仍不够系统，APEC 官方和学术界尚未对某些指标的合理性和代表性达成一致。在缺乏完整有效并兼顾各成员关注重点的量化评估体系的情况下，APEC 机制互联互通合作的实施效率将受到影响，无法根据最新的进展情况为该领域的合作提供更为清晰合理的政策导向，从而弱化了一些成员参与合作的积极性。

四、APEC 机制互联互通合作的未来发展方向

APEC 作为亚太地区成员最多、级别最高、规模和影响力最大的区域经济合作组织，将长期在全方位互联互通合作方面发挥引领和示范作用。中短期内，APEC 应参考《APEC 互联互通蓝图（2015—2025）》的实施情况，及时总结成功经验和不足，取长补短，采取更加切实有效的措施，力争推动该蓝图的实施工作取得更多的实质性成果。

一方面，需要指出的是，新冠肺炎疫情的蔓延对亚太地区的贸易投资环境和供应链体系造成了较为严重的冲击，使各成员在产业链短板方面的问题暴露，并将引发地区价值链的重构。在互联互通合作领域，人员流通和基础设施联通也因疫情的影响而受到较大程度的限制，由此使得 APEC 机制互联互通的重要性相对提升，也对该领域的合作提出了新的要求。面对疫情的压力和挑战，APEC 各成员不应片面强调高标准的规则协调，而应该开展以人为本的制度联通合作，力争使相关措施尽快产生成效，以缓解疫情的不利影响，帮助受冲击严重的部门、企业和弱势群体解决现实困难。具体而言，APEC 各成员应重点在海关程序、认证认可、检验检疫和供应链连接等方面加强机制联通与协调，为抗击疫情所需的医疗用品和药品的贸易和运输提供便利，并切实加强粮食和食品安全。

另一方面，APEC 各成员应努力寻找数字经济和机制互联互通合作的结合点，使二者起到相辅相成、相互促进的作用。APEC 自成立以来，在新经济、电子商务、无纸贸易、互联网经济等议题下取得了丰富成果，是开展区域数字经济合作的开拓者和引领者。当前，数字经济不仅是新一轮产业革命的核心，也将日益成为经济发展的主要驱动力，在创新增长模式、促进包容和可持续增长方面发挥着越来越重要的作用，在亚太区域合作中的支柱地位不断得到加强。同时，数字经济具有非常突出的跨领域特征，可以在加快海关通关速度、提升供应链效率、促进贸易投资便利化等机制互联互通领域发挥多元化的作用。

目前，亚太地区已经在区域、次区域和双边层次形成了多元化的机制互联互通框架，但框架之间互通性不足，导致无法创造更多的经济利益和社会福利。为了解决这一问题，APEC 可以发挥更加积极的协调作用，鼓励各成员和利益攸关方通过政策经验交流、能力建设、最佳范例推广等方式，深化机制互联互通合作，并与硬件互通和人员互通建立起有效的横向联络机制，推动相关项目的对接。同时，APEC 还可以考虑针对互联互通合作议题定期举办专业部长会议、高级别政策对话或工商峰会，并加强与 20 国集团、金砖国家组

织、东盟等其他区域或国际组织在该领域的协调与合作，吸引亚洲基础设施开发银行、亚洲开发银行、世界银行等国际金融机构的积极参与。

在此基础上，APEC 应进一步强化互联互通整体合作框架的顶层设计，在《APEC 互联互通蓝图（2015—2025）》到期后制订新的后续合作规划，力争将互联互通打造成为亚太区域合作进程的长期优先领域。需要指出的是，APEC 的"后 2020"愿景设立了到 2040 年建成开放、活力、强劲、和平的亚太共同体的目标，实现这一极具雄心水平的目标离不开各成员之间高水平的政策沟通和机制协调，这将为深化 APEC 机制互联互通合作提供内在驱动力。

从长期来看，正在推进过程中的亚太自由贸易区（FTAAP）如能早日建成，将为亚太机制互联互通提供最有效的制度保障。APEC 早在 2006 年就初步明确了推进建立 FTAAP 的远景目标，2014 年北京 APEC 会议通过的《APEC 推动实现亚太自贸区北京路线图》在 FTAAP 未来发展的一系列重大问题上进一步凝聚了各成员的共识，并将跨太平洋伙伴关系协定（TPP）／全面与进步跨太平洋伙伴关系协定（CPTPP）、区域全面经济伙伴关系协定（RCEP）视为通向 FTAAP 的可选路径。CPTPP 于 2018 年底生效，RCEP 于 2020 年 11 月 15 日正式签署并于 2022 年 1 月 1 日正式生效，APEC 未来将发挥更加积极的协调作用，使二者实现良性互动或融合对接，促进 FTAAP 目标的早日实现。涵盖整个亚太地区的 FTAAP 的建成将有利于深化全球价值链合作，整合现有贸易投资规则，构建开放融合的亚太大市场，从而为开展高水平的亚太机制互联互通合作提供坚实的制度基础和良好的地区环境。

还需重点强调的是，深化亚太机制互联互通合作对我国实施双循环新发展格局的战略也具有重要意义。当前，以双循环新发展格局的顶层设计为指引，我国在国际层面坚持倡导维护全球价值链体系的稳定，积极参与高水平的区域经济一体化合作，在国内层面的重点是进一步夯实经济高质量增长的基础，促进高水平和更加主动的开放及制度创新。因此，积极推进 APEC 框架下的亚太机制互联互通合作不仅有利于进一步完善我国的国际和地区贸易投资环境，同时可以助推国内的规制改革和市场化建设，为我国强化在亚太区域合作乃至全球经济治理中的地位和引导能力提供良好契机。

参考文献

[1] APEC.APEC Regional Trends Analysis-APEC at 30: A Region in Constant Change [EB/OL]. APEC Secretariat, https://www.apec.org/Publications/2019/05/APEC-Regional-Trends-Analysis-APEC-at-30, 2019-05.

[2] World Bank. Global Connectivity Outlook to 2030[R]. Washington, D.C, 2019-05.

[3] World Bank. Doing Business 2020[R]. Washington, D.C, 2019-10.

[4]　World Bank. World Bank East Asia and Pacific Economic Update, April 2020: East Asia and Pacific in the Time of COVID-19[R]. Washington, D.C, 2020-04.

[5]　于晓燕. 从供应链合作到全方位互联互通：APEC 领导人北京会议互联互通合作成果评价[J]. 南开学报（哲学社会科学版），2015（2）：40-47.

[6]　刘晨阳，曹以伦. APEC 三十年与我国参与亚太区域经济合作的战略新思考[J]. 东北亚论坛，2020（2）：3-18.

APEC 能源可持续发展合作的进展和前景分析

朱　丽　王薇琳*

摘　要： 能源是国民经济的命脉，是人类生存和发展的物质基础。亚太地区是拉动世界经济的火车头，其作为能源需求中心的地位日益显现。APEC 能源合作是 APEC 框架下非常重要的议题，基于自愿和协商一致的原则，成立了 APEC 能源工作组。自 1990 年 APEC 能源工作组成立以来，提出了多个能源倡议，围绕能源需求与供应展望、能源效率、能源基础设施建设、能源市场改革、新能源与可再生能源、能源可持续发展、能源安全、能源可及等领域推进了 APEC 各成员的交流与合作。中国自 1991 年加入 APEC 能源工作组，积极响应并努力落实 APEC 领导人会议文件中的能源倡议和工作内容，为 APEC 框架内多边能源合作的推进做出了积极有效的贡献。

关键词： APEC；能源合作；可持续发展

能源作为经济发展的动力支撑，是 APEC 框架下的重要合作领域之一。APEC 地区能源需求约占世界的 60%，APEC 21 个经济体中包括世界五大能源用户中的 4 个——中国、美国、俄罗斯和日本。同时，APEC 的 21 个经济体资源能源禀赋以及经济发展水平差异较大，这也为在 APEC 地区开展各领域合作提供了可能性和广泛空间。

成立于 1990 年的 APEC 能源工作组作为 APEC 框架下自愿成立的区域性工作组，是一个促进能源贸易和投资的论坛。它是 APEC 能源合作计划的具体执行机构，主要负责能源方面的合作，制订 APEC 能源合作计划，探讨能源合作问题，是经济体通过促进能源贸易和投资，以及加强该地区能源安全，以推动该地区经济增长、社会福祉和可持续性的工作组。

---

*朱丽，天津大学 APEC 可持续能源中心教授、博士生导师；王薇琳，天津大学 APEC 可持续能源中心国际事务秘书。

一、APEC 地区能源合作发展概况及主要实践

（一）APEC 地区能源发展基本情况

APEC 地区是全球经济发展最具活力和潜力的地区，拥有世界 40% 的人口（29 亿人）、60% 的经济总量和 47% 的贸易量，是全球增长的主要动力和引擎。相比非 APEC 成员 2.3% 的年均 GDP 增长，APEC 经济体的年均增长率为 3.3%。APEC 地区也是全球可再生能源发展的最重要区域之一，该地区包括世界 5 个主要能源市场中的 4 个——中国、美国、俄罗斯和日本，地区一次能源供应、终端能源消费和发电量分别约占世界的 57%、50% 和 63%，地区可再生能源装机和发电量分别约占全球的 57% 和 58%。近 10 年全球和 APEC 地区在可再生能源电力发展方面取得长足进步，2010—2019 年全球可再生能源装机由 1226.9GW 增长到 2536.9GW，增加了 2.1 倍，而同期 APEC 地区的装机由 610.5GW 增长到 1444.3GW，增长了 2.4 倍，增速高于全球。2010—2019 年可再生能源累计投资排名前 20 的经济体中有 8 个来自 APEC 地区。APEC 地区已成为推动全球清洁能源发展和能源转型的最重要力量。

可再生能源发展一直是 APEC 地区能源工作的重要议题之一。2014 年 APEC 领导人宣言提出"到 2030 年 APEC 地区可再生能源及其发电量在地区能源结构中的比重比 2010 年翻一番"的可再生能源发展目标。截至 2018 年，APEC 地区可再生能源在一次能源和终端能源中的占比分别达到目标的 42% 和 44%。

APEC 21 个经济体成员分布于亚洲及太平洋沿岸的广阔区域，各成员经济体资源能源禀赋以及经济发展水平各异，为 APEC 能源合作的开展提供了可能性和广泛的空间。

（二）APEC 能源合作进程

APEC 经济体开展能源合作的诉求在 APEC 成立之初就有所体现，1989 年召开的 APEC 第一次部长会议认为，应就基本的能源供需前景、能源政策、优先发展领域、能源使用对环境的影响等情况加强地区交流。随着 APEC 框架内多边合作领域的扩展及合作程度的深化，APEC 能源合作不断推进，能源合作机制逐渐完善，合作实践日益多样化。APEC 能源合作的进程可分为 3 个阶段，即能源合作的缘起（1989—1995 年）、能源合作的机制化（1996—2006 年）、能源合作的深化（2007 年至今）。

1. 能源合作的缘起

APEC 领域内，首次提及能源合作可以追溯到 1989 年召开的 APEC 第一次部长会议，会上将能源、环境等问题确定为合作领域。随后，1990 年召开的第二次部长会议确定了地区能源合作的宗旨，即为亚太地区高级决策者交流各类能源发展问题提供方法和平台。之后，围绕这一目的形成了 6 个具体的议题：能源趋势的信息交流、供需展望、能源节约和效率、研究和发展、环境因素及能源技术转让。据此，APEC 能源工作组开展了搜集各经济体能源供需数据、建立地区能源数据库等基础性工作。

1993—1995 年的 APEC 部长会议上分别讨论了能源合理利用的重要性、调整区域能源供需结构的前景及通过多种途径促进能源部门投资事宜等。APEC 能源工作组配合相关倡议，通过了许多原则性的纲领。这一阶段 APEC 能源合作的主要特征是部长会议负责确定能源合作的方向，指导 APEC 能源工作组的工作；APEC 能源工作组则沿着部长会议确立的方向，尝试开展了一系列基础性工作。

2. 能源合作的机制化

1996 年 8 月，在澳大利亚悉尼成功召开了 APEC 第一届能源部长会议，标志着 APEC 能源合作迈入机制化阶段。会议通过的能源部长宣言《能源：我们的地区、我们的未来》，对 APEC 能源领域的工作进行全面、专业的指导，并促使各成员重视本地区经济社会发展过程中凸显的能源问题。

此外，专家组、任务组及亚太能源研究中心相继设立，作为 APEC 能源工作组下设机构共同执行 APEC 部长会议确立的能源合作目标，至此 APEC 能源合作拥有较为完善的操作机制，APEC 能源合作进入机制化发展阶段。

3. 能源合作的深化

在能源合作的深化阶段，面对日益增长的能源需求以及日益严重的能源环境问题，能源安全、气候变化、能源弹性等逐渐成为国际社会的热点议题，APEC 领导人非正式会议等机制对此给予了更多关注。

2014 年，APEC 提出"到 2030 年 APEC 地区可再生能源及其发电量在地区能源结构中的比重比 2010 年翻一番"的目标，推动亚太可再生能源行业健康、可持续发展，确保能源安全、经济增长、消除贫困及有效应对气候变化。同时，成立亚太经合组织可持续能源中心，进一步推动 APEC 地区能源可持续发展。

2015 年，APEC 提出了设立能源弹性任务组、提高亚太地区电力基础设施质量，以及建立 APEC 可持续能源中心的倡议。2017 年，APEC 强调了能源安全对支持亚太地区经济可持续增长的重要性，承诺加强可负担、可持续、可靠和清洁能源的获取途径。

APEC 能源工作组通过制订战略计划、开展项目研究、进行能力建设落实 APEC 领导人和部长的指示。目前，APEC 能源合作已得到各经济体的充分重视，形成了从领导人会议到 APEC 能源工作组，贯穿 APEC 各层级的完整运行机制。

（三）机制与机构

APEC 是亚太地区最具影响力的经济合作论坛，拥有一套完善的运作机制，自上而下共包括领导人非正式会议、部长级会议、高官会、委员会和工作组、秘书处 5 个层次的运作机制。为积极响应和有效落实 APEC 领导人会议、部长会议和高官会议的文件精神和工作指示，在委员会下设立工作组成为落实各领域具体合作内容的工作机制。迄今，APEC 已设立包括能源工作组在内的 15 个工作机制①。

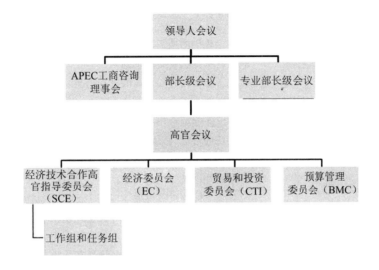

图 1　APEC 框架下的各合作层

　　成立于 1990 年的 APEC 能源工作组是 APEC 框架下的工作组之一，负责制订 APEC 能源合作计划，探讨能源合作问题，是经济体通过促进能源贸易和投资，以及加强该地区能源安全，以推动该地区经济增长、社会福祉和可持续性的论坛。

　　APEC 能源工作组的相关活动与《首尔宣言》《茂物宣言》《大阪行动议程》《马尼拉行动计划》、APEC 领导人宣言、APEC 部长宣言和 APEC 高官指示等内容相一致，活动的开展基于互信平等、互利互助、建设性合作伙伴关系以及协商一致的原则。②

　　根据 2017 年最新修订的章程文件（Terms of Reference，ToR），APEC 能源工作组由来自 21 个 APEC 经济体能源领域的政府官员和专家组成，设有 1 名主席和 1 名副主席，职位每两年开放一次，从经济体中选举产生。APEC 能源工作组每年定期召开两次工作组会，由工作组主席主持，并在东道主经济体协助下进行，同时，工作组秘书处会与 APEC 秘书处合作，共同负责为经济体及负责召开工作组会的东道主提供行政、日常和后勤资讯帮助。

　　原则上每两年召开一次的 APEC 能源部长会议指导、监督 APEC 能源工作组工作，负责落实领导人非正式会议及部长级会议设立的目标（见表 1）。它是 APEC 能源合作的核心机制之一，在 APEC 能源合作中扮演着关键角色。从 1996 年在悉尼召开第一届会议至今，APEC 能源部长会议已举办 12 届，"能源安全"和"可持续发展"一直是会议的主题。

---

① APEC 官方网站. https://www.apec.org/Groups/SOM-Steering-Committee-on-Economic-and-Technical-Cooperation.

② APEC 能源工作组官方网站. https://www.ewg.apec.org/index.html.

表 1　历届 APEC 能源部长会议

时间	地点	会议主题
1996	澳大利亚悉尼	能源：我们的地区、我们的未来
1997	加拿大埃德蒙顿	能源：可持续发展的基础
1998	日本冲绳	能源：经济恢复和发展的推动力
2000	美国圣迭戈	将憧憬变为现实
2002	墨西哥墨西哥城	促进地区能源合作： 确立长远目标、采取短期行动
2004	菲律宾马尼拉	APEC 能源安全：为可持续的未来而合作
2005	韩国庆州	确保 APEC 未来能源安全： 应对当下能源供需挑战
2007	澳大利亚达尔文	通过能源效率、保护和多样性实现能源安全和可持续发展
2010	日本福井	通往能源安全的低碳之路：以能源合作促进 APEC 可持续发展
2012	俄罗斯圣彼得堡	亚太地区的能源安全：新的挑战和战略决策
2014	中国北京	携手通向未来的亚太可持续能源发展之路
2015	菲律宾宿务	共建能源弹性的 APEC

资料来源：根据 APEC 能源工作组网站公布的信息整理. https://www.apec.org/Groups/SOM-Steering-Committee-on-Economic-and-Technical-Cooperation/Working-Groups/Energy。

APEC 能源工作组是 APEC 能源合作的具体执行机构，拥有完善的组织架构，包括 4 个专家组、两个任务组和两个实体研究中心（见图 2）。4 个专家组分别为能源数据分析专家组（Expert Group on Energy Data & Analysis，EGEDA）、新能源和可再生能源专家组（Expert Group on New & Renewable Energy Technologies，EGNRET）、清洁化石能源专家组（Expert Group on Clean Fossil Energy，EGCFE）以及能效和节能专家组（Expert Group on Energy Efficiency & Conservation，EGEE&C）。两个任务组分别为低碳示范城镇任务组（Low Carbon Model Town Task Force，LCMT-TF）和能源弹性任务组（Energy Resilience Task Force，ER-TF）。两个实体研究中心分别为亚太能源研究中心（Asia Pacific Energy Research Center，APERC）和 APEC 可持续能源中心（APEC Sustainable Energy Center，APSEC）。

能源数据分析专家组成立于 1991 年 3 月在印度尼西亚雅加达召开的第 2 届 APEC 能源工作组会议期间，由来自 21 个 APEC 经济体的代表组成，负责管理和审查 APEC 能源数据的运作情况。能源数据收集对于加强 APEC 地区能源安全和环境可持续发展尤为重要。第 2 届 APEC 能源工作组会议同意将日本能源经济研究所设立为中央数据收集点。目前，该专家组秘书处设在亚太能源研究中心[①]。

---

① 能源数据分析专家组官方网站. https://www.egeda.ewg.apec.org/.

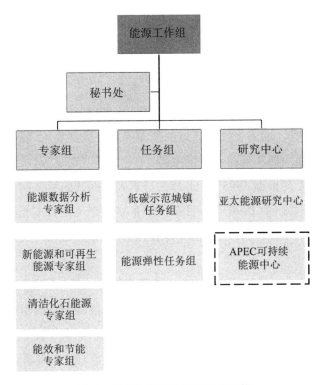

图 2　APEC 能源工作组组织架构

新能源和可再生能源专家组的成立是为了促进 APEC 地区新能源和可再生能源技术的使用，针对应对 APEC 领导人和能源部长确定的能源挑战制订相关活动，同时制订和实施有助于 APEC 能源工作组目标和战略举措的项目。目前，该专家组主席由中国台北工业技术研究所博士李宏台担任。①

清洁化石能源专家组由 APEC 能源工作组在 20 世纪 90 年代初建立，该专家组最初名为清洁煤技术专家组（EGCCT），于 20 世纪 90 年代末更新为现名。自该专家组成立以来，美国能源部化石能源办公室一直担任主席职务。清洁化石能源专家组秘书处设在日本煤炭能源中心（JCOAL）。②

能效和节能专家组由 APEC 能源工作组于 1993 年建立，旨在通过节能及应用能效实践和技术协助能源工作组实现能源安全，促进经济和社会福祉增长。中国标准化研究院李鹏程在国家能源局推荐下，于 2015 年 3 月至 2019 年 3 月担任该专家组主席。2019 年 3 月在中国香港召开的第 53 届 APEC 能效和节能专家组会议上，中国香港机电工程署助理署长黄奕进经中国国家能源局支持、专家组成员认可，当选为该专家组新任主席，李鹏程担任联合主席。

---

① 新能源和可再生能源专家组官方网站. https://www.egnret.ewg.apec.org/.
② 清洁化石能源专家组官方网站. http://www.egcfe.ewg.apec.org/.

　　低碳示范城镇任务组由 APEC 能源工作组于 2010 年建立，是落实 APEC 能源部长指示的产物。鉴于在 APEC 区域内城市规划中引入低碳技术，以提高能源效率和减少化石能源使用，对于管理城市快速增长的能源消耗至关重要，因此成立该任务组，落实 APEC 低碳示范城镇项目。该任务组主席现为日本的山下孝。①

　　能源弹性任务组成立于 2015 年第 12 届 APEC 能源部长会议期间，主要是为了落实能源部长指示《宿务宣言》，增进 APEC 区域的能源弹性。根据第 12 届 APEC 能源部长会议文件，该任务组工作由美国和菲律宾共同主持。

　　亚太能源研究中心是根据 1995 年 11 月在日本大阪召开的第 3 次 APEC 领导人非正式会议通过的《行动议程》，于 1996 年 7 月在日本东京成立，是日本能源经济研究所的附属机构，旨在通过开展研究促进 APEC 成员对地区能源前景、市场发展和政策的了解，现任主任为入江和友。②

　　APEC 可持续能源中心正式成立于 2014 年召开的第 11 届 APEC 能源部长会议期间，是中国政府积极响应 APEC 领导人倡议、参与亚太地区能源合作的重要成果，成功写入第 11 届 APEC 能源部长声明和第 22 次 APEC 领导人宣言。亚太经合组织可持续能源中心隶属于中国国家能源局，由天津大学负责日常运营管理，首任主任是天津大学建筑学院教授朱丽。③

（四）APEC 能源合作重点领域

　　根据 APEC 领导人会议和部长会议指示，APEC 在能源方面的合作目标分别如下：到 2030 年 APEC 地区可再生能源及其发电量在地区能源结构中的比重比 2010 年翻一番；2035 年将 APEC 地区的总能源强度水平较 2005 年降低 45%。

　　APEC 能源工作组主要通过以下方式促进能源贸易和投资以及区域能源安全：

● 考虑区域能源政策影响，应对影响广泛的能源相关问题。

● 公开讨论经济体的能源政策和优先规划事项，包括考虑或致力于减少、消除市场扭曲的能源政策和技术，保证能源结构多样化，减轻能源生产和使用对环境的不利影响所导致的消费和生产效率低下，加强 APEC 地区能源安全。

● 信息交流，包括能源数据统计和供需展望，并向 APEC 区域广泛传播相关信息。

● 合作活动，包括与 APEC 其他工作组或国际能源论坛合作的项目、会议、研讨会、培训等。

● 由 APEC 领导人确认能源领域的相关目标政策，包括到 2035 年总能源强度较 2005 年降低 45%，到 2030 年区域能源结构中的可再生能源比重较 2010 年提高 1 倍，逐步取消

---

① 低碳示范城镇任务组官方网站. https://aperc.ieej.or.jp/publications/reports/lcmt.html.
② 亚太能源研究中心官方网站. www.ieej.or.jp/aperc.
③ 亚太经合组织可持续能源中心官方网站. http://apsec.tju.edu.cn/En/Index/index.html.

低效的化石燃料补贴。

- 促进 APEC 在可持续城市发展方面的合作，并支持该地区以社区为基础的低碳发展。
- 努力提高能源基础设施对自然灾害和气候变化的抵御能力。

（五）APEC 能源合作的主要成果

目前，APEC 能源工作组的工作任务通过下设的 4 个专家组、两个任务组和两个实体研究中心来实施。截至 2020 年，APEC 能源工作组已经开展并完成了 520 多个项目，涉及从勘探和生产到燃料使用、发电、能源终端使用以及环境和监管政策等一系列能源问题，是所有 APEC 工作组或委员会中项目数量最多的。仅在 2019 年和 2020 年，APEC 能源工作组就启动了 37 个 APEC 基金和自筹的新项目。出版 APEC 报告近 380 份，从 1995 年"关于天然气在汽车中的应用的报告"到 2019 年"关于通过多能互补系统提高 APEC 区域能源效率和加强可再生能源技术进步的系统研究报告"，均为实现共同的能源和气候目标的研究成果。APEC 能源工作组的出版物也是 APEC 官方网站上访问量最大的出版物之一。APEC 能源工作组还通过能源领域内的相关培训，促使各经济体成员学习借鉴来自该地区和世界各地的最佳做法，确保该地区的可负担和清洁的能源供应。其主要成果包括如下方面。

1. 机制建设方面

成立亚太能源研究中心。亚太能源研究中心于 1996 年 7 月在东京成立，主要工作包括：①能源需求和供应展望；②能源效率同行评审（PREE）；③可持续性合作能源效率设计（CEEDS）；④低碳能源政策同行评审（PRLCE）；⑤低碳示范城市项目（LCMT）；⑥石油和天然气安全倡议（OSGI）。主要目的是为 APEC 各经济体提供能源供给需求趋势分析以及能源政策相关含义解读，从而帮助 APEC 成员应对能源挑战。

成立亚太经合组织可持续能源中心。2014 年第 11 届 APEC 能源部长会议期间，中国国家能源局倡议的亚太经合组织可持续能源中心正式宣布成立，以"能源与城市"为主题，依托城镇化建设落实能源低碳转型与城市可持续发展，开展"APEC 可持续城市合作项目"（CNSC）、"清洁煤技术转移技术"（CCT）和"亚太地区能源转型方案支柱项目"（ETS）三大支柱项目研究，并定期出版核心研究成果，为 APEC 各经济体提供可持续能源技术合作平台、整体解决方案与专业化服务，为 APEC 区域能源和环境协调可持续发展积极贡献力量。

2. 项目研究方面

联合组织数据倡议。[①] APEC 能源工作组与国际能源署（IEA）、欧盟统计局（EUROSTAT）、石油输出国组织（OPEC）、拉丁美洲能源组织（OLADE）和联合国统计司（UNSD）共同

---

① JODI 官方网站. https://www.jodidata.org/about-jodi/history.aspx.

倡议建立联合组织数据倡议（the Joint Organizations Data Initiative, JODI），开展数据收集工作，在世纪之交的油价波动背景下确保石油数据的透明度。其总体目标是通过提高能源数据和预测的质量、可用性和可及性以及分析区域能源趋势，为提高亚太经合组织成员经济体的能源政策和决策质量做出贡献，并提高区域能源市场的效率。

APEC 能源效率同行评审（APEC Peer Review on Energy Efficiency，PREE）。PREE 最初由日本提出，是一个自愿的同行评审机制，以协助亚太经合组织经济体制订或实施能源效率政策。它是由亚太能源研究中心组织的。2007 年，为了协助感兴趣的经济体制订支持能源安全和环境目标的政策，亚太经合组织能源部长们指示能源工作组制订一个自愿的能源同行评审机制，最初的重点是推动实现能源效率目标，助力实现 APEC 能源强度目标。表 2 为 APEC 能源效率同行评审情况。

APEC 低碳示范城镇项目（APEC Low Carbon Model Town，LCMT）。2010 年 6 月，在日本福井举行的第九届 APEC 能源部长会议，主题为"通往能源安全的低碳之路：以能源合作促进 APEC 可持续发展"，会议通过中国和日本共同倡议的 APEC 低碳示范城镇项目，旨在将节能建筑、交通和电力系统等结合起来，创建能够以可承受的方式减少能源使用和碳排放的社区，同时创造舒适的生活条件，促进低碳城镇发展，管理快速增长的能源消耗。表 3 列举了 APEC 低碳示范城镇项目发展情况。

表 2　APEC 能源效率同行评审情况

阶段	志愿经济体
第一期	新西兰
	智利
	越南
	泰国
第二期	中国台北
	秘鲁
	马来西亚
第三期	印度尼西亚
	菲律宾
	越南（后续）
第四期	文莱
	菲律宾（后续）
第五期	泰国（后续）
第六期	墨西哥
第七期	马来西亚（后续）

资料来源：根据 APEC 能源工作组网站公布的信息整理. https://www.apec.org/Groups/SOM-Steering-Committee-on-Economic-and-Technical-Cooperation/Working-Groups/Energy。

表 3　APEC 低碳示范城镇项目

	地点	类型	时间
第一例	中国天津 于家堡金融区	中央商务区	2011 年 9 月
第二例	泰国苏梅岛	岛屿度假区	2013 年 6 月
第三例	越南岘港	重新开发 混合用途城区	2014 年 5 月
第四例	秘鲁利马圣博尔哈	住宅区	2016 年 1 月
第五例	印度尼西亚 北苏拉威西省比通市	工业区	2017 年 5 月
第六例	菲律宾宿务省曼达韦市	邻近地区的合作	2017 年 5 月
第七例	俄罗斯 克拉斯诺亚尔斯克市	供暖和制冷高需求 内陆地区	2018 年 10 月

资料来源：根据 APEC 能源工作组网站公布的信息整理。

3. 能力建设方面

能源智慧社区倡议知识分享平台。APEC 能源智慧社区最佳实践奖是依据 2010 年 APEC 领导人峰会上发起的能源智慧社区倡议设立的 APEC 唯一项目奖，由 APEC 能源工作组组织实施，奖励智慧交通、智慧建筑、智能电网、智慧工作以及低碳示范城镇 5 个类别的优秀案例。知识分享平台是分享与能源智能社区倡议有关的信息，系统地传播和分享智慧能源社区倡议重点领域的最佳实践。

APEC 能源智慧社区最佳实践奖每两年一届，现已举行 4 届，10 个经济体的项目获得过该奖项。表 4 为 APEC 能源智慧社区获奖情况。

表 4　APEC 能源智慧社区获奖情况

年份	获奖类别	所属类别	获奖经济体
2013 年	金奖	单项奖	美国
		综合奖	泰国
	银奖	单项奖	澳大利亚
		综合奖	中国台北
	铜奖	单项奖	日本
		综合奖	新加坡
2015 年	金奖	智慧交通	中国台北
		智慧建筑	泰国
		智能电网	美国
		智慧工作	澳大利亚
		低碳示范城镇	日本

年份	获奖类别	所属类别	获奖经济体
	银奖	智慧交通	韩国
		智慧建筑	泰国
		智能电网	中国台北
		智慧工作	美国
		低碳示范城镇	日本
2017 年	金奖	智慧交通	中国台北
		智慧建筑	日本
		智能电网	美国
		智慧工作	新加坡
		低碳示范城镇	中国台北
	银奖	智慧交通	美国
		智慧建筑	泰国
		智能电网	中国台北
		智慧工作	墨西哥
		低碳示范城镇	韩国
2019 年	金奖	智慧交通	澳大利亚
		智慧建筑	中国
		智能电网	中国台北
		智慧工作	澳大利亚
		低碳示范城镇	加拿大
	银奖	智慧交通	日本
		智慧建筑	中国
		智能电网	澳大利亚
		智能电网	中国
		智慧工作	美国
		低碳示范城镇	越南

资料来源：根据 APEC 能源工作组网站公布的信息整理。

二、中国参与 APEC 能源合作的进展

APEC 能源工作组是中国开展多边能源合作与交流的重要平台，也是我国参与全球能源治理的重要途径。作为 APEC 区域第二大经济体，中国自 1991 年加入 APEC 能源工作组以来，积极参与 APEC 能源合作并努力实施有关能源倡议，为 APEC 框架内多边能源合作的推进做出了应有的贡献。中国积极承办 APEC 部长级会议、工作组会议，响应并落实领导人和部长级会议文件精神，并就 APEC 能源合作提出有关倡议，建立"中国参与 APEC 能源合作伙伴网络"，在提高能效、节能、能源对外开放、能源改革、推进可再生能源发展、增加清洁能源比重等方面均取得了较大进展，为 APEC 能源合作做出了应有的贡献。

（一）2014 年"APEC 中国年"能源领域成果丰硕

领导人非正式会议是 APEC 最高级别的会议，每年召开一次，由 APEC 各经济体轮流举办，各经济体领导人出席。2014 年第 22 次 APEC 领导人非正式会议于 11 月 10～11 日在北京雁栖湖召开，以"共建面向未来的亚太伙伴关系"为主题，确定了推动区域经济一体化，促进经济创新发展、改革与增长，以及加强全方位互联互通和基础设施建设 3 个重要议题。这是中国在时隔 13 年后，再次作为东道主举办 APEC 会议，2014 年亦被称为"APEC 中国年"。

"APEC 中国年"期间，中国组织召开了包含第 22 次领导人非正式会议、部长级会议、高官会议、工作组会议在内的上百场不同级别和规模的 APEC 系列会议。借此重要契机，为推动 APEC 能源领域的合作，推广中国在能源领域的重要成果，国家能源局组织了"中国 APEC 低碳示范城镇推广"等系列活动，并成功召开了第 47 届 APEC 能源工作组会议和第 11 届 APEC 能源部长会议。

（二）中方担任能效和节能专家组组长工作成果显著

2012 年起，中国标准化研究院积极参与到能效和节能专家组（EGEE&C）工作中。2015 年 3 月，在新加坡召开的第 45 届 APEC 能效和节能专家组工作会议上，中国标准化研究院室主任李鹏程由中国国家能源局推荐，经选举担任能效和节能专家组主席。能效和节能项目涉及终端产品、工业、建筑、交通运输等多个领域，工作重点覆盖政策、标准、技术等。自李鹏程担任主席以来，通过积极推动各经济体申报 APEC 项目，组织能效、节能领域相关研讨会，开展信息和技术交流，定期召开专家组工作会议，推广节能最佳实践，促进节能产品和服务贸易，提高发展中经济体节能能力，为持续推进 APEC 区域内能效和节能等议题合作打下了良好基础。

作为 APEC 能源领域的长期热点话题，各经济体多年来积极参与 APEC 能效和节能领域的政策和技术合作，通过 APEC 机制下跨工作组合作，进一步了解和掌握 AEPC 各经济体的能效和节能相关政策、制度、技术、标准的进展，已然在不同程度上影响和改变着各经济体的节能相关内容。中方任主席以来，能效和节能专家组与 APEC 标准一致化分委会（SCSC）、人力资源发展工作组（HRDWG）、标准一致化分委会（SCSC）、中小企业工作组（SMEWG）和科技创新政策伙伴关系机制（PPSTI）等工作组均开展了项目合作。

（三）组建中国参与 APEC 能源合作伙伴网络

为进一步规范国内机构参与 APEC 能源领域相关活动，统筹推动中国在 APEC 能源工作组的合作，提升工作成果影响力，2017 年国家能源局牵头成立"中国参与 APEC 能源合作伙伴网络"（简称"伙伴网络"）。根据"伙伴网络"章程，自 2019 年开始进行每两年一次的成员单位确认和增补工作。"伙伴网络"成员由中国国家能源局、亚太经合组织可持续能源中心、APEC 能源工作组专家组/任务组中方对口单位和伙伴网络成员单位共同组成。

积极参与 APEC 机制下能源领域相关活动。自"伙伴网络"成立以来，各对口单位积极派代表参加 APEC 能源工作组及各专家组、任务组会议，结合各自所在领域强化与能源工作组下各专家组、任务组的沟通与合作，积极提名中国专家参与其他经济体 APEC 基金项目、会议、活动多达 50 次，组织召开了 4 个 2016 年 APEC 基金项目结题会，充分发挥中国的技术和经验优势，将中国的能源政策、技术、标准等成功经验向其他经济体传播，更好地服务国家"一带一路"倡议等的实施。积极推动 APEC 框架下的跨工作组交流与合作，强化能源领域的信息交流、政策对话、技术研发、示范推广、能力建设等方面合作。

积极参与 APEC 项目申报。作为 APEC 区域内第二大经济体，中国一直致力于通过积极申请 APEC 能源领域项目将 APEC 领导人及部长指示转化为行动，同时，有序参与其他各经济体能源合作，逐步提升在 APEC 机制下的影响力。[①]

能源可及性倡议。"伙伴网络"对口单位牵头提出关于能源可及的政策文件。能源可及是 APEC 的重要议题之一。2015 年第 12 届 APEC 能源部长会议提议，向偏远社区人民提供能源，作为发展弹性 APEC 社区的优先目标。2016 年和 2017 年，APEC 领导人会议强调了能源可及在支持亚太地区区域经济发展和繁荣方面的关键作用。目前在亚太地区，仍有4.8 亿人无法获得电力供应，19.5 亿人依靠传统固体燃料进行烹饪和取暖。[②] APEC 能源工作组可以通过提供可负担得起、可靠、可持续的能源，为增强能源供应做出贡献。

能源弹性任务组中方对口单位在国家能源局的指导下，组建了专项工作团队，开展相关工作，编写《中国能源可及实践分享》报告，研究分析亚太区域能源可及现状并进行专家论证。能源弹性任务组在与美国、菲律宾等关键经济体进行多轮沟通协商的基础上，最终在第 55 届 APEC 能源工作组会议上提出了《加强 APEC 区域能源可及性合作的倡议》，该倡议为"伙伴网络"成立后中国提出的首个倡议，对于在 APEC 区域内保障能源供应安全和人人享有可持续能源具有重要意义。

（四）清洁煤技术培训首获 APEC 官方报道

为了更好地推动中国能源技术发展理念和优秀项目"走出去"，围绕清洁煤技术和政策、面向 21 个 APEC 经济体积极开展培训活动，利用 APEC 国际合作平台，打造清洁煤技术领域"传播中国故事、宣传中国经验和推广中国技术"的国际窗口，让国际社会深入了解中国的清洁煤技术。

2019 年 5 月 6～10 日，APEC 自筹经费项目（EWG 14 2018S）——洁净煤技术和清洁能源政策交流与培训在浙江宁波成功召开，来自越南、俄罗斯、马来西亚、泰国、日本、印度尼西亚、菲律宾等 10 个经济体的 40 名代表参会。培训介绍国际能源环境及清洁煤最

---

① 根据 APEC 能源工作组网站公布的信息整理，https://www.apec.org/Groups/SOM-Steering-Committee-on-Economic-and-Technical-Cooperation/Working-Groups/Energy.

② 国际能源署. *Energy Access Outlook 2017 - From Poverty to Prosperity*, 2017.

新发展动态，并重点分享中国清洁高效燃煤发电先进技术及能源高效清洁低碳发展经验，组织参会代表现场参观清洁燃煤发电技术和指标达到行业领先水平的宁海电厂和舟山电厂，通过专家授课、交流研讨和现场参观等多种形式，共同探讨实现高碳能源低碳化利用的可能技术途径，为 APEC 经济体尤其是煤炭资源较为丰富的发展中经济体更好利用燃煤发电、应对煤炭利用引起的环境问题提供借鉴和参考。

APEC 能源工作组主席称赞此次交流与培训活动是能源工作组近 10 年来筹备最完善、举办最成功的一次清洁能源技术交流活动。APEC 官方网站报道了此次交流培训活动，中国国际电视台对此次培训进行了专题报道。

三、APEC 能源合作的前景

能源作为人类生存和社会繁荣的重要物质基础之一，为经济发展提供了原始动力，是经济增长的重要引擎。随着经济全球化进程的加快，当前世界能源供需格局正在发生深刻变化：一方面，世界能源供应中心呈现多元化的发展趋势；另一方面，世界能源需求继续保持稳定增长态势。亚太地区，一个充满活力的发展中地区，工业化、城市化和人口不断增加，作为世界能源需求中心的地位更加突出。因此，获得安全、可靠和负担得起的能源供应，对该地区的繁荣和安全至关重要。

过去，APEC 各经济体在 APEC 框架下进行了一系列的能源合作，包括在能源效率与节能、新能源及可再生能源、能源可及、能源运输及基础设施建设等方面。APEC 21 个经济体分布于亚洲及太平洋沿岸的广阔区域，各经济体在资源能源禀赋以及经济发展水平上存在较大差异，同时受各经济体间能源文化多样性的影响，APEC 多边能源合作蕴藏着巨大的可能和广泛的空间。

（一）能源挑战

APEC 地区能源需求约占世界的 60%。到 2050 年，APEC 地区的能源需求预计比 2016 年的水平高出 21%。在正常情况下，超过 64% 的能源需求预计将由化石燃料满足。[①] 因此，在 APEC 区域开展能源转型工作方面的合作显得越来越重要。其中增加的能源供应中，很大一部分将通过可再生能源来实现。这将需要加快对可再生能源部门的投资，通过政策实施来保证电力系统的可靠性、稳定性以及电力储备。

此外，要确保能源基础设施的可靠使用和输送，就需要利用所有可用的经济燃料来源。通过分享有效能源政策和治理方面的经验教训提高能源转型的成功率，利用碳捕获、利用和储存（CCUS）、清洁煤以及将液化天然气和氢气纳入能源系统等方面进行技术合作，从而让化石燃料持续发挥作用。

---

① 《亚太能源研究中心能源供需展望（第七版）》。

APEC 领导人和 APEC 能源工作组均已承诺：①2035 年将 APEC 地区的总能源强度水平较 2005 年降低 45%；[①]②到 2030 年 APEC 地区可再生能源及其发电量在地区能源结构中的比重比 2010 年翻一番。[②]

（二）合作前景

APEC 能源工作组致力于在追求低排放战略的同时，实现区域内所有人都能获得可负担、可靠、安全和可持续的能源。为了实现这一愿景，APEC 能源工作组应做到以下几点：

（1）实施现代监管监督体系框架，确保获得可靠、稳定和负担得起的能源。在集体协商、自主自愿等 APEC 宗旨下，政府、经济体间也着手建立了相应的监管监督体制体系，如国际能源署（International Energy Agency，IEA）、国际可再生能源署（International Renewable Energy Agency，IRENA）等组织制订的一系列能源合作框架和法规，以及一些地区多边能源合作协定计划（如《巴黎协定》《"一带一路"能源合作伙伴关系合作原则与务实行动》等）条例，以督促相关能源合作计划的切实执行，形成持续高效的合作机制。

（2）发展有效的能源管理，倡导各种燃料类型的现代能源安全概念，支持区域内各经济体以互利方式参与其他国际能源机构的工作，保持区域能源合作和一体化发展，建立良好的互信与战略协作。

（3）通过提高技术效率，加快能源效率的发展，降低能源强度。在所有部门实施需求侧管理；在整个地区实施车辆燃油经济性标准；推广可持续运输技术，减少对进口燃料的需求和依赖。

（4）加快对低碳能源系统和电网整合的投资，包括可再生能源、传输、储能基础设施、电气化，以及清洁煤和替代能源的部署。

（5）通过在研究和设计方面的投资，在能源创新和低碳技术方面进行合作，并在清洁燃料，碳捕获、利用和储存，以及能源储存和传输系统技术方面进行国际合作。

（6）增强公众对能源系统的理解，消除误解，强调技术、供应商和路线多样性的价值。

（7）实施扩大 APEC 各经济体获得负担得起的、可靠的、可持续的、现代化的和具有弹性的能源的方案。获得现代能源服务对包容性经济增长至关重要，而将任何能源从最需要的能源中排除出去则适得其反。

（8）支持开放、竞争和透明的能源市场，以增加能源准入，促进投资，推动经济增长。多样化的能源供应对 APEC 各经济的稳定、安全和繁荣至关重要。

（9）为 APEC 区域内的能源政策和能源投资的知情决策提供可靠的高质量数据。

（10）APEC 能源合作相关计划及倡议鼓励各经济体自主发展探索能源生产和消费模式，不断强化自身能源生产和消费的低碳化和清洁化趋势，在持续推进可再生能源发展的

---

① 2011 年 APEC 领导人宣言. https://www.apec.org/Meeting-Papers/Leaders-Declarations/2011/2011_aelm.

② 2014 年 APEC 领导人宣言. https://www.apec.org/Meeting-Papers/Leaders-Declarations/2014/2014_aelm.

同时，重视化石燃料的清洁高效利用，合理化开发、利用和管理自身能源。

（11）加强与 APEC 机制下其他工作机制及相关国际机构之间的合作，实现合作共赢。

随着全球一体化进程的深入推进，亚太区域合作形式不断变化、合作领域不断拓展。1994 年在印度尼西亚茂物召开的 APEC 领导人会议提出了著名的"茂物目标"，即要求发达成员在 2010 年以前、发展中成员在 2020 年以前实现贸易和投资的自由化，这一目标成为 APEC 组织不断蓬勃发展、推动区域经济一体化的原动力。能源在 APEC 合作中占据重要乃至优先的地位，因此促进 APEC 区域能源稳定、安全和可持续发展需要各方共同参与。

2020 年 APEC 第 27 次领导人非正式会议通过了指导 APEC 未来 20 年合作的《2040 年 APEC 布特拉加亚愿景》，旨在到 2040 年建成一个开放、活力、强劲、和平的亚太共同体，实现亚太人民和子孙后代的共同繁荣。各经济体成员要加强能源领域的合作，以应对快速发展的全球和区域能源市场带来的挑战，并助力全球经济增长，为构建亚太命运共同体、人类命运共同体做出贡献。

作为 APEC 的重要成员，中国将充分利用 APEC 这一重要外交平台，以《2040 年 APEC 布特拉加亚愿景》为重要抓手，继续贡献"中国智慧"、发出"中国声音"，持续地提升中国在 APEC 能源合作乃至全球能源治理中的话语权和影响力，将 APEC 能源合作推向新高度，为实施 APEC 新愿景做出积极贡献。

参考文献

[1] APEC. SOM Steering Committee on Economic and Technical Cooperation, SOM Steering Committee on Economic and Technical Cooperation.

[2] APEC. APEC Energy Working Group, https://www.apec.org/groups/som-steering-committee-on-economic-and-technical-cooperation/working-groups/energy#.

[3] EGEDA. About EGEDA, About EGEDA - EGEDA [Expert Group Energy Data Analysis] (apec.org).

[4] EFCFE. Overview, Overview | APEC Energy Working Group.

[5] EGNRET. About us, About US | APEC EGNRET.

[6] APERC. APEC Low-Carbon Model Town (LCMT) Project, APEC Low-Carbon Model Town (LCMT) Project - Asia Pacific Energy Research Centre (aperc.or.jp).

[7] APERC. About us, About Us - Asia Pacific Energy Research Centre (aperc.or.jp).

[8] APSEC. About us-overview, APEC Sustainable Energy Center (tju.edu.cn).

[9] JODI. Historical Background: JODI and Oil Data, History of the Joint Organisations Data Initiative | JODI (jodidata.org).

[10] IEA. Energy Access Outlook 2017 - From Poverty to Prosperity, 2017.

[11] APEC. 2011 Leaders' Declaration, https://www.apec.org/Meeting-Papers/Leaders-Declarations/2011/2011_aelm.

[12] APEC. 2014 Leaders' Declaration, https://www.apec.org/Meeting-Papers/Leaders-Declarations/2014/2014_aelm.